# Les représentations du Saint-Sépulcre

d|u|p

# materialisierungen 6

Andrea von Hülsen-Esch, Ricarda Bauschke-Hartung, Vittoria Borsò,
Reinhold Görling, Hans Körner, Achim Landwehr, Roger Lüdeke,
Eva Schlotheuber, Timo Skrandies, Jürgen Wiener (Hg.)

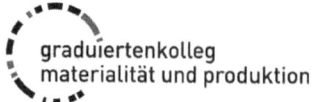

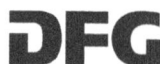

Elisabeth Ruchaud
**Les représentations du Saint-Sépulcre**

HEINRICH HEINE
UNIVERSITÄT DÜSSELDORF

d|u|p

**Bibliografische Information der Deutschen Nationalbibliothek**
Die Deutsche Nationalbibliothek verzeichnet diese Publikation in der
Deutschen Nationalbibliografie; detaillierte bibliografische Daten sind
im Internet über http://dnb.dnb.de abrufbar.

© düsseldorf university press, Düsseldorf 2017
http://www.dupress.de
Titelbild: © Hannah Schiefer
Lektorat, Redaktion: Elisabeth Ruchaud
Satz, Layout und Umschlaggestaltung: Hannah Reller
Herstellung: docupoint GmbH, Barleben

Der Fließtext ist gesetzt in Adobe Garamond Pro
ISBN 978-3-95758-039-9

Table des Matières

Introduction ............................................................. 7

Du texte au Monument :
Le Saint-Sépulcre, genèse d'un modèle architectural ................... 13

Exégèse et théologie :
Le Saint-Sépulcre figuré ............................................... 73

Transferts et Transmissions :
Le Saint-Sépulcre représenté ........................................... 171

Conclusion ............................................................. 231

Bibliographie .......................................................... 235

Analyses Monumentales .................................................. 315

# Introduction

> « *Per idem tempus ex universo orbe tam innumerabilis multitudo cepit confluere ad Sepulchrum salvatoris Hierosolimis quantam nullus hominum prius sperare poterat.* »[1]

Raoul Glaber, dans ses *Histoires*, décrit avec une certaine ferveur le maintenant très célèbre « blanc manteau d'églises »[2] qui s'étend sur l'Europe au tournant de l'an mil. Cette vague de construction, ou de reconstruction, s'accompagne d'une recrudescence des pèlerinages vers la Terre sainte et le Saint-Sépulcre. Cet intérêt renouvelé pour le tombeau du Christ est un phénomène social et religieux aux répercussions artistiques et théologiques variées.

La dévotion au Saint-Sépulcre, en tant qu'objet et symbole eschatologique, se décline à travers une série d'interprétations spirituelles et matérielles et de manifestations visuelles, aussi bien artistiques que liturgiques. Ces diverses formes de *raepresentatio*, dans le sens latin premier du terme de « rendre présent »[3], et d'*imitatio* ont été au cœur de cette étude. En effet, le terme de « copie », employé à de multiples reprises pour définir le phénomène des reproductions du Sépulcre, induit un certain nombre de questions dans son acceptation contemporaine. De nos jours, qualifier une œuvre de « copie » comporte une ambivalence oscillant entre admiration de l'exécution confinant à celle du maître, et mépris vis-à-vis d'un manque caractérisé d'indépendance artistique, d'imagination voire même, dans les cas les plus extrêmes, d'une tentative de tromperie[4].

---

[1] Raoul GLABER, *Histoires*, traduites et présentées par Mathieu ARNOUX, Turnhout, Brepols 1996 – IV, 18, p. 252.

[2] Raoul GLABER, *Histoires*, III, 13, p. 162–165.

[3] Carlo GINZBURG, « Représentation : le mot, l'idée, la chose », dans : *Annales, Économies, Sociétés, Civilisations*, vol. 46 (1991), p. 1219–1234.

[4] La notion de « copie » en tant que falsification de la réalité et donc de la vérité est déjà présente chez Platon (*La République* et *Le Sophiste*) qui la condamne fermement. La reprise des principes platoniciens à la Renaissance renforce la connotation négative de la copie comme « fausse » et « trompeuse ». La réinterprétation des théories antiques à la Renaissance ouvre sur de nouvelles problématiques. L'imitation n'est plus pensée en référence directe à la nature, comme c'est le cas au Moyen Âge, mais par le prisme des Anciens qui sont érigés en véritables maîtres de l'imitation de la nature. L'art tend donc de plus en plus à devenir une imitation de l'art imitant la nature, introduisant la notion de falsification et de « *maniera* ». Voir par exemple, G.W. PIGMAN, « Versions of Imitation in the Renaissance », dans : *Renaissance Quarterly*, vol. 33 n°1, 1980, p. 1–32.

Même si la notion médiévale de *copia* ne recouvre pas les mêmes acceptions péjoratives et négatives que son dérivé moderne[5], d'autres termes traduisent plus sensiblement le processus de diffusion du modèle architectural et symbolique du Saint-Sépulcre en Occident.

La « *raepresentatio* » et la « *mimésis* » permettent en effet de couvrir le vaste champ des études concernant le Saint-Sépulcre et ses manifestations. La diffusion et la grande variété des images du tombeau du Christ sont à comprendre en tant que représentation. S'intégrant dans le cadre de la dévotion à la Résurrection, ces diverses figurations ont pour ambition commune de « rendre présent » : présente la construction monumentale de Constantin témoignage du triomphe du christianisme, mais aussi présente la liturgie qui s'y déroule et qui elle-même a pour ambition de rendre présent (réactualiser) les évènements de la vie du Christ, etc.

Dire qu'au Moyen Âge un monument s'impose avant tout par sa destination et sa fonction, qu'avant d'être « beau » – notion très subjective pour la période envisagée–, le bâtiment doit être en accord avec sa destination, serait très réducteur. La fonctionnalité d'un bâtiment joue indéniablement un rôle important, mais elle s'accompagne surtout d'un contenu symbolique qui permet de distinguer un type de construction d'un autre, et confère même à certains édifices une prééminence indéniable. Parmi tous les monuments de plan centré se développant au Moyen Âge, il est certain que le Saint-Sépulcre occupe une place particulière. Reprendre plus ou moins consciemment la forme de la rotonde hiérosolymitaine, en reproduire un ou plusieurs éléments, ne répond pas à des critères de « fonctionnalité » mais va au contraire au-delà de cette matérialité physique pour s'attacher au contenu spirituel et symbolique du modèle. Tenter de définir en quoi consiste le processus d'imitation à l'époque médiévale et chercher à individualiser ce qui, pour les fidèles, est perçu comme *similitudo* entre l'*exemplum* hiérosolymitain et son *simulacrum* occidental, impliquent d'analyser la finalité et les motivations à l'origine de ces processus.

Connaissant un développement s'étendant sur près de quatre siècles, de l'avènement des Carolingiens à la perte de Jérusalem en 1187, les principales *imitationes* du Saint-

---

[5] Pour une définition de la copia médiévale en tant que processus créatif actif, voir, H. L. Kessler, « Copia » dans : Enciclopedia dell'arte Medievale, 1994 avec bibliographie introductive (disponible en ligne : http://www.treccani.it/enciclopedia/copia_%28Enciclopedia-dell%27-Arte-Medievale%29/).

Sépulcre connues aujourd'hui sont comprises comme des répliques « exactes » destinées à être utilisées par les fidèles pour revivre et méditer les évènements de la Passion, de la Mort et de la Résurrection du Christ, comme de véritables mimésis. C'est en effet cette idée de la « mimésis » et en particulier de la représentation qui permet le mieux de définir le lien existant entre l'Occident chrétien et la rotonde de l'Anastasis de Jérusalem.

La question des images et de leurs reproductions, c'est-à-dire celle de l'*imago* et de la mimésis, est centrale pour saisir l'origine de ces monuments et de l'iconographie du tombeau du Christ. L'élaboration antique de la notion de mimésis et d'imitation se développe chez Platon et Aristote à partir d'une réflexion sur la peinture et la sculpture. Ce report de la notion de *mimes* sur l'image lui confère aussi le sens de « ressemblance » et introduit l'idée d'une filiation existante entre un original ou un archétype et ses « avatars ». Selon la théorie platonicienne, la mimésis est double : elle comprend d'un côté la reproduction fidèle du modèle sur lequel elle se fonde et est alors jugée comme acceptable. De l'autre, elle est une pratique des arts basée sur la déformation des proportions et le jeu des couleurs afin de créer l'illusion d'une similitude qui n'existe pas dans la réalité. Cette mimétique ne cherche pas à reproduire le réel tel qu'il est mais tel qu'il apparaît au spectateur compte tenu de son point de vision. Ce « simulacre » est par essence condamnable puisque, travestissant la réalité, il cherche à tromper en simulant l'authenticité[6]. Avec La Poétique, Aristote offre quant à lui une vision plus positive de la mimésis, distinguant les notions de ressemblance et de reproduction. Une image reproduisant parfaitement son modèle ne serait ainsi plus une image mais un double identique. En revanche la ressemblance permet d'introduire un écart entre le produit de l'imitation et l'objet imité, une distance où peut s'exprimer non seulement la filiation mais aussi l'interprétation. La pensée aristotélicienne induit ainsi que l'imitation peut être juste tout en étant inadéquate à son modèle. Plus qu'une imitation, il est question ici d'une représentation, d'un lien matériel établi entre l'objet affecté (imité) et l'objet effectué (la copie)[7].

---

[6] Platon développe sa théorie de la mimésis à travers les livres 3 et 10 de La République et surtout dans Le Sophiste (235d–236c). Pour une analyse de la notion générale de « Mimésis » depuis l'antiquité voir, Jacqueline Lichtenstein, Élisabeth Decultot « Mimésis » in : Barbara Cassin (éd.) Vocabulaire européen des philosophes. Dictionnaire des intraduisibles, Seuil « Le Robert », Paris 2004 (en partie disponible sur internet : http://robert.bvdep.com/public/vep/accueil.html).

[7] ARISTOTE, *La Poétique*, traduction française de Roselyne DUPONT-ROC et Jean LALLOT, Seuil, Paris 1980, p. 145.

La notion d'*imago* appartient au même champ d'investigation que le simulacre platonicien et la mimésis aristotélicienne. Signifiant l'imitation en portrait, l'*imago* désigne, en latin classique, les portraits funéraires réalisés à partir de l'empreinte d'un visage. Le terme connaît une importante mutation au cours du Moyen Âge avec l'avènement de la problématique théologique de l'image. Cette mutation influe aussi sur la perception et la définition de l'*imitatio* en l'inscrivant dans un réseau plus vaste s'articulant autour de l'idée de ressemblance, mais une idée de ressemblance qui s'éloigne de la pensée aristotélicienne et introduit l'idée de *similitudo*. Ainsi l'idée d'une création de l'homme « à l'image de Dieu »[8] permet de penser la ressemblance non plus seulement en termes de copie mais aussi, et finalement surtout, d'analogie.

L'avènement de cette pensée analogique, qui correspond à un recentrement néoplatonicien de la pensée, entraîne la réélaboration du sens de la notion d'*imitatio*. Au Moyen Âge l'artiste cherche tout autant à imiter le visible créé par Dieu, en tant que manifestation matérielle de la création divine, que l'œuvre de Dieu elle-même, cette dernière restant cachée dans le sens et le symbole et renvoyant à toute l'immatérialité même de la Création. Il s'agit donc de créer à l'image de Dieu, tout comme l'homme est une création *imago Dei*[9], en prolongeant l'activité de la Nature dans la création humaine[10]. Les rapports entre création humaine et création divine sont ainsi régis par un principe de concordance et de similitude reposant sur l'application des règles de l'harmonie, de la proportion, de la symétrie et de la clarté que l'artiste découvre autant en lui-même que dans la nature et qui lui permettent d'atteindre une « Beauté » qui devient la manifestation visible de la splendeur divine.

Ainsi, la copie médiévale n'est-elle pas une copie conforme, elle est un ensemble de signes, matériels et spirituels, à travers lesquels s'expriment tout à la fois un lien avec le modèle original supposé et une forme d'interprétation personnelle qui l'éloigne de son archétype.

---

[8] Gn, I, 26–27 « *Et ait Deus: „Faciamus hominem ad imaginem et similitudinem nostram; et praesint piscibus maris et volatilibus caeli et bestiis universaeque terrae omnique reptili, quod movetur in terra". Et creavit Deus hominem ad imaginem suam; ad imaginem Dei creavit illum; masculum et feminam creavit eos.* ».

[9] Gn, I, 26–27.

[10] Cette approche renvoie à une interprétation organique de la création humaine qui voit par exemple dans l'architecture un prolongement de l'habitat naturel (colonnes/arbres, voûtes/ramures, etc.) Edgar de BRUYNE, Études d'esthétique médiévale, T. 3, vol. 2, Albin Michel, Paris 1998 p. 151.

L'acte de la *copia* permet de s'approprier un langage figuratif étranger, de faire renaître une iconographie ancienne ou de perpétuer un savoir-faire ou une technique. Elle favorise alors l'association de la nouveauté et de la tradition dans les arts[11].

Avec le terme de représentation, ce sont toutes les manifestations impliquant le Saint-Sépulcre et son image symbolique qui peuvent être abordées. L'exactitude de la copie n'est pas formelle, elle tient plus de l'esprit que de la lettre. Figure architecturale complexe en raison des nombreuses modifications et reconstructions dont elle a fait l'objet, la rotonde constantinienne est aussi une image symbolique protéiforme ce qui explique et justifie en soi la multiplicité des constructions *ad similitudinem* ou *ad formam* dont l'interprétation n'est cependant pas évidente. Robert Grosseteste le souligne déjà lorsqu'il rappelle que « la forme est l'idée que l'artiste a en vue de reproduire les imitations et les ressemblances de son art »[12]. L'œuvre finie ou matérielle ne cherche pas à reproduire fidèlement le visible mais elle exprime la perception et l'interprétation de son concepteur. « C'est un modèle spirituel que la forme imite avant toute chose »[13].

Le but premier de ces copies est l'évocation fidèle du lieu le plus important de toute la chrétienté. Ces « ersatz » de tombeau doivent servir à l'édification des fidèles ne pouvant se rendre eux-mêmes en pèlerinage sur les Lieux saints. Le croyant qui vient s'y recueillir doit pouvoir y percevoir toute la profondeur du mystère de la Résurrection. Ainsi, les concepteurs de l'édifice ne se sentent-ils pas totalement tributaires d'une fidélité formelle à l'œuvre originale et ce sont bien plus des éléments considérés comme marquants qui se retrouvent dans ces constructions, éléments qui peuvent par la suite se retrouver dans d'autres bâtiments indirectement liés au Saint-Sépulcre.

Dans cette perspective, l'identification des multiples formes de représentation du Saint-Sépulcre se développant de la fin de la période carolingienne jusqu'à la chute de Jérusalem aux mains des troupes de Saladin s'organise selon trois axes principaux.

---

[11] « Copia », Enciclopedia dell'arte Medievale. Voir aussi Catherine Kinzler, « La copie et l'original » dans : DEMéter, décembre 2003 (www.univ-lille3.fr/revues/demeter/copie/kintzler.pdf). Ici l'auteur veut réhabiliter la copie comme élément productif en soi, comme l'est la copia médiévale, en remettant en question la notion « d'original » ou de primauté de l'original sur la copie.

[12] « *Forma est exemplar ad quod respicit artifex ut ad ejus imitationem et similitudinem formet suum artificium* » in ROBERT GROSSETESTE, *Episcopi Quondam Lincolniensis Epistolae*, (édité par H. R. LUARD), Cambridge University Press, Cambridge 2012, p. 4.

[13] de BRUYNE, *Études d'esthétique médiévale*, T. 3, vol. 2, p. 152.

Le premier paraît s'imposer de lui-même. L'identification des diverses valeurs spirituelles et religieuses associées au Saint-Sépulcre est un postulat de départ indispensable pour en comprendre les manifestations postérieures. Elle se fonde non seulement sur l'étude des textes bibliques mais aussi sur la formation d'un discours théologique de la Foi à travers le sacrement du baptême, rite d'initiation qui permet au néophyte d'intégrer la communauté chrétienne. De plus, la compréhension des manifestions et variations d'un modèle architectural passe nécessairement par l'analyse monumentale de cet archétype et de son évolution architectonique, évolution qui peut être plus ou moins perceptible dans ces représentations mais qui permet aussi de souligner la filiation existant (ou non) entre certaines formes iconographiques et monumentales. Cette analyse préliminaire, indispensable pour poser les bases de notre cette analyse, permet par la suite d'aborder la question de la perception théologique du monument et ses conséquences dans des phénomènes sociaux, tel que les pèlerinages et la croisade, mais aussi religieux à travers l'analyse de la liturgie incluant le Saint-Sépulcre comme bâtiment matériel ou concept spirituel. De là, un troisième axe se dégage vers l'étude de ces manifestations, de la perception des Lieux saints et de la façon dont ils peuvent être visuellement ou intellectuellement interprétés.

Ainsi, le Saint-Sépulcre, en tant que « phénomène » iconographique et architectural, peut être appréhendé selon différents niveaux de lecture qui ne sont pas sans rappeler les quatre sens de l'exégèse biblique médiévale : littéral (ou historique), allégorique, tropologique (ou moral) et anagogique (ou eschatologique)[14].

---

[14] Pour plus d'informations concernant les différents sens de l'Écriture ; voir, Henri de LUBAC, *Exégèse médiévale. Les quatre sens de l'Écriture*, collection « Théologie », Aubier, Paris 1959–1961.

# Du texte au Monument :
# Le Saint-Sépulcre, genèse d'un modèle architectural

2

> « *In medio civitatis est basilica Constantini.* […]
> *Inde ad occidentem intrans sanctam resurrectionem,*
> *ubi est Sepulchrum Domini.* »[15]

Le sépulcre du Christ, en tant que lieu ou espace défini, occupe dans le récit biblique et même dans les écrits apocryphes, une place qui pourrait sembler quantitativement relativement mineure. Certes, il n'est que brièvement décrit dans certains cas, voire même seulement évoqué dans d'autres, mais le tombeau vide du Christ a, par la suite, connu une grande fortune, tant spirituelle qu'artistique, et occupe une place centrale au cœur de la foi chrétienne qui s'est développée au cours des siècles. En l'absence de preuves et de témoins directs de la Résurrection, il est en effet devenu le lieu insigne et par extension tangible de ce Mystère. La sotériologie qui en découle se met en place dès les premiers temps de l'ère chrétienne à travers les récits évangéliques et apostoliques qui, par leur diffusion auprès des populations nouvellement converties, tentent d'expliciter ce qui deviendra les grands principes de la foi. La Résurrection tient dans ce cadre un rôle primordial et fait l'objet de nombreuses interprétations qui s'expriment tout d'abord dans les textes canoniques puis dans ceux de la patristique, avant de trouver un nouvel écho monumental dans les constructions constantiniennes de Jérusalem au IVe siècle.

## La Résurrection dans les récits bibliques et ses interprétations

L'étymologie du terme « résurrection » est issue d'une forme du supin du verbe latin *resurgere* que l'on pourrait traduire par « se relever, se ranimer ». En grec le terme d'*Anastasis* (ανάιστασζ) signifie littéralement « relèvement » ou renvoie à l'action d'être levé une nouvelle fois à partir d'une position couchée évoquant le sommeil, la latence ou l'abandon, reprenant en cela la même racine que le terme hébraïque d'origine קום (*quwm*).

---

[15] *Breviarus de Hierosolyma*, dans : *Itineraria et alia Geograhica*, CCSL t. 175, Turnhout 1965, p. 109–110.

On trouve déjà dans l'Ancien Testament des phénomènes de résurrection des morts par l'invocation des prophètes Élie[16] et Élisée[17] pour témoigner de la puissance du dieu unique. Les principales mentions sont cependant liées à une espérance et une promesse faite par Dieu au peuple juif de la résurrection et de la vie éternelle, espérance et promesse que l'on retrouve citées à plusieurs reprises[18] dans la tradition juive face à la mort et qui connaissent aussi chez les prophètes une interprétation eschatologique[19]. Cette dernière voit dans la renaissance du peuple juif, dont la description la plus saisissante est sans doute la vision des ossements desséchés par Ézéchiel, une annonce de la venue du Messie et de la Jérusalem céleste.

La nouvelle alliance que représentent la venue et l'enseignement du Christ dans le Nouveau Testament, renouvelle la problématique de la Résurrection et, en particulier, celle du Christ qui en symbolise le sceau par le sang de l'Agneau. On y retrouve tout ou partie des références de l'Ancien Testament intégrées dans une interprétation nouvelle.

Si la Résurrection du Christ apparaît comme le point culminant et focal du récit néo-testamentaire, d'autres personnages la préfigurent et sont aussi ressuscités par le Christ au cours sa vie publique. C'est le cas de la fille de Jaïre[20], du fils de la veuve de Naïn[21] et surtout de Lazare[22] qui, sur le chemin menant le Christ et les disciples vers Jérusalem et les évènements de la Pâque, ressort du tombeau où il était enseveli, annonçant déjà le mystère tout proche de la Résurrection du Christ. À sa suite, les apôtres ayant reçu l'Esprit à la Pentecôte, peuvent eux aussi accomplir ce prodige[23].

Cependant, si ces résurrections, intervenant après des morts injustes ou accidentelles, témoignent des miracles et des enseignements du Christ, elles restent fondamentalement différentes de celle de ce dernier. En effet, plus que le terme de résurrection, dans son sens théologique et exégétique, nous devrions en réalité employer la notion de

---

[16] La résurrection du fils de la veuve par le prophète Élie (1 Rois, XVII, 17–24).

[17] La résurrection du fils de la Shunamite par Élisée (2 Rois, IV, 18–37) ; la résurrection d'un Moabite par les ossements d'Élisée (2 Rois, XIII, 21).

[18] Psaume XVI, 28 ; 2Mac, VII, 9 notamment.

[19] Job, XIX, 25 ; Ez, XXXVII, 10 ; Dn, XII, 1–4.

[20] Mc, V, 22–44.

[21] Lc, VII, 11–17.

[22] Jn, XI, 1–44.

[23] Résurrection de Tabitha ou Dorcas (Actes, IX, 36–42) et résurrection d'Euthyque (Actes XX, 7–12).

« retour à la vie ». Tous ces morts et ressuscités poursuivent leur vie terrestre interrompue, mais tous aussi devront de nouveau affronter la mort, cette fois avec l'espoir d'une résurrection à la vie éternelle qui passe par la Mort et la Résurrection même du Christ.

La Résurrection du Christ est quant à elle porteuse de symboles et d'espoir. Le Christ meurt et ressuscite, selon la théologie chrétienne, pour accomplir la promesse faite par Dieu d'une vie éternelle. De plus le Christ ressuscité apparaît semblable mais différent[24], et ce n'est pas une vie terrestre qu'il reprend, mais il se trouve dans un état que l'on pourrait qualifier de transitoire entre la vie terrestre et son ascension céleste. C'est cette nuance que les Évangiles et les récits apostoliques soulignent et interprètent chacun selon son modèle.

## *Les Évangiles synoptiques*

Les Évangiles de Matthieu, Marc et Luc appartiennent au même genre. Leur comparaison permet de mettre en exergue de nombreuses ressemblances dans la chronologie des évènements et leurs narrations, et seulement quelques différences et nuances. Cette analyse, entreprise par les premiers exégètes chrétiens, aboutit à la création de tables synoptiques soulignant les liens d'interdépendance entre les différents récits. Cependant, si la trame semble être commune, chacun des évangélistes tend à insister sur un aspect plus que sur un autre et parvient à une interprétation personnelle de la prédication messianique.

Il est très difficile de déterminer lequel de ces Évangiles précède l'autre et donc de tenter de donner de façon certaine une antériorité de l'un des récits sur les deux autres[25].

---

[24] On peut par exemple citer le récit des pèlerins d'Emmaüs (Lc, XXIV, 13–35) ou même les diverses apparitions du Christ après sa Résurrection (Mc, XVI, 9–13) notamment à Marie-Madeleine (Jn, XX, 11–18). Aucun ne semble apte à reconnaître le Christ tant que ce dernier n'esquisse pas un geste témoignant de son identité.

[25] Le « problème synoptique » occupe la théologie chrétienne depuis l'Antiquité. Augustin d'Hippone déjà soulevait la question de l'antériorité des textes les uns par rapport aux autres et par conséquent leur dépendance mutuelle (*De consensu Evangelistarum*). C'est au XVIIIe siècle qu'apparaît la théorie selon laquelle une source Q, ou proto-évangile en hébreu aujourd'hui disparu, aurait servi de base de traduction et d'abréviation aux trois Évangiles canoniques. Voir, Daniel MARGUERAT (éd.), *Introduction au Nouveau Testament. Son histoire, son écriture, sa théologie*, Labor et Fides, Paris 2008, p. 31–54 et plus particulièrement p. 35–37.

L'Évangile de Marc serait peut-être le plus ancien[26]. Il aurait, selon certains, servi de base à ceux de Matthieu et de Luc qui auraient de plus eu accès à un autre récit (source Q) inconnu de Marc[27]. Le déroulement du récit de la Passion et de la Résurrection est à peu près le même chez les trois auteurs. Aucun des Évangiles synoptiques ne décrit directement la Résurrection mais tous, dans une tentative d'expliquer l'inexplicable, rapportent les évènements liés à la Passion et à la découverte du tombeau vide au matin de Pâques. Si l'analyse des évènements et les personnes impliquées divergent selon les récits, certains éléments communs sont mis en exergue par chacun comme étant primordiaux.

Dans le premier livre canonique[28], Matthieu alterne des parties de récits et d'autres d'exposés et d'enseignements. D'origine juive, Matthieu s'adresse à des Hébreux et s'appuie dans sa démonstration sur les nombreux oracles annonçant la venue du Christ chez les prophètes de l'Ancien Testament[29]. La Résurrection semble alors le point culminant de la vie terrestre du Christ, la réalisation de toutes les promesses faites par Dieu à son peuple et l'évènement annonciateur de la venue du Royaume des Cieux et du Jugement Dernier.

Dans le récit de la Passion et de la Résurrection du Christ qui conclut son Évangile, Matthieu décrit l'ensevelissement, en présence de Marie de Magdala et de l'autre Marie, du corps du Christ dans le tombeau de Joseph d'Arimathie, tombeau qu'il décrit comme étant creusé dans le roc[30]. Il souligne le fait que le tombeau était neuf

---

[26] Selon la triple tradition qui permet de souligner les éléments communs se retrouvant chez les trois auteurs, et la double tradition relevant les évènements développés uniquement chez Matthieu et Luc et absents chez Marc. Il semblerait alors que le récit de Marc soit datable des environs de 60–70 de notre ère, tandis que les deux autres auraient tous deux été rédigés aux alentours de 80 de notre ère.
Cf. André Paul, *La Bible*, collection « Repères Pratiques », Nathan, Paris 2008, p. 88.

[27] Voir, Marguerat, *Introduction au Nouveau Testament…*, p. 41–47.

[28] Si Marc est considéré comme le plus ancien, l'ordre canonique a finalement placé le récit de Matthieu en premier, suivi de ceux de Marc et de Luc avant de conclure par celui de Jean. Voir, Jean-Daniel Kaesti, « Histoire du canon du Nouveau Testament », dans : Marguerat, *Introduction au Nouveau Testament…*, p. 481–506.

[29] Matthieu insiste en effet particulièrement sur le fait que le Christ accomplit les Écritures, et ce dès l'origine. Il cite ainsi les différents oracles prophétiques annonçant la naissance du Messie à Bethléem (II, 6) et les différents signes qui l'accompagnent. De même, il suit les écrits d'Isaïe dans le déroulement des évènements de la Passion, de la Mort et de la Résurrection (XII, 17–21). Voir, Marguerat, *Introduction au Nouveau Testament…*, p. 85–103.

[30] Mt, XXVII, 57–61.

et n'avait, contrairement à la tradition, encore jamais servi à personne. Il revient aussi sur la présence des soldats de Pilate montant la garde devant le sépulcre à la demande des grands prêtres[31].

Enfin, au jour de la Résurrection, il relate la visite des Saintes Femmes (Marie et Marie de Magdala) au Sépulcre et l'arrivée de l'Ange qui fait rouler la pierre et s'assied dessus. Il leur annonce la Résurrection du Christ comme il était écrit, leur montre le tombeau vide et les envoie annoncer la nouvelle[32].

L'étude de l'Évangile de Marc montre qu'il serait plus spécifiquement destiné aux premières assemblées chrétiennes[33]. Il insiste en effet sur l'opposition existant entre la douloureuse mort du Christ sur la Croix et sa Passion depuis l'entrée à Jérusalem jusqu'à son ensevelissement, et le triomphe de la Résurrection comprise comme la réalisation de la volonté divine et le signe véritable de la nouvelle alliance. Dans son récit, c'est toujours Joseph d'Arimathie qui s'occupe de réclamer le corps du supplicié à Pilate et de l'enterrer dans une tombe proche taillée dans le roc, là encore sous les yeux de Marie de Magdala et de Marie, mère de Jacques et de Joseph (aussi appelé Joset)[34]. Au matin de Pâques, Marc fait intervenir trois femmes : Marie de Magdala, Marie mère de Jacques et Salomé[35] qui, ayant acheté des aromates, se rendent au sépulcre pour oindre le corps. À leur arrivée sur place, elles trouvent la pierre roulée, et dans le tombeau vide, les linges pliés et un jeune homme leur annonçant la Résurrection du Christ et leur demandant de transmettre la nouvelle aux disciples[36].

C'est la présence de ces trois femmes qui sera considérée comme acquise par les artistes représentant l'épisode de la visite au tombeau au matin de Pâques. De même comme nous le verrons plus loin, le drame liturgique de Pâques du *Quem quaeritis* retient cette version des trois femmes propre à Marc.

Enfin, le dernier Évangile synoptique, celui de Luc, tend à aborder les évènements de la vie publique du Christ de la même façon que Matthieu mais en y ajoutant l'idée que tout devait s'accomplir à Jérusalem, soulignant par là le rôle primordial de la ville

---

[31] Mt, XXVII, 62–66.
[32] Mt, XXVIII, 1–8.
[33] Voir, MARGUERAT, *Introduction au Nouveau Testament...*, p. 57–83.
[34] Mc, XV, 46–47.
[35] Ce sont déjà les trois femmes présentes, selon Marc, lors de la Crucifixion (Mc, XV, 40–41).
[36] Mc, XVI, 1–9.

dans l'histoire de la Révélation[37]. Luc articule son récit, qu'il veut historique[38], autour de la figure du Christ miséricordieux envers les pêcheurs, plein de tendresse envers les humbles et les pauvres. Et c'est cette vision qui domine aussi son récit de la Passion, de la Mort et de la Résurrection.

Ici encore Luc rapporte l'histoire de Joseph d'Arimathie s'occupant du corps du Christ et le déposant dans un tombeau taillé dans le roc qui n'avait encore jamais servi[39], sous l'œil attentif des femmes de Galilée dont le nombre ou l'identité ne sont alors pas spécifiés. Au matin de Pâques, ces mêmes femmes se rendirent sur le lieu de sépulture chargées des aromates qu'elles avaient préparés et trouvèrent la pierre roulée et le tombeau vide. Ce sont deux hommes en habit resplendissant qui leur annoncèrent la Résurrection et les envoyèrent rapporter la nouvelle aux apôtres[40]. Ce n'est qu'ensuite que Luc revient sur l'identité de trois de ces femmes : « Marie de Magdala, Jeanne et Marie mère de Jacques et toutes les autres qui étaient avec elles »[41].

Il est intéressant de noter les similarités dans le déroulement des évènements entourant la Résurrection chez les trois évangélistes. Si dans un premier temps on pouvait penser que le seul tombeau vide était une preuve suffisante de la Résurrection, les trois auteurs mentionnent d'autres éléments qui viennent renforcer ce témoignage et rendre la preuve indiscutable. Trois éléments en particulier se retrouvent plus ou moins développés chez chacun. Si Luc n'y attache qu'un caractère anecdotique, la pierre roulée qui ferme le tombeau occupe une place importante dans les deux autres Évangiles. Matthieu précise qu'elle était scellée et fermait hermétiquement la sépulture, tandis que Marc s'attarde sur son poids qui devait empêcher les femmes de pénétrer dans le tombeau pour préparer le corps. Chez les trois, la pierre joue un rôle de preuve de la Résurrection en plus du tombeau vide.

Les gardes, dont la présence est attestée chez Matthieu, devaient veiller à ce que nul ne vienne subtiliser le corps, et ainsi servir à prévenir les oppositions des autorités juives accusant les chrétiens d'être venus voler le corps pendant la nuit. De même

---

[37] Voir, MARGUERAT, *Introduction au Nouveau Testament*..., p. 105–126.
[38] Lc, I, 1–4.
[39] Lc, XXIII, 53–56.
[40] Lc, XXIV, 1–9.
[41] Lc, XXIV, 10.

l'incrédulité des apôtres devant la Résurrection et les apparitions du Christ[42] appartiennent à ce même principe. Les apôtres, eux-mêmes incrédules, ne pouvaient être accusés d'avoir dérobé le corps.

Enfin, la présence du ou des messagers divins vient démontrer l'essence surnaturelle de ce qui s'est passé dans le secret du tombeau. Le Christ vient ainsi parachever ce qui avait été annoncé par les prophètes et tout son enseignement souligne la continuité qui s'opère entre ancienne et nouvelle alliance.

## L'Évangile de Jean

Le quatrième Évangile se démarque nettement des trois autres. Méditation profonde sur le Christ Verbe de Dieu[43], l'Évangile de Jean s'attache moins au récit historique de la vie publique qu'à une réflexion plus intime sur l'Incarnation (et ses conséquences), et une affirmation du mystère christologique de la Trinité. Les antithèses nombreuses font de ce texte l'un des plus denses et des plus difficilement interprétables[44]. Sa structure même met en valeur l'histoire du Verbe incarné qui trouve son aboutissement total dans les récits de la Gloire de la Passion puis de celle de la Résurrection, « l'heure de Jésus et la Pâque de l'Agneau de Dieu »[45].

Souvent assimilé à l'Apôtre Jean, l'Apôtre que Jésus aimait, nettement mis en valeur tout au long de cet Évangile, l'auteur est sans doute le dernier rédacteur[46] des Évangiles canoniques. Ayant eu accès aux écrits de Matthieu, Marc et Luc, il livre une interprétation toute personnelle et, sur certains points très différentes, de la prédication du Christ.

---

[42] Dans les trois Évangiles on retrouve une même attitude sceptique des apôtres face au témoignage des femmes (Mt, XXVIII, 11 ; Mc, XVI, 10–11 ; Lc, XXIV, 11), scepticisme encore présent dans l'épisode des pèlerins d'Emmaüs qui, ne reconnaissant pas le Christ, remettent en cause le récit des femmes et amène le Christ à leur expliquer les écritures annonçant sa Mort et sa Résurrection (Mc. XVI, 12–13 ; Lc, XXIV, 13–35).

[43] « *In principio erat Verbum, et Verbum erat apud Deum, et Deus erat Verbum* » (Jn, I, 1). Dès son incipit, Jean place l'ensemble de son récit sous le signe du verbe et de l'Incarnation comme clé de lecture des évènements et d'interprétation du message.

[44] Voir, MARGUERAT, *Introduction au Nouveau Testament...*, p. 367–394.

[45] Jn, XIII–XXI.

[46] On date généralement le récit de Jean des environs des années 90 (avec une fourchette entre 60 et 140). L'attribution à saint Jean apôtre est toujours sujette à controverses. Le texte pourrait aussi être l'œuvre d'un de ses disciples et, contrairement aux trois autres Évangiles, ne serait alors pas le fait d'un témoin plus direct.

Chez lui, le récit de la Passion s'achève sur la scène de l'ensevelissement. Là encore on retrouve la mention de Joseph d'Arimathie venant réclamer le corps et, cette fois en compagnie de Nicodème, le préparant[47] et le déposant dans une tombe encore jamais utilisée dans le jardin proche du lieu même de la Crucifixion[48]. On note une fois encore l'insistance sur la tombe vierge de tout autre corps et qui par la suite ne sera plus non plus utilisée, soulignant le caractère parfaitement exceptionnel de cet endroit réservé au seul Christ. Saint Augustin établit même un parallèle entre le tombeau neuf qui ne recevra que le corps du Christ et le sein de la Vierge où « personne avant lui, personne après lui n'a été conçu »[49].

Chez Jean, le récit de la Résurrection diffère de celui des synoptiques. Ici c'est Marie de Magdala seule qui, au matin, trouve le sépulcre ouvert et, sans même y pénétrer, va avertir les disciples. L'évangéliste enchaîne ensuite sur la course des apôtres Pierre et Jean qui, pénétrant dans le sépulcre, constatent la disparition du corps du Christ[50]. On note la disparition du messager divin délivrant l'annonce de la Résurrection. Ce sont les disciples eux-mêmes, devant l'évidence du tombeau vide et des linges pliés[51], qui comprennent la finalité du message christique et la Résurrection. Comme le souligne saint Jean Chrysostome dans son commentaire de l'Évangile de Jean[52], la présence même de ces linges est une preuve de la Résurrection. Si le corps avait été simplement volé pour faire croire à la Résurrection, il aurait été pris encore enveloppé dans ses linges[53] et les disciples n'auraient trouvé que des traces de l'enlèvement.

L'apparition angélique est faite peu après à Marie de Magdala restée devant le tombeau pour pleurer[54]. C'est à elle aussi que le Christ se présente ensuite pour la première fois. Comme pour les pèlerins d'Emmaüs, Marie de Magdala ne le reconnaît

---

[47] Jn, XIX, 39–40.

[48] Jn, XIX, 41.

[49] AUGUSTIN D'HIPPONE, *Sur Jean*, 120ᵉ traité, 5.

[50] Jn, XX, 5–10.

[51] Jean distingue même les bandelettes ayant servis à envelopper le corps du Christ (suaire) du linge ayant recouvert son visage.

[52] JEAN CHRYSOSTOME, *Sur Jean*, 85.4.

[53] D'autant plus que les aromates utilisés dans l'embaumement auraient étroitement collé les linges au corps. Les linges arrachés au corps du Christ dérobé n'auraient donc pu avoir l'aspect propre et plié que le récit rapporte.

[54] Augustin et Jean Chrysostome relèvent tous deux la présence de la femme seule et éplorée, cherchant la consolation dans le sépulcre vide. AUGUSTIN D'HIPPONE, *Sur Jean*, 121ᵉ traité, 1 ; JEAN CHRYSOSTOME, *Sur Jean*, 86.

pas avant qu'il ne se dévoile[55]. Ce n'est que le soir qu'il apparaît aux apôtres et leur donne leur mission d'évangélisation en tant que témoins de la Résurrection et de l'accomplissement des prophètes[56].

Les intentions générales de l'évangéliste sont ici totalement différentes de celles des autres. Contrairement aux Évangiles précédents, Jean réinterprète l'ensemble des évènements de la vie publique du Christ à la lumière de la Résurrection pour appréhender le mystère de l'Incarnation. Dans ce cadre, la découverte du tombeau vide par les apôtres, en particulier par « l'apôtre que Jésus aimait », ne fait que renforcer cet aspect. La Résurrection apparaît comme l'aboutissement de l'enseignement messianique, le point focal par lequel les apôtres et disciples du Christ pourront comprendre la signification profonde du message transmis. Jean ponctue l'ensemble de son Évangile de références à l'Ancien Testament et aux prédications prophétiques montrant que la vie, la Passion et la Résurrection du Christ ne sont que la réalisation des promesses faites par Dieu à son peuple.

La dimension eschatologique de l'Évangile johannique se poursuit dans les Épîtres et surtout dans l'Apocalypse qui se fait l'écho final des révélations de l'ensemble de la Bible et l'annonce du royaume de Dieu et de la descente de la Jérusalem céleste.

Alors que chez Luc, Marc et Matthieu, la Résurrection et la découverte du tombeau vide apparaissent comme étant le terme de la vie terrestre du Christ, chez Jean elles se trouvent entièrement subordonnées à la Passion qui prend le pas sur tout le reste et annonce le retour triomphal du Verbe de Dieu aux Temps derniers. Ces deux traditions complémentaires seront reprises par l'Église tout au long du Moyen Âge et donneront naissance à diverses interprétations et traditions. Il semble que chez Jean, le mystère de la Résurrection dans le secret du tombeau joue un rôle central. Au-delà des récits évangéliques, la compréhension de l'établissement du dogme de la Résurrection passe aussi par l'analyse d'autres éléments du Nouveau Testament qui en proposent une première interprétation exégétique.

---

[55] Jn, XX, 11–18.
[56] Jn, XX, 19–23.

## Les écrits apostoliques

Par le terme d'écrits ou récits apostoliques on entend ici parler de l'ensemble des textes regroupant les Actes des Apôtres ainsi que les Épîtres de Pierre, Paul et Jean qui complètent le corpus du Nouveau Testament. Ce sont à travers ces récits des actes et enseignements des disciples de Jésus de Nazareth que se dessinent la prédication apostolique et la diffusion du message messianique de Jérusalem à Rome alors considérée comme le centre du monde. Les enseignements et remarques qui y sont développés éclairent le récit évangélique et soulignent le caractère central de la Résurrection dans la fondation de l'Église primitive.

## Les Actes des Apôtres

Les Actes des Apôtres passent pour être l'œuvre de l'évangéliste Luc, ses deux livres ne formant à l'origine qu'un seul et même récit. Mais la mise en place des Évangiles canoniques, uniquement centrés sur la vie et les miracles du Christ de l'Annonciation à l'Ascension, a engendré la division du récit en deux livres[57].

Les Actes demeurent la principale source d'informations concernant les premiers temps de la prédication apostolique. Il apparaît que l'évangéliste a eu accès à une importante documentation et recueilli – directement ou non – de nombreux témoignages, notamment celui de Paul de Tarse dont le périple de Jérusalem à Rome est bien rapporté. Le récit se focalise sur le prolongement de l'enseignement du Christ dans les activités des Douze puis dans celles des disciples de la seconde génération à laquelle Luc appartient. Le récit débute là où l'Évangile de Luc s'achève, par l'Ascension puis l'envoi en mission de la Pentecôte et la constitution de l'Église de Jérusalem qui annonce la diffusion du message christique jusqu'à Rome. S'adressant à des chrétiens issus du monde gréco-romain, les Actes tendent à insister sur l'origine de la mission universelle de l'Église issue du témoignage de la communauté judéo-chrétienne de Jérusalem, elle-même héritière de la première alliance.

La croyance en la Résurrection est ici définie comme la proclamation essentielle du Nouveau Testament à travers trois discours de Pierre[58] qui forment une synthèse

---

[57] MARGUERAT, *Introduction au Nouveau Testament*…, p. 127–150 ; PAUL, *La Bible*, p. 98–99. Dès le IIe siècle, le livre des Actes des Apôtres est considéré comme se situant dans la continuité de l'Évangile de Luc.

[58] Ac, II, 14–36 ; III, 12–26 ; X, 34–43.

de ce qui avait été révélé aux disciples. Il rappelle ainsi que le Christ, et les prophètes avant lui, avait annoncé sa Mort et sa Résurrection[59], que Dieu l'a accomplie au tombeau, qu'il a choisi les apôtres comme témoin de cette nouvelle alliance[60], et enfin qu'elle ouvre la voie à la seconde venue du Christ aux temps derniers[61]. Il invite alors les hommes à se repentir et se convertir pour parvenir au royaume des cieux et à la Jérusalem céleste.

## Les Épîtres de Paul

Les treize lettres que l'apôtre Paul envoya aux communautés chrétiennes qu'il avait évangélisées[62], donnant des conseils ou approfondissant certains articles de foi, forment une source historique et bibliographique de première importance pour comprendre la formation de l'Église primitive[63]. La Résurrection y occupe là encore une place prépondérante et fait notamment l'objet de tout un développement théologique spécifique dans la première lettre aux Corinthiens[64].

Revenant tout d'abord sur l'enseignement reçu et accepté par les fidèles, il rappelle que la Mort du Christ, annoncée dans les Écritures, est rédemptrice[65], que sa Résurrection d'entre les morts s'est faite dans le secret du tombeau mais qu'il est apparu vivant tout d'abord aux apôtres et ensuite à lui-même[66]. Ainsi nier la Résurrection reviendrait à purement et simplement rejeter le Christ et son enseignement[67]. Sans elle, la vie éternelle n'a plus non plus de raison d'être. Paul reprend cet argumentaire à plusieurs reprises dans ses Épîtres. Selon lui, et c'est là la base de la foi chrétienne, la Résurrection annoncée et définitive du Christ préfigure celle promise à tous les

---

[59] Ac, II, 31 ; III, 18 ; X, 36 et 43.
[60] Ac, II, 32 ; III, 15 ; X, 42 ; XVII, 31.
[61] Ac, XVII, 30–31.
[62] Chronologiquement : Thessaloniciens, Corinthiens, Philippiens, Galates, Romains, Éphésiens, Colossiens auxquels s'ajoutent les lettres à Philémon, Timothée et Tite. Voir, MARGUERAT, *Introduction au Nouveau Testament...*, p. 181–283.
[63] Pour une approche rapide des Épîtres de Paul voir, PAUL, *La Bible*, p. 100–103.
[64] 1Cor, XV, 1–58. Il présente sa démonstration comme étant une réponse aux doutes émis par certains des fidèles qui ne croyaient pas en la Résurrection des morts.
[65] 1Cor, XV, 3.
[66] 1Cor, XV, 4–8.
[67] 1Cor, XV, 12–17.

croyants[68]. Par sa mort, il a racheté les péchés du monde et ouvert la voie à la vie éternelle[69]. À la droite de Dieu, c'est lui qui jugera les hommes au jour du Jugement. Il souligne enfin, à deux reprises au moins, le lien symbolique existant entre le mystère de la Résurrection et le rite du baptême[70].

La Résurrection se trouve donc au cœur de ses préoccupations, et ce, même si une certaine évolution paraît sensible depuis les premiers témoignages. Le tombeau vide n'est en effet plus érigé en unique preuve mais s'accompagne du récit des apparitions (aux disciples, à Marie-Madeleine, etc.). Selon Paul, la messianité du Christ, annoncée par l'Ancien Testament, se définit par la Résurrection elle-même. Sans être minorée, la Mort du Christ, contrairement à ce que l'on peut lire chez Jean, n'est pas, selon Paul, le point focal du message évangélique. Seule la Résurrection apporte la Rédemption, et par elle seule peut advenir le royaume de Dieu et l'unité du monde. Il est normal que Paul, converti par une vision du Ressuscité sur le chemin de Damas, place au centre de sa réflexion la Résurrection comme élément intrinsèque du Salut.

Ainsi l'Église des premiers temps se divise entre ces deux interprétations théologiques de la Résurrection du Christ. La première, celle de Jean, fait de la Passion et de la Mort du Christ les évènements les plus importants par lesquelles le Salut est donné. Selon lui, c'est à travers elles que peut se faire l'entrée en gloire du Fils auprès du Père avec l'Esprit. La Résurrection n'en est pas le point central mais une simple étape transitoire dans le tout de l'Incarnation.

De l'autre côté, Paul se situe dans la continuité des Évangiles synoptiques dont il approfondit encore l'approche. C'est par la Résurrection que tout est rendu possible, ce qui, dans une vision plus universaliste, met la Rédemption à la portée de tous. C'est la foi en la Résurrection qui permet d'atteindre le Royaume.

---

[68] 1Cor, XV, 20–22.
[69] 1Cor, XV, 24–27 et 54–57.
[70] Épître aux Romains, VI, 4 et Épître aux Colossiens, II, 12. Nous reviendrons par la suite sur ce thème pour une analyse plus approfondie des liens entre Résurrection et baptême.

## Les récits apocryphes

Les récits apocryphes relatant ou renvoyant à la Résurrection du Christ se situent généralement dans la lignée interprétative des Évangiles synoptiques. Ces écrits, non reconnus par le canon de l'Église, sont difficiles à cerner mais ont tout de même alimenté d'une part la réflexion théologique et exégétique et de l'autre la création artistique et iconographique[71]. Sans aborder ici l'ensemble des écrits apocryphes connus aujourd'hui, il convient malgré tout de s'attarder sur quelques textes dont la diffusion au Moyen Âge est connue et qui ont pu avoir une incidence dans la création d'une iconographie de la Passion et de la Résurrection[72]. Si une véritable analyse des textes apocryphes et de leurs emprunts depuis le Haut Moyen Âge reste encore à entreprendre[73], certains récits ont un impact certain au Moyen Âge, qu'ils aient été directement conservés ou seulement mentionnés dans les textes patristiques. Seulement deux récits sur la Passion et la Résurrection semblent être connus à l'époque médiévale : l'Évangile de Pierre et surtout celui de Nicodème (ou Actes de Pilate)[74].

Composé en grec au IVe siècle (recension grecque A), tout du moins dans sa forme originale[75], l'Évangile de Nicodème, ou Actes de Pilate, connut un grand retentissement en Occident. On y retrouve un récit du procès chez Pilate et de la mort du Christ, puis un témoignage de la Résurrection à travers la figure de Joseph d'Arimathie et de trois

---

[71] André Grabar, *Les voies de la création en iconographie chrétienne*, Champs Flammarion, Paris 1994, p. 61–105 et 211–216. Grabar définit les mécanismes de la création de l'iconographie religieuse chrétienne. Il revient, dans sa première partie, sur l'assimilation de l'iconographie contemporaine, les thèmes abordés et leurs sources d'information, en particulier en ce qui concerne les principaux thèmes chrétiens comme l'Incarnation ou la Résurrection.

[72] Certains textes sont en effet connus au court du Moyen Âge dans des manuscrits et ont eu une influence très nette sur l'iconographie. D'autres n'ont été découverts qu'à l'époque contemporaine si bien que l'on ne peut déterminer leur impact sur la pensée chrétienne, voire même s'ils ont été connus d'une manière ou d'une autre avant leur redécouverte. Voir, François Bovon, Pierre Geoltrain « Introduction générale », dans : François Bovon, Pierre Geoltrain (éd.) *Écrits apocryphes chrétiens* I, bibliothèque de la Pléiade, Paris 1997, p. xvii–lx.

[73] Quelques études ponctuelles ont déjà été entreprises. Voir, Edina Bozòky « Les apocryphes bibliques », dans : Pierre Riché, Guy Lobrichon *Le Moyen Âge et la Bible*, Beauchesne, Paris 1984, p. 429–448.

[74] Voir, Bozòky « Les apocryphes bibliques », dans : Riché, Lobrichon *Le Moyen-Âge et la Bible*, p. 431–432.

[75] On connaît deux traductions latines qui apparaissent en Occident à partir du VIe siècle (recension A et B) puis une nouvelle traduction grecque (recension M) faite à partir de la version latine et qui se diffuse dans le monde byzantin (IXe–Xe siècles). Voir Rémi Gounelle « Évangile de Nicodème et Évangiles canoniques », dans, Daniel Marguerat *La Bible en récits : l'exégèse biblique à l'heure du lecteur : Colloque international d'analyse narrative des textes de la Bible*, Lausanne 2003, p. 420–421.

Galiléens, témoignage auquel on a ajouté par la suite (VI<sup>e</sup> siècle) un récit de la descente aux enfers. Le texte des Actes de Pilate reprend la trame des Évangiles synoptiques depuis, pour les épisodes qui nous intéressent, la condamnation chez Pilate jusqu'à la Mort sur la croix et le rideau du Temple se déchirant, avec la notable exception du passage devant Hérode, Anne et Caïphe[76]. Le récit de la Passion et de l'ensevelissement suit le schéma de l'harmonie évangélique, et c'est Joseph d'Arimathie, figure centrale de la suite du texte, qui recueille le corps et le dépose dans un tombeau nouvellement creusé dans la roche. Le récit de la Résurrection est ici particulièrement intéressant puisqu'il est rapporté par les gardes du tombeau qui relatent l'arrivée des Femmes au matin de Pâques et l'apparition soudaine d'un ange roulant la pierre pour dévoiler le tombeau vide[77]. L'apocryphe s'achève par le témoignage de deux juifs morts et ressuscités à la suite de la descente aux enfers du Christ et de la défaite de Satan et par extension de la Mort. Cette scène plus particulièrement connaît un grand retentissement iconographique, tant en Orient qu'en Occident où elle est par la suite largement développée dans de grands cycles iconographiques[78].

On retrouve dans cet exposé des évènements de la Mort et de la Résurrection la même interprétation développée dans les Évangiles synoptiques et approfondie par Paul. Ici, la mise en valeur de la Résurrection comme élément central et signifiant de l'histoire du Salut est encore renforcée par l'adjonction de l'épisode de la descente aux enfers. Réaffirmant la prééminence du sacrifice du Christ qui a vaincu la Mort elle-même et délivré toutes les âmes des enfers, le texte de Nicodème emploie le thème du tombeau vide comme témoignage non seulement de la Résurrection mais aussi de l'espérance en la vie éternelle qu'elle induit.

---

[76] *Actes de Pilate*, x–xi dans France QUÉRÉ (dir.) *Évangiles apocryphes*, Points Sagesse 34, Paris 1983, p. 138–139. Pour une étude plus approfondie des liens entre l'Évangile de Nicodème et les écrits canoniques voir GOUNELLE « Évangile de Nicodème ... », dans : MARGUERAT *La Bible en récits : ...*, p. 420–430.

[77] *Actes de Pilate*, xiv, 1–2 dans : QUÉRÉ, *Évangiles apocryphes*, p. 141–142.

[78] Sur les liens entre le récit de l'Évangile de Nicodème et la tradition iconographique voir Rémi GOUNELLE « Pourquoi, selon l'Évangile de Nicodème, le Christ est-il descendu aux Enfers ? » dans Jean-Daniel KAESTLI, Daniel MARGUERAT (éd.) *Le mystère apocryphe. Introduction à une littérature méconnue*, Genève 2007, p. 95–112.

On ne possède qu'un fragment de l'Évangile de Pierre[79] qui se rapporte à la Passion et à la Résurrection du Christ. Il débute au milieu du procès devant Pilate et se conclut par l'apparition du Ressuscité aux disciples. Proche de la version donnée par Matthieu, l'Évangile de Pierre se distingue par quelques particularités. Les évènements de la Passion sont présentés comme l'accomplissement des Écritures et l'emphase est mise sur la Résurrection dont furent témoins de nombreuses personnes (gardes du tombeau, anciens…). Tout comme dans les récits synoptiques, l'Évangile de Pierre rapporte la visite de Marie-Madeleine et des Femmes au matin de Pâques et leur découverte du tombeau vide et de l'Ange.

On peut aussi souligner dans ce récit la présence du merveilleux particulièrement sensible dans la scène originale de l'élévation du Christ et de la Croix quittant le tombeau sous les yeux des soldats pour illustrer le moment exact de la Résurrection. Il est difficile de connaître l'exacte diffusion de ce texte à l'époque médiévale si ce n'est que l'absence d'une abondante iconographie le reprenant tend à montrer que son impact, tout du moins artistique, est complexe à évaluer. Contrairement à l'Évangile de Nicodème, on ne peut déterminer le nombre de copies ayant pu circuler. On sait cependant qu'il jouissait d'une certaine faveur au début de l'ère chrétienne et est cité notamment par Origène[80] ou Eusèbe de Césarée qui le condamne fermement[81], et se trouve aussi mentionné dans le Décret de Gélase[82].

Les deux exemples brièvement exposés ici[83] ne visent qu'à tenter de dégager les conceptions générales entourant le mystère de la Résurrection. Il faut être cependant particulièrement prudent dans l'usage de ces textes. Il est en effet extrêmement complexe de déterminer la diffusion exacte de ces récits en Occident. Il est cependant envisageable, voire même dans certains cas probable, que ces textes, même si certains

---

[79] Dans Bovon et Geoltrain, *Écrits apocryphes chrétiens…*, p. 247–254.

[80] Origène en fait mention comme d'une tradition permettant de définir les frères de Jésus comme les enfants de Joseph issus d'un premier lit. Cf. Origène, *Commentaire sur saint Matthieu*, X, 17.

[81] Eusèbe de Césarée rejette totalement l'Évangile de Pierre qu'il considère comme impie et incompatible avec la tradition ecclésiastique. Eusèbe de Césarée, *Histoire Ecclésiastique I–IV*, III, 25, édition Gustave Bardy, Sources chrétiennes 31, Cerf, Paris 1978.

[82] Voir l'introduction du texte et la bibliographie par Éric Junod dans : Bovon et Geoltrain, *Écrits apocryphes chrétiens…*, p. 241–243.

[83] Ces deux exemples sont plus intéressants parce que connus à l'époque médiévale.

ont pu disparaître pendant le Moyen Âge, aient nourri la réflexion des premiers Pères de l'Église et, qu'à travers eux, certaines de ces réflexions se soient répandues en Occident. Concernant les différentes doctrines du Salut, ces récits se rapportent le plus souvent à l'interprétation synoptique et paulienne, insistant sur la valeur intrinsèque de la Résurrection pour atteindre le Salut et le royaume des cieux.

## Saint-Sépulcre et Résurrection : interprétations

Les deux sotériologies qui sont développées dans les écrits canoniques et apocryphes des premiers siècles sont importantes pour comprendre la place du tombeau du Christ dans la pensée chrétienne et les interprétations que l'Église a pu en donner.

On retrouve un écho de ces doctrines dans le *Credo* chrétien, dogmatiquement énoncé pour la première fois au concile de Nicée en 325 :

> « Nous croyons en un seul Dieu, Père tout-puissant, Créateur de toutes choses visibles et invisibles ; et en un seul Seigneur Jésus-Christ, Fils unique de Dieu, engendré du Père, c'est-à-dire, de la substance du Père. Dieu de Dieu, lumière de lumière, vrai Dieu de vrai Dieu ; engendré et non fait, consubstantiel au Père ; par qui toutes choses ont été faites au ciel et en la terre. Qui, pour nous autres hommes et pour notre salut, est descendu des cieux, s'est incarné et s'est fait homme ; a souffert, est ressuscité le troisième jour, est monté aux cieux, et viendra juger les vivants et les morts. Nous croyons aussi au Saint-Esprit. »[84]

On observe que Passion et Résurrection sont placées sur un même niveau d'importance ne donnant aucune prééminence à l'une ou l'autre des interprétations évangéliques. Cette double insistance est le résultat d'une construction spirituelle fondée sur le mystère lui-même et appuyée par le contenu symbolique mis dans les lieux où se sont déroulés les évènements.

### *Le Saint-Sépulcre comme paradoxe*

Peter Walker a analysé les mécanismes de cette construction spirituelle et la place de la Terre sainte dans la pensée chrétienne. Il est notamment revenu sur le rôle central du tombeau du Christ[85] et a tenté d'en analyser la place grandissante dans les sources anciennes.

---

[84] Voir, Ignazio ORTIZ DE URBANA, *Histoire des conciles œcuméniques*, vol. 1 « Les conciles de Nicée et de Constantinople, 324 et 381 », Paris 2006.

[85] Peter W.L. WALKER, *Holy City, Holy Places ? Christian Attitudes to Jerusalem and the Holy Land in the Fourth Century*, Clarendon Press, Oxford 1990, p. 235–281 (sur le Saint-Sépulcre).

Si l'on suit l'étude entreprise par Walker, il semble que les deux auteurs qui en forment la base, Eusèbe de Césarée et Cyrille de Jérusalem[86], considèrent comme parfaitement acquise la prééminence de l'édicule du tombeau comme point focal et centre de l'ensemble du complexe et par extension de la ville et du monde[87]. Tous deux membres de l'Église institutionnelle, ils participent, chacun à leur niveau, à la construction d'un discours autour du Sépulcre et à la diffusion de son image auprès des autres communautés chrétiennes.

Eusèbe, évêque de Césarée, est avant tout le porteur du message impérial de Constantin à travers sa *Vita* de l'empereur où il favorise aussi la diffusion de la nouvelle religion chrétienne. Quant à Cyrille, il est le représentant de la communauté de Jérusalem et son discours, dans un premier temps destiné aux catéchumènes et néophytes de la ville, connaît, à travers les pèlerinages, un certain retentissement au-delà de sa seule communauté locale.

Chez Eusèbe de Césarée, la construction du complexe du Saint-Sépulcre, et les aménagements de l'Anastasis en particulier, sont le signe tangible de la victoire du christianisme permettant l'avènement de la Nouvelle Jérusalem, la Jérusalem chrétienne. Le rapprochement symbolique avec la Résurrection du Christ paraît être ici implicite. Ce rapprochement se traduit chez lui par la place prépondérante qu'il accorde à la description de l'Anastasis qui demeure le seul témoin de la Résurrection. Il n'emploie d'ailleurs jamais directement le terme de « tombeau » dans son compte-rendu mais lui préfère ceux de « cave », « grotte » ou « antre »[88]. Il suggère le mystère et entretient l'idée de miracle en n'évoquant jamais que le caveau vidé de son contenu, et passe sous silence la pierre du tombeau et le Golgotha. Walker voit dans ce choix narratif un signe de la retenue d'historien d'Eusèbe. En effet, si le lieu matériel en tant que tel a pu subsister et ne fait selon lui l'objet d'aucune objection[89], la légitimité de la pierre, élé-

---

[86] Pour analyser l'impact du Saint-Sépulcre sur la pensée chrétienne, Walker fonde son étude sur l'analyse des deux textes les plus anciens le concernant : la description du monument et l'histoire de sa construction dans la *Vita Constantini* d'Eusèbe de Césarée d'un côté, et les catéchèses baptismales et mystagogiques de Cyrille de Jérusalem de l'autre. Ses conclusions ne sont pas négligeables et méritent un développement explicitant la construction de la signification du monument dans la pensée chrétienne.

[87] Walker, *Holy City, Holy Places?*..., p. 236.

[88] Eusèbe de Césarée, *Vita Constantini*...., I, 2 et 4–5, II, 1–3 .

[89] Eusèbe insiste sur le fait, et Walker le souligne, que cette construction est entreprise alors même que d'autres aménagements païens avaient été construits sur son emplacement, ce qui, selon lui, renforce d'autant plus le caractère victorieux

ment mobile, est plus discutable. Il en va de même pour la Croix qu'Eusèbe n'évoque que peu ou pas[90]. Pour lui, la permanence du site dans la mémoire collective de la communauté chrétienne locale suffisait à consacrer les lieux, alors que la subsistance des éléments mobiles est plus particulièrement sujette à caution. La prééminence du tombeau, lieu de la Résurrection, sur le Golgotha, pourtant lui aussi espace matériel immobile mais lieu de la Passion, témoigne, chez Eusèbe, de la primauté théologique alors accordée à la Résurrection. La signification spirituelle du tombeau dépasse largement toutes les autres constructions qui ne trouvent de justification qu'à travers lui.

Cyrille ne fait quant à lui pas mention d'une « nouvelle » Jérusalem mais parle plutôt de Jérusalem comprise comme centre du monde, lieu où tout commence et tout finit. Du Sépulcre, il retient principalement la pierre roulée et le rocher, appuyant son enseignement sur les Évangiles et faisant de ces deux éléments les témoins et les reliques directs de la Résurrection[91]. Pour lui, la pierre déplacée sur le côté est la preuve de la Résurrection, le tombeau vide ne devenant qu'accessoire. Mais, contrairement à Eusèbe qui veut faire œuvre d'historien, Cyrille est un théologien et un exégète. Il revient, dans son explication du baptême, sur le Golgotha qu'il associe matériellement au Sépulcre[92] allant même, suivant la pensée de saint Jean, jusqu'à établir un parallèle entre Golgotha et jardin d'Éden. Alors que l'arbre de la connaissance planté au centre de l'Éden avait été le fruit de la chute d'Adam et Ève, le bois de la Croix planté sur le Calvaire représente celui du Salut qui rachète le péché originel et toutes les fautes[93].

Chez lui, l'hégémonie théologique du Golgotha est indéniable et c'est l'ensemble, lieu de la Passion et de la Résurrection, qui en fait sa valeur. La mort du Christ sur le Calvaire et sa Résurrection dans le secret du tombeau valident toutes les espérances eschatologiques chrétiennes. On trouve ainsi chez Cyrille une ambivalence entre vénération de la Croix, témoin de la mort rédemptrice, et dévotion au tombeau vide, reliquaire de la Résurrection dans laquelle se dessine le Salut.

---

de la construction, le lieu de sépulture du Christ étant resté connu dans les mémoires jusqu'au IV<sup>e</sup> siècle. WALKER, *Holy City, Holy Places ?...*, p. 239 et ss.

[90] Il ne l'évoque que de façon détournée à travers la figure de sainte Hélène mais ne s'attarde ni sur la découverte ni sur la dévotion dont elle est l'objet par la suite. EUSÈBE DE CÉSARÉE, *Vita Constantini...*, III 26.

[91] CYRILLE DE JÉRUSALEM, *Catéchèses mystagogiques*, Sources chrétiennes 126b, Cerf, Paris 2004, I, 4–5, p. 88–91.

[92] CYRILLE DE JÉRUSALEM, *Catéchèses mystagogiques*, II, 3, p. 106–109. Selon lui Golgotha et Sépulcre sont issus de la même pierre ce qui lie de façon définitive les deux lieux dans une vision eschatologique.

[93] CYRILLE DE JÉRUSALEM, *Catéchèses mystagogiques*, II, 2, p. 104–107 ; et Jn, XIX, 41.

En conclusion de son étude, Walker souligne que ces deux approches des lieux de la Passion et de la Résurrection que l'on trouve chez Eusèbe de Césarée et Cyrille de Jérusalem, reprennent de façon plus ou moins directe les interprétations évangéliques paulienne et johannique qui continueront encore de se développer par la suite sous l'impulsion non seulement de nouveaux discours théologiques et exégétiques, mais aussi à travers la question des pèlerinages et de la dévotion aux Lieux saints.

À travers l'analyse de ces deux auteurs, Walker met en valeur l'importance du paradoxe profond que représente le Saint-Sépulcre dans la pensée religieuse de la fin de l'Antiquité tardive et du Haut Moyen Âge. Étroitement liées à l'essor du culte des saints à partir de la fin de l'Antiquité, les reliques représentent l'aspect tangible du culte et sont devenues au fil du temps l'objet d'une vénération particulière[94]. Elles sont en effet considérées comme le vecteur privilégié à travers lequel le fidèle pense pouvoir toucher à Dieu. Aussi les reliques jouent-elles un rôle important dans le développement du pèlerinage en Terre sainte. Dès le début du Moyen Âge, les pèlerins commencèrent à rapporter avec eux des fragments et des reliques acquis pendant leur séjour en Terre sainte. Offertes aux églises et monastères occidentaux, quand elles ne firent pas l'objet d'une fondation particulière, elles sont devenues à leur tour les témoins tangibles des récits de pèlerinage, la preuve par l'exemple de la véracité des témoignages entendus[95].

Le pèlerinage chrétien est une quête de la divinité et du dialogue transcendantal qu'un individu cherche à entamer avec elle. À partir du IVe siècle, l'émergence du culte des saints, et sa fortune postérieure, eurent une certaine influence sur la notion de pèlerinage, introduisant un aspect concret et physique aux pérégrinations spirituelles du pèlerin. Le passage par les Lieux saints (tombeaux, lieux de miracle) devint une étape quasi-obligatoire pour pouvoir entamer et poursuivre un dialogue avec Dieu par l'intercession des saints. Comme le définit Peter Brown, les tombeaux de saints sont les endroits privilégiés où les pôles contraires du Ciel et de la Terre se rejoignent[96]. Et parmi ces tombeaux, celui du Christ, vide de tous corps, occupe une place particulière.

---

[94] Jean-Yves Lacoste, *Dictionnaire critique de théologie*, PUF, Paris 2007, « Reliques », p. 1202–1203 et « Culte des Saints » p. 357–359.

[95] Graboïs, *Le pèlerin occidental en Terre sainte au Moyen Âge*, De Boeck Université, Paris 1998, p. 59–62.

[96] « … The Saint in Heaven was believed to be "present" in his tomb on earth… », dans : Peter Brown, *The Cults of the Saints: Its Rise and Function in Latin Christianity*, Chicago 1981, p. 3–4.

En l'absence de toute relique corporelle du Christ[97], le Saint-Sépulcre se démarque au sein de cette dévotion. Considéré comme le seul témoin de la Résurrection et par extension comme la seule relique du phénomène, il n'en est en réalité qu'une manifestation, une relique immatérielle. La construction du complexe du Martyrium, voué à perpétuer le souvenir des lieux de la Passion et de la Résurrection du Christ, fait office de reliquaire aux lieux et aux espaces des évènements. La rotonde de l'Anastasis joue, au sein du complexe, un rôle très particulier. Immense reliquaire de la Résurrection, elle ne conserve en réalité que des reliques indirectes (pierre de l'Ange, rocher…) mais c'est dans cette absence totale de relique matérielle directe que se cristallise l'espérance chrétienne du Salut et du monde à venir. En effet, c'est dans l'absence du corps du Christ ressuscité que se concentre l'espoir du Salut et la réalisation de la promesse de vie éternelle. Immense reliquaire entourant un espace vide de substance matérielle, le Saint-Sépulcre devient en réalité le reliquaire monumental d'une doctrine et d'une pensée théologique et exégétique. En l'absence de reliques corporelles, il fait office de témoin de la Résurrection et porte intrinsèquement en lui une part de la grâce et du miracle. Et c'est en sa qualité d'unique témoin et parce qu'il se trouve investi d'une part de la divinité (la matière elle-même ayant été transformée par la Résurrection) que le Sépulcre, objet de la dévotion des pèlerins, devient à son tour relique insigne religieusement conservée dans de nouvelles constructions monumentales.

La dévotion au Saint-Sépulcre répond aux mêmes critères que ceux dévolus au culte des saints. On trouve ainsi à l'Anastasis comme dans d'autres lieux de pèlerinage, des ampoules de terre cuite que les pèlerins rapportaient de leur périple et dans lesquelles étaient préservées de l'eau ou de l'huile ayant touché la relique. Ornées d'une scène représentant le martyr du saint[98], ces ampoules figurent en revanche une image de l'édicule du tombeau et de la Crucifixion pour celles provenant de l'Anastasis[99].

---

[97] De par son Ascension post-Résurrection, il ne peut normalement exister aucune relique corporelle directe du Christ ce qui renforce la valeur des témoins indirects que sont les lieux de son enseignement, ceux de la Passion, de la Résurrection et enfin ceux de ses apparitions, sans oublier les *Arma Christi* et quelques gouttes de sang (de la Passion et/ou issues de miracles eucharistiques) qui forment les principales reliques christiques de l'Église romaine. Robert P. PALAZZO, « The Veneration of the Sacred Foreskin(s) of Baby Jesus. A Documented Analysis », dans James HELFERS (éd.), *Multicultural Europe and cultural exchange in the Middle Ages and Renaissance*, Brepols, Turnhout 2005, p. 155–176.

[98] Ampoule à eulogie de sainte Thècle, Asie Mineure, VIe siècle (AF 7035, AGER Musée du Louvre).

[99] L'iconographie des ampoules de Monza fera l'objet d'un développement ultérieur. Pour une analyse du sujet voir, André GRABAR, Denise FOURMONT, *Les ampoule de Terre sainte (Monza, Bobbio)*, Klincksieck, Paris 1958.

Au-delà de cette double acceptation de reliquaire et de relique, le Saint-Sépulcre participe à la construction d'un discours théologique et à la mise en place de doctrines ecclésiales. À travers lui, le rite initiatique du baptême acquiert toute sa dimension eschatologique, dimension qui se trouve déjà en germe dans les Évangiles et la patristique.

## Saint-Sépulcre et baptême

Depuis l'époque apostolique, la signification du baptême est fondée sur deux réalités mystiques. La première, issue de l'exégèse de Jean, fait du baptême une nouvelle naissance par « l'eau et l'Esprit »[100] pour atteindre le royaume de Dieu. La seconde, provenant des enseignements de Paul, institue le baptême comme participation du croyant à la Mort et à la Résurrection du Christ[101]. C'est cette dernière doctrine qui inspirera tout un courant de la théologie baptismale devenu dominant dans l'Église à partir du IVe siècle et ayant des conséquences sur la perception du Saint-Sépulcre en lien avec la liturgie et le mystère pascal.

Dès le premier siècle, l'Église primitive opère le rapprochement entre Résurrection du Christ et onction du baptême. La doctrine baptismale de Paul insiste sur la Mort salvatrice du Christ et sa Résurrection. Il paraît même considérer ce lien comme un fait établi au cœur du message chrétien. Dans son Épître aux Romains, il pose ce qui semble être déjà pour lui une question de rhétorique : « *an ignoratis quia, quicumque baptizati sumus in Iesum Christum, in mortem ipsius baptizati sumus ?* »[102]. Il s'agit selon lui du noyau fondamental de la foi chrétienne : le croyant, à l'image du Christ, meurt et ressuscite dans l'eau du baptême[103], et, à travers lui, participe au mystère de la vie du Christ.

À plusieurs reprises dans ses Épîtres, Paul fait référence au baptême comme une norme déjà largement pratiquée et reconnue[104]. Il ne décrit cependant jamais pré-

---

[100] Jn III, 5 *Nisi quis natus fuerit ex aqua et Spiritu, non potest introire in regnum Dei.*

[101] Gerald Henry BAUDRY, *Le baptême et ses symboles : aux sources du Salut*, Le point théologique 59, Beauchesne, Paris 2003, p. 16. Sur l'histoire du Baptême voir : Everett FERGUSON, *Baptism in the Early Church : History, Theology, and Liturgy in the First Five Centuries*, Wm. B. Eerdmans Publishing, Cambridge 2009.

[102] Rm, VI, 3.

[103] Rm., VI, 4–11 ; BAUDRY *Le Baptême et ses symboles..*, p. 17–18.

[104] On trouve à plusieurs reprises des mentions du baptême en tant que rite chez Paul, voir, Bryan D. SPINKS, *Early and Medieval Rituals and Theologies of Baptism. From the New Testament to the Council of Trent*, Aldershot 2006, p. 3–5.

cisément les rites baptismaux qui sont implicitement supposés bien connus de ses lecteurs[105] et donc déjà plus ou moins fixés du temps de l'apôtre. Il insiste plus sur le fait que la vie du croyant doit s'enraciner dans cette participation au sacrifice du Christ[106] et que cet enracinement se fait dans le baptême. Cette doctrine du baptême que Paul définit dans sa lettre aux Romains (VI, 1–14) sera par la suite fidèlement conservée.

Ce rapprochement entre baptême et Passion, et par extension avec l'ensemble du mystère pascal, n'est pas uniquement du fait de saint Paul. Au contraire il paraît appartenir à une donnée primitive retransmise par la suite dans l'enseignement de l'apôtre[107]. La pratique du baptême, pour la « rémission des péchés »[108], n'est possible que par la Mort et la Résurrection du Christ que ce soit dans l'Évangile de Jean pour qui le don de l'Esprit provient de la Mort et de la Glorification du Christ[109], ou celui de Marc pour qui la purification passe par la Passion et la mise au tombeau. Dans un dialogue entre Jésus, Jacques et Jean, lorsque ces derniers demandent une place aux côtés du Christ au Paradis, le Christ, paraissant éluder la question, opère déjà implicitement ce rapprochement dans sa réponse et sa définition du baptême : « *baptismum, quo ego baptizor, baptizabimini* »[110]. Il est clair qu'il fait ici référence à sa Mort, sa mise au tombeau et sa Résurrection, et c'est à travers ces évènements que les apôtres seront à leur tour baptisés et unis à lui pour l'éternité[111].

Le baptême est donc déjà considéré comme un sacrement central par l'Église paléochrétienne puisque, à travers lui, le néophyte se trouve initié à la Passion et à la

---

[105] Son propre baptême aurait été célébré, selon les traditions, seulement cinq ans après la mort du Christ. Marie-Françoise BASLEZ, *Saint Paul, artisan du monde chrétien*, Fayard, Paris 2008, p. 83 et 102–103 ; Étienne TROCMÉ, *Saint Paul*, QSJ 3662, PUF, Paris 2007, p. 24–25.

[106] Rm., VI, 5.

[107] 1Cor, XV, 3–4.

[108] Telle qu'elle est mentionnée à plusieurs reprises dans les récits évangéliques et apostoliques (Lc, XXIV, 17 ; Ac, II, 38 ; Ac, XXII, 16, etc.).

[109] Jean-Philippe REVEL, *Traité des sacrements. I. Baptêmes et sacramentalité, 1. Origine et signification du baptême*, Cerf, Paris 2004, p. 235–239. Reprenant l'interprétation de Grégoire de Nysse, Revel revient, à propos de l'Évangile de Jean, sur le rapprochement entre baptême et Passion fait par le Christ lui-même (Jn, VII, 37–39) ce qui lui permet de dire que « en toute vérité, […] la Mort du Christ est le point de départ et la condition suffisante de sa Résurrection » (p. 239).

[110] Mc, X, 38–39.

[111] REVEL, *1. Origine et signification …*, p. 220–221. Chez Marc l'image du baptême dans la Passion est un renvoi à la souffrance et à la mort, à une plongée dans le tombeau et les enfers avant la renaissance à la vie éternelle (Mc, X, 35–40).

Résurrection du Christ. Et afin de renforcer la correspondance entre le baptême et la Résurrection, c'est assez naturellement que la fête de Pâques, apogée de l'année liturgique chrétienne, est choisie comme moment de l'initiation pour les catéchumènes. La centralité spirituelle et liturgique du baptême dérive de son rite lui-même puisque c'est à travers lui que le fidèle peut avoir accès à la communauté et participer pleinement aux mystères[112].

Le premier traité sur le baptême est dû à Tertullien[113], théologien et Père de l'Église, et est daté de la fin du IIe siècle. Destiné aux communautés chrétiennes de la région de Carthage, il présente la pratique baptismale de l'Église paléochrétienne, la liturgie mise en place et son contenu théologique et eschatologique qui nous intéresse plus particulièrement. Après avoir exposé le rite du baptême qui se déroule alors exclusivement pendant la vigile de Pâques (imposition des mains, immersion, onction), et l'importance des symboles mis en œuvre au cours du sacrement, Tertullien expose les liens entre baptême et Évangile. Si le Christ ne baptise pas directement pendant son ministère sur terre, les apôtres sont quant à eux envoyés baptiser par l'eau, comme Jean-Baptiste, et par l'Esprit qu'ils ont reçu à la Pentecôte. Et ce baptême par l'Esprit n'est rendu possible que par la Passion et la Résurrection du Christ « car notre mort ne pouvait être détruite sans la Passion du Seigneur ni notre vie rendue sans sa Résurrection »[114]. Il souligne, certes succinctement mais déjà fortement, que le baptême chrétien n'a de portée eschatologique qu'à travers la Mort et la Résurrection du Christ qui paraît être le catalyseur donnant validité au sacrement lui-même[115].

Origène, au IIIe siècle, utilise l'enseignement de Paul pour soutenir sa doctrine de la Résurrection et considère que, pour les chrétiens, il existe deux stades de la Résurrection. Le premier, le baptême, permet d'entrer dans la communauté par l'eau et l'Esprit, le second, plus implicite, est celui promis par le Christ à la fin des Temps[116].

---

[112] Annabel-Jane WARTON, « The Baptistery of the Holy Sepulchre in Jerusalem and the Politics of Sacred Landscape », dans : *Dumbarton Oaks Paper* 26 (1992), p. 319–320.

[113] Fils d'un officier romain à Carthage, il est actif auprès d'une des premières communautés chrétiennes d'Afrique dans les années 190–195. François REFOULÉ, « Introduction. L'auteur », dans : TERTULLIEN, *Le Baptême*, Trésor du christianisme, Cerf, Paris 2008, p. 8–11.

[114] TERTULLIEN, *Le Baptême*, p. 96.

[115] Il explicite son propos par la suite en parlant du baptême des apôtres et de la nécessité de sacrifier au sacrement pour les croyants. TERTULLIEN, *Le Baptême*, p. 96–101.

[116] ORIGÈNE, *Homélies sur Ézéchiel*, II, 5, édition Marcel BORRET, Sources Chrétiennes 352, Cerf, Paris 1989, p. 117–118.

La reconnaissance de l'importance centrale du rite initiatique du baptême par l'onction de l'eau et de l'Esprit, de son exécutant[117] et du cadre architectural dans lequel il se déroule, est primordiale pour comprendre la mise en place des espaces liturgiques de Jérusalem les uns par rapport aux autres[118]. Le catéchuménat débutait au commencement du Carême et s'achevait la nuit de Pâques par le baptême. Si Égérie revient elle aussi sur cette période de formation, c'est principalement dans les catéchèses de Cyrille de Jérusalem (vers 315–387) qu'est développé cet enseignement[119]. Ces vingt-quatre catéchèses, prononcées dans la rotonde de l'Anastasis, face à l'édicule du tombeau, sont pour nous une précieuse source concernant la liturgie baptismale et sa préparation à Jérusalem au IV$^e$ siècle[120]. Les dix-neuf premières, ou catéchèses baptismales, sont destinées aux catéchumènes et doivent les accompagner dans leur compréhension du sacrement et la révélation du Salut. Les cinq dernières, ou catéchèses mystagogiques, sont quant à elles une adresse aux néophytes nouvellement entrés dans la communauté chrétienne et reviennent plus spécifiquement sur les trois sacrements reçus pendant la vigile pascale : baptême, eucharistie et confirmation[121]. Cyrille, dans son enseignement sur le rite, reprend à plusieurs reprises l'image du baptême comme réactualisation et revivification de la Passion du Christ :

> « Après cela vous avez été conduits par la main à la sainte piscine du divin baptême, comme le Christ de la croix au tombeau qui est devant vous […]. Et vous avez confessé la confession salutaire, et vous avez été immergés trois fois dans l'eau, et puis vous avez émergé, signifiant là aussi symboliquement la sépulture de trois jours du Christ. […] Et dans un même moment vous mourriez et vous naissiez : cette eau salutaire fut et votre tombe et votre mère. »[122]

À Jérusalem, cet enseignement prend une connotation particulière en raison de la topographie sacrée des lieux dans lesquels la liturgie stationnale prend place. Cette

---

[117] Au IV$^e$ siècle, seul l'évêque peut donner le baptême et se trouver totalement identifié au rite sur lequel il exerce un étroit contrôle. Tertullien souligne le fait (TERTULLIEN, *Le Baptême*, XVII, p. 105-107), qui se retrouve par la suite encore évoqué par Égérie (ÉGÉRIE, *Journal de voyage (Itinéraire)*, édité et traduit par Pierre MARAVAL, Sources Chrétiennes 296, Cerf, Paris 2002, XLV 1–13, p. 304–307).

[118] WARTON, « The Baptistery of the Holy Sepulchre… », dans : *op. cit.*, p. 320.

[119] Concernant l'attribution de ces catéchèses à Cyrille de Jérusalem et à propos de l'évêque de Jérusalem lui-même, voir, Auguste PIÉDAGNEL, « Introduction », dans : CYRILLE DE JÉRUSALEM, *Catéchèses mystagogiques*, p. 9–65.

[120] Elles seraient datées des environs de 347-350, date d'arrivée de Cyrille sur le siège épiscopal de Jérusalem (où il restera jusqu'à sa mort en 387).

[121] REVEL, *1. Origine et signification…*, p. 305-306.

[122] CYRILLE DE JÉRUSALEM, *Catéchèses mystagogiques*, II, 4, p. 110–113.

topographie sacrée participe à la construction d'un contenu symbolique et exégétique fort des monuments, leur conférant une qualité de « témoins »[123] de l'histoire du Salut : « [...] Ce Golgotha, place sacrée parmi toutes les autres places, porte témoignage par sa véritable apparence. Le plus saint des sépulcres porte témoignage, et la pierre qui repose ici depuis lors... »[124]. Cyrille emploie pleinement ces évidences matérielles, ou « reliques », de la Passion pour justifier et légitimer le rite baptismal, reprenant à son compte l'enseignement de Paul rapprochant baptême et Résurrection dans un espace liturgique chargé de sens et où les barrières temporelles et spirituelles semblent être abolies[125].

Cet enseignement sur le baptême trouve un écho chez les Pères occidentaux qui, se référant là encore à Paul, recentrent toujours leurs discours sur le sacrement et son lien avec la Résurrection. Ambroise de Milan (vers 340–397) est l'auteur de quatre catéchèses baptismales dans lesquelles il revient sur la signification du baptême et son rôle central dans la vie du croyant qui s'identifie au Christ mort et ressuscité et, à travers lui, accède au Salut[126].

« [...] de même que le Christ est mort au péché et vit pour Dieu, tu as toi aussi à être mort aux anciens attraits des péchés, par le sacrement de baptême, et ressuscité par la grâce du Christ. C'est donc une mort non par la réalité d'une mort corporelle, mais en symbole. Quand donc tu es baigné, tu prends la ressemblance de sa mort et de sa sépulture [...] »[127]

On retrouve donc chez Ambroise la même interprétation de l'immersion baptismale et de la mise au tombeau du Christ, la même identification entre Mort et Résurrection du Christ d'un côté et mort au péché et résurrection par l'eau du baptême de l'autre. L'importance de cette liturgie baptismale milanaise est encore mise en valeur par la fondation d'un baptistère de plan centré, situé au niveau du massif occidental de la

---

[123] La qualité de « témoin » accordée aux différents éléments de la Passion (bois de la croix, édicule du tombeau, pierre de l'Ange, etc.) renvoie, comme nous le verrons plus loin, à la définition grecque du terme de « Martyrium » tel qu'André Grabar a pu la donner. Voir André GRABAR, *Martyrium. Recherches sur le culte des reliques et l'art chrétien antique*, Londres 1972 (reprint 1946), p. 28–31.

[124] WARTON, « The Baptistery of the Holy Sepulchre... », dans : *op. cit.*, p. 320.

[125] SPINKS, *Early and Medieval Rituals and Theologies of Baptism...*, p. 38–42.

[126] SPINKS, *Early and Medieval Rituals and Theologies of Baptism...*, p. 115–117. Spinks revient sur les rites baptismaux à Milan et leur impact sur l'ensemble du Nord de l'Italie.

[127] AMBROISE DE MILAN *De Sacramentis* II, 23 p. 86–89, dans : *Des sacrements des mystères : explication du symbole*, édition Bernard BOTTE, Sources Chrétiennes 25[bis], Cerf, Paris 1994.

cathédrale Sainte-Thècle et reprenant le schéma d'implantation du complexe ecclésial du Martyrium et de l'Anastasis à Jérusalem[128]. L'emploi du plan centré octogonal est de plus non seulement une reprise du modèle architectural du mausolée impérial semblable à celui de Dioclétien à Split, mais surtout une réaffirmation du lien entre baptême – Mort et Résurrection du Christ – faisant du baptistère un tombeau mystique[129]. Cet emploi du plan octogonal, à huit pans, est un renvoi à la Résurrection du Christ qui intervient au 8ᵉ jour après les Rameaux[130], et au-delà au livre de la Genèse et au 8ᵉ et dernier jour de la création du monde.

Le développement d'une structure architecturale spécifique apparaît comme l'aboutissement logique de cette perspective théologique. Si à Jérusalem la question de l'existence d'un baptistère indépendant s'est posée en raison de l'absence de sources et de données archéologiques probantes[131], il est probable que la liturgie du baptême se

---

[128] On retrouve en effet le même schéma de communication de la basilique à l'édifice de plan centré. L'axe général du complexe, en revanche, diffère : orienté à Milan et occidenté à Jérusalem. Mario MIRABELLA ROBERTI, « I battisteri di Sant'Ambrogio », dans : *Agostino e Milano. Il battesimo, Agostino nelle terre d'Ambrogio*, Augustinus, Milan 1988, p. 77–83.

[129] « L'édifice [le baptistère] est un tombeau et les néophytes entraient dans un tombeau pour y recevoir l'eau purificatrice… », dans : MIRABELLA ROBERTI, « I battisteri di Sant'Ambrogio », dans : *op.cit.*, p. 79. Une étude complète des liens entre mausolées impériaux et baptistères paléochrétiens reste encore à faire même si les liens ont déjà été soulignés par les chercheurs.

[130] Mario MIRABELLA ROBERTI, « Il battistero antico di Milano », dans : *Atti del VI Congreso internazionale di Archeologica Cristiana, Ravenna 23–30 settembre 1962*, Studi di antichita cristiana 26, Rome 1965, p. 703–707 ; Mathias UNTERMANN, *Der Zentralbau im Mittelalter*, Wissenschaftliche Buchgesellschaft, Darmstadt 1989, p. 214–215.

[131] WARTON, « The Baptistery of the Holy Sepulchre… », dans *op. cit.*, p. 322–325. Warton revient sur l'existence probable d'un baptistère entre la basilique du Martyrium et la rotonde de l'Anastasis. Selon elle, si l'on considère le complexe du Saint-Sépulcre en tant que complexe cathédral de Jérusalem, la présence d'un baptistère au sein de ce vaste espace liturgique se justifie d'elle-même. Elle souligne de plus l'importance de la liturgie baptismale de Pâques à Jérusalem et son caractère stationnal à l'échelle de la ville et du complexe en lui-même. Il serait logique, si l'on se réfère aux enseignements de Cyrille de Jérusalem, de supposer qu'un baptistère servait, pour les catéchumènes, d'étape du Martyrium vers l'Anastasis où ils pénétraient néophytes. Il semble même, si l'on analyse le contenu de ses catéchèses mystagogiques, qu'il induise la présence d'un baptistère en dehors de la rotonde. Ce baptistère aurait par la suite disparu et la liturgie baptismale se serait naturellement reportée à l'intérieur de la rotonde. Voir aussi : Malca BEN PECHAT, « The Paleochristian Baptismal Fonts in the Holy sepulchre : Formal and Functional Study », dans *Liber Annuus* 39 (1989), p. 165–188 ; Carlo TINELLI « Il battistero del Santo Sepolcro in Gerusalemme », in *Liber Annuus* 23 (1973), p. 95–104 ; Marina FALLA CASTELFRANCHI, « Battisteri e pelligrinaggi », dans : *Akten den XII. Internationalen Kongresses für christliche Archäologie*, Aschendorffsche Verl., Münster 1995, p. 234–248 et en particulier p. 239–241.

soit par la suite directement déroulée dans l'Anastasis, établissant un lien encore plus direct avec la Résurrection (baptême par aspersion).

Au IVe siècle, la construction de la symbolique baptismale de la mise au tombeau avec le Christ et de la Résurrection par l'eau et par l'Esprit semble déjà être un acquis spirituel qui marque durablement toute la théologie entourant ce sacrement initiatique. Le rapprochement opéré depuis Paul entre Saint-Sépulcre et baptême, rapprochement encore renforcé à l'époque paléochrétienne par la liturgie baptismale de Pâques, imprègne aussi les modes de représentation de la Résurrection, faisant du baptême le signe tangible du Salut promis.

Ainsi, la théologie du baptême qui se met en place dès les premiers siècles de l'ère chrétienne favorise le développement d'une dévotion au Saint-Sépulcre. Voyant dans le tombeau du Christ le lieu tout à la fois symbolique et réel de la Résurrection, elle en a perpétué le souvenir et l'image dans le rite baptismal renforçant encore l'attrait du lieu dans la pensée chrétienne.

Mais à travers le contenu théologique et exégétique du baptême, ce sont aussi d'autres thématiques en lien avec le Saint-Sépulcre qui tendent à se dégager. C'est en effet dans le tombeau du Christ que semblent en partie se cristalliser au début du Moyen Âge les liens entre Jérusalem terrestre et Jérusalem céleste.

## *Jérusalem terrestre et Jérusalem céleste*

Dans la pensée chrétienne, Jérusalem est double : d'un côté la Jérusalem temporelle, soumise aux rivalités et aux conflits, lieu de la mort du Christ et cité conquise par les Arabes que les chrétiens se doivent de reprendre ; de l'autre la Jérusalem atemporelle, celle désirée et rêvée par les croyants, juifs ou chrétiens. Jérusalem possède intrinsèquement une dimension qui s'étend au-delà des seuls aspects géographique, historique ou religieux. Même si Paul distingue les deux cités[132], il apparaît que les liens unissant Jérusalem terrestre et Jérusalem céleste soient impossibles à totalement dissocier.

Les auteurs chrétiens ont ainsi résumé les diverses significations de Jérusalem selon les « quatre sens de l'Écriture » : littéral (ou historique), allégorique, anagogique

---

[132] Dans l'Épître aux Galates (IV, 25–26), il entreprend déjà de distinguer la Jérusalem historique de son temps et celle d'en haut qui doit venir. Dans la lettre aux Hébreux il la nomme « Cité du Dieu vivant, la Jérusalem céleste » (*Civitatem Dei viventis, Ierusalem caelestem*, XII, 21).

et tropologique (ou moral). Dans un ouvrage qui fait aujourd'hui encore référence[133], Henri de Lubac a, à partir des auteurs et penseurs chrétiens de l'Antiquité tardive et du Moyen Âge, redéfini « la doctrine relative au sens de l'Écriture sainte ». Si l'on suit le sens littéral, ou historique, Jérusalem est la capitale biblique du royaume de David. Dans son sens allégorique, elle renvoie à l'Église du Christ[134]. Le sens anagogique va plus loin et la rapproche de la cité céleste eschatologique. Enfin le sens tropologique, ou moral, en fait le reflet de l'âme humaine[135].

La distinction entre la cité terrestre soumise aux aléas de l'histoire et la cité céleste dont la dimension eschatologique est au centre des préoccupations, est complexe à mettre en œuvre. L'image de la Jérusalem prophétique, centre du monde et porte du paradis, se confond avec celle de la Jérusalem réelle et de ses monuments. Le complexe construit par Constantin sur les lieux de la Crucifixion et de la Résurrection rend à Jérusalem son caractère sacré et forme le lien tangible et visible entre les deux cités. La symbolique de la Résurrection est même essentielle. Tout comme le catéchumène est lavé du péché par le baptême, la Jérusalem chrétienne est nouvelle et vivante, lavée de son enveloppe ancienne maudite[136]. Les constructions constantiniennes viennent alors remplacer celles du Temple ruiné, ce qui fait de Constantin lui-même un nouveau Salomon[137].

---

[133] Henri de LUBAC, *Exégèse médiévale. Les quatre sens de l'Écriture*, Paris 1959–1961. Dans son introduction le cardinal de Lubac débute par une citation empruntée à Nicolas de Lyre (vers 1330) « *Littera gesta docet, quid credas allegoria,/ Moralis quid agas, quo tendas anagogia* », citation que l'on retrouve chez d'autres auteurs plus anciens, p. 5–6.

[134] Selon la définition de Walafrid Strabon « *Allegorica autem, Hierusalem interpretatur visio pacis, quae significat Ecclesiam sanctam. Nam superna Hierusalem non potest continere nisi pacificos in fide Christ* ». Voir WALAFRID STRABON, *De subversione Jerusalem*, dans : *PL*, t. CXIV, col. 973 ; et Adrian H. BREDERO « Jérusalem dans l'Occident médiéval », dans Pierre GALLAIS et Yves-Jean RIOU (dir.), *Mélanges offerts à René Crozet*, Paris 1966, pp. 259–271.

[135] Lubac développe de façon très détaillée les quatre sens de Jérusalem dans son chapitre « Anagogie et Eschatologie », dans : LUBAC, *Exégèse médiévale…*, t. II p. 645–648.

[136] La Jérusalem ancienne se trouve maudite par le péché des Juifs considérés comme déicides et responsables de la mort du Christ. Augustin développe largement cette idée dans sa *Civitas Dei*, rapprochant la Jérusalem ancienne de Babylone.

[137] La figure de Salomon est importante comme personnification de la personne royale ou impériale. Basé sur le récit des deux livres des Rois, il représente l'archétype du roi sage et bâtisseur des grandes œuvres divines, qu'elles soient matérielles (Temple) ou non (Jugement).

L'idée d'une Jérusalem terrestre maudite est développée tout d'abord par Augustin avant d'être reprise par Jérôme et Grégoire dans la patristique[138], puis par des penseurs carolingiens tels qu'Alcuin, Walafrid Strabon ou Haymon d' Halberstadt. Les auteurs soulignent la subversion historique et les dévastations dont elle fut la victime[139], dévastations interprétées comme les conséquences de l'infidélité du peuple juif à l'Alliance faite avec Dieu. Puisqu'elle n'a pas reconnu l'avènement du Christ (Lc, XIX, 41–44), la ville se trouve maintenant être une *Maledictam terram*[140] et doit être purifiée, notamment par la destruction qui permettra la reconstruction par Constantin sur de nouvelles bases.

Mais la ville de Jérusalem symbolise aussi l'Église chrétienne. Walafrid Strabon, par exemple, distingue trois villes successives : la cité de Sem fils de Noé, nommé Salem ; la ville des Jébuséens[141] ; et finalement la cité de Salomon[142]. Cette identification est encore exprimée par Méliton de Sardes, considéré comme le premier pèlerin se rendant à Jérusalem sur les lieux de la vie du Christ, lors d'une prédication sur la Passion sans doute datée de 160–170[143]. Elle est par la suite reprise par Hilaire de Poitiers (vers 315–367), qui définit cette identification comme manifestée par le sacrifice du Christ[144]. En lieu et place du Temple ruiné de la Jérusalem terrestre, comme décrit dans la vision d'Ézéchiel, se dresse à présent le temple spirituel chrétien.

---

[138] Thomas Renna a entrepris une analyse complète de la figure de Jérusalem dans la pensée médiévale. Son but est d'étudier l'évolution de l'idée de Jérusalem au Moyen Âge jusqu'au XIIe siècle et de souligner les subtils changements qui apparaissent au cours de cette évolution. Voir Thomas RENNA, *Jerusalem in Medieval Thought*, New-York 2002, p. 4–5 pour l'introduction.

[139] Plus spécifiquement la destruction de la ville par les Romains 40 ans après la Crucifixion, chiffre symbolique qui renvoie au temps passé par Israël au désert pendant l'Exode ou encore celui de l'exil à Babylone.

[140] JÉRÔME, *Epistola* XLVI 8, dans *PL*, t. XXII, col. 488. On trouve chez exégètes et théologiens de nombreuses références au caractère maudit de Jérusalem. Entre autres AUGUSTIN D'HIPPONE, *De civitate Dei*, lib. IV, c. 4 ; GRÉGOIRE LE GRAND, *Homeliarum in Evangelica*, lib. II, hom. XXXIX, c. 1 dans *PL*, t. LXXVI, col. 1294 ; WALAFRID STRABON, *De subversione Jerusalem*, dans : *PL*, t. CXIV, col. 974.

[141] 2Samuel, V, 6.

[142] WALAFRID STRABON, *De subversione Jerusalem*, dans : *PL*, t. CXIV, col. 973.

[143] Henri de LUBAC, *Histoire et Esprt. L'intelligence de l'Écriture d'après Origène*, Cerf, Paris 2002, p. 126, 250 et 256.

[144] Pour un développement plus complet voir, RENNA, *Jérusalem in Medieval Thought…*, p. 33–34.

L'explication allégorique de la ville est sans doute la plus répandue, étant directement issue du sens étymologique de « ville de Shalem ». Saint Augustin revient à plusieurs reprises sur cette interprétation qu'il rapproche de la ville éternelle des cieux[145]. C'est cette ville de la paix éternelle qu'il oppose à Babylone, ville de la paix temporelle et de la confusion[146]. Il souligne alors la dualité de Jérusalem qui, d'un côté personnifie Babylone, captive du poids des péchés des hommes, et, de l'autre, est déjà ancrée dans l'éternité par la volonté de Dieu qui l'a choisie.

Ce thème de la dualité de la Jérusalem actuelle ou historique, future ou céleste, est latent dans l'Ancien Testament[147], et finalement largement suggéré dans l'ensemble du Nouveau Testament. Jérusalem est investie d'une véritable aura de sainteté fondée sur le concept vétérotestamentaire du choix divin de la cité où il s'est manifesté[148].

Cette interprétation allégorique augustinienne de l'ambivalence de Jérusalem est encore renforcée dans l'exégèse monastique qui voit dans l'opposition entre Babylone et Jérusalem une image de l'opposition entre le Siècle et la Règle[149]. L'image allégorique de Jérusalem débouche ainsi sur son interprétation tropologique qui fait de la conversion monastique l'entrée dans la Jérusalem céleste. L'identité de Jérusalem comme *Ecclesia* se manifeste à travers la figure du Christ et de son sacrifice. Quatre états de l'Église-Jérusalem sont à distinguer chez Augustin : l'existence actuelle de la Jérusalem terrestre et de son Église ; la posture eschatologique de l'attente de la seconde Parousie ; la Jérusalem céleste cité des anges ; la ville de pèlerinage[150].

Les quatre sens exégétiques de Jérusalem ne sont alors pas compris indépendamment les uns des autres. Au contraire, ils forment un tout qui témoigne de la richesse et de la complexité de Jérusalem comme centre des préoccupations tant historiques

---

[145] RENNA, *Jérusalem in Medieval Thought...*, p. 39–43 et ss.
[146] AUGUSTIN D'HIPPONE, *De Civitate Dei*, lib. XIX, c. 11.
[147] Pour un développement plus complet sur le sujet voir Bianca KÜHNEL, *From the Earthly to the Heavenly Jerusalem. Représentations of the Holy City in Christian Art of the First Millenium*, Freibourg im Brigsau 1987, p. 17–48.
[148] KÜHNEL, *From the Earthly to the Heavenly Jérusalem...*, p. 49–51.
[149] LUBAC, *Exégèse médiévale...*, t. II, p. 6545–648 ; RENNA, *Jerusalem in Medieval Thought...*, « Introduction », p. 1–8.
[150] KÜHNEL, *From the Earthly to the Heavenly Jérusalem...*, p. 77–78; Jean DANIELOU « Terre et Paradis chez les Pères de l'Église », dans : *Eranos-Jahrbuch* 22 (1953), p. 433–472.

qu'eschatologiques des penseurs chrétiens[151]. En conclusion de son analyse, le père de Lubac a su synthétiser la pensée d'Augustin et les multiples facettes de la cité :

« Car dans le seul nom de Jérusalem, c'est en résumé toute l'histoire du peuple d'Israël, et c'est toute la substance de l'Ancien Testament qui est contenue ; par là, c'est toute l'Église du Christ et toute l'âme chrétienne, et toute la cité de Dieu. [...] Si bien que l'explication de Jérusalem renferme comme *in nuce* l'exposé total d'un mystère chrétien. »[152]

Cet attachement aux Lieux saints de Jérusalem est inspiré par des motifs eschatologiques. Pèlerins et croyants sont habités par un désir de voir se réaliser la vision de l'Apocalypse de Jean[153] annonçant la descente sur terre de la cité céleste. Certains éléments permettaient même de relier physiquement la Jérusalem terrestre à son image céleste. En se référant à la vision d'Ézéchiel[154], on comprend que Jérusalem se situe sur l'*umbilicus terrae*. Cette notion cosmologique, déjà donc formulée dans l'Ancien Testament, a été introduite dans la tradition occidentale par Flavius Josèphe et reprise par la suite par Jérôme[155]. Fidèle à la tradition de Jérôme, Walafrid Strabon définit Jérusalem « *in medio terrae* »[156] et voit dans cette connotation de « nombril du monde » une métaphore de l'histoire sainte dans son ensemble[157].

Au cœur de ces préoccupations eschatologiques, le complexe du Saint-Sépulcre possède un statut tout particulier. Lieu de la Passion et de la Résurrection du Christ, c'est ici que, dès l'époque constantinienne, paraissent se rencontrer monde terrestre et cité céleste. À travers lui, l'ancienne Jérusalem disparaît au profit de la nouvelle Jérusalem, la Jérusalem chrétienne[158]. L'*Omphalos mundi* est ainsi identifié au cœur du Sépulcre. Dans sa description de Jérusalem (vers 680), Arculfe parle d'une haute colonne au centre de la ville qui, au solstice d'été, reste sans ombre à midi, ce qui tendrait à prouver la centralité de Jérusalem[159]. Bède, reprenant le récit de l'abbé franc, évoque

---

[151] KÜHNEL, *From the Earthly to the Heavenly Jérusalem...*, p. 74–81.
[152] LUBAC, *Exégèse médiévale...*, t. II, p. 645.
[153] Ap. XXI, 2.
[154] Éz. V, 5 et XXXVIII, 12.
[155] Beat WOLF, *Jerusalem und Rom : Mitte, Nabel- Zentrum, Haupt. Die Metaphern « Umbilicus Mundi » und « Caput mundi » in den Weltbildern der Antike und des Abendlands bis in die Zeit der Ebstorfer Weltkarte*, Peter Lang Verlag, Bern, 2010, p. 208–220.
[156] WALAFRID STRABON, *Liber Isaiae prophetae*, XXIV, 13, dans : *PL* 113, col. 1267.
[157] WOLF, *Jerusalem und Rom...*, p. 211.
[158] EUSÈBE DE CÉSARÉE, *Vita Constantini*, III, 33.
[159] Denis MEEHAN (éd.) *Adamnan's De Locis Sanctis*, Dublin Institute for Advanced Studies, Dublin 1983.

lui aussi cette tradition[160] que l'on retrouve encore mentionnée chez d'autres pèlerins plus tardifs. La centralité même de Jérusalem est entièrement fondée sur un concept spirituel. Géographiquement, Jérusalem n'est qu'une ville relativement lointaine et marginale, à la périphérie du monde occidental, et ce même pendant l'existence des États latins (XII<sup>e</sup> siècle). En revanche, à partir des visions d'Ézéchiel et de la lecture des psaumes, la centralité de la ville en lien avec le royaume de Dieu ne fait plus de doute. Cette centralité symbolique s'exprime aussi dans la cartographie médiévale qui place Jérusalem au centre de toute composition, centre à partir duquel se développe le reste du monde. La mosaïque de pavement de l'église Saint-Georges à Madaba (Jordanie) est un des premiers exemples montrant la position centrale de Jérusalem au cœur de la Méditerranée et, en son sein, celle du Saint-Sépulcre[161].

La diffusion de nouvelles idées eschatologiques aux alentours de l'An Mil apporta des éléments nouveaux. C'est ainsi que le combat décisif entre le Christ et l'Antéchrist[162] et la victoire finale des fidèles furent situés sur le Mont des Oliviers. De plus la victoire devait être un prélude à une procession qui aurait vu l'empereur finalement déposer sa couronne au Saint-Sépulcre, image symbolique de l'avènement du royaume du Christ et de la restauration de la Jérusalem céleste qui s'amorcerait donc au Sépulcre, lieu de la Résurrection. À ces croyances, fait écho le grand mouvement, décrit par Raoul Glaber, de construction « du blanc manteau d'église »[163] et « de la foule immense des pèlerins »[164] en route vers la Jérusalem terrestre.

Le pèlerinage vers le Saint-Sépulcre permet surtout le rapprochement allégorique des deux Jérusalem : la céleste et la terrestre. L'idée de la cité céleste, par opposition à la terrestre, est introduite par Ézéchiel[165] puis Jean[166] avant d'être reprise puis développée

---

[160] BÈDE LE VÉNÉRABLE, *De locis Sanctis*, dans : CCSL 175, Brepols, Turnhout 1965, p. 249–280 ; Voir aussi BREDERO « Jérusalem dans l'Occident Médiéval », pp. 259–271, qui revient sur cette interprétation cosmologique.

[161] Pour une étude globale sur la carte de Madaba, voir, Michele PICCIRILLO *Chiese e mosaici di Madaba*, Jérusalem 1989 ; John WILKINSON « The Madaba Map », dans : John WILKINSON *Jerusalem Pilgrims before the Crusades*, Warminster 2002, p. 152–156. Pour une étude générale sur les représentations cartographiques de Jérusalem, voir, Martine MEUWESE « Representations of Jerusalem on Medieval Maps and Miniatures » dans *ECA* 2 (2005), p. 139–148.

[162] Ap, XIX, 11–21.

[163] RAOUL GLABER, *Histoires*, III 13, Traduit et présentés par Mathieu Arnoux, Brepols, Turnhout 1996 p. 162–165.

[164] RAOUL GLABER *Histoires*, Livre IV, 18, p. 252–254.

[165] Ez, XL–XLIII.

[166] Ap, XXI–XXII.

par Augustin dans sa *Cité de Dieu*. Dès le VIIe siècle, le succès de l'Apocalypse et de son commentaire va pousser les exégètes médiévaux à rechercher où s'accomplirait la dernière vision de l'apôtre, celle de la cité céleste descendant du royaume de Dieu[167]. La glose d'Ézéchiel ayant depuis longtemps établi Jérusalem comme centre du monde terrestre, l'association des deux idées était alors facile à faire. La Jérusalem terrestre devient rapidement le cadre privilégié de l'avènement de la Jérusalem céleste et les pèlerins sont conscients de cette dimension eschatologique de la ville. Depuis Jean Chrysostome, les sanctuaires de Jérusalem, et en particulier le complexe du Saint-Sépulcre, étaient considérés comme les symboles terrestres de la Jérusalem céleste, et par là comme les lieux privilégiés où s'exprimaient déjà le royaume de Dieu[168].

La chrétienté médiévale n'a pas hésité à adapter plastiquement et iconographiquement la vision de Jean dans les églises et les œuvres d'art[169]. Dans ce cadre, la rotonde de l'Anastasis et son plan circulaire sont considérés comme une réminiscence de la Jérusalem céleste. Le choix du cercle renvoie à la perfection infinie de la création divine. Comme Augustin le définit dans la *Cité de Dieu*[170], Dieu est créateur de toute chose et toute chose se trouve créée dans l'*ordo*, adéquation parfaite entre la *proportio* et l'*harmonia*. La création artistique en général, et architecturale en particulier, est

---

[167] Les commentaires de l'Apocalypse, *In Apocalypsin*, du Beatus de Liébana, moine de San Martìn de Turieno (2[nde] ½ du VIIIe siècle) sont sans doute parmi les plus connus. On y trouve, en plus du texte original intégral de Jean, une compilation des commentaires des premiers Pères de l'Église (saint Augustin, saint Ambroise, saint Irénée…). John WILLIAMS « Purpose and Imagery in the Apocalypse Commentary of Beatus of Liébana », dans : Richard K. EMMERSON, Bernard MCGINN (éd.), *The Apocalypse in the Middle Ages*, Cornell University Press, Cornell 1992, p. 217–233 ; Kenneth STEINHAUSER, « Narrative and Illumination in the Beatus Apocalypse », dans : *Catholic Historical Review*, vol. 81 n°2 (1995), p. 185–210.

[168] GRABOÏS, *Le pèlerin occidental...*, p. 76–81.

[169] De nombreuses recherches ont repris le développement de l'iconographie de la Jérusalem céleste. On peut citer entre autres : Maria-Luisa GATTI PERRER, „*La Dimora di Dio con gli uomini*" (*Ap 21,3*) : *immagini della Gerusalemme celeste dal III al XIV secolo*, Vita e Pensiero, Milan 1983 ; Yves CHRISTE, Renzo PETRAGLIO (éds.), *L'Apocalypse de Jean. Traditions exégétiques et iconographiques (IIIe–XIIIe siècles)*, Droz, Genève 1979 ; G. E. ROCHE, « Une iconologie architecturale des Apocalypses du IXe au XIe siècle », dans : *Texte et image. Actes du colloque international de Chantilly (13–15 octobre 1982)*, Belles Lettres, Paris 1984, p. 19–30 ; Mireille MENTRÉ, « L'image de la Jérusalem céleste dans l'iconographie des XIe et XIIe siècles », dans : Daniel POIRION (éd.), *Jérusalem, Rome, Constantinople. L'image et le mythe de la ville au Moyen Âge*, Presse Universitaire de la Sorbonne, Paris 1986, p. 17–31 ; Yves CHRISTE, *L'Apocalypse de Jean. Sens et développements de ses visions synthétiques*, Picard, Paris 1996 ; Fernando GALTIER MARTI, *La iconografìa arquitectònica en al arte cristiano del primer milenio. Perspectiva y convenciòn ; sueño y realidad*, Mira Editores, Saragosse 2001, p. 215–263.

[170] *De Civitate Dei*, XIX, 13 (CCSL 48, 679–680).

donc soumise à cet *ordo* compris comme un acte transcendantal de la part de l'artiste qui s'efforce, à hauteur de ses possibilités, de reproduire la création divine par essence parfaite, en insufflant à sa propre création le meilleur ordre. Dans ce cadre, le choix du cercle vient encore renforcer le lien existant entre la construction architecturale et la cité céleste espérée. Sans début ni fin, le cercle est la figuration de la perfection divine dans son expression la plus aboutie[171] et la préfiguration du royaume à venir. La *proportio* et l'*harmonia* sont au centre de la conception de l'architecture qui les emploie pour répondre à des critères tant pratiques que purement esthétiques. L'architecture, régie par des ordres, des cadres, des formes ou des espaces, est comprise, comme le rappelle le presbytre Théophile[172], comme un moyen et un ensemble complexe dont les différents éléments sont des guides pour la méditation et la prière en vu de découvrir les beautés de la « Cité Céleste ». L'ensemble de la construction ne reste qu'un « passage vers », un outil pour l'œil pour aller au-delà, vers les beautés promises par Dieu à Ézéchiel et à Jean, et surtout une copie humaine et matérielle des réalisations divines et mystiques. Ainsi, pour Augustin, le cercle est-il symbole de la Vertu qui peut s'exprimer par le bon usage des proportions et de l'harmonie[173]. Selon Eigil, abbé de Fulda et fondateur de la chapelle Saint-Michel (vers 820), le cercle est le symbole de l'Église qui ne finit jamais, contient tous les sacrements et dans laquelle se concrétise toutes les espérances dans le royaume des cieux[174].

Si toute construction d'église se veut une porte ouverte sur la Jérusalem céleste[175], le Saint-Sépulcre est un cas encore plus spécifique. Lieu de la Résurrection, il renvoie, par l'intermédiaire du mystère lui-même, encore plus directement à la cité céleste. Centre du monde réel et géographique, il est aussi le centre du monde spirituel où se

---

[171] Louis de Hautecoeur, *Mystique et architecture : symbolisme du cercle et de la coupole*, Picard, Paris 1954.

[172] « *Per spiritum sapientiae cognoscis a Deo cuncta creata procedere, et sine ipso nihil esse. Per spiritum intellectus cepisti capacitem ingenii, quo ordine, qua varietate, qua mensura valeas insistere diverso operi tuo. [...] His virtutum astipulationibus animatus, karissime fili, domum Dei fiducialiter aggressus tanto lepore decorasti, [...] Si rescipit laquearia, vernant quasi pallia; si consideret parietes, est paradysi species; si lumina abundantiam ex fenestris, inestimabilem vitri decorem et operis pretiosissimi varietatem meritur* », Theophile Presbyter, *Schedula diversarum artium*, III.

[173] Augustin d'Hippone, *De quantitate animae*, xvi, dans : *PL*, xxxii, col 1051.

[174] Bruun Candidus, *Vita Aeigilii*, dans : *MGH SS.*, xv, 1, p. 231 ; Richard Krautheimer, « Introduction to a iconography of medieval architecture », dans : *Journal of the Warbourg and Courtauld Institute*, vol. 5 (1942), p. 9.

[175] Günter Bandmann, *Mittelalterliche Architektur als Bedeutungsträger*, Gebr. Mann Studio, Berlin 1998, p. 62–70. Il revient ici sur la signification de l'église, comme ensemble architectural, image de la Jérusalem céleste.

joigne véritablement la Jérusalem céleste de la seconde Parousie et la cité terrestre[176]. En effet, le rapprochement opéré entre Saint-Sépulcre et Jérusalem céleste permet de mettre en valeur le caractère symbolique de la Rotonde en tant que lieu de la Résurrection, mais aussi de lieu d'où le Christ aurait brisé la porte des enfers, défaisant ainsi définitivement la Mort pour ouvrir au Salut et à la vie éternelle.

La mosaïque d'abside de Sainte-Pudentienne (Rome, début du V$^e$ siècle)[177] illustre le lien symbolique existant entre monde terrestre et céleste puisqu'il s'agit ici du premier exemple d'utilisation d'une image de la cité terrestre pour figurer la Jérusalem céleste. C'est en effet un cas unique d'iconographie combinant, dans un ensemble cohérent, des éléments de l'Apocalypse de Jean et les *loca sancta* constantiniens afin de créer un cadre à la Théophanie du Christ et des apôtres[178]. C'est principalement le fond architecturé qui retiendra notre attention. En effet, on y reconnaît l'ensemble des monuments formant le complexe du Saint-Sépulcre, depuis les propylées jusqu'à l'Anastasis, parfaitement identifiable à gauche, sans oublier la grande croix gemmée

---

[176] KÜHNEL, *From the Earthly to the Heavenly Jérusalem...*, p. 117–118. Kühnel souligne le fait que pour Charlemagne comme pour Constantin le Saint-Sépulcre était « the meeting point between the heavenly and the earthly realm, between heavenly and earthly Jerusalem ». Jérusalem, et en particulier le Saint-Sépulcre, était le point de référence principal de Charlemagne, Rome ne venant qu'ensuite, allant jusqu'à faire d'Aix-la-Chapelle une nouvelle Jérusalem tout comme Constantin l'avait fait avec Rome au IV$^e$ siècle.

[177] Sur la mosaïque voir : Maria ANDALORO, Serena ROMANO, *Römisches Mittelalter. Kunst und Kultur in Rom von der Spätantike bis Giotto*, Schnell & Steiner, Regensburg 2002, p. 76 et 78 ; André BONNERY, Mireille MENTRÉ, Guylène HIDRIN *Jérusalem, symboles et représentations dans l'Occident médiéval*, Jacques Grancher, Paris 1998, p. 158–159 ; Giuseppe BOVINI, *Mosaici paleocristiani di Roma (Secoli III–VI)*, R. Pàtron, Bologne 1971, p. 91–96 et 105 ; Yves CHRISTE, *L'Apocalypse de Jean. Sens et développements de ses visions synthétiques*, Picard, Paris 1996, p. 87–88 et 220 ; J. G. DECKERS, « Tradition und Adaptation. Bemerkungen zu Darstellung der christlichen Stadt », dans : *Mitteilungen des Deutschens Archäologischen Instituts. Römische Abteilung/Bulltino dell'Istituto Archeologico Gemranico. Sezione Romana*, 95 (1988), p. 302–382, spécialement p. 325–33 ; GALTIER MARTI, *La iconografià arquitectònica...*, p. 224–225 ; Richard KRAUTHEIMER, Wolfgang FRANKL, Spencer CORBETT (éds.), *Corpus Basilicarum Christianorum Romae* III, Cité du Vatican 1971, p. 280–305 ; Guglielmo MATTHIAE, *I mosaici medioevale delle chiese di Roma*, Ist. Poligrafico dello Stato, Rome 1967, p. 55–76 et 406–407 ; Stefano MEROLA, *La basilica di Santa Pudenziana*, Rettoria di Santa Pudenzina, Rome sd. ; Frederic W. SCHLATTER, « The Text in the Mosaic of Santa Pudenziana », dans : *Vigiliae Christianae*, vol 43, n°2 (juin 1989), p. 155–165 ; Frederic W. SCHLATTER, « Interpreting the Mosaic of Santa Pudenziana », dans : *Vigiliae Christianae*, vol 46, n°3 (Sept. 1992), p. 276–295 ; Vitaliano TIBERIA, *Il mosaico di Santa Pudenziana: il restauro*, Ediart, Todi 2003.

[178] KÜHNEL, *From the Earthly to the Heavenly Jerusalem...*, p. 63 et suivantes. Dans cette étude, Kühnel revient sur l'interprétation symbolique et théologique de la mosaïque comme témoin du contenu eschatologique non seulement de l'iconographie mais aussi des bâtiments originaux, point de rencontre entre le visible et l'invisible.

de l'*atrium* (cour du Golgotha) sur laquelle se détache la figure du Christ, renforçant encore la symbolique eschatologique de l'ensemble de l'iconographie[179]. Employant directement l'image des monuments hiérosolymitains pour figurer la cité céleste dont l'avènement est rendu possible par la Mort et la Résurrection du Christ que commémorent ces mêmes monuments, l'iconographie met l'emphase sur le lien intrinsèque unissant les deux cités.

La fusion des éléments issus de la réalité historique (complexe du Saint-Sépulcre) et des promesses eschatologiques témoigne de l'interprétation opérée dès le IV$^e$ siècle des monuments hiérosolymitains comme lieu de rencontre entre monde céleste et monde terrestre (voir même monde souterrain), fusion qui passe par la grande croix centrale reliant les deux espaces de la composition.

Si on ne retrouve plus par la suite de compositions aussi complètes que celle développée dans l'abside de Sainte-Pudentienne, les représentations de la cité céleste, aussi bien issues des visions prophétiques d'Ézéchiel que de l'Apocalypse de Jean, reprennent, comme élément allégorique et métonymique, un bâtiment de plan centré (en rotonde ou *Turris*) au cœur de la ville, une image du Saint-Sépulcre à travers laquelle cité céleste et cité terrestre sont identifiables.

## Histoire et développement de la construction

La question de l'emplacement des Lieux saints de l'histoire christique a toujours posé problème et soulevé nombre de questions quant à leur authenticité. Si on peut arguer d'une certaine continuité de culte pour les lieux les plus insignes de la prédication évangélique en Palestine, il en va autrement pour ceux de Jérusalem, en particulier ceux de la Passion et de la Résurrection et cela en raison même de l'histoire toujours mouvementée de la ville.

Pour bien comprendre ce que pourra être l'image et l'aura des Lieux saints de Jérusalem, et en particulier du Saint-Sépulcre qui reste le plus important d'entre eux, il semble important de dresser un portrait, même sommaire, de la situation de la ville à

---

[179] Pour reprendre l'ensemble de l'interprétation de la mosaïque, et en particulier son lien avec les visions d'Ézéchiel et l'Apocalypse de Jean voir, Frederic W. SCHLATTER « Interpreting the Mosaic of Santa Pudenziana », dans : *Vigiliae Christianae*, vol. 46, n°3 (Sept. 1992), p. 276–295.

l'époque du Christ[180] et surtout de l'histoire et du développement du monument qui servit de modèle aux constructions et autres représentations du tombeau du Christ en Occident tout au long du Moyen Âge et même dans les périodes suivantes.

L'origine de Jérusalem est difficile à déterminer[181]. Déjà le livre de la Genèse parle d'une cité de Salem[182] interprétée aujourd'hui comme étant Jérusalem. Certains voient aussi en *Ursalimmu*, la « ville de la paix », la traduction assyrienne de la cité. Jusqu'à l'avènement de David, qui s'empara de la ville en 997 avant notre ère et en fit sa capitale et le lieu le plus important du Judaïsme, Jérusalem et sa région font l'objet de nombreuses disputes entre les diverses tribus locales. Devenue capitale des douze tribus d'Israël, elle est le foyer religieux des Hébreux par la présence de l'Arche d'alliance et la construction du Temple par Salomon. En 587 avant J.-C., Nabuchodonosor s'empare de la ville et déporte une partie de sa population qui n'y reviendra qu'en 538 avant J.-C. et entamera sa reconstruction.

Suite à la conquête de la ville par Pompée (68 avant J.-C.), la Judée et sa capitale, Jérusalem, passent sous le joug romain et deviennent un protectorat sous l'autorité de son roi et de ses Grands Prêtres[183]. Nommé par Marc-Antoine[184], Hérode le Grand entreprend la restauration et la reconstruction de la cité, en particulier celle du Temple. C'est dans la cité hérodienne que le Christ vient dispenser son enseignement, c'est du Temple[185] rebâti par Hérode qu'il chasse les marchands, et c'est à l'extérieur des nouveaux remparts qu'il est crucifié puis enseveli.

---

[180] Pour une présentation rapide de l'histoire de la ville d'Hérode le Grand à Constantin, cf. BONNERY, MENTRÉ, HIDRIO *Jérusalem, symboles et représentations…* p. 17–27.

[181] Voir « Jérusalem » dans : Dominique BARRIOS-DELGADO (éd.), *Dictionnaire culturel de la Bible*, Tempus, Perrin, Paris 2010, p. 260–265.

[182] Gn, XIV, 18. Salem est la cité du roi Melchisédech le Sage au temps d'Abraham.

[183] Après avoir été sous domination hellénistique, elle fut pour un temps libérée de toute autorité grâce à la révolte des Maccabées (166 avant J.-C.), avant de passer sous le joug.

[184] En 37 avant J.-C. à la suite d'intrigues politiques complexes pour succéder aux Maccabées. André LEMAIRE, *Histoire du peuple hébreu*, Que sais-je n°1898, PUF, Paris 1981, p. 90–126 ; André PAUL, *Le monde des Juifs à l'heure de Jésus. I. Histoire politique*, Desclée de Brouwer, Paris 1981.

[185] Hérode entreprend la reconstruction du Temple détruit par Nabuchodonosor II (586 avant J.-C.) puis restauré par le Perse Cyrus le Grand (538 avant J.-C.) et qui depuis lors n'avait pas été reprise.

Le pouvoir de plus en plus pesant des Romains qui ont instauré un gouvernorat sur la Judée, amène de nouveaux troubles dans la province. Les premières émeutes évoluent en une véritable guerre[186] qui aboutit, en 70, après un long siège, à la prise de la ville par les troupes de Titus. La ville est brûlée puis abandonnée et le Temple rasé jusqu'à ses fondations. Il est probable que malgré les interdictions, de petites communautés juives et chrétiennes continuèrent d'habiter et de venir se recueillir sur le site[187].

Au IIe siècle, la ville connaît un renouveau avec l'empereur Hadrien. Après avoir une nouvelle fois mis au pas l'insurrection juive, Hadrien décide de reconstruire à la romaine la ville à laquelle il donne même le nom de *Aelia Capitolina*[188]. La construction de cette cité entièrement nouvelle entraîna de notables modifications du paysage. Le site traditionnellement identifié à celui du Golgotha et du Sépulcre est alors arasé et remblayé et on entreprend la construction du temple majeur dédié à la triade capitoline de Jupiter, Junon et Vénus[189]. Selon Eusèbe de Césarée, ce choix topographique a été fait pour humilier les communautés juives et chrétiennes et bien marquer la supériorité des dieux païens sur le Dieu unique[190].

De fait, il semble de nos jours acquis que le site actuel du Saint-Sépulcre dont Eusèbe de Césarée fait mention, soit très probablement le véritable site de sépulture du Christ dont la localisation se serait transmise dans la tradition chrétienne jusqu'au IIe siècle et au-delà jusqu'à Constantin[191]. La véracité du site de construction de l'actuel complexe n'est par la suite pas remise en question. Cependant vers 1883, le général Gordon, alors à la tête des forces britanniques stationnées dans la région, émit l'hypothèse d'un autre site pour le Calvaire, sur une colline située à 150 m au nord de l'actuel rempart. L'Église anglicane, pensant avoir retrouvé le véritable lieu de sépulture

---

[186] Flavius Josèphe, dans *La guerre des Juifs contre les Romains*, et Tacite (*Histoires*, V), rapportent ces évènements.

[187] Après la prise de la ville et les massacres qui suivirent, Titus fit de Jérusalem une ville de garnison et interdit toute reconstruction. Quelques membres de la communauté juive avaient l'autorisation de se rendre sur les ruines du Temple mais le culte sacrificiel demeurait interdit.

[188] Du nom de sa famille la *gens Aelia* et des divinités capitolines auxquelles il dédie la nouvelle cité. Dans le même temps, il modifie le nom de la province qui reprend son ancien nom philistin (transmis par Hérodote) de Palestine.

[189] C'est à la demande des colons romains de Jérusalem que Vénus remplace Minerve qui complète généralement la triade capitoline.

[190] Eusèbe de Césarée, *Vita Constantini*, III, 26.

[191] Eusèbe de Césarée, *Vita Constantini*, III, 25–27.

du Christ, y fit construire une église sur le modèle de la chapelle palatine d'Aix. Les fouilles archéologiques et les études entreprises sur le site ont tendu à démontrer qu'il s'agissait en réalité d'une méprise et d'une mauvaise interprétation archéologique, le site se trouvant de plus trop éloigné de la ville antique[192].

L'étude archéologique et monumentale du complexe du Saint-Sépulcre a pendant longtemps été incomplète et rendue difficile par un accès limité au site. Il faut attendre le début du XXe siècle pour trouver une étude globale faisant l'unanimité des chercheurs et qui reste encore aujourd'hui un ouvrage de référence en la matière. Les pères Félix-M. Abel et Louis-Hugues Vincent, membres de l'École biblique de Jérusalem, obtinrent l'autorisation de pratiquer des relevés systématiques des bâtiments, ce qui leur permit d'avancer par la suite un certain nombre d'hypothèses concernant l'histoire et l'évolution de l'architecture de la basilique et de la rotonde[193].

Au début des années 1960, la réalisation de travaux dans la chapelle franciscaine de Sainte-Marie a favorisé la réalisation de sondages archéologiques sous la direction du père Virgilio Corbo[194] dont les découvertes permirent d'appréhender encore un peu mieux la complexe histoire du monument. Une dizaine d'années plus tard, des fouilles furent entreprises par divers archéologues et architectes dans la Basilique des Croisés et la rotonde de la Résurrection. Les publications en dressant les résultats ont été rédigés sous la direction du père Charles Coüasnon[195] et proposent des restitutions qui, à quelques détails près, s'avèrent toujours d'actualité aujourd'hui.

Par la suite, les études sur le monument et son évolution tant historique qu'architecturale se sont multipliées, mais se sont fondées pour la plupart sur ces trois sources contemporaines majeures, en plus des sources antiques et médiévales.

---

[192] Voir, André PARROT « Golgotha et Saint-Sépulcre », dans : *Cahiers archéologiques bibliques*, n°6 (1955) p. 42–47 ; Kenneth J. CONANT « The original buildings at the Holy Sepulchre in Jerusalem » in *Speculum*, vol. 31 (Janvier 1956) n°1, p. 2.

[193] F.-.M. ABEL et L. - H. VINCENT *Jérusalem. Recherches de topographie, d'archéologie et d'histoire*. T. II *Jérusalem Nouvelle*, fasc. I–II, Paris, 1914–1926. Cet ouvrage plus complet remplace l'étude du marquis de Vogüé qui, quoiqu'incomplète, faisait alors date. Melchior de VOGÜE *Les églises de Terre sainte. Fragments d'un voyage en Orient*, Paris, Didron, 1860, p. 118–232.

[194] Virgilio CORBO « La sainte Anastasis, le résultat des dernières fouilles effectuées dans la basilique du Saint-Sépulcre » in *Bible et Terre sainte*, avril 1963, n°55, p. 16–22. Du même auteur *La basilica del santo Sepolcro*, Jérusalem, Franciscan Printing Press, 1969.

[195] Charles COÜASNON « Restauration du Saint-Sépulcre » in *Bible et Terre sainte*, 1972, n°140, p. 8–17. Et du même auteur *The church of the Holy Sepulchre in Jerusalem*, Oxford, Londres, 1974.

## De Constantin au VIIIe siècle

Depuis la reconstruction de la ville par Hadrien, le nombre des chrétiens ne fit qu'augmenter et la communauté eut une succession ininterrompue d'évêques succédant à l'apôtre Jacques[196]. Très rapidement s'exerçat aussi l'attrait pour les lieux qu'avait parcouru le Christ durant sa vie terrestre et dès le IIe siècle un certain nombre de pèlerins viennent déjà s'y recueillir[197]. Peu après 244, le théologien Origène, ayant séjourné en Palestine, rapporte la tradition selon laquelle Adam aurait été enterré sur la colline du Golgotha, tradition forte suggérant que l'Église de Jérusalem savait où elle se situait[198]. Elle permet aussi de renforcer le message évangélique, plaçant le sacrifice du Christ qui rachète tous les péchés, sur le lieu de sépulture du premier pécheur.

Avec l'édit de Milan (313), les chrétiens peuvent librement pratiquer leur culte et les pèlerinages vers Jérusalem et les lieux de la Passion se multiplient. Dans le courant de l'année 324, Constantin défait l'empereur Licinius à Chrysopolis et unit sous sa seule autorité l'ensemble de l'Empire romain. Dès l'année suivante, en 325, le premier concile œcuménique réuni sous l'instigation de Constantin lui-même se déroule à Nicée et le patriarche de Jérusalem, Macaire, y obtient l'autorisation de détruire les temples bâtis sur le site du Saint-Sépulcre[199]. Un an après, Hélène, mère de Constantin et à qui la tradition attribue l'invention de la Vraie Croix, arrive à Jérusalem pour voir le rocher du tombeau et du Golgotha que l'on vient de remettre au jour après avoir rasé les temples païens. Dans le même temps, Constantin fait parvenir à Macaire une lettre le félicitant de cette découverte et l'enjoignant d'entreprendre sans attendre la construction d'un édifice grandiose pour entourer le roc et faire souvenance du lieu[200]. Il donne même des consignes au gouverneur de la province et au vice-préfet

---

[196] Jacques le Juste, le « frère du Seigneur » (Mc, VI, 3. Mt. XV, 55), est considéré comme le premier patriarche de Jérusalem. Il est aussi identifié comme le compagnon de Cléophas auquel le Christ ressuscité serait apparu sur la route d'Emmaüs (1Cor, XV, 7).

[197] Par exemple Méliton de Sardes (supposé premier pèlerin chrétien au IIe siècle), Clément d'Alexandrie, Origène ou Jérôme. Voir, GRABOÏS, *Le pèlerin occidental...*, p. 19–27.

[198] ORIGÈNE *Commentaire sur Matthieu*, XXVII, 32–3 dans *PG* 13. col. 1777.

[199] Destruction effectuée dans le cadre des lois promulguées par Constantin relatives à la restitution des églises confisquées et des *loca sancta*, lieux des martyres des saints. Cf. BONNERY, MENTRÉ, HIDRIO, *Jérusalem, symboles et représentations...*, p. 28.

[200] EUSÈBE DE CÉSARÉE, *Vita Constantini*, III, 30.

du prétoire d'apporter leur concours financier et logistique à la construction [201]. De son côté, non seulement il mécène et surveille les travaux, mais il envoie surtout deux des plus illustres architectes de Constantinople, Eusthate et Zenobius, pour la réalisation. Il semble que la construction ait été relativement rapide. Le récit du pèlerin de Bordeaux[202], venu à Jérusalem en 333, offre une courte description des lieux. S'il ne mentionne pas encore la rotonde en tant que telle, il signale déjà la présence de la basilique constantinienne[203] et l'existence d'une liturgie dominicale spécifique.

La principale source d'informations concernant cette première phase de construction reste la *Vita Constantini* d'Eusèbe de Césarée[204] qui demeure avant tout un ouvrage rhétorique écrit dans un style littéraire propre à souligner les hauts faits de l'empereur et non une description précise des monuments. On ne peut que regretter la disparition d'un autre texte d'Eusèbe de Césarée, mentionné dans la *Vita*, où il disait pousser plus loin l'analyse monumentale des églises hiérosolymitaines. On sait cependant grâce à lui que l'église fut dédicacée le 13 septembre 335 en présence de Constantin lui-même[205]. Cyrille de Jérusalem (350–384) dit délivrer son enseignement aux nouveaux baptisés[206] à l'intérieur du Saint-Sépulcre. Il fait mention d'un certain nombre de références aux diverses constructions et notamment à la relique de la Vraie Croix dans la chapelle du Golgotha, tendant à démontrer que le complexe est déjà plus ou moins intégralement achevé et constitué avant même la fin du IV$^e$ siècle.

---

[201] EUSÈBE DE CÉSARÉE, *Vita Constantini*, III, 29.

[202] *Itinerarium a Bordigalia Hierosolymam*, dans : Titus TOBLER, Auguste MOLINIER, *Itinera Hierosolymitana et descriptiones Terrae Sanctae Bellis Sacris anteriora*, Société de l'Orient Latin Genève 1879, p. 1–25.

[203] *Inde ut eas foras murum de Sion, eunti ad portam neapolitanam [...] A sinistra autem parte est monticulus Golgotha, ubi dominus crucifixus est. Inde quasi ad lapidis missum est crypta, ubi corpus eius positum fuit, et tertio die surrexit. Ibidem modo iussi Constantini imperatoris basilica facta est, id est dominicum mire pulchritudinis, habe,s ad latus exceptori, unde aqua levatur, et balneum a tergo, ubi infantes lavantur.* Dans : *Itinerarium a Bordigalia Hierosolymam*, dans: TOBLER & MOLINIER, *Itinera Hierosolymitana et descriptiones Terrae sanctae...*, p. 18. On note que le pèlerin situe bien le complexe en dehors des murailles de Sion.

[204] EUSÈBE DE CÉSARÉE, *Vita Constantini*, en particulier le livre III.

[205] EUSÈBE DE CÉSARÉE, *Vita Constantini*, III, 39.

[206] CYRILLE de JÉRUSALEM, *Catéchèses mystagogiques*.

## Le complexe : des propylées à l'*atrium*

À la fin du IVe siècle, les bâtiments forment un ensemble structuré s'étendant d'est en ouest. Depuis le *Cardo Maximus* à l'est, le visiteur franchit les grandes portes des propylées monumentaux pour accéder à une cour s'ouvrant sur la basilique du Martyrium sous laquelle se situe la chapelle de sainte Hélène[207]. À celle-ci succède un *atrium* entouré d'une colonnade donnant accès aux autres Lieux saints : au sud la colline du Golgotha, à l'ouest la Rotonde de l'Anastasis.

Depuis la première cour des propylées, on accédait à la basilique par une large façade percée de trois portes. La taille de la basilique et de la cour orientale suggère que l'endroit était prévu dès l'origine pour accueillir un large nombre de pèlerins. On sait, par la lettre de Constantin à Macaire[208], que la construction devait être riche et précieuse, faite d'or et de pierreries. Eusèbe mentionne sa hauteur « considérable, extrêmement étendue en long et en large »[209], hauteur qui s'élevait en réalité à 22 m. La nef à cinq vaisseaux était longue de 45 m, large de 26 m et scandée par une rangée de colonnes et de piliers délimitant l'espace et conduisant le regard vers l'abside principale. À l'ouest, dans le prolongement du vaisseau central, elle s'achevait par une vaste abside semi-circulaire pourvue de gradins pour le *presbyterium* et rythmée de douze colonnes renvoyant aux douze apôtres et surmontées d'urnes d'argent[210]. Les fouilles archéologiques permettent de constater que, contrairement à l'usage classique, la basilique n'était pas dans le prolongement direct de la cour des propylées à l'est et de l'Anastasis à l'ouest, sans doute en raison de la présence du roc du Calvaire sur l'aile sud de l'*atrium*, au chevet de l'abside.

Eusèbe décrit aussi rapidement le riche décor intérieur :

> « la surface intérieure de la bâtisse se cachait sous des plaques de marbre polychrome [...] le plafond était orné de caissons sculptés qui, semblables à une vaste mer, étendaient au-dessus de toute la basilique leur houle ininterrompue et l'or brillant dont ils étaient revêtus faisait étinceler le temple entier de mille reflets »[211].

---

[207] Le lieu où selon la tradition sainte Hélène aurait découvert la cache de la Vraie Croix.
[208] Eusèbe de Césarée *Vita Constantini*, III, 30.
[209] Eusèbe de Césarée *Vita Constantini*, III, 36.
[210] Eusèbe de Césarée *Vita Constantini*, III, 38.
[211] Eusèbe de Césarée *Vita Constantini*, III, 38.

De là, on accédait ensuite à la grande cour occidentale qui formait le centre du complexe. Entourée d'une colonnade continue au nord, à l'est et au sud, elle donnait accès, au sud, à la chapelle du Calvaire[212] et, à l'ouest, au site même du Sépulcre et aux divers bâtiments l'entourant.

À l'angle sud-est de la cour, avait été conservée une saillie du roc du Golgotha dont la surface était encore marquée par des fissures dans lesquelles on pensait que la Croix avait été plantée. Même si les aménagements n'étaient pas encore en place du temps d'Eusèbe de Césarée qui n'en fait pas mention[213], on peut tout de même avoir une idée relativement précise de l'aspect général du site à travers la mosaïque de l'abside de l'église de Sainte Pudentienne à Rome[214]. À l'arrière de la Théophanie, la Jérusalem céleste est symbolisée par ce qui a été interprété comme étant une des premières représentations du complexe du Saint-Sépulcre[215]. Les images médiévales, quoique parfois difficiles à interpréter, contiennent une part de vérité qu'il convient de dégager pour comprendre la disposition générale du site. On y remarque une monumentale croix orfévrée[216] plantée sur un monticule rocheux dominant un bêma architectural qui devait s'ouvrir sur le portique de la cour sans doute figurée en arrière-plan. Si l'ensemble de cet aménagement et la croix en particulier ne sont pas mentionnés dans les catéchèses de Cyrille de Jérusalem, on peut tout de même supposer qu'ils se trouvaient déjà en partie en place. Le récit de la pèlerine Égérie, qui se trouve sans doute à Jéru-

---

[212] Il est étonnant de constater que la chapelle du Calvaire n'est pas mentionnée par Eusèbe de Césarée dans sa description du complexe. Il ne fait pas non plus référence à l'invention de la Croix par sainte Hélène. On peut légitimement supposer que les installations monumentales les concernant n'étaient alors pas encore en place et présentaient selon lui un intérêt moindre.

[213] Comme le souligne August HEISENBERG « Der Kreuzesfelsen hat in dem ersten Bau des Kaisers keinen Raum », dans : *Die Grabeskirche in Jerusalem*, Leipzig 1905, I p. 42.

[214] Datée du début du Ve siècle, sans doute du pontificat d'Innocent Ier (403–417). Maria ANDALORO et S. ROMANO (éd.) *Römisches Mittelalter. Kunst und Kultur in Rom von der Spätantike bis Giotto*, Schnell & Steiner, Regensburg 2002, p. 76 et 78. Et Guliemo MATTHIAE *Mosaici medioevali delle Chiese di Roma*, Istituto poligrafico dello Stato, Libreria dello Stato, Rome 1967, p. 56–58.

[215] Le Christ est figuré trônant entouré des apôtres et des saintes Praxède et Pudentienne. À l'arrière, l'espace est divisé par la colline du Golgotha surmontée d'une croix monumentale orfévrée autour de laquelle se développent les différents éléments du complexe.

[216] Il semble que cette croix soit un présent de l'empereur Théodose II au début du Ve siècle et que sa mise en valeur dans la mosaïque témoigne de cette adjonction récente au complexe du Saint-Sépulcre. Voir Jürgen KRÜGER, *Die Grabeskirche zu Jerusalem. Geschichte, Gestalt, Bedeutung*, Schnell & Schteiner, Regensburg 2000, p. 51.

salem pour les fêtes pascales en 384, fait mention dans sa description d'une croix (*ad Crucem* ou *ante Crucem*) pour désigner le lieu du Golgotha[217]. Elle signale de plus, à l'arrière (au sud), la présence d'une petite chapelle utilisée pour certaines cérémonies, entre autres pour la vénération de la Vraie Croix et d'autres reliques conservées dans le Martyrium le vendredi d'avant Pâques[218].

Les recherches d'Abel et Vincent[219], de même que les études de K. J. Conant[220] ont tenté de reconstituer le site de la colline arasée auquel on accédait par une porte percée dans le transept de la basilique ou par un escalier provenant directement de la cour de l'*atrium*. Il est cependant difficile de savoir exactement en quoi consistait cet ensemble et quelle forme il adoptait.

## De la pierre du Sépulcre à l'Anastasis

Les sources se rapportant à la première construction de l'Anastasis s'étalent sur près de trois siècles, de la consécration du complexe constantinien en 335 jusqu'aux premières destructions en 614[221]. Au vu de la foule des pèlerins ayant fait route vers Jérusalem à cette période, le nombre de sources relatives au phénomène est particulièrement restreint et nous permet de nous concentrer sur quelques récits spécifiques dont le retentissement fut profond.

Le récit d'Eusèbe de Césarée et sa description de l'ensemble des bâtiments du complexe reste sans conteste la première référence des chercheurs. Abel et Vincent en firent notamment une analyse approfondie qui leur permit d'établir une restitution du complexe, rotonde de l'Anastasis comprise[222]. Cependant il est important de noter qu'Eusèbe de Césarée ne fait jamais directement mention d'une quelconque église de la Résurrection. Lorsqu'il parle des éléments édifiés par Constantin pour entourer le

---

[217] ÉGÉRIE, *Journal de Voyage (itinéraire)*, Sources Chrétiennes n° 296, Éditions du Cerf, Paris 2002, XXXVII, 4, p. 286–287.

[218] La pèlerine mentionne notamment l'écriteau de la Croix, l'anneau de Salomon et l'ampoule ayant servi à l'onction des rois d'Israël. ÉGÉRIE, *Journal de voyage...*, XXXVII 3, p. 286–287.

[219] Pour plus de précisions concernant les hypothétiques aménagements de cet espace se rapporter à : ABEL et VINCENT *Jérusalem...*, p. 107–116.

[220] CONANT « Original Buildings at Holy Sepulchre... » dans : *op. cit.*, p. 5–6 et planche X. On se référera à la description qu'il donne de l'ensemble de la chapelle du Calvaire pour plus de détails.

[221] La date de *terminus ad quem* est par essence arbitraire et implique que peu ou pas de modifications majeures ont été entreprises sur le monument avant les destructions majeures du VIIe siècle.

[222] ABEL et VINCENT *Jérusalem...*, p. 155–164.

tombeau, il emploie des figures allégoriques de la nouvelle Jérusalem renvoyant aux bâtiments[223]. Une reconstitution de la rotonde à partir de ce récit s'avère donc difficile voire même impossible.

D'autres sources postérieures apportent un certain nombre d'éléments pouvant nous permettre de compléter notre vision du complexe constantinien. À peu près à la même période qu'Eusèbe, le pèlerin anonyme de Bordeaux, présent à Jérusalem en 333, est la plus ancienne relation de pèlerinage encore à notre disposition et décrivant la disposition des monuments sous le règne de Constantin. Si lui non plus n'évoque pas directement de rotonde autour de la tombe, quelques éléments de son récit laissent cependant supposer son existence[224]. Vers 350[225], Cyrille de Jérusalem dispensait déjà son enseignement sur les sacrements dans « la rotonde de la Résurrection »[226] pour que ses paroles acquièrent plus de poids auprès des nouveaux baptisés. Il affirmait qu'elle était l'œuvre de Constantin, tant pour la forme que pour la très riche ornementation.

Égérie est sans aucun doute la première à nous fournir une description certes sommaire mais somme toute précise du monument et à évoquer une forme circulaire pour l'Anastasis. Malheureusement, la première partie de son récit, et en particulier son arrivée à Jérusalem et sa première visite au Saint-Sépulcre, a disparu et n'est plus connue que de façon indirecte[227]. On peut cependant, à travers notamment sa description de la liturgie, dresser un portrait de la rotonde[228]. Si l'on s'en tient à la liturgie de la semaine précédant Pâques, il s'agit déjà d'un bâtiment indépendant possédant plusieurs accès[229]. De plan circulaire et pourvu d'un déambulatoire, la coupole centrale était semble-t-il soutenue par des

---

[223] EUSÈBE de CÉSARÉE *Vita Constantini*, livre III, 33-34.

[224] Il décrit notamment la « crypte » où se trouve la pierre de l'Ange. Dans : *Itinerarium a Bordigalia Hierosolymam*, dans: TOBLER & MOLINIER , *Itinera Hierosolymitana et descriptiones Terrae sanctae...*, p. 18.

[225] Les datations varient entre 347, alors que Cyrille n'est encore que prêtre à Jérusalem, et 350, à savoir le début de son épiscopat à Jérusalem. Voir, CYRILLE de JÉRUSALEM, *Catéchèses mystagogiques...*, introduction d'Auguste PIÉDAGNEL, p. 14–17

[226] CYRILLE DE JÉRUSALEM, *Catéchèses mystagogyques...*, II 6 et 8 p. 114–115 et 118–119.

[227] L'œuvre de PIERRE DIACRE, *De locis sanctis*, est notre principale source sur la partie manquante du récit d'Égérie. Pour l'analyse du texte de Pierre Diacre en écho de celui d'Égérie voir, John WILKINSON, *Egeria's Travels. Newly translated with supporting documents and notes*, Aris & Phillips, Londres 1971, p. 179–210.

[228] ÉGÉRIE, *Journal de voyage...* Dans l'introduction, Pierre MARAVAL revient sur les éléments manquants du récit de la pèlerine et notamment la description du complexe du Martyrium et de la rotonde de l'Anastasis à travers les mentions de la liturgie, p. 61–66.

[229] ÉGÉRIE, *Journal de voyage...* XXIV 1, p. 234–235, elle mentionne par exemple l'existence de portes (*aperiuntur omnia hostia Anastasis*).

piliers et douze colonnes. Au centre, se dressait le bloc rocheux du tombeau pris dans un édicule architecturé l'isolant et le protégeant. Enfin, deux siècles plus tard, au VIe siècle, l'auteur anonyme du *Breviarus de Hierosolyma* (vers 530) évoque quant à lui plus directement un édifice de plan circulaire en rotonde surmonté d'une coupole conique et un riche décor d'orfèvrerie d'or et d'argent[230] faisant ainsi écho aux mentions de Cyrille de Jérusalem.

Le complexe ne semble donc pas connaître de profondes modifications durant les premiers siècles suivant sa consécration. Les fouilles archéologiques n'ont pas non plus montré d'interventions majeures sur la structure antérieure originale et les sources écrites paraissent toujours renvoyer à un même schéma architectural. Le monument constantinien est conservé apparemment intact jusqu'au début du VIIe siècle.

## Des restaurations byzantines aux destructions d'Al-Hakim

Le 4 mai 614, les troupes du souverain sassanide Chosroès II[231] envahissent Jérusalem, massacrent les chrétiens réfugiés dans le Saint-Sépulcre et incendient l'église. Ils déportent ensuite de nombreux prisonniers et s'emparent des reliques de la Vraie Croix qu'ils envoient à Ctésiphon en tant que butin de guerre. La ville reste aux mains des Sassanides pendant quinze ans avant d'être reconquise par l'empereur byzantin Héraclius en septembre 629. Suite à un accord avec le nouveau roi des Perses, il obtient même le retour de la Vraie Croix, déplacée à Damas, et l'accompagne solennellement à son retour, encore scellée dans son reliquaire, lors de son entrée triomphale à Jérusalem le 30 mars 630.

---

[230] « *Inde ad Occidentem intras sanctam resurrectionem, ubi est Sepulcrum Domini, ubi ante ipsum est ille lapis, genus felicis. Supra ipsum est ecclesia in orotundo posita. Super ipso sepulcro transvolatile argenteum et aureum et in circuitu omne de auro* », dans : *Breviarus de Hierosolyma*, dans : Tobler & Molinier, *Itinera Hierosolymitana et descriptiones Terrae sanctae...*, p. 58.

[231] Frederick Cornwallis Conybeare « Antiochus Strategos, the Capture of Jerusalem by the Persian in 614 » in *The English Historical Review* 25 (1910), p. 502–517.

Après l'incendie de 614 et quinze années d'abandon, l'étendue des dommages de l'édifice est difficile à déterminer quoique sans doute relativement importante[232]. On sait tout de même que les toitures se sont effondrées à l'intérieur de l'église mais il semble que l'ensemble des superstructures de la rotonde n'ait pas trop souffert. Des restaurations sont cependant entreprises sous l'autorité de l'higoumène Modeste, supérieur du couvent de Saint-Théodore[233] et successeur de Zacharie au patriarcat de Jérusalem[234].

Même si Modeste s'attacha à la restauration de tous les grands ensembles de Jérusalem, il semble que la rotonde de l'Anastasis ait fait l'objet d'un soin plus particulier. Il remplace la coupole perdue dans l'incendie par une nouvelle couverture tronconique tronquée. La grande porte orientale qui reliait auparavant la rotonde à l'*atrium* et à la basilique de Martyrium est supprimée et remplacée par un autel et un *presbyterium* de manière à créer un nouvel axe d'orientation de la prière en contrepoint de l'édicule du tombeau au centre de l'édifice. Il est probable que la pierre de l'Ange[235] ait été brisée par les Perses lors de l'invasion de la ville. Cependant, un éclat fut transformé en autel dans le *presbyterium* occidental. C'est sous cet aspect composite que le monument perdure pendant les siècles suivants, malgré de nombreuses vicissitudes et autres destructions.

Avec la conquête arabe, la ville, défendue par le patriarche Sophronius, est assiégée et finalement prise en 636. Contraint de capituler, Sophronius aurait tout de même réussi à négocier sa reddition et obtenu la complète sécurité de ses fidèles, la préservation des églises et le droit de librement pratiquer[236], éléments primordiaux tant pour les communautés chrétiennes locales que pour les pèlerins de tous horizons.

Notre principale source d'information concernant l'état de l'édifice au VIIe siècle et les restaurations de Modeste reste le récit d'Arculfe, évêque franc venu en pèlerinage à Jérusa-

---

[232] On ne sait pas exactement quand commencent les travaux de restauration. Selon certaines sources, c'est Chosroès lui-même, peut-être sous l'influence de sa femme chrétienne, qui autorise la reconstruction quelques mois après la prise de la ville. Cf. J. R. MACPHERSON « The Church of the Resurrection, or of the Holy Sepulchre » in *The English Historical Review*, vol. 7, n°27 (Juillet 1892), p. 430.

[233] Couvent situé à une dizaine de kilomètres au sud-est de Jérusalem.

[234] Une lettre d'Eustathe d'Ancyre à Antiochus loue le dévouement dont fait preuve Modeste pour la restauration de l'édifice. Voir *PG*, t. LXXXIX, col. 1423.

[235] La pierre de l'Ange était la relique la plus importante et renvoyait à la pierre sur laquelle l'ange était assis lors de son apparition aux femmes et aux apôtres au matin de Pâques.

[236] MACPHERSON « The church of the Resurrection… » *op. cit.*, p. 430–431.

lem vers 670 et y ayant longuement séjourné. C'est au cours de son voyage de retour que son navire s'échoue au large des côtes écossaises sur l'île de Iona où il demeura un certain temps. À cette occasion, il livra à l'abbé Adamnan un récit circonstancié de son périple hiérosolymitain et une description précise des monuments visités pendant son séjour[237]. Il semble que pour expliciter son compte-rendu, Arculfe ait dessiné le plan de certaines des églises majeures. Ainsi, certains des manuscrits conservés aujourd'hui[238] se trouvent augmentés, en marge du récit, de plusieurs schémas et plans dont un représentant le Martyrium et la Rotonde dans leur état du VII$^e$ siècle. Même si l'ensemble des plans à notre disposition révèle une même structure générale, certains détails discordants rendent difficile toute interprétation précise.

Arculfe décrit l'Anastasis comme un vaste espace circulaire, entouré d'une triple circulation annulaire séparée. La première (extérieure), bâtie dans un bel appareillage de pierre, est percée de trois absides au nord, à l'ouest et au sud, contenant chacune un autel. L'ensemble des plans connus présente des absides de sections carrées, à l'exception de l'exemplaire de Vienne (absides semi-circulaires) qui semble avoir été amendé par un pèlerin connaissant les lieux[239]. La seconde paroi mentionnée correspond aux murs extérieurs du déambulatoire, tandis que la troisième, scandée de douze colonnes, délimite l'espace central au cœur duquel se situe le tombeau à proprement parler. On accédait à la rotonde par deux portes, chacune constituée de quatre baies.

---

[237] ADAMNAN, *De Locis Sanctis*, dans : Denis MEEHAN, *Adamnan's De locis sanctis*, Dublin Institute for Advanced Studies, Dublin 1983 ; Carl MOMMERT, « Die Grabeskirche des Modestus nach Arkulfs Bericht », dans : *Deutscher Verein zur Erforschung Palästinas – Zeitschrift* vol. 20 (1897), p. 34–53.

[238] Quatre manuscrits connus conservent un plan du complexe du Saint-Sépulcre : Vienne (Nationalbibliothek, cod. 458), Paris (B.N.F., ms. lat. 13048), Karlsruhe (B. L. B., cod. Aug. Per. 129), Zurich (Zentralbibliothek, ms. Rh. 73). BONNERY, MENTRÉ, HIDRIO, *Jérusalem, symboles et représentations...*, p. 160–162 ; Carol HEITZ, *Recherches sur les rapports entre architecture et liturgie à l'époque carolingienne*, S.E.V.P.E.N., Paris 1963, p. 113–118, et pl. ; WILKINSON, *Jerusalem Pilgrims before the Crusades*, p. 371–386 et fig.

[239] Le plan de Vienne, quoique proche des autres figurations connues, présente quelques variations qu'il est intéressant de noter. Il est le seul à présenter les trois absidioles comme semi-circulaire et le seul à nommer les autels par une légende. Il est possible que ce plan ait été corrigé au moment même de sa réalisation par quelqu'un ayant eu accès aux Lieux saints de Jérusalem et aurait donc pu amender certaines des erreurs visibles sur les autres manuscrits. Le Tombeau lui-même est protégé par un édicule circulaire dans lequel on pénètre par l'est. La banquette est creusée dans la paroi Nord et éclairée de vingt lampes à huile qui brûlent en permanence. Voir : WILKINSON, *Jerusalem Pilgrims before the Crusades*, p. 371–386 et fig aY.

Le *Typikon* de Jérusalem[240] précise que la première, située au sud-est, est appelée Porte Royale, tandis que la seconde, dans l'axe nord, est la Porte des Myrrhophores[241]. De ces descriptions, on peut conclure que l'intervention de Modeste a seulement porté sur le décor et les aménagements intérieurs sans modifier l'ensemble des structures monumentales. La possible existence à l'étage d'une galerie ou *catechumena*[242], pour d'un côté les femmes et de l'autre le clergé, reste encore sujette à caution[243]. Les dernières restaurations n'ont de plus pas permis de mettre en évidence des éléments permettant de confirmer cette hypothèse[244].

Arculfe revient également sur les dispositions générales de l'édicule du tombeau au centre de la Rotonde. Il s'agit, selon ses dires, d'un petit édifice circulaire taillé dans le roc dans lequel trois hommes debout peuvent se recueillir. L'entrée se trouvait à l'est dans l'axe du Golgotha et de la basilique. La description fait ensuite état du riche décor de marbre des parois extérieures, de la croix d'or qui surmontait l'ensemble et du nombre important de lampes brûlant sans cesse et baignant l'intérieur du tombeau d'une atmosphère propice à la méditation et à l'introspection. Le petit édicule de marbre conservé au musée archéologique de Narbonne[245] est, semble-t-il, une réplique

---

[240] *Typikon de Jérusalem*, dans : ABEL et VINCENT, *Jérusalem nouvelle*..., III, 6 – IV, 2 ; Karl SCHMALZ, « Das Typikon der Anastasis », dans : *Mater ecclesiarum, die Grabeskirche in Jerusalem : Studien zur Geschichte der kirchlichen Baukunst und Ikonographie in Antike und Mittelalter*, Zur Kunstgeschichte des Auslandes, Heft 120, J.H.E. Heitz, Strasbourg 1918, p. 101–113 ; Charles RENOUX, « Le Casos, typicon-lectionnaire : origines et évolutions », dans : *Revue des études arméniennes*, 20 (1986–1987), p. 123–152.

[241] En référence sans doute à Marie de Magdala et aux Saintes Femmes venues avec de la myrrhe pour l'embaumement le matin de Pâques.

[242] La première mention connue de cette hypothétique galerie apparaît dans *La prise de Jérusalem par les Perses* attribué à Antiochos Strategios, voir, Bernard FLUSIN, « La prise de Jérusalem par les Perses », dans : *Le monde de la Bible*, 185 (2008), p. 36–37 ; Gérard GARITTE (éd.), *La prise de Jérusalem par les Perses en 614*, Corpus Scriptorum Christianorum Orientalium 203, Peeters Publishers 1960. Il y rapporte l'histoire d'un certain Thomas qui, après le passage des Perses, entreprit de donner une sépulture aux morts. Pour ce faire, il commence par visiter les bâtiments et mentionne donc la présence d'un *catechumena* dans l'Anastasis sans autre précision. Le *Typikon* évoque un espace similaire à l'usage du clergé pour certaines occasions. Dans : ABEL et VINCENT, *Jérusalem*..., I, 3.

[243] Abel et Vincent reprirent l'idée en se basant sur une description arménienne de l'Anastasis et par comparaison notamment avec Sainte-Sophie de Constantinople. Il est malgré tout difficile de préjuger de sa réalité. Voir, ABEL et VINCENT, *Jérusalem*..., p. 218–224.

[244] SCHMALZ, *Mater ecclesiarum*, p. 68–91.

[245] Pour une étude plus complète de l'objet, voir, André BONNERY « L'édicule du Saint-Sépulcre de Narbonne » dans *Cahiers de Saint-Michel-de-Cuxa* 22 (1991), p. 7–42.

plus ou moins exacte de l'édicule du tombeau à Jérusalem. Prenant la forme d'une offrande votive, ce petit modèle de pierre[246] a été retrouvé avec un sarcophage ancien et une inscription datée des environs de 500.

Reprenant la disposition d'un temple à l'antique, il est formé d'un *pronaos* à colonnes et d'une *cella* fermée sur un soubassement quadrangulaire. Le *pronaos* adopte un plan rectangulaire s'ouvrant par quatre colonnes libres dont il ne reste plus aujourd'hui que les bases et le départ des fûts pour trois d'entre elles. Le seul chapiteau encore existant présente un décor d'acanthe dérivé du type corinthien classique. Enfin, un rectangle gravé en orne le sol, laissant supposer l'existence d'un élément encastré aujourd'hui disparu. La *cella* adopte quant à elle un plan extérieur heptagonal irrégulier scandé aux angles par cinq demi-colonnes plaquées reprenant le même ordre que les colonnes du *pronaos*. Une épaisse corniche surmonte l'ensemble et sert de base à la toiture tronconique octogonale timbrée d'une croix sommitale.

L'espace intérieur est divisé en deux parties distinctes. La première consiste en une travée ouverte sur le *pronaos* et adoptant un plan semi-circulaire. De là, on accède à l'espace le plus important de plan pentagonal irrégulier couvert à l'origine par un berceau rampant. Les traces d'usure à l'intérieur de l'édicule nous renseignent quant à sa probable destination votive[247].

On peut ainsi avancer que la *Memoria Sancti Sepulchri* de Narbonne est sans aucun doute une représentation à échelle réduite de l'édicule original de Jérusalem[248]. Si les sources écrites présentent quelques contradictions quant à la disposition générale de l'édicule, leur confrontation au modèle de Narbonne semble les expliciter. L'emploi de termes ambigus pour décrire la forme ou le plan du tombeau traduit la difficulté des rédacteurs et des visiteurs à retranscrire la superposition des plans et l'emploi du plan polygonal irrégulier.

---

[246] Marbre blanc, dimension de la base de 1,12 m x 0,90 m.

[247] L'insertion régulière et répétée d'objets à l'intérieur de la *Memoria* explique les traces d'usure visibles. Il est probable que les fidèles venant y déposer leur offrande espéraient bénéficier des qualités thaumaturgiques ou prophylactiques des reliques qui y étaient conservées.

[248] Selon André Bonnery il s'agirait même d'une maquette à échelle $1/6^e$. Il appuie sa démonstration sur les quelques données métriques à notre disposition. En l'absence de toutes données vérifiables et de tous vestiges du monument antique ou médiéval, il est difficile de juger de la pertinence de l'hypothèse. BONNERY, « L'édicule du Saint-Sépulcre… », *op. cit.*, p. 16–17.

Les autres récits de pèlerins de la même période, lorsqu'il ne s'agit pas de simples itinéraires, ne donnent guère plus d'informations. Le récit que fit Willibald, évêque d'Eichstätt, de son pèlerinage en Terre sainte en 754[249] ne nous livre que peu d'éléments supplémentaires quant aux installations de l'Anastasis en elle-même[250]. Si dans sa description de l'église il mentionne la présence de trois croix de bois dressées contre la paroi orientale externe de l'Anastasis en commémoration du Golgotha (le Christ et les deux larrons), il demeure cependant laconique en ce qui concerne les infrastructures entourant le tombeau lui-même, préférant seulement indiquer dans un court passage la présence « du lit sur lequel reposait le corps du Seigneur » et l'existence d'une pierre « semblable à celle que l'Ange roula à l'entrée du tombeau »[251].

Suite à un tremblement de terre en 810, de nouveaux travaux d'entretien sont entrepris et le patriarche Thomas (807–820) procède à la reconstruction de la coupole une nouvelle fois effondrée, sans pour autant modifier l'édicule ou les principaux aménagements, internes et externes. Bernard le Moine[252], présent à Jérusalem un peu plus d'un siècle après Willibald (vers 867), n'est guère plus loquace que ce dernier. Il semble que son compte-rendu, en particulier en ce qui concerne sa description des Lieux saints, soit pour tout ou partie fondée sur le récit de Bède le Vénérable – lui-

---

[249] Le récit de Willibald est une relation écrite *a posteriori*, connu par deux sources distinctes. La première est l'œuvre d'une religieuse du nom de Huneberc (ou Hugeburc), la seconde celle d'un diacre que Huneberc aurait assisté dans sa tâche. HUNEBERC, *Peregrinatio sive Hodoeporicon ad Terram Sanctam S. Willibaldi*, édition TOBLER & MOLINIER, *Itinera Hierosolymitana...*, p. 239–281 ; J. R. MACPHERSON « The Church of the Resurrection, or th Holy Sepulchre » dans *The English Historical review*, vol. I, n°12 (juillet 1892), p. 483–484 ; Andreas BAUCH, « Pilgerreise Willibalds ins Heilige Land », dans: Wolfdietrich FISCHER, Jürgen SCHNEIDER (dir.), *Das Heilige Land im Mittelalter. Begegnungsraum zwischen Orient und Okzident*, Neustadt an der Aisch 1982, p. 13–18 ; WILKINSON, *Jerusalem Pilgrims...*, p. 233–251. Pour une analyse plus complète voir, Klaus GUTH, « Die Pilgerfahrt Willibalds ins Heilige Land (723–727/29). Analyse eines frühmittelalterlichen Reiseberichts », dans : *Sammelblatt des Historischen Vereins Eichstätt* 75 (1982), p. 13–28.

[250] Le pèlerinage de Willibald est avant tout une riche source d'informations concernant la topographie et l'état de la Terre sainte en général et de Jérusalem en particulier. Voir, Rodney AIST, *The Christian Topography of Early Islamic Jerusalem: The Evidence of Willibald of Eichstätt (700–787 CE)*, Brepols, Turnhout 2009.

[251] HUNEBERC, *Peregrinatio sive Hodoeporicon ad Terram Sanctam*, édition TOBLER & MOLINIER, *Itinera Hierosolymitana...*, chap. XVIII – Traduction française dans Danielle RÉGNIER-BOHLER (dir.), *Croisades et Pèlerinages. Récits, chroniques et voyages en Terre sainte, XII<sup>e</sup>–XVI<sup>e</sup> siècle*, Robert Laffont, Paris 1997, chap. XVIII p. 908.

[252] BERNARD LE MOINE *Itinerarium Bernardi, monachi franci*, dans : Titus TOBLER (dir.), *Descriptiones Terrae Sanctae*, Leipzig 1874, p. 85–99 plus spécifiquement p. 92–93, traduction française dans : RÉGNIER-BOHLER (dir.), *Croisades et Pèlerinages...*, p. 916–927 et plus spécifiquement p. 923.

même fondé sur celui d'Arculfe – auquel il emprunte même certains passages[253]. Il mentionne ainsi l'existence des quatre églises du complexe et revient sur les aménagements intérieurs et l'édicule du tombeau. Celui-ci est « entouré de neuf colonnes entre lesquelles s'élèvent des cloisons de belles pierres ». Quatre sont placées en façade et enferment « la pierre posée à l'entrée du tombeau que l'Ange fit rouler [...] ». Malgré son caractère extrêmement succinct, cette description semble correspondre aux arrangements visibles sur l'édicule de Narbonne. S'il ne s'étend que peu sur les dispositions générales et le décor des Lieux saints en eux-mêmes, c'est qu'il préfère renvoyer son lecteur vers le récit de Bède le Vénérable qui « en parle suffisamment »[254] dans son histoire des Anglais, récit largement basé sur la description d'Arculfe à laquelle Bède fait plusieurs fois référence[255]. Il ne paraît pas vouloir amender la description de Bède qui semble donc être toujours d'actualité en ce qui concerne les formes et le décor architectural. Mais en 966, un nouvel incendie, provoqué par les autorités musulmanes, s'étend jusqu'à la coupole qui se trouve de nouveau ruinée.

Les destructions les plus importantes, faisant suite à celles des Perses, n'interviennent qu'au début du XIe siècle sur l'ordre du calife fatimide al-Hakim (996–1020)[256]. Les détails sont connus par les *Annales* de Yahia Ibn Saïd[257] qui rapporte l'interdiction faite aux pèlerins chrétiens de se rendre sur les Lieux saints et l'ordre du calife de détruire jusqu'aux fondations l'ensemble du complexe[258]. Commencée le 18 octobre 1009, la destruction totale de l'édicule du tombeau et de la basilique du Martyrium est avé-

---

[253] François AVRIL, Jean-René GABORIT, « L'*itinerarium Bernardi Monchi* et les pèlerinages d'Italie du sud pendant le Haut Moyen Âge » dans *Mélanges d'archéologie et d'histoire*, vol. 79 n°1 (1967), p. 269–298 et plus spécifiquement en ce qui concerne la biographie de Bernard le Moine et de son pèlerinage p. 270–275.

[254] BERNARD LE MOINE *Itinerarium Bernardi, monachi franci*, chap. X, dans : Titus TOBLER (dir.), *Descriptiones Terrae Sanctae*, p. 92, « De hoc sepulchro non est necesse plura scribere, cum dicat Beda in historia anglorum sua sufficientia, quae et nos possumus referre » traduction française dans : RÉGNIER-BOHLER (dir.), *Croisades et Pèlerinages...*, p. 923.

[255] BÈDE LE VÉNÉRABLE, *De Locis Sanctis*, dans CCSL 475, Brepols, Turnhout 1965, p. 245–280. Deux manuscrits en particulier : BNF ms. lat. 2321 (Xe siècle) et Nationalbibliothek, Vienne, cod. 580 (XIe siècle).

[256] À propos des destructions d'al-Hakim et de leurs conséquence,s voir les actes du colloque organisé à l'occasion du millénaire des destructions : Thomas PRATSCH (éd.), *Konflikt im Bewältigung. Die Zestörung der Grabeskirche zu Jerusalem im Jahre 1009*, De Gruyter, Berlin 2011.

[257] YAHIA IBN SAÏD, *Annales*, dans ABEL et VINCENT, *Jérusalem...*, p. 250.

[258] al-Hakim ordonna une terrible persécution contre la communauté chrétienne de Jérusalem. Il ordonna la destruction ou la conversion en mosquée de toutes les églises de Jérusalem.

rée. Du premier il ne resta que la banquette funéraire taillée dans le roc tandis que le second disparaissait jusqu'aux fondations. En ce qui concerne l'Anastasis, il semble que le bâtiment ait fait partie de ces monuments « dont la démolition offrait des difficultés »[259]. Si la coupole s'effondra de nouveau, il semble que les structures principales de l'Anastasis en appareil cyclopéen ne furent que peu touchées.

*La rotonde médiévale*
Après la mort d'al-Hakim et sous l'influence de sa mère chrétienne, son successeur Daher[260], recherchant une alliance avec Byzance, mit en place une politique de tolérance. Au terme d'un traité, l'empereur Constantin Monomaque est autorisé à relever les ruines de l'Anastasis à ses frais tandis que la grande basilique du Martyrium est définitivement supprimée[261]. Consacrée en 1048, la nouvelle construction byzantine est, selon Guillaume de Tyr, en partie due à l'acharnement d'un certain Jean Carianitis qui réunit les fonds nécessaires[262]. En visite à Jérusalem en 1047, le Perse Nasîr i-Khusrau[263] mentionne la restauration des principales églises chrétiennes et en particulier celle du « Bai'at-al-Kumânah » (l'église de la Résurrection). Il semble particulièrement impressionné par la grandeur de l'édifice, qui peut contenir jusqu'à 8 000 fidèles, et son riche décor de marbres colorés, d'ornements, de sculptures et de mosaïques de style byzantin figurant les prophètes et le Christ.

Le récit de Saewulf prend place peu après la conquête de la ville par les croisés (1102–1103). Il est le premier à effectivement employer le terme d'église du « Saint-

---

[259] YAHIA, *Annales*..., I.4.

[260] GUILLAUME DE TYR, *Historia rerum in partibus transmarinis gestarum*, I, 6, dans *RCH*, t. 1, Paris 1844, p. 19.

[261] Robert OUSTERHOUT « Rebuilding the Temple : Constantine Monomachus and the Holy Sepulchre » dans : *The Journal of Society of Architectural Historians*, vol. 48 n°1 (mars 1989), p. 66–78 ; J. R. MACPHERSON, « The Church of the Resurrection, or of the Holy Sepulchre. III, the building of the Emperor Constantine Monomachus, 1008–1130 », dans : *The English Historical Review*, vol. 7 n°28 (octobre 1892), p. 669–684.

[262] GUILLAUME DE TYR, *Historia Rerum gestarum in partibus transmarinis*, I, 6 « Procurabat autem eorum legationem quidam Joannes cognomento Carianitis, Constantinopolitanus natione, nobilis quidem secundum carnem, sed moribus multo nobilior », dans *RCH*, t. 1, p. 20.

[263] NASÎR I-KHUSRAU, *Diary of a Journey through Syria and Palestine*, traduit du perse par Guy LE STRANGE, *Palestine Pilgrims' Text Society*, vol. 4 n°1(1895–1896). Voir, MACPHERSON, « The Church of the Resurrection, or of the Holy Sepulchre. … », *op.cit.* p. 670.

Sépulcre » pour parler de la rotonde de l'Anastasis[264]. Il revient rapidement sur les dispositions générales entourant l'édicule du tombeau « entouré d'un fort mur et couvert d'un toit » pour protéger le banc du tombeau des intempéries (la coupole possédant une ouverture zénithale avec un vaste opaïon). Il mentionne aussi l'existence, à l'est de l'église, d'un compas signalant mathématiquement le centre du monde, à peu de distance du lieu marqué comme étant celui de la première apparition du Christ à Marie-Madeleine. Quoique contenant un certain nombre de détails pertinents et riches en informations, sa description reste relativement succincte et parfois même sibylline sur l'organisation générale ou plus détaillée du complexe.

L'higoumène Daniel visite quant à lui l'église vers 1106–1107 lors de son pèlerinage, et nous en donne une description relativement plus précise qui vient heureusement compléter les récits du voyageur perse et de Saewulf[265]. Si l'on s'en réfère à son récit, la coupole tronconique était ouverte d'un vaste opaïon sommital de 6 m de diamètre par où pénètrait la lumière. Douze colonnes et six piliers, à présent bien individualisés, formaient le déambulatoire. De même, la galerie supérieure du *Catechumena* était scandée d'une alternance de huit colonnes et huit piliers. On procéda aussi à la restauration du décor de mosaïques, même si le programme iconographique reste mal défini. La principale intervention a consisté en l'installation d'une vaste abside orientale fermée, dans laquelle étaient placés l'autel majeur et la cathèdre épiscopale. Avec la destruction de la basilique du Martyrium, le siège épiscopal s'installe de façon définitive dans la rotonde de l'Anastasis. La cour du Golgotha est quant à elle modifiée. Si le Calvaire est toujours visible dans l'angle sud-ouest de la cour, il est à présent nommé « Saint Jardin » et un ciborium est construit sur l'emplacement de l'*omphalos*. Trois oratoires alignés élevés à l'ouest commémorent, du nord au sud,

---

[264] Par exemple : « ...*ne dum pluit pluvia cadere possit supra sanctum sepulchrum, quia ecclesia desuper patet discooperta*... » (ligne 179) ou encore « *extra portam ecclesiae Sancti Sepulchri* » (ligne 260). Les récits de croisés emploient la dénomination de « Sépulcre du Seigneur » mais non celle de Saint-Sépulcre comme titulature directe de l'église. Guillaume de Tyr parle quant à lui d'église du Saint-Sépulcre lorsqu'il fait référence à la rotonde de l'Anastasis. SAEWULF, *Peregrinatio*, dans : CC CM 139, Brepols, Turnhout 1994, p. 59–77 ; sur la question de la dénomination de la Rotonde : Colin MORRIS, *The Sepulchre of Christ in the Medieval West*, Oxford University Press, Oxford 2007, p. 33–34.

[265] HIGOUMÈNE DANIEL, publié dans : ABEL et VINCENT, *Jérusalem...*, p. 258–259 ; Michel PICIRILLO, « Jérusalem et la basilique du Saint-Sépulcre », dans : Monique REY-DELQUÉ, *Les croisades : l'orient et l'occident d'Urbain II à saint Louis (1096–1270)*, Electa, Milan 1997, p. 233–242.

la Flagellation, le Couronnement d'épine et le partage des vêtements, et viennent remplacer la basilique disparue. Si la basilique du Martyrium disparaît totalement, la chapelle souterraine de l'invention de la Croix est quant à elle conservée et remise en état. Guillaume de Tyr livre une description similaire de l'intervention de l'empereur byzantin et des restaurations entreprises sur l'Anastasis[266].

Les transformations du gros œuvre, construction de l'abside orientale mise à part, paraissent avoir été minimes. Abel et Vincent les ont analysées au regard des éléments archéologiques et architectoniques à leur disposition[267]. Ils en ont conclu que la surélévation des murs gouttereaux et l'emploi d'un appareil mixte de briques et de pierres dans les parties nouvelles sont plus particulièrement significatifs de l'intervention byzantine[268]. L'édicule du tombeau avait été, rappelons-le, détruit jusqu'aux fondations. Plus qu'une restauration, c'est ici une reconstruction complète qui est mise en œuvre. Il semble que le parti des deux espaces communicants adopté à l'époque constantinienne soit encore repris dans la nouvelle construction.

C'est dans cet édifice que les croisés viennent se recueillir après la prise de Jérusalem le 15 juillet 1099. La principale modification amenée par les croisés reste bien entendu la construction de la basilique à l'est de la rotonde, puis l'ensemble du complexe monastique l'entourant[269]. Mais si la construction nouvelle avait pour but avoué de marquer la nouvelle présence latine à Jérusalem, les croisés ont tout particulièrement veillé à ne pas modifier trop profondément la rotonde antique, le transept de la basilique romane se faisant par exemple en avant du mur de façade byzantin. Ce parti a permis d'éviter toute modification profonde de la rotonde originelle, si ce n'est la suppression de l'abside orientale afin de créer la mise en communication des deux édifices. Mais, comme nous l'avons vu, l'établissement de l'abside orientale était lui-même une création plus tardive résultant des modifications du complexe. L'architecte franc a parfaitement su s'adapter aux éléments préexistants, concevant son élévation intérieure de façon à ce que les niveaux soient à la même hauteur que le rez-de-chaussée

---

[266] GUILLAUME DE TYR, *Historia rerum in partibus transmarinis gestarum*, IX, 18 dans : *RCH*, t. 2, p. 391–393.
[267] ABEL et VINCENT, *Jérusalem…*, p. 250–253.
[268] Pour une étude et une recension plus complètes des différents éléments archéologiques, voir PÉQUIGNOT, *Monuments de plans centrés…*, p. 71–78.
[269] Voir, KRÜGER, *Die Grabeskirche zu Jerusalem…*, p. 86–96.

et la tribune de la rotonde. Ce parti pris, plus d'ordre esthétique que véritablement architectonique, permet une forme d'unité entre les deux édifices[270]. La croisée du transept est marquée d'une coupole sur pendentifs sous laquelle la tradition place l'*omphalos mundi*. Autre modification d'importance, la construction de la basilique romane entraîna aussi le percement d'un portail d'accès roman pour les pèlerins dans l'abside nord de la Rotonde.

Mis à part cette adaptation du site, il est communément admis que l'Anastasis elle-même ne fut guère modifiée tant dans ses structures que dans son décor[271].

## Modifications et état actuel

Avec la défaite d'Hattin (1187) et la perte de Jérusalem, le Saint-Sépulcre ne connaît durant les siècles suivants que peu de modifications notoires. Les récits de pèlerinages postérieurs au XII<sup>e</sup> siècle, nombreux et beaucoup plus détaillés, reviennent sur l'agencement de la rotonde, son histoire et son décor sans y relever de transformations majeures.

L'arrivée au XIII<sup>e</sup> siècle de l'ordre franciscain comme gardien du Saint-Sépulcre et des autres Lieux saints de Palestine n'entraîna tout d'abord pas d'importantes variations architectoniques. En 1516, l'empire Ottoman succède aux Mameluks et Jérusalem se trouve rattachée à Istanbul. Ce changement politique assure au Sépulcre une plus grande stabilité et un accès facilité aux pèlerins. Les franciscains, alors en charge du monument, décidèrent d'entreprendre une modification de l'édicule du tombeau dont ils agrandirent la structure afin de créer en façade une sorte d'antichambre régulant l'accès à la chambre sépulcrale elle-même. Ils renouvelèrent également le décor de marbre et d'orfèvrerie (1555) en conséquence. C'est très largement dans cet édicule conçu au XVI<sup>e</sup> siècle que les pèlerins d'aujourd'hui viennent encore se recueillir.

---

[270] À propos de la Basilique des Croisés voir, KRÜGER, *Die Grabeskirche zu Jerusalem...* p. 97-122 ; Nurith KENAAN KEDAR « A neglected series of Crusader Sculpture : the 96 corbels of the church of the Holy Sepulchre » dans : *IEJ* 42 (1992), p. 103-144.

[271] Il est en effet très difficile de savoir si l'arrivée des croisés a entraîné une quelconque modification du décor intérieur. Les descriptions antérieures à la domination croisée en notre possession ne s'attardent que peu, comme nous l'avons vu, sur le détail de la décoration, se contentant de mentionner les marbres colorés, le mobilier d'orfèvrerie et parfois la présence de mosaïques. Il est alors très difficile, au vu des comptes-rendus postérieurs, d'arriver à déterminer une véritable intervention latine dans le décor.
Pour une étude du programme iconographique du Saint-Sépulcre, voir, Voichita MUNTEANU « A romanesque Copy of the Anastasis : The Chapel of St Jean of Le Liget », dans : *Gesta*, vol. 16 n°2 (1977), p. 26-40.

Le nombre des pèlerinages à l'époque moderne reste important et s'accompagne le plus souvent d'un récit et d'une description des Lieux saints agrémentés, dans certains cas, d'une gravure. Ces dernières sont de précieuses sources d'informations concernant les dispositions de la rotonde. Leur étude permet de constater que finalement très peu de changements semblent avoir eu lieu durant cette période. Le dessin de Cornelis Le Bruyn (vers 1680)[272] montre nettement la coupole tronconique ouverte d'un large opaïon et, au centre, l'édicule du tombeau modifié par les franciscains. L'élévation visible correspond à la restauration médiévale. Au premier plan à droite, on peut apercevoir les doubles colonnes du massif méridional, tandis qu'à gauche se situe, sur un haut piédestal, la première colonne détachée à chapiteau corinthien des arcades sud. Au second plan, on reconnaît sans peine le reste de l'élévation avec son alternance, au niveau bas, de deux piliers et trois colonnes et son étage de tribune ouverte alternativement d'une baie simple à l'aplomb des piliers et d'une baie géminée reposant sur une colonnette centrale à l'aplomb des colonnes. Un dernier niveau percé de niches sert de tambour à la coupole.

Les mêmes dispositions sont visibles sur deux croquis de Horn datés de 1719[273] présentent tout d'abord une vue de la moitié occidentale dans l'axe du tombeau, puis une vue de la tribune ouest. Pris ensemble, ces deux dessins permettent surtout de restituer l'arc de jonction avec la Basilique des Croisés. Les jambages supérieurs paraissent arriver à la hauteur de la corniche délimitant les deux niveaux de l'église. L'arc s'ouvre dans la maçonnerie et s'avère ne pas être tangent à la seconde corniche qui sert d'appui au troisième niveau d'attique. À hauteur de la tribune, deux colonnettes dégagées reçoivent les derniers arcs.

En 1808, un tragique incendie ravagea une fois encore la rotonde, provoquant non seulement l'effondrement de la coupole mais aussi la chute des supports de la tribune et la ruine de ceux du rez-de-chaussée. La restauration est rapidement menée si bien que le Saint-Sépulcre est de nouveau consacré le 13 septembre 1810[274]. Les travaux, conduits par l'architecte grec Nikolaos Komnenos, ont souvent été qualifiés de radicaux. Si l'architecte semble avoir respecté les dispositions antérieures, on peut cependant regretter une exécution générale du gros œuvre manquant parfois singu-

---

[272] Le dessinateur s'est installé dans le coin sud-est de la rotonde. Voir, KRÜGER, *Die Grabeskirche zu Jerusalem...* p. 144.
[273] ABEL & VINCENT, *Jérusalem nouvelle...*, fig. 140.
[274] KRÜGER, *Die Grabeskirche zu Jerusalem...*, p. 212–222.

lièrement d'élévation et de finesse dans l'exécution. La rapidité demandée et les moyens à sa disposition l'obligèrent à empâter les structures dans la maçonnerie, elle-même renforcée par une structure métallique lourde. On note cependant qu'il a tenté et tenu à conserver autant que possible les structures les plus anciennes, témoignant de son envie de rester fidèle au monument original.

Les restaurations de la coupole, elles aussi rapidement menées, montrent, dès 1830, certaines faiblesses. En 1852, une reconstruction complète de la structure est engagée et donne lieu à la création de la coupole hémisphérique telle qu'elle est encore visible aujourd'hui en lieu et place de la coupole tronconique précédente. Ce changement de parti modifie sensiblement la perception de l'édifice et en particulier celle de l'édicule qui semble de fait moins mis en valeur au centre de la construction.

De nos jours, c'est à travers un dédale de ruelles et par quelques degrés que l'on accède au portail sud du Saint-Sépulcre et au parvis. La limite méridionale de cet ensemble semble avoir déjà été délimitée au IVe siècle par un portique dont on peut aujourd'hui voir la trace dans une colonne engagée à l'est. L'agencement des bâtiments entourant le parvis met en valeur l'existence des deux axes principaux du complexe : à l'ouest ceux alignés sur le Saint-Sépulcre et à l'est sur le Golgotha.

Le portail principal du Saint-Sépulcre est une création des croisés. Double à l'origine, la partie orientale en est, depuis la fin du XIIe siècle, murée. Les ébrasements des baies du portail sont formés de trois ressauts garnis de colonnettes sur lesquelles reposent les voussures moulurées. L'ensemble était complété de deux linteaux historiés déposés depuis 1930 au musée Rockefeller de Jérusalem[275]. Le visiteur pénètre ensuite dans le complexe par la Basilique des Croisés qui a subi toute une série d'aménagements contemporains divisant l'espace original pour former les diverses chapelles des communautés chrétiennes présentes. Il faut contourner ces dernières pour finalement accéder, à l'angle sud-est de la travée méridionale du transept, au Calvaire sous lequel se situe la chapelle d'Adam. L'avant-nef de cette chapelle a par la suite été employée comme lieu de sépulture des rois de Jérusalem, et conservait les tombes de Godefroi

---

[275] Alan BORG, « Observations on the Historiated Lintel of the Holy Sepulchre, Jerusalem », dans : *Journal of the Warburg and Courtauld Institutes*, vol. 32 (1969), p. 25–40 ; ID., « The Holy Sepulchre Lintel », dans : *Journal of the Warbug and Courtauld Institutes*, vol. 35 (1972), p. 389–390 ; Nurith KENAAN-KEDAR, « Les deux linteaux de l'église du Saint-Sépulcre », dans : REY-DELQUÉ, *Les croisades : l'Orient et l'Occident* ..., p. 286–290.

de Bouillon et Baudouin Ier jusqu'au début du XXe siècle, époque à laquelle les Grecs les supprimèrent définitivement[276]. De là, on accède au déambulatoire médiéval à cinq travées, alternativement simples et doubles, sur lequel s'ouvrent trois absidioles rayonnantes. La première, au sud-est, est nommée oratoire des Injures ou chapelle des Impropères ou des Outrages et on peut y voir la colonne identifiée, depuis Constantin Monomaque, comme celle de la Flagellation[277]. La seconde, dans l'axe, est celle de la Division des vêtements. La dernière, au nord-est, auparavant dédiée à saint Nicolas patron des navigateurs, est à présent placée sous le vocable de Saint-Longin[278]. Du déambulatoire, un escalier donne accès, au niveau inférieur, à la chapelle de Sainte-Hélène et l'oratoire de l'Invention de la Croix.

Cette étude historique et archéologique de la rotonde de l'Anastasis est nécessaire pour comprendre la diffusion et l'utilisation des représentations du modèle hiérosolymitain en Occident. Les éléments architectoniques clairement identifiés – tant dans la structure elle-même que dans les sources anciennes décrivant le bâtiment – contribuent à définir l'emploi et la postérité de l'image du Sépulcre en Occident.

Si dès le règne de Constantin, pèlerins et visiteurs qualifièrent l'église de rotonde, nous avons vu qu'en réalité la première construction, et dans une certaine mesure même la seconde, ne correspondait sans doute pas totalement à la définition classique d'une telle forme architecturale[279]. En effet, la présence dès 350 de l'alternance de colonnes (douze) et de piliers (six), en dehors de toute autre forme structurante externe, a sans aucun doute donnée aux visiteurs une fausse impression de rotondité qui n'a dans les faits, réellement existé que plus tardivement. Cette impression se trouvait encore renforcée à l'intérieur par la présence du déambulatoire et le couvrement en coupole. Il s'agissait en réalité d'une semi-rotonde en partie intégrée dans deux corps de bâtiment barlongs au nord et au sud, et largement ouverte à l'est sur la cour du Golgotha.

---

[276] ABEL & VINCENT, *Jérusalem nouvelle…*, p. 280–282.

[277] ABEL & VINCENT, *Jérusalem nouvelle…*, p. 274.

[278] ABEL & VINCENT, *Jérusalem nouvelle…*, p. 272.

[279] « Bâtiment ou corps de bâtiment de plan centré, circulaire, ovale ou polygonal, montant de fond et souvent couvert d'un dôme » dans Jean-Marie PÉROUSE DE MONTCLOS, *Principes d'analyse scientifique. Architecture, vocabulaire*. Inventaire général des monuments historiques et des richesses de France. Imprimerie nationale, Paris 1993. Il est intéressant de noter que pour illustrer cette définition Pérouse de Montclos opte pour un plan et coupe de la rotonde de Neuvy-Saint-Sépulcre.

Les vicissitudes connues par le monument, loin de diminuer son attraction, semblent au contraire n'avoir fait que renforcer sa notoriété. Comme il en a été question précédemment, les diverses destructions, mutilations et modifications que l'édifice a pu connaître ont contribué à sa renommée dans le monde latin et ont été considérées comme le témoin (et la victime) des fautes et manquements des croyants.

Il faut enfin prendre en considération, dans le cadre d'une étude iconographique et historique, que les éléments architectoniques mentionnés, réels ou supposés, marquent les esprits dans le temps. Il n'est donc pas étonnant de constater une certaine superposition des formes et des motifs dans les diverses représentations, certains semblant acquérir une faveur perdurant malgré leur disparition. Il n'existe pas de simultanéité entre création et/ou disparition de motifs à Jérusalem, et leur utilisation effective en tant que tout ou partie de l'archétype.

# Exégèse et théologie :
# Le Saint-Sépulcre figuré

3

« *Nous vénérons les choses créées par lesquelles et dans lesquelles Dieu a réalisé notre Salut. C'est ainsi que je vénère et salue le mont Sinaï, Nazareth, Bethléem, la Grotte, le Calvaire, le bois de la Sainte Croix, le Sépulcre [...]. Je vénère tout temple de Dieu et tout lieu où le nom de Dieu est invoqué. Je les vénère, non pour leur nature, mais parce qu'ils sont des vaisseaux de l'action de Dieu, parce que Dieu les a choisis pour accomplir notre salut.* »[1]

Depuis plusieurs années déjà, historiens d'art et liturgistes se sont penchés sur la question des liens unissant la liturgie et l'architecture qui lui sert d'écrin. Dans *Le temps des cathédrales*, Georges Duby a donné une première définition de cette relation. Selon lui « l'église est d'abord fonctionnelle. Sa structure répond à la dynamique interne des exercices de la prière collective qu'elle a pour mission d'abriter »[2]. Ainsi les premières communautés chrétiennes, n'ayant plus accès au Temple ou au culte hébraïque, se sont trouvées dans l'obligation de construire de nouveaux espaces ou d'adapter des lieux préexistants à leurs pratiques nouvelles[3].

C'est assez naturellement en Orient, où les premières communautés chrétiennes se sont développées, puis à Rome, que tendent à se fixer les premiers éléments de la liturgie. La conversion de l'empereur Constantin et la promulgation de l'édit de tolérance au début du IVe siècle font émerger de nouvelles recherches architecturales. Afin de répondre aux besoins nouveaux des communautés, de grands ensembles liturgiques sont construits à Rome puis à Jérusalem et répondent aux diverses exigences de la liturgie. Cette dernière, en perpétuelle évolution, est aussi le résultat d'une longue maturation

---

[1]  Saint Jean Damascène, *Oratio III adversus eos qui sacras imagines abjiciunt*, in *PG* XCIV, 1353 dans : Édmond-René Labande, « Recherches sur les pèlerins dans l'Europe des XIe et XIIe siècles », dans : *Cahiers de Civilisation Médiévale*, n°3, juillet-septembre 1958, p. 339–347.

[2]  Geogres Duby, *Le temps des cathédrales. L'art et la société*, Gallimard – Bibliothèque des histoires, Paris 1976, p. 336.

[3]  La bibliographie concernant le développement de l'architecture et de la liturgie depuis l'Antiquité tardive et pendant le Moyen Âge est importante. Citons par exemple : Sible de Blaauw, « Architecture and Liturgy in Late Antiquity and the Middle Ages » dans *Archiv für Liturgiewissenschaft* vol. 33 (1991), p. 1–34 ; Éric Palazzo, *Liturgie et société au Moyen Âge*, Aubier, Paris 2000 ; Allan Doig, *Architecture and Liturgy. From the Early Church to the Middle Ages*, Ashgate, Aldershot 2008 ; Éric Palazzo, *L'espace rituel et le sacré dans le christianisme : la liturgie de l'autel portatif dans l'Antiquité et le haut Moyen Âge*, Brepols, Turnhout 2008.

exégétique et théologique visant à transmettre dans des cérémonies quotidiennes et exceptionnelles l'enseignement du Christ et l'espérance des promesses du Salut.

Le temps de la liturgie ne connaît ni début ni fin véritable, il se déroule de toute éternité et est précisément un temps théologique perpétuel. La liturgie, et la liturgie pascale en particulier, est ainsi le rappel permanent de l'histoire de l'intervention de Dieu dans le monde et par extension de l'Incarnation du Verbe mort et ressuscité. L'année liturgique se veut donc un condensé de la vie du Christ, depuis l'Incarnation (Noël) jusqu'à la Résurrection (Pâques), condensé à travers lequel le fidèle est invité à méditer et réfléchir sur les principaux moments de l'enseignement évangélique et en tirer les conséquences pour sa propre vie.

L'époque carolingienne est une période de gestation et de mutation, tant artistique que liturgique, où se cristallisent dans un même ensemble certains éléments de la vie religieuse, de la liturgie et de l'architecture qui l'abrite. Le fleurissement de la pensée spirituelle et théologique de cette période représente non seulement les fondements d'une liturgie médiévale postérieure, mais influence aussi la création architecturale qui s'adapte alors à la pensée religieuse[4] et se déploie en lien avec elle. Exégètes et théologiens carolingiens interviennent dans la création architecturale. Citons par exemple le cas de Raban Maur[5] à qui l'on doit d'un côté de nombreux traités sur la Bible et la vie liturgique, et de l'autre la conception et la réalisation d'ensembles monumentaux comme la chapelle Saint-Michel à Fulda, chapelle funéraire des abbés de Fulda, conçue comme une réminiscence du Saint-Sépulcre.

## Liturgie et Saint-Sépulcre

Le mot de liturgie provient du grec λειτουργία (leitourgìa), de λεω le « peuple » et έργο « faire accomplir », et signifie littéralement le service du peuple ou service du culte. Dans le catholicisme, la liturgie correspond à l'ensemble des rites et des cérémonies

---

[4] Les nombreux travaux de Carol Heitz restent exemplaires, notamment en ce qui concerne son étude et son analyse de l'architecture carolingienne en lien avec son contexte liturgique, notamment dans ses innovations et ses adaptations artistiques. Citons simplement *Recherches sur les rapports entre architecture et liturgie à l'époque carolingienne*, SEVPEN, Paris 1963 ; *L'architecture religieuse carolingienne. Les formes et leurs fonctions*, Picard, Paris 1980 ; « Architecture et liturgie processionnelle à l'époque romane », dans *Revue de l'Art*, t. 24 (1974) p. 30–47.

[5] Louis MORELLE, Jean-Paul BOUHOT « Raban Maur », dans : Claude GAUVARD, Alain DE LIBERA, Michel ZINK (dir.), *Dictionnaire du Moyen-Âge*, PUF, Paris 2002, p. 1167.

mis en œuvre au cours d'une célébration se déroulant dans un espace défini unique ou non (liturgie stationnale).

Dès la Basse Antiquité, un lien s'établit entre la liturgie (déroulement des rites) et l'architecture dans laquelle elle se développe. La présence de Dieu est alors symboliquement introduite par une cérémonie de consécration qui confère à l'espace ainsi déterminé une part de la puissance céleste, transformant un petit segment du monde terrestre en un espace exceptionnel investi d'un pouvoir surnaturel. « L'église matérielle dans laquelle le peuple se réunit pour louer Dieu signifie l'Église qui est édifiée dans le ciel avec des pierres vivantes »[6]. Par conséquent, l'espace de la célébration est structuré pour communiquer, souligner et emphatiser la signification de la liturgie. Cet espace est créé par le geste et s'articule en fonction de lui.

La liturgie est une mémoire et une actualisation permanente des évènements du Salut dans le temps et dans l'espace. Cette réinterprétation des moments les plus importants de la vie du Christ passe par la répétition des gestes, paroles et faits considérés comme fondateurs, ayant marqué l'histoire et continuant d'exercer une influence sur la communauté chrétienne. À travers elle, c'est aussi une communication avec le divin qui est mise en place dans un espace architecturé répondant à des besoins spécifiques. Dans ce cadre, la liturgie en cours au Saint-Sépulcre ne fait pas exception. L'espace consacré acquiert une connotation sacrée en vertu de l'évènement qui y est rappelé par les gestes. La liturgie, en tant que lieu et espace de l'activité humaine, traduit, d'un siècle à l'autre, les recherches et dynamismes internes des évolutions spirituelles de l'homme en prière. Étant ainsi une expression humaine au service des fidèles, elle agit également comme facteur d'unification et expression visible du mystère chrétien.

## *Liturgie Hiérosolymitaine*

À Jérusalem, tout pèlerin, en plus de ses dévotions personnelles à son arrivée dans la cité, se devait d'assister tout au long de son séjour aux diverses cérémonies scandant l'année liturgique[7]. Ces dernières acquièrent bien évidemment un sens tout particulier

---

[6] D. AVRIL, Timothy M. THIBOEDEAU (dir.), Guillelmi DURANTI, *Rationale divinorum officiorum*, Brepols, Thurnout 1995–2000, vol. 1, p.13.

[7] En tant qu'abrégé de la vie du Christ, la liturgie occupe une place importante à Jérusalem. La participation aux différents offices liturgiques lors de son séjour, explique sans aucun doute la recrudescence des pèlerinages aux alentours de Pâques, point central des offices et de l'année liturgique.

dans les principaux sanctuaires marquant le lieu de la Passion et de la Résurrection. En évoquant dans le présent les éléments du passé, l'église hiérosolymitaine permettait aux fidèles de pleinement les revivre dans les lieux mêmes de leur déroulement, les faisant ainsi basculer dans l'éternité.

Cette liturgie spécifique à Jérusalem, prévoyait un certain nombre de « stations » dans les différentes églises de la ville et de ses alentours. Mise en place dès le IV$^e$ siècle, elle comprenait, dans son déroulement tant quotidien qu'extraordinaire (fêtes), un ensemble d'offices et de processions d'un édifice à l'autre. On serait tenté de voir dans cette liturgie « stationnale » et dans son ampleur quasi théâtrale, une inspiration pour la liturgie occidentale du début du Moyen Âge[8]. Mais il est malgré tout difficile de quantifier son impact en Occident avant la croisade.

Pâques est pour les chrétiens la fête la plus importante, le cœur de la Révélation et le sommet de l'histoire du Salut. Toute l'année liturgique s'organise autour de Pâques et déjà au IV$^e$ siècle la fête est intégrée au calendrier des vacances judiciaires[9].

Le récit de la pèlerine Égérie, présente à Jérusalem à la fin du IV$^e$ siècle, est non seulement une précieuse source d'informations concernant Jérusalem et les pèlerinages, mais surtout un compte-rendu très détaillé de la liturgie hiérosolymitaine en général et de celle de Pâques en particulier, et plus spécifiquement des différents offices et prières en cours à l'Anastasis. En recoupant son récit et d'autres sources liturgiques contemporaines ou plus tardives, on peut tenter de reconstituer la liturgie hiérosolymitaine des origines, aussi bien celle en cours tout au long de l'année que celle pratiquée pendant les fêtes de Pâques[10] et déterminer l'importance de ces rites dans la conception et la diffusion des imitations architecturales et iconographiques des Lieux saints[11].

---

[8] On connaît certaines liturgies stationnales du même type en Europe occidentale à l'échelle d'une ville (Constance, Rome, Metz…) ou à l'échelle d'un complexe liturgique (Centula-Saint-Riquier, Corvey…). Voir, Carol HEITZ, « Architecture et liturgie processionnelle à l'époque romane », dans *Revue de l'art*, t. 24 (1974), p. 30–47.

[9] Blandine-Dominique BERGER, *Le drame liturgique de Pâques*. Liturgie et Théâtre, Théologie historique 37, Beauchesne, Paris 1976, p. 49–57.

[10] Pour une confrontation presque systématique du texte d'Égérie et des principales sources liturgiques hiérosolymitaine des V$^e$–VIII$^e$ siècles, voir la synthèse de Carmelo Garcia DEL VALLE, *Jerusalen. Un siglo de oro de vida liturgica*, Studium, Madrid 1968 ; Sebastià JANERAS, *Le Vendredi saint dans la tradition liturgique byzantine. Structure et histoire de ses offices*, Pontificio ateneos Anselmo (99), Rome 1988.

[11] Renata SALVARANI, *La fortuna del Santo Sepolcro nel Medioevo. Spazio, liturgia, architettura*, Jaca Book, Milan 2008, p. 51.

## Liturgie ordinaire

Égérie est une pèlerine sur laquelle on ne possède que peu d'éléments biographiques en dehors de son pèlerinage. On sait qu'elle est probablement originaire de la côte Atlantique, et a séjourné presque une année complète à Jérusalem, depuis les fêtes de la Nativité (janvier) jusqu'à l'octave des Encénies (14 septembre)[12]. L'Anastasis est, dans son récit, un des principaux pôles de la prière quotidienne. Les fidèles s'y rassemblaient quatre fois par jour pour Vigiles, Laudes, Sexte et None[13]. Il ne semble cependant pas exister de liturgie particulière ni de lectures spécifiques au Saint-Sépulcre dans le cadre de ces prières quotidiennes. En revanche, la cérémonie débutant une heure après None, le *Licinion* ou Lucernaire[14], paraît être, quant à elle, plus profondément liée au lieu même de sa célébration. Cet office divin devait son nom au fait que toutes les lumières de la rotonde étaient alors allumées à la flamme du tombeau[15]. Ce rituel, avant tout symbolique et voulant commémorer la descente du feu sacré, s'accompagnait de lectures relativement explicites autour du thème de la lumière et de la Résurrection pour célébrer au tombeau l'aube nouvelle du Salut.

Pendant la semaine, l'oblation était célébrée seulement trois fois (mercredi, vendredi et dimanche) dans la rotonde[16]. Le dimanche représentait comme il se doit un jour tout particulier et a très rapidement acquis un statut spécifique dans le déroulement de l'année liturgique[17]. Cette notion du dimanche, le jour suivant le Sabbat juif, comme commémoration de la Résurrection est largement développée par les premiers exégètes chrétiens. Justin (I<sup>er</sup> siècle) souligne par exemple ce lien symbolique lorsqu'il évoque le « jour dit du soleil parce que c'est ce jour-là que Dieu a créé la lumière et

---

[12]  Fêtes de la dédicace de l'Anastasis de Jérusalem par Constantin. Égérie, *Journal de voyage*..., ILVIII–ILIX, p. 316–319 ; Michael Fraser, *The Feast of the Encaenia in the Fourth Century and in the Ancient Liturgical Sources of Jerusalem*, Thèse (Ph-D), University of Durham, 1995.

[13]  Fernand Cabrol, Henri Leclercq, Henri Marrou « Jérusalem (liturgie) », dans : *Dictionnaire d'archéologie chrétienne et de liturgie*, Letouzey & Ané, Paris 1920–1953, col. 2377–2379 ; Égérie, *Journal de voyage*..., XXIV, 1–7, p. 234–241.

[14]  Office paléochrétien qui donnera par la suite naissance aux Vêpres.

[15]  Marius Canard, « La destruction de l'église de la Résurrection par le calife Hakim et l'histoire de la descente du feu sacré », dans *Byzantion* 35 (1965), p. 16–43.

[16]  Égérie, *Journal de voyage*..., XXVII, 5, p. 260–261.

[17]  Louis Duchesne, *Origines du culte chrétien : étude sur la liturgie latine avant Charlemagne*, A. Fontemoing, Paris 1898, p. 218–22.

que Jésus-Christ notre Sauveur est ressuscité des morts »[18]. L'importance des rites dominicaux à Jérusalem et l'absence de remise en question ultérieure de la notion semblent indiquer que ce rapprochement symbolique est acquis dès le IV$^e$ siècle et la prééminence du dimanche un fait avéré.

En effet, si l'on s'en réfère toujours au récit d'Égérie auquel s'ajoutent les informations contenues dans le codex Arménien[19] et le *Breviarus hierosolymitarum*[20], les offices dominicaux représentent le point culminant de la semaine. Au chant du coq, les grandes portes de l'Anastasis s'ouvraient pour dévoiler l'édifice entièrement illuminé. Les Laudes débutaient alors par une offrande d'encens suffisante pour emplir toute l'église puis par la lecture, à l'entrée de l'édicule, de l'Évangile de la Résurrection. De là, une procession s'organisait vers la chapelle de la Croix où prières et oraisons se succédaient. Entre huit et neuf heures, les chrétiens se rendaient à la basilique du Martyrium pour l'office eucharistique et la prédication de l'évêque. Après le renvoi, l'assemblée retournait à la rotonde dont l'entrée était interdite aux catéchumènes. Là, le prélat s'isolait devant le tombeau et l'office s'achevait. L'ensemble durait environ trois heures si bien que Sexte et None étaient supprimées. En conclusion de sa description, Égérie fait part de son admiration face à l'apparat et au recueillement de ces divers offices. Elle insiste de plus sur la constante et parfaite adéquation des lectures et des cérémonies favorisant la prière et la contemplation, et mentionne aussi les catéchèses dispensées aux catéchumènes et aux néophytes à cette occasion[21].

---

[18] Désiré NISARD, *Œuvres complètes de Justin*, F. Didot, Paris 1871 : « Première Apologie », LXVII, 3–8.

[19] Athanase RENOUX (éd), *Le codex Arménien Jérusalem 121. Édition comparée du texte et de deux autres manuscrits. Introduction, textes, traduction et notes*, Brepols *Patrologia Orientalis* 36.2, Turnhout 1971.

[20] *Breviarus de Hierosolyma*, in *Itineraria et alia Geograhica*, p. 109–110.

[21] ÉGÉRIE, *Journal de voyage...*, XLV–XLVII, p. 304–317.

## Liturgie pascale

Au-delà de ces offices et prières quotidiens, Égérie s'attarde plus longuement sur la célébration de l'ensemble des grandes fêtes de l'année liturgique suivant la chronologie des Évangiles : Épiphanie[22], Présentation au Temple[23], carême[24], Ascension[25], Pentecôte[26]. Les offices de la *Septimana Maior*[27] représentent le moment le plus important de toute l'année liturgique chrétienne[28]. La liturgie de Jérusalem est déjà à cette période extrêmement « dramatique ». Elle comprend un grand nombre de stations, de processions d'une station à l'autre, de manifestations sensibles face aux souffrances du Christ et de gestes rituels à effectuer à chaque étape vers le Sépulcre. La principale originalité de cette liturgie demeure son caractère historique. En effet, il est essentiellement question ici d'un ensemble de rites et de processions visant à commémorer le souvenir du Christ sur les lieux mêmes de sa Passion. La lecture de l'évangile, associée à celle des psaumes, devait permettre à la foule des fidèles de revivre, instant par instant, les dernières actions du Christ à Jérusalem, depuis son entrée triomphale aux Rameaux jusqu'à son ensevelissement et sa Résurrection d'entre les morts. La plus grande fidélité historique semble être tout particulièrement recherchée. Égérie insiste longuement sur l'adéquation toujours parfaite entre le temps, le lieu et les lectures du jour pour la plus grande édification des fidèles présents. Le codex Arménien souligne lui aussi cette concordance dans le déroulement de la liturgie avec les « endroits que le Christ avait fréquentés durant les derniers jours de sa vie et [à] ceux que l'on tenait pour tels et qui devinrent des lieux de station liturgique »[29].

---

[22] ÉGÉRIE, *Journal de voyage*..., xxv 6–12 xxvi, p. 250–257.
[23] ÉGÉRIE, *Journal de voyage*..., xxvi, p. 254–257.
[24] ÉGÉRIE, *Journal de voyage*..., xxvii–xli, p. 256–297.
[25] ÉGÉRIE, *Journal de voyage*..., xlii, p. 296–299.
[26] ÉGÉRIE, *Journal de voyage*..., xliii–xliv, p. 298–305.
[27] ÉGÉRIE, *Journal de voyage*..., xxx 1, p. 270–271.
[28] SALVARANI, *La fortuna del Santo Sepolcro*..., chapitre 4 « Liturgie della Resurrezione e della Settimana Santa », p. 51–73.
[29] Athanase RENOUX (éd.), *Le codex Arménien, Jérusalem 121. Introduction aux origines de la liturgie hiérosolymitaine*, Brepols *Patrologia Orientalis* 35, Turnhout 1969, p. 50.

À la fin de la septième semaine de carême, le samedi précédant la fête des Rameaux, l'Église de Jérusalem faisait mémoire de la résurrection de Lazare[30]. Tout comme dans l'Évangile où la résurrection de Lazare annonce celle du Christ, cet office préfigure la Mort et la Résurrection future du Christ et introduit les évènements de la dernière Pâque dans l'espace comme dans le temps, depuis l'arrivée à Jérusalem jusqu'à la découverte du tombeau vide.

En procession, l'évêque et les fidèles sortaient de la ville et se rendaient à Béthanie pour célébrer au Lazarium l'office du jour. Au moment de l'envoi, l'évêque mettait l'emphase sur les liens existant entre le récit évangélique et la liturgie en cours. De même que le Christ est passé à Béthanie six jours avant la Pâques et a annoncé sa propre Résurrection par celle de Lazare, de même sont annoncées officiellement les fêtes de Pâques à venir et la commémoration des évènements de la Passion débutant dès le lendemain par les Rameaux. Ainsi cette célébration amorçait non seulement, dans une sorte de prologue, toute la liturgie de la Semaine sainte, mais aussi, de par son déroulement sur les lieux mêmes du miracle, renforçait la *memoria* inscrite dans les Lieux saints, les rattachant directement aux évènements dont ils avaient été les témoins.

Le lendemain, « le dimanche où l'on entre dans la semaine pascale »[31], l'ensemble des célébrations était structuré pour commémorer l'entrée triomphale du Christ dans Jérusalem, salué par des rameaux de palmes et d'oliviers. Comme chaque dimanche, la communauté se rassemblait au chant du coq à l'Anastasis ou au calvaire avant de suivre l'office dans le Martyrium. À la septième heure, tous se retrouvaient à la basilique de l'*Eleona* sur le mont des Oliviers pour une première série de prières et d'antiennes. À la neuvième heure, l'assemblée en procession se rendait à la suite de l'évêque à l'*Imbonon* (lieu de l'Ascension). À la onzième heure, toujours dans l'église de l'Ascension, on lisait l'évangile des Rameaux décrivant l'entrée triomphale du Christ à Jérusalem. Alors, les enfants agitant les rameaux, tous se dirigeaient solennellement vers la ville et l'Anastasis où l'on arrivait le soir pour célébrer le lucernaire. Ainsi la communauté entrait-elle officiellement dans le temps de Pâques[32]. Il est intéressant de noter la participation de tous les membres de la communauté à cette fête. Baptisé ou

---

[30] ÉGÉRIE, *Journal de voyage…*, XXIX 3–5, p. 268–271.
[31] ÉGÉRIE, *Journal de voyage…*, XXX, 1, p. 270–271, « *id est domenica, qua intratur in septimana paschale* ».
[32] ÉGÉRIE, *Journal de voyage…*, XXXI, p. 272–275.

non, hommes et femmes, chacun a un rôle à tenir, jusqu'aux enfants que la pèlerine décrit les rameaux à la main et annonçant l'arrivée de la procession jusqu'à la rotonde. Le choix de l'église de l'Ascension n'est pas non plus anodin et préfigure déjà dans le rituel liturgique l'après Résurrection du Christ, l'Ascension glorieuse.

Le lundi et le mardi qui suivent obéissaient à la liturgie quotidienne des heures, depuis les premières prières du matin à l'Anastasis, l'office au Martyrium et jusqu'aux prières du soir devant le Sépulcre[33]. L'office du mercredi semble quant à lui un pas supplémentaire vers la Passion et une introduction au *triduum* pascal à venir puisqu'il s'achevait, nous rapporte Égérie, par la lecture dans le tombeau du Christ de la rencontre de Judas et des grands prêtres pour convenir de l'arrestation du Christ[34]. Mettant ainsi l'accent sur la trahison de l'apôtre pour trente pièces d'argent dans le lieu de sépulture et de Résurrection du Christ, la liturgie hiérosolymitaine voulait mettre l'emphase sur le déroulement inéluctable des évènements conduisant à la Mort du Christ dans un premier temps et, au-delà, à sa Résurrection et sa Glorification porteuse de Salut.

Les cérémonies s'intensifiaient à partir du Jeudi saint, la *coena Domini* et l'institution de l'eucharistie commémorée à travers un rite complexe débutant dans le Martyrium avant de se poursuivre en différents points du Saint-Sépulcre[35]. Là étaient proclamées trois lectures, deux de l'Ancien Testament et une du Nouveau. Puis, fidèles et célébrants se rencontraient à proximité de l'Anastasis qui devait remplacer le Temple dans la *memoria* de la rencontre entre le peuple juif et les grands prêtres. Une première eucharistie avait lieu comme chaque jour au Martyrium et une seconde, exceptionnelle, « *post crucem* » dans la cour du Golgotha[36], le but étant de souligner, spirituellement et visuellement, l'identification du sacrifice du Christ sur la Croix à l'eucharistie.

Dans l'après-midi, la congrégation se réunissait à nouveau sur le mont Sion, près du Cénacle ou dans une autre église proche. Égérie évoque en effet une telle célébration pour vénérer la colonne de la Flagellation à l'*Eleona*. Le lectionnaire arménien n'en fait pas directement mention mais signale un service (ou une messe ?) approchant[37].

---

[33] ÉGÉRIE, *Journal de voyage*…, XXXII–XXXIII, p. 274–277.
[34] ÉGÉRIE, *Journal de voyage*…, XXXIV, p. 276–279.
[35] ÉGÉRIE, *Journal de voyage*…, XXXV p. 278–281.
[36] ÉGÉRIE, *Journal de voyage*…, XXXV 2, p. 278 ; Athanase RENOUX, « Un manuscrit du vieux lectionnaire arménien De Jérusalem (Cod. Jérusalem 121) », dans *Muséon* LXXIV, 3–4 (1961), P. 361–385.
[37] DEL VALLE, *Jerusalén, un siglo*…, p. 227–229.

Enfin le *Typikon* de l'Anastasis, texte liturgique rédigé en 1122 mais se basant sur la tradition ancienne du X^e siècle, met en avant le déroulement de la célébration de la Cène et du Lavement des pieds au Mont Sion. De là, en procession, l'assemblée se rendait au mont des Oliviers pour passer la nuit en prière[38]. Le caractère stationnal de la liturgie hiérosolymitaine est bien visible et Égérie insiste encore, avec toujours une certaine admiration, sur l'adéquation entre lectures, prières et hymnes[39], et la liturgie pérégrinante et mémorielle qui suit les faits et déplacements du Christ et des apôtres à Jérusalem, avant la Passion.

Au chant du coq le Vendredi saint[40], la procession amorçait son retour vers la ville par une première station légèrement en contrebas, dans l'église fondée à l'endroit où le Christ se serait retiré seul pour prier[41]. La véritable liturgie stationnale de la Passion, *ad locum et ad horam*, ne débutait qu'avec le départ de la longue procession vers Gethsémani où, nous dit Égérie, « des flambeaux d'églises, plus de deux cents, ont été préparés pour éclairer tout le peuple »[42]. Là, dans les « gémissements de tout le peuple en larmes »[43] lecture était faite de l'arrestation du Christ. La pèlerine insiste sur la foule immense présente pour ces offices, du plus petit enfant au vieillard, sans oublier bien entendu les catéchumènes qui, revivant pleinement les évènements de la Mort et de la Résurrection du Christ, se préparaient eux-mêmes à renaître de l'eau du baptême par l'onction baptismale.

De Gethsémani, la procession se rendait lentement au Calvaire, devant la Croix, sans autres interruptions. Le *Typikon* témoigne quant à lui de l'introduction postérieure d'autres stations dans la célébration nocturne : celle de la maison de Pilate puis celle de la cour du reniement de Pierre[44]. De là, la procession arrivait au prétoire de Pilate, cortile situé entre le Martyrium et l'Anastasis et où se trouvait l'*omphalos mundi*.

---

[38] Janeras, *Le Vendredi saint...*, p. 99–101.

[39] « *Et ibi denuo similiter lectiones et ymni et antiphonae aptae diei dicuntur ; orationes etiam ipsae quecumque fiunt, quas dicet episcopus, semper et diei et loco aptas dicet*, Égérie, *Journal de voyage...* », xxxv 4, p. 280.

[40] Égérie, *Journal de voyage...*, xxxvi–xxxvii, p. 280–291.

[41] Lc, xxii 41.

[42] Égérie, *Journal de voyage...*, xxxvi 2, p. 282–283. Si on se réfère au récit de la pèlerine, aucune église ne semble exister à cet endroit-là au IV^e siècle, tout du moins aucune suffisamment importante pour contenir la foule des fidèles.

[43] Égérie, *Journal de voyage...*, xxxvi 3, p. 282–283.

[44] *Typikon de Jérusalem*, dans : Abel et Vincent, *Jérusalem nouvelle...*, III, 6 – IV, 2.

L'arrivée au Golgotha se faisait aux premières lueurs du jour et la journée s'articulait autour de quatre offices : l'adoration de la Croix, une lecture de la Passion (généralement celle de Jean), les prières de None et une veillée[45].

L'adoration de la Croix, de la deuxième à la sixième heure, se déroulait dans la cour du Golgotha, *post crucem*, en présence de l'évêque devant lequel était déposée la précieuse relique que fidèles et catéchumènes venaient vénérer[46] sous le regard attentif des clercs[47]. L'anneau de Salomon et la fiole d'huile de l'onction des rois étaient eux aussi présentés à la vénération à cette occasion.

L'adoration achevée, la lecture de la Passion[48] pouvait débuter sous l'autorité de l'évêque entre la basilique du Martyrium et l'Anastasis jusqu'à la neuvième heure[49]. Entrecoupée de longues pauses méditatives, elle avait pour ambition de faire mémoire des derniers moments de la vie terrestre du Christ et de méditer sur la place centrale de ces évènements dans l'histoire du Salut. Ici encore, une attention particulière était portée à la concordance des lieux mais surtout du temps. Ainsi, l'annonce de la Mort du Christ ne devait intervenir qu'à la neuvième heure (quinze heure) très précisément.

Pour None, l'assemblée des fidèles se réunissait de nouveau dans le Martyrium afin de, à nouveau, réfléchir sur la Mort du Christ. L'évocation de Joseph d'Arimathie réclamant le corps du Christ à Pilate et celle de la mise au tombeau[50] introduisaient la dernière station du jour à l'Anastasis où l'évêque, avant le renvoi, bénissait les fidèles puis les catéchumènes. La veillée qui suivait n'était pas annoncée et seuls ceux qui le pouvaient et le désiraient y participaient. Toute la nuit étaient récités et chantés, devant l'édicule du tombeau, « des hymnes et des antiennes jusqu'au matin »[51].

---

[45] Pour une analyse des différents gestes liturgiques et du mobilier employé pendant ces célébrations, voir SALVARANI, *La fortuna del Santo Sepolcro...*, p. 56.

[46] ÉGÉRIE, *Journal de voyage...*, XXXVII 1–3, p. 284–287.

[47] Égérie souligne cette surveillance des clercs qui prennent garde, non seulement à ce que rien ne vienne souiller la relique, mais surtout à ce que personne n'en détache un morceau.

[48] Égérie précise qu'il s'agit de tous les récits bibliques (Évangiles, Épîtres, psaumes, prophètes…) faisant référence à la Passion. Le lectionnaire Arménien ne donne que peu de détails sur ces lectures.

[49] ÉGÉRIE, *Journal de voyage...*, XXXVII 5–7, p. 286–2289.

[50] ÉGÉRIE, *Journal de voyage...*, XXXVII 8, p. 288–289.

[51] ÉGÉRIE, *Journal de voyage...*, XXXVII 9, p. 288–291. Égérie avance que la veillée n'était pas solennellement annoncée pour que le peuple, déjà fatigué par une nuit de veille, n'ait pas obligation d'y rester.

La liturgie du samedi précédant Pâques, centrée sur la célébration de la vigile pascale, débutait à la neuvième heure dans la basilique du Martyrium[52]. Égérie ne s'attarde guère sur son déroulement qu'elle considère être le même que celui de la liturgie occidentale « *quemadmodum ad nos* ». La seule nuance qu'elle relève concerne les néophytes qui, sortis des fonts, rejoignaient les fidèles dans l'Anastasis pour la fin de l'office. Quoiqu'anecdotique, la remarque a son importance puisqu'elle semble impliquer l'existence d'un baptistère indépendant de l'Anastasis[53]. La vigile trouvait sa conclusion dans la célébration de la messe commémorant le mystère de la Résurrection au Martyrium puis, à l'aube, par la lecture de la Résurrection sur le lieu même du miracle, dans l'Anastasis[54].

La dramatisation de la liturgie pascale à Jérusalem n'est pas seulement une volonté d'illustrer les récits évangéliques selon un ordre chronologique voire même « géographique ». Elle est avant tout une actualisation permanente des mystères de la Pâque, à travers lesquels la présence divine et la promesse du Salut se manifestent continuellement. Revivant les évènements au même rythme et dans les mêmes lieux, baptisés et catéchumènes sont invités à intérioriser cette expérience et à prendre la mesure du sacrifice du Christ, et par extension, de la synapse eucharistique[55]. Si, au premier abord, on serait tenté de qualifier la liturgie hiérosolymitaine de Pâques d'historicisante de par son caractère stationnale, le récit d'Égérie, ponctué de ses impressions et sentiments apparemment partagés par l'assemblée toute entière lors de ces célébrations, montre que sa signification va bien au-delà de la seule reconstitution. La raison en est avant tout dogmatique[56]. L'Eucharistie n'est pas une conséquence de la Passion, elle en est le premier acte et le tout car, ainsi que le souligne Cyrille de Jérusalem, la religion ne sépare pas les mystères[57].

---

[52] Égérie, *Journal de voyage*..., xxxviii, p ; 290–291.

[53] Warton, « The Baptistery of the Holy Sepulchre... », *op. cit.*, p. 313–325. Cyrille de Jérusalem sous-entend aussi la présence d'un baptistère indépendant dans ses catéchèses mystagogiques sans pour autant en donner la localisation. Le pèlerin de Bordeaux (début du IVᵉ siècle) mentionne un baptistère alors même que la rotonde de l'Anastasis n'est pas encore construite. Il est cependant difficile de déterminer l'emplacement exact du monument. En reprenant les recherches du père Corbo, on peut estimer qu'il devait se situer au nord de la rotonde.

[54] Del Valle, *Jerusalén, un siglo*..., p. 248–250.

[55] Salvarani, *La fortuna del Santo Sepolcro*..., p. 58.

[56] Jean-Baptiste Thibaut, *Ordres des offices de la Semaine sainte à Jérusalem du IVᵉ au Xᵉ siècle*, Bonne Presse, Paris 1926, p. 49 et ss.

[57] Cyrille de Jérusalem, *Catéchèses mystagogiques*..., IV, p. 134–145.

Le temps imparti à l'ensemble des offices joue aussi son rôle. L'importance de la liturgie stationnale, et donc des processions d'un lieu à un autre, aurait de prime abord de quoi étonner mais s'inscrit finalement toujours dans cette volonté d'appropriation par chacun des évènements dont il est fait mémoire. La dimension spatiale et temporelle de ces célébrations caractérise la liturgie hiérosolymitaine qui commémore les évènements de la Passion sur les lieux de leur déroulement, tandis que les liturgies occidentales et orientales doivent tout à la fois faire mémoire des évènements et des lieux[58]. Ce rapprochement induit la construction et/ou l'interprétation de monuments sur le modèle de ceux de Terre sainte pour performer la liturgie.

La centralité de Jérusalem fait de la cité la mère de toutes les églises. Ce lien de dépendance spirituelle se manifeste à travers la conformation des espaces et de la liturgie au modèle hiérosolymitain. Dans les processions et la mémoire des gestes, sont rendus présents, par la forme et les échos divers, les rites de l'Église de Jérusalem, et, à travers eux, la réactualisation permanente des mystères du Salut.

Finalement, seules les destructions et autres occupations des lieux modifièrent un tant soit peu la liturgie décrite par Égérie. Ainsi, au XIe siècle, la disparition de la basilique du Martyrium se fit au profit de l'Anastasis qui recueillit l'ensemble des offices et célébrations se déroulant auparavant dans la basilique constantinienne[59]. L'importance de la liturgie pascale et l'appareil qui semble en entourer les offices, participent aussi à l'affirmation, par l'Église des premiers siècles, du Verbe fils de Dieu et du Dieu trinitaire, en réponse aux diverses hérésies se développant à la suite de la prédication messianique puis apostolique[60].

---

[58] HEITZ « Architecture et liturgie processionnelle … », *op. cit.*, p. 30–47.

[59] À propos de la liturgie hiérosolymitaine à l'époque des croisades ; voir, Kaspar ELM, « La liturgie de l'Église latine de Jérusalem au temps des croisades », dans : Monique REY-DELQUÉ, *Les croisades. L'Orient et l'Occident d'Urbain II à saint Louis (1098–1270)*, catalogue d'exposition aux Jacobins de Toulouse, Electa, Milan 1997, p. 243–245 ; Amon LINDER, « The Liturgy of the Liberation Jerusalem », dans : Carlo Maria MARTINI (éd.), *Verso Gerusalemme*, Feltrinelli, Milan 2002.

[60] Pour ces questions entourant la Pâques et le développement des hérésies pendant l'Antiquité tardive, voir, Jean DANIÉLOU, *L'Église des premiers temps. Des origines à la fin du IIIe siècle*, Point Histoire, Seuil, Paris 1985, p. 114–115 ; Henri-Irénée MARROU, *L'Église de l'antiquité tardive. 303–604*, Point Histoire, Seuil, Paris 1985, p. 36–55.

## Le drame liturgique de Pâques

Le terme de « drame liturgique » en tant que tel n'apparaît qu'au cours du XIXe siècle, dans les années 1840–1850, sous la plume de chercheurs philologues et liturgistes voulant définir le contenu des manuscrits des Mystères[61]. L'expression est parfaitement inexistante au Moyen Âge qui parle plus volontiers de Mystères ou, pour ce qui concerne les scènes liturgiques du temps pascal, d'*officium Sepulchri*[62].

Mais avant d'être un phénomène littéraire et plus tard populaire, le drame liturgique est avant tout la manifestation d'une liturgie en pleine évolution vers une dramatisation des rites et une extériorisation des gestes et des paroles. Cette dramatisation semble presque naturellement faire suite à la liturgie mise en place à Jérusalem au VIe siècle. L'année liturgique chrétienne est entièrement centrée sur le mystère de Pâques. Elle est la commémoration permanente de la Mort et de la Résurrection du Christ qui se trouvent comme réinterprétées au cours d'un office paraliturgique exécuté dans un substitut du Saint-Sépulcre ou *Sepulchrum Domini*.

La renaissance carolingienne, et le courant théologique qui la sous-tend, vont recentrer la pensée religieuse et la piété sur la personne du Christ rédempteur. Au travers des scènes et étapes de sa vie incarnée, telles qu'elles sont décrites dans les Évangiles, exégètes et théologiens vont insister plus particulièrement sur les deux grandes fêtes de l'année : Noël et Pâques, l'Incarnation d'un côté, la Passion et la Résurrection du Verbe fait chair de l'autre[63]. Cette tendance à centrer le regard de la foi sur l'humanité du Christ ira croissante dans les siècles suivants.

---

[61] Pour une analyse historique de l'expression « drame liturgique » voir BERGER, *Le drame liturgique de Pâques...*, p. 31–35. L'auteur revient sur les premières occurrences de l'expression au XIXe siècle et la généralisation de son emploi par la suite pour qualifier les manuscrits détaillant la liturgie pascale bénédictine à partir du Xe siècle et ce qui est généralement considéré comme les prémices du théâtre occidental.

[62] De nombreuses études sur le drame liturgique de Pâques ont été entreprises. On retiendra plus spécifiquement parmi elles : Neil C. BROOKS, *The Sepulchre of Christ in Art and Liturgy. With special reference to the liturgy*, University of Illinois, Studies in Language and Literature vol. VII (mai 1921), Karl YOUNG, *The Drama of the Medieval Church*, Clarendon Press, Oxford 1933 ; Pamela SCHEINGORN, « The *Sepulchrum Domini* a study in art and liturgy », dans : *Studies in Iconography*, vol. 4 (1978), p. 37–60 ; Gustave COHEN, *Anthologie du Drame liturgique en France au Moyen Âge*, Lex orandi 19, Cerf, Paris 1955 ; O. B. HARDISON, *Christian Rite and Christian Drama in the Middle Ages. Essays in the Origin and Early History of Modern Drama*, The John Hopkins Press, Baltimore 1965 ; BERGER, *Le drame liturgique de Pâques...*

[63] Autour de ces réflexions théologiques et exégétiques c'est même tout un discours politique reliant Empire et Église qui se met en place. Voir Armando BISOGNO, *Il metodo carolingio. Identità culturale e dibatto teologico nel secolo nono*, Brepols, Turnhout 2008.

En effet, après la renaissance carolingienne et le développement en Occident de la liturgie romaine et gallicane, le X$^e$ siècle est marqué par la fixation des usages liturgiques et la fusion de traditions que Charlemagne avait déjà tenté d'unifier. Le X$^e$ siècle est aussi une période de mutation et notamment dans le domaine de la pensée religieuse. Un des aspects les plus importants est sans doute le développement d'une vision plus « humaine » du Christ et par conséquent d'un christianisme plus centré sur la question de l'homme. Si les premiers siècles de notre ère se sont plus particulièrement attachés à définir le caractère divin du Christ et le mystère de l'Incarnation, les siècles suivants se sont davantage recentrés sur son caractère humain et les aspects de sa vie terrestre. La méditation de la Nativité et le culte marial connaissent un développement majeur au cours du XI$^e$ siècle et une piété personnelle, plus subjective, influence l'expression liturgique[64] vers une intériorisation de la dévotion personnelle.

C'est sans doute dans le courant du IX$^e$ siècle que les premiers drames liturgiques se développent[65]. Raban Maur, avec son *De Institutione Clericorum*, exerce sur la formation des clercs carolingiens à la lecture liturgique et à la prédication[66] une influence durable. Selon lui, la lecture publique est avant tout une lecture déclamée qui exprime dans ses modulations non seulement toutes les nuances du texte mais aussi toutes les passions du cœur humain[67]. L'importance qu'il accorde aux gestes et à la mimique personnelle ne sont sans doute pas étrangers au développement parallèle des drames liturgiques.

---

[64] BERGER, *Le drame liturgique de Pâques...*, p. 87–90.

[65] Carol Heitz voit dans certains plats de reliure une illustration de la *Visitatio Sepulchri*. C'est le cas notamment du plat de reliure supérieur des péricopes d'Henri II (Munich, Bayerische Staatsbibliothek, Clm 4452), provenant sans doute des ateliers de Saint-Denis et daté des environs de 870, qui serait selon lui le plus exemplaire. Les trois personnages qui se trouvent devant l'Ange et le tombeau vide, ne ressemblent en rien aux Saintes Femmes présentes autour de la Crucifixion. Heitz y voit là la représentation de moines rejouant le drame de Pâques démontrant ainsi la diffusion de la pratique dès la fin du IX$^e$ siècle. Il appuie de plus son analyse sur les vêtements des personnages qui lui semblent plus proches de la chasuble monastique que des vêtements des femmes de la Crucifixion. Sur l'ivoire de la Bibliothèque nationale en revanche (B.N.F., ms. 9453), les trois personnages sont nettement féminins. Voir Carol HEITZ, *Recherches sur les rapports...*, p. 212–215 et pl. XLII–XLIII.

[66] RABAN MAUR, *De Institutione Clericorum*, lib. III, cap. XXXI, PL 107, col. 408.

[67] RABAN MAUR, *De Institutione Clericorum*, lib. II, cap. III, PL 107, col. 363–364.

Dès le X<sup>e</sup> siècle, le dialogue entre les Saintes Femmes et l'Ange apparaît dans la liturgie pascale sous forme de chants à chœurs alternés[68] dans les cathédrales et les monastères. Le plus ancien exemple manuscrit connu et conservé de drame liturgique en tant que tel, provient d'Angleterre et se trouve retranscrit dans la *Regularis Concodia*[69] (965–975) de saint Ethewold qui dit l'avoir lui-même reçu de l'abbaye de Fleury. Il s'agit ici d'une encore discrète mais visible mise en scène de Pâques[70], sans déguisement ni ajout, une simple réinterprétation du texte biblique de la *Depositio* du vendredi à la *Visitatio* du dimanche. Comme l'a défini Robert Guiette, quoique paraliturgique « ce drame n'a pas d'autre but que la liturgie elle-même »[71]. Il doit signifier et célébrer les évènements qu'il représente autant qu'il les commémore, il n'a pas pour principe le réalisme mais tend à manifester l'essentiel.

La dramatisation de la liturgie qui intervient par la suite est une « extériorisation du moyen liturgique d'expression »[72]. Elle intervient donc à différents niveaux : au niveau du rite lui-même (ordinations, sacre épiscopal), à celui de l'occupation de l'espace et des gestes (processions, stations, etc.), au niveau des textes qui dans leur structure dialoguée renvoient à la logique dramatique et au jeu scénique, et enfin à celui de la reproduction presque mimétique des gestes du Christ et leurs interprétations aussi bien symboliques que théologiques[73]. C'est avec le développement concomitant ou séparé de ces différents éléments que le jeu de Pâques peut à son tour peu à peu se développer, jusqu'à l'interprétation d'un jeu scénique ouvrant à la méditation et à l'édification.

L'étude du drame liturgique montre que, même si ce sont les mêmes scènes ou passages de l'Évangile qui sont employés, on se trouve face à une grande diversité et variété de textes. Les variantes sont infinies entre le X<sup>e</sup> et le XIII<sup>e</sup> siècle, qu'il s'agisse

---

[68] On sait que dès le X<sup>e</sup> siècle des tropes de la *Visitatio Sepulchri* furent chantés à Saint-Gall et à Limoges. Voir, Geneviève Bres-Bautier, « Les imitations du Saint-Sépulcre de Jérusalem (IX<sup>e</sup>–XV<sup>e</sup> siècles). Archéologie d'une dévotion » dans *Revue d'histoire de la spiritualité* 50 (1974), p. 326–327.

[69] Traduction dans Berger, *Le drame liturgique de Pâques...*, p. 269–270.

[70] En l'occurrence ici il s'agit d'une scène de *Quaem Quaeritis...* du matin de Pâques, lorsque les femmes trouvent le tombeau vide.

[71] Robert Guiette, « Réflexions sur le drame liturgique », dans : Gallais, Rioux, *Mélanges offerts à René Crozet*, p. 197.

[72] Berger, *Le drame liturgique de Pâques...*, p. 57.

[73] Pour une définition plus précise de ces différents niveaux et de leurs interactions, voir Berger, *Le drame liturgique de Pâques...*, p. 57–84. Elle y analyse notamment le phénomène des processions (Rameaux, Assomption à Rome...) et l'influence de la liturgie stationnale dans la constitution d'un environnement propice au développement du drame liturgique.

de prose ou de versification, de texte latin ou en langue vernaculaire, de subtilité dans les dialogues ou dans le jeu scénique, etc. La recension et l'analyse systématique des sources, directes ou indirectes, entreprises par Karl Young au début du XXe siècle demeurent encore aujourd'hui une référence en la matière[74].

Une analyse des sources permet de réduire la documentation liturgique concernant la liturgie pascale à trois sortes d'éléments : la documentation monumentale, les écrits ou récits décrivant les cérémonies religieuses et enfin les livres liturgiques à proprement parlé. Par documentation monumentale, on entend les représentations sculptées et orfévrées reprenant l'iconographie des Trois Marie et du tombeau vide, iconographie dont on trouve de très nombreuses occurrences dès les VIIIe et IXe siècles et tout au long du Moyen Âge[75]. Le second type de sources à notre disposition représente un ensemble de témoignages directs et indirects, telle ceux d'Égérie ou d'Amalaire de Metz, sur le déroulement des offices, la perception des gestes sans oublier le contenu symbolique et théologique de telles manifestations. Les livres liturgiques contenant le *Quem Quaeritis*, bien qu'apparaissant plus tardivement (à partir du Xe siècle), sont sans doute les sources les plus importantes à notre disposition. Au vu de la diversité des manuscrits liturgiques[76] dans lesquels on le retrouve, il ne semble pas exister de règle générale concernant un hypothétique classement de ce type de dramaturgie[77].

Tout comme à Jérusalem, l'accent est mis sur les derniers jours de la vie du Christ et les évènements le conduisant à sa Passion. Le drame liturgique de Pâques reprend les actes allant de la Mort à la Résurrection : *Depositio*, *Elevatio* et *Visitatio*. Dans sa plus simple expression[78], le jeu débute le Vendredi saint, par la consécration d'un

---

[74] YOUNG, *The Drama of the Medieval Church*. Les additions réalisées par l'auteur lui-même et la publication d'autres textes liturgiques ont seulement permis de réviser la datation de certains manuscrits sans apporter de nouveautés fondamentales remettant en cause son étude. L'ouvrage de YOUNG faisait lui-même suite à une première étude sur le sujet : Edmund K. CHAMBERS, *The Medieval Stage*, Clarendon Press, Oxford 1903. Pour une analyse critique de l'œuvre de Young, voir BERGER, « Les approches méthodologiques de K. Young et O. B. Hardison », dans : *Le drame liturgique de Pâques...*, p. 95–134.

[75] L'analyse de ce type de représentations fait l'objet d'une partie de la présente étude.

[76] BROOKS, *The Sepulchre of...*, p. 33–36.

[77] On trouve des jeux liturgiques dans toutes sortes de livres liturgiques : tropaire, bréviaire, ordinaire…etc. Blandine-Dominique Berger a tenté de recenser les différentes occurrences de ces jeux dans les divers types de manuscrits. Il en ressort malgré tout que pour les périodes les plus anciennes (X[e]–XIe siècles), les jeux liturgiques sont les plus souvent retranscrits dans des tropaires. Voir, BERGER, *Le drame liturgique de Pâques...*, p. 139–142.

[78] *Regularis Concordia* dans BERGER, *Le drame liturgique de Pâques...*, p. 269–270.

autel comme *locus* faisant office de Sépulcre et dans lequel sera placée, comme enterrée après l'*Adoratio*, la croix enveloppée dans un tissu et/ou une hostie consacrée. Dans la nuit de samedi à dimanche, avant Matines en général[79], elle est enlevée de son tombeau et présentée à la vénération. Enfin, concluant la prière des Matines de Pâques, quatre frères s'habillent pour rejouer le trope du *Quem Quaeritis*. L'un, vêtu d'un vêtement blanc et une palme à la main, est assis silencieusement à côté du « tombeau » et de la croix, les trois autres, pourvus d'encensoirs, s'approchent alors pour rejouer et comme réactualiser la découverte du tombeau vide et l'annonce de la Résurrection aux apôtres.

Si le jeu de la *Depositio* (ensevelissement dans un présupposé sépulcre de la croix et/ou d'une hostie consacrée) et celui de l'*Elevatio* (cérémonie au cours de laquelle ces derniers sont retirés du tombeau qui demeure vide) sont sobres dans leur mise en place et s'apparentent plus rapidement à un office liturgique[80], celui du *Quem Quaeritis*[81], ou *Visitatio Sepulchri*, dans sa forme dialoguée au matin de Pâques, possède, intrinsèquement et dès l'origine, un caractère beaucoup plus dramatique[82]. Dans sa

---

[79] Quoique l'analyse des manuscrits de la *Depositio* et de l'*Elevatio* entreprise par Neil Brook, en plus de celle de Karl Young, a montré que le déroulement de l'*Elevatio* n'est pas fixe et varie selon les régions, allant même jusqu'à intervenir en de très rares occasions après la *Visitatio*. Brooks, *The Sepulchre of…*, p. 41–44.

[80] Brooks souligne lui aussi cette opposition. Selon lui, il semble que « Although all three ceremonies were extra-liturgical, yet the *Visitatio* seems in various ways to have been considered less a part of the regular liturgy than the other two », dans : Brooks, *The Sepulchre of…*, p. 47. Dans la liturgie catholique contemporaine, *Depositio* et *Elevatio* appartiennent encore tous deux au déroulement des fêtes de Pâques. L'office des ténèbres du vendredi saint s'achève en effet par la mise en « réserve » des hosties consacrées dans un *locus* prévu à cet effet dans l'église et qui ne correspond pas au tabernacle habituel. Offert à la contemplation et à la vénération des fidèles, il est retiré au cours d'une cérémonie le samedi matin, laissant ce « sépulcre » de substitution ouvert jusqu'à la vigile pascale. La *Visitatio* ne bénéficie quant à elle que de quelques cérémonies à caractère parfaitement exceptionnel relevant d'une volonté de mettre en scène non seulement le mystère mais aussi les lieux (c'est le cas de l'église évangélique qui rejoue depuis 1989 le *Osterspiel* dans le Sépulcre de la collégiale Saint-Cyriaque de Gernrode).

[81] Le nom de *quem quaeritis* provient directement du trope dont il est issu puisqu'il s'agit des premières paroles adressées par l'Ange au Saintes Femmes devant la tombe. « quem quaeritis in sepulchro… » voir Karl Young, « The Origin of the Easter Play », dans : *Publication of the Modern Language Association of America*, vol. 29 n°1 (1914), p. 1–58 et plus spécifiquement p. 1–2.

[82] L'origine exacte du *Quem Quaeritis* indépendamment du jeu de la *Vistatio* est difficile à déterminer. Si certains avancent un emploi lors de la vigile pascale, il semble, malgré tout, qu'il soit indissociablement lié aux Matines de Pâques. Cette association permet une correspondance totale entre la venue effective des trois Marie au tombeau et le moment choisi pour la reproduire. Voir, Berger, *Le drame liturgique de Pâques…*, p. 145–149. Elle revient là sur les différentes études entreprises sur l'emplacement d'origine de la scène.

forme primaire, le trope reprend le dialogue de Luc de la visite des Femmes trouvant la pierre roulée, le tombeau vide et l'annonce de la Résurrection par l'Ange[83].

Louis Marin[84] a entrepris l'analyse des textes évangéliques (synoptiques) racontant la venue des Saintes Femmes au tombeau vide le matin de Pâques comme un ensemble qu'il appelle *actio liturgica* se situant entre le récit discursif et la manière d'exprimer ce récit. C'est dans ce contexte que peut se développer la *Visitatio* et par extension le drame liturgique. Selon lui le récit est composé de quatre séquences : l'arrivée des Femmes au tombeau, l'apparition de l'Ange, l'annonce de la Résurrection, enfin le départ des Femmes et la transmission du message. Il conclut son étude en montrant le double niveau de lecture du récit qui passe du « discours qui parle de quelque-chose », le plan historique, à celui centré sur sa propre transmission et son élaboration, à savoir le plan théologique[85].

L'étude de l'évolution du texte du *Quem Quaeritis* montre que la division en quatre séquences suivant le récit biblique persiste à travers les différentes formes qu'il adopte et le mène jusqu'à la notion d'imitation et de réactualisation du geste. À l'origine, le *Quem Quaeritis* est, dans sa forme simple, un trope chanté pendant l'introït de la messe de Pâques. Dans la *Regularis Concordia*, en revanche, les moines, « tandis qu'on fait la troisième lecture de Matines »[86], imitent l'Ange et les Saintes Femmes au Sépulcre, démontrant déjà une mise en représentation de la scène dans l'espace[87]. Avec ce déplacement du trope, de l'introït de la messe au début de Matines, le récit prend place dans l'espace et dans le temps de la liturgie. Rejouant la découverte du tombeau vide et l'annonce aux apôtres, la *Visitatio Sepulchri* tend à intensifier le message évangélique

---

[83] « Iheum nazarenum crucifixum, o celicole./ Non est hic, surrexit sicut predixerat;/ ite, nuntiate quia surrexit de sepulchro./ Resurrexi », d'après le manuscrit 381 de la bibliothèque de l'abbaye de Saint-Gall, repris dans Young, « The Origin of the Easter Play », dans : *op. cit.*, p. 5.

[84] Louis Marin, « Les femmes au tombeau. Essai d'analyse structurale d'un texte évangélique », dans : *Langages* 22 (1971), p. 39–50 ; Berger, *Le drame liturgique de Pâques...*, p. 167–180, dans un chapitre centré sur la construction du jeu liturgique de la *Visitatio*, elle revient sur l'analyse de Marin qu'elle considère comme étant une clé de lecture pour le développement du drame liturgique.

[85] Marin, « Les femmes au tombeau… », dans : *op. cit.*, p. 48.

[86] *Regularis Concordia*, dans : Berger, *Le drame liturgique de Pâques...*, p. 269.

[87] En particulier la figure de Marie-Madeleine qui reste toujours le personnage central auquel doivent s'identifier les spectateurs. Voir, Susan K. Rankin, « The Mary Magdalene Scene in the *Visitatio Sepulchri* ceremonies », dans: *Early Music History*, vol. 1 (1981), p. 227–255.

de la Résurrection. Au Xᵉ siècle encore, le texte reste celui du trope original mais il se déploie à présent en procession dans l'espace ecclésial, de l'entrée de l'église jusqu'au Sépulcre où se déroule la rencontre avec l'Ange et l'annonce de la Résurrection, puis du Sépulcre à l'autel pour la transmission du message aux apôtres, c'est-à-dire au reste de la communauté. La visite au Sépulcre s'achevait par le *Te Deum laudamus* chanté par un chœur alterné[88].

À Gernrode, monastère de femmes fondé au début du XIᵉ siècle par la reine Cunégonde, le déroulement de la *Visitatio Sepulchri* nous est seulement connu par un manuscrit daté de 1502[89] mais est attesté comme tradition dès le XIᵉ siècle. On y retrouve les différentes séquences de la visite des Saintes Femmes et de la découverte du tombeau vide. Comme nous le verrons par la suite, l'iconographie du Sépulcre est ici signifiante en lien avec la liturgie. On y retrouve, en façade, une figuration du *Noli me tangere* tandis qu'à l'intérieur une figuration de l'Ange et des trois Femmes introduisait la chambre funéraire[90].

Après le Xᵉ siècle, le trope original s'est vu augmenté d'autres scènes bibliques et d'autres dialogues venant faire écho à la Résurrection et favorisant l'entrée en méditation[91]. Dans son étude, Karl Young conclut que l'évolution du *Quem Quaeritis*, du trope à la dramaturgie liturgique, est non seulement le fruit d'emprunts divers à la liturgie et à la Vulgate, mais aussi la création originale d'une succession de poètes liturgiques[92].

La liturgie comme le théâtre est un monde de signes qui possède plusieurs niveaux de lecture, depuis le premier, celui le plus immédiatement perceptible, jusqu'à un sens spécifique à l'univers particulier de la liturgie. Les signes et les symboles mis en œuvre au cours de la liturgie sont autant de clés de lecture et de compréhension de l'univers créé par la liturgie. Ainsi l'emploi de la croix dans les cérémonies de la

---

[88] On sait par exemple qu'à Essen, le drame prenait place dans le massif occidental en présence de la communauté des chanoines et des chanoinesses réunis pour l'occasion (chœur alterné de femmes et d'hommes).

[89] Staatsbibliothek Preußischer Kulturbesitz, Mus. Ms. 40081 fol 241v–243v ; Walther Lipphardt, « Die *Visitatio Sepulchri* (III. Stufe) von Gernrode », dans : *Daphnis*, vol. 1 (1972), p. 1–14 ; Odgen H. Dunbar, *The Staging of Drama in the Medieval Church*, University of Delaware Press, Newark 2002, p. 117–119.

[90] L'iconographie du Sépulcre de Gernrode fait l'objet d'une analyse approfondie dans le troisième chapitre.

[91] On trouve par exemple dans le manuscrit de Fleury (XIIIᵉ siècle) l'adjonction de plusieurs scènes dont par exemple celle du *Noli me tangere* absente des premières versions. Voir, Berger, *Le drame liturgique de Pâques…*, p. 191–203 et p. 273–277 ; Dunbar, *The Staging of Drama…*, p. 75–86.

[92] Young, « The Origin of the Easter Play », *op. cit.*, p. 58.

*Depositio-Elevatio-Visitatio* ne renvoie pas tant à la personne du Christ qu'à l'action figurée. De même l'emploi du Sépulcre est autant un renvoi aux mystères de la Passion et de la Résurrection qu'un moyen de représentation de l'évènement lui-même et de son contenu théologique et eschatologique.

Les sources anciennes et le texte biblique font référence, concernant la scène de la *Visitatio*, soit à un *Monumentum* soit à un *Sepulchrum*. Dans le cadre des églises médiévales pratiquant les jeux de Pâques, la représentation du tombeau a pris des formes très différentes (construction éphémère, autel latéral, emplacement, construction pérenne, *Westwerk* carolingien, etc.)[93].

Il est difficile, voire même impossible, de trouver un lien formel entre les différentes représentations monumentales du Saint-Sépulcre en Occident et les jeux liturgiques. Même si les deux éléments sont étroitement liés, il paraît complexe de déterminer dans la plupart des cas si le premier a induit le second ou s'il en est une manifestation. De plus, on ne possède aucune source permettant de déterminer les fonctions et emplois liturgiques de certains de ces monuments et, à moins d'extrapoler à partir de certains usages récents, il semble hasardeux d'affirmer qu'ils servaient déjà dans le cadre de telles liturgies.

Le drame liturgique de Pâques n'est pas le seul drame de l'année liturgique. Déjà les sources anciennes mentionnent aussi des jeux de la Nativité à propos de l'annonce angélique et de l'adoration des bergers et des Mages qui connaît un véritable développement à partir du XIe siècle[94]. Cependant, le jeu de Pâques est rapidement devenu le plus important et celui dont le développement fut le plus significatif. En témoignent non seulement le nombre de manuscrits y faisant référence et le retranscrivant, mais encore l'adaptation de l'espace liturgique pour recevoir de telles manifestations.

---

[93] John K. Bonnell, « The Easter *Sepulchrum* in its relation to the architecture of the high Altar », dans : *PMLA*, vol. 31 n°4 (1916), p. 664–712 ; concernant les *Westwerke* carolingiens, le cas de Centula-Saint-Riquier est exemplaire. On sait que dans la *turris* occidentale étaient conservées les vingt-cinq reliques provenant de Terre sainte (crypte) ainsi qu'un autel dédié au Sauveur. Un certain nombre de processions et offices liturgiques y étaient célébrés notamment pendant le temps de Pâques. Voir, Carol Heitz, *L'architecture religieuse carolingienne…*, p. 54–60, id., « De la liturgie carolingienne au drame liturgique médiéval : répercussions sur l'architecture religieuse du haut Moyen Âge », dans : *Bolletino del Centro internazionale di studi di Architettura Andrea Palladio*, XVI (1974), p. 73–92.

[94] On en trouve un exemple dans la construction de la chapelle-rotonde de la Nativité construite par l'abbé Oliba à Saint-Michel-de-Cuxa (Hautes-Pyrennées) et qui devait notamment être l'hôte de ce type de drame de la Nativité (début du XIe siècle).

L'influence orientale, et en particulier hiérosolymitaine, a souvent été avancée pour expliquer la faveur connue par le drame de Pâques en Occident. Elle est toutefois complexe à déterminer et difficile à percevoir dans les textes. Il n'est néanmoins pas exclu que les pèlerins de retour de Terre sainte, décrivant les cérémonies auxquelles ils avaient eu la possibilité de participer, aient pu exercer une influence plus ou moins directe sur le développement des drames liturgiques. Le choix de faire revivre dans l'espace et par le geste les derniers moments les plus importants de la vie du Christ est un emprunt à la liturgie de Jérusalem et à celle du monde byzantin qui reprend, elle aussi, les principales étapes hiérosolymitaines. Il semble, cependant, que l'origine soit plutôt à rechercher dans l'évolution de la liturgie de l'introït de la messe au jeu liturgique de Matines, que dans la seule copie de la liturgie en cours à l'Anastasis.

Il est en revanche avéré que les croisés, s'installant à Jérusalem au début du XII$^e$ siècle, emmènent avec eux cette tradition occidentale et l'adaptent à la liturgie stationnale locale. La publication des canons liturgiques du Saint-Sépulcre[95] – dont les premiers sont datés du début du XII$^e$ siècle – montre l'introduction de ces nouvelles pratiques liturgiques par les chanoines du Saint-Sépulcre[96].

Mais le drame liturgique est avant tout, dans le monde occidental, une pratique liturgique monastique ou se développant dans les chapitres canoniaux des cathédrales. Exécutée pendant les Matines[97], elle s'adressait principalement et presque exclusivement à un public de moines ou de chanoines qui, à travers elle, devaient pouvoir méditer sur le mystère de la Résurrection. Elle n'était pas destinée aux fidèles et que très rarement représentée devant eux. Venant pour l'office divin, ils étaient les récipiendaires de l'annonce de la Résurrection dont ils n'avaient pas été, quant à eux, les témoins directs.

Si un lien théologique et spirituel indéniable existe entre les copies du Saint-Sépulcre et la liturgie pascale, la seconde ne paraît pas induire la construction de la première. La fondation de sépulcres monumentaux sur le modèle hiérosolymitain obéit à d'autres impératifs que son emploi liturgique pour le *Quem Quaeritis*. Avec le

---

[95] Geneviève BRESC-BAUTIER, *Le cartulaire du Chapitre du Saint-Sépulcre de Jérusalem*, P. Geuthner, Paris 1984; Christina DONDI, *The Liturgy of the canon of the Holy Sepulchre of Jerusalem. A Study and catalogue of manuscript sources*, Bibliotheca Victoria XVI, Brepols, Turnhout 2004.

[96] Karl YOUNG, « The Home of the Easter Play », dans : *Speculum*, vol. 1 n°1 (janv. 1926), p. 71–86 ; BRESC-BAUTIER, « Les imitations du Saint-Sépulcre… », dans : *op. cit.*, 50 (1974), p. 326–327.

[97] Selon les périodes, en prémices ou en conclusion.

développement du drame liturgique, il est probable que ces sépulcres monumentaux aient pu être employés dans ce contexte liturgique spécifique[98]. Malheureusement, la majorité des édifices monumentaux ou édicules au sein d'un espace ecclésial ont une liturgie mal documentée et donc mal connue. Il n'est alors possible que de formuler quelques hypothèses à partir de documents comme celui de Gernrode[99]. C'est dans le domaine iconographique (manuscrits, ivoires, orfèvrerie, etc.) que pourra s'opérer plus directement un lien avec la liturgie.

Le drame liturgique en lui-même reste cependant pleinement et intrinsèquement une représentation du Saint-Sépulcre de Jérusalem. En effet, il s'agit ici d'une mise en scène du tombeau du Christ tant dans l'espace liturgique lui-même que dans l'espace architectural de l'église, qu'il s'agisse d'un sépulcre visuellement identifié ou d'un *locus* désigné pour l'occasion. En rejouant les scènes de la Passion (mise au tombeau) et surtout de la Résurrection *(Visitatio)*, la liturgie dramatique de Pâques concentre l'attention autour de la représentation du Saint-Sépulcre comme élément principal du mystère, non pas comme le cœur même du mystère mais, par son implication en tant que témoin privilégié du mystère, comme le cœur vers lequel converge la dévotion. En cela, la représentation liturgique du Saint-Sépulcre trouve sa plus parfaite expression dans la liturgie pascale, hiérosolymitaine tout d'abord (dans le tombeau originel) puis occidentale. Le développement de la dévotion eucharistique à travers la doctrine de la présence réelle et l'élaboration du dogme de la transsubstantiation modifient nécessairement la perception du Saint-Sépulcre et par extension sa représentation et sa place dans l'espace liturgique.

---

[98] On peut évoquer ici le principe de la superposition des significations et des fonctions. Même si la fonction première de l'édifice ou de l'édicule n'était pas la liturgie pascale, il peut cependant, dans un second temps, devenir l'hôte d'une telle manifestation liturgique.

[99] Le cas de Gernrode est complexe. Si une liturgie est attestée relativement tôt dans ou à proximité de l'édicule du Saint-Sépulcre dans la collégiale, on ne sait cependant rien de la fondation de ce petit édifice dont les premières mentions n'interviennent que près de deux siècles après sa supposée fondation.

*Dévotion eucharistique et transsubstantiation :*
*une mutation*

Le XIIe siècle, à travers ses questionnements théologiques et exégétiques, concernant notamment le culte des reliques et en particulier celles du Christ[100], est marqué par un recentrement sur la piété eucharistique. Cette nouvelle dévotion eucharistique paraît même être une variation de la dévotion au Christ lui-même présent dans le pain et le vin consacrés qui « se développe soudainement et dramatiquement entre la mort de Bérenger (1088) et l'ouverture du quatrième concile du Latran (1215) »[101]. Le caractère soudain de son émergence renvoie plus particulièrement à la popularité du culte qui connaît une expansion rapide. Il est bien entendu très complexe de déterminer l'étendue d'une piété populaire. Cependant, le nombre de traités théologiques revenant sur la question de l'eucharistie et les commentaires de la messe se multipliant à partir de l'époque carolingienne dénotent un intérêt marqué pour ces questions, issues des milieux intellectuels et spirituels, mais sans aucun doute aussi en réponse à des interrogations populaires[102].

---

[100] Au XIe siècle, un certain nombre de discussions ont lieu autour de l'existence possible ou non de reliques corporelles du Christ en dehors de celles de Jérusalem. Selon une première légende à Charroux, Charlemagne, se trouvant en Aquitaine, aurait rencontré un pèlerin de retour de Jérusalem, transportant avec lui un éclat de la Vraie Croix et qui avait l'intention de bâtir une grande église où conserver la précieuse relique. Un second texte voit le même Charlemagne ordonner au comte Roger de Limoges de bâtir une abbaye en l'honneur du Saint Sauveur. Il accompagne son ordre d'une importante donation de reliques dont un fragment de la Vraie Croix, dite le *Bellatore*. Se rendant par la suite en pèlerinage à Jérusalem, Charlemagne reçoit miraculeusement la relique de la « Sainte Vertu » (Saint Prépuce) qu'à son retour il confie à l'abbaye de Charroux. Confrontés aux données historiques, ces récits montrent leurs limites. L'émergence de ces récits correspond à une époque de grands débats autour de la question de la présence réelle dans l'eucharistie. On peut donc penser que, apparus au cours du dernier quart du XIe siècle, ils ont été forgé en partie pour s'insérer dans le contexte théologique contemporain et justifier du développement d'une dévotion aux reliques, plaçant l'origine de Charroux sous l'autorité du souverain carolingien et du Pape qui le sacra empereur. Voir : Jean CABANOT, « Trésor des reliques de Saint-Sauveur de Charroux, centre et reflet de la vie spirituelle de l'abbaye », dans : *Bulletin de la société des antiquaires de France*, 4e série t. XVI (1981), p. 103–126 ; Georges CHAPEAU, « Fondation de l'abbaye de Charroux. Étude sur les textes », dans : Bulletin de la société des antiquaires de l'Ouest, VII (1926), p. 571–508 ; Dom Pierre MONSABERT, *Liber des constitutione, institutione et consecratione karrofensis caenobi* – Chartes et documents pour servir à l'histoire de l'abbaye de Charroux », dans : *Archives historiques du Poitou*, t. XXXIX (1910), p. 1–9.

[101] Gary MACY, *The Theologies of the Eucharist in the Early Scholastic Period: a Study of the Salvific Function of the Sacrament according to the Theologians. 1080–1220*, Clarendon Press, Oxford 1984, p. 86.

[102] Pour une introduction autour de la doctrine eucharistique ; voir, Elizabeth SAXON, « The Theological context », dans : *The Eucharist in Romanesque France. Iconography and Theology*, The Boydell Press, Woodbridge 2006, p. 13–47.

C'est à l'époque carolingienne que se mettent en place les éléments qui ont par la suite mené à une controverse autour de l'eucharistie, opposant d'un côté les tenants d'une approche réaliste à la suite de Paschase Radbert et de l'autre ceux prônant une approche symboliste comme Ratramne de Corbie[103].

L'eucharistie, du grec *eucharistia* rendre grâce, est la célébration et le mémorial quotidien et permanent de la Mort et de la Résurrection du Christ en tant qu'image réelle de son sacrifice et, par extension, de l'ensemble de son enseignement. La question de la définition de l'eucharistie n'est pas nouvelle et a déjà été abordée au début de l'ère chrétienne par la patristique. Sans distinguer d'oppositions farouches chez les Pères, certaines tendances apparaissent qui vont marquer les discussions et débats postérieurs.

Ambroise de Milan fut le premier, en Occident, à introduire la notion de transformation pour parler de la présence eucharistique et du changement prenant place dans la nature des éléments pendant la consécration[104]. Pour lui, le corps eucharistique est un corps divinisé. Ce sont les paroles du Christ que le prêtre répète pendant la consécration et c'est à travers elles que se dessine l'intervention divine qui mue le pain en corps véritable du Christ[105]. Le sacrement est reçu *in similitudinem* et porte en lui « la grâce et la vertu de ce qu'il est réellement »[106]. Ainsi, approches symboliste et réaliste coexistent dans la pensée ambrosienne originelle, même si sa pensée réaliste sera plus retenue par la suite dans la pensée occidentale. De même, Cyrille de Jérusalem reconnaît dans les espèces consacrées la présence réelle du Christ, corps et sang à travers lesquels le fidèle devient « un seul corps et un seul sang avec le Christ »[107].

---

[103] Sur le thème général du passage de la centralité de la relique à celle de l'eucharistie dans la liturgie du Haut Moyen Âge au XIe siècle ; voir, Godefridus J. SNOECK, *Medieval Piety from Relics to the Eucharist: a Process of Mutual Interaction*, Brill, Leiden – New York – Cologne 1995.

[104] Ambroise de Milan est le premier, dans son *De Sacramentis*, à insister sur le fait que le pain consacré au cours de la synapse eucharistique devienne le corps historique du Christ. AMBROISE DE MILAN, *De Sacramentis*, Livre IV, 13–15, dans : *Des sacrements...*, p. 108–111, et 27–29, p. 116–119. Voir aussi à propos du développement de la pensée d'Ambroise de Milan sur l'eucharistie : SAXON, *The Eucharist in Romanesque France...*, p. 21–22.

[105] AMBROISE DE MILAN, *De Mysteris*, 53–55 et 58, dans : *Des sacrements...*, p. 186–189 et 190–191.

[106] AMBROISE DE MILAN, *De Sacramentis*, VI-3, dans : *Des sacrements...*, p. 138–139 « *ideo in similitudinem quidem accipis sacramenta, sed verare naturae gratiam virtutemque consequeris* ».

[107] CYRILLE DE JÉRUSALEM, *Catéchèses mystagogiques*, IV, 1–6, p. 132–139.

La pensée augustinienne sur l'eucharistie est tout aussi complexe à définir, ses idées évoluant souvent au gré des hérésies contre lesquelles il écrit. Pour lui, le sacrement reste malgré tout un signifiant visible définissant une réalité invisible. Sans nier la présence divine dans l'hostie consacrée, Augustin préfère insister sur la communauté des fidèles comme corps du Christ. Le sacrifice de la messe est ainsi le sacrifice de l'Église toute entière[108]. Le corps et le sang sont reçus *in figura*, le Christ est présent dans l'eucharistie mais il s'agit plus d'une présence symbolique et intellectuelle à travers laquelle les fidèles sont invités à contempler la Révélation[109].

La querelle débutée sous le règne de Charles le Chauve visait à déterminer la question de la réalité eucharistique, c'est-à-dire la présence réelle ou non du corps et du sang du Christ dans le pain et le vin consacrés. Avec son *Liber de corpore et sanguine Domini*[110], Paschase Radbert tente de répondre à deux questions fondamentales : tout d'abord la possible présence réelle du Christ dans l'eucharistie (figure symbolique ou réalité ?) ; ensuite la nature du corps du Christ dans l'eucharistie[111]. Son réalisme tend à souligner, à la suite d'Ambroise de Milan, l'adéquation et la fusion entre corps eucharistique consacré et corps du Christ, c'est-à-dire que les espèces consacrées sont pleinement et totalement le corps et le sang du Christ. L'eucharistie « n'est autre que le corps qui est né de la Vierge Marie, a souffert sur la Croix et est sorti du tombeau ». Ce qui est présent après la consécration n'est autre que réellement « la vraie chair et le sang du Christ »[112] historique.

Ratramne de Corbie, dans un traité offert à Charles le Chauve s'intitulant lui aussi *De corpore et sanguine Domini*[113], avance, quant à lui, une thèse symboliste qui voit dans le pain et le vin une représentation ou image intellectuelle du sacrifice du Christ, le symbole matériel d'une vérité spirituelle[114]. Il ne nie pas l'existence d'une

---

[108] Augustin d'Hippone, *De Civitate Dei* 10.6, traduction du latin de Louis Moreau, Point Sagesses, Seuil, Paris 1994, T. 1, p. 411–413.

[109] Saxon, *The Eucharist in Romanesque France...*, p. 22–24.

[110] Paschase Radbert, *De corpore et sanguine Domini*, Brepols, CCCM 16, Turnhout 1969.

[111] Saxon, *The Eucharist in Romanesque France...*, p. 24–25.

[112] Paschase Radbert, *De corpore...*, I, 15, CCCM 16.

[113] Ratramne de Corbie, *De corpore et sanguine Domni*, dans : Jan Nicolaas van Bakhuizen (éd.), texte original et notice bibliographique. Édition renouvelée, North-Holland Publ. Comp., Amsterdam 1974.

[114] Saxon, *The Eucharist in Romanesque France...*, p. 25–27.

forme de mutation via la consécration mais rejette toute idée de transformation ou transmutation corporelle des espèces.

Au XIe siècle, la controverse autour de la question eucharistique prend un nouveau tournant avec le développement d'une certaine piété populaire autour de l'eucharistie et voit émerger la notion de transsubstantiation. En effet, dans la continuité du culte des saints et des reliques favorisant la multiplication des pèlerinages et considérés comme étant tout à la fois des intermédiaires dans la prière et des témoins privilégiés de la puissance et de la transcendance divine[115], le principe de la transsubstantiation favorise l'émergence d'une dévotion au Saint Sacrement. Conséquence somme toute logique du développement de la dévotion des saints, exégètes et théologiens se sont aussi interrogés sur la possible existence de reliques mariales et christiques directes ou indirectes[116]. Cette interrogation se retrouve induite au sein de la querelle eucharistique et connaît aussi une forme de réponse à travers elle.

Né à Tours aux environs de l'an Mil, Bérenger de Tours[117] étudia les arts libéraux sous la tutelle de Fulbert de Chartres avant d'être nommé écolâtre à Tours et archidiacre de la cathédrale d'Angers (1039). Entre 1049 et 1079 pas moins de quatorze conciles reviennent sur ses positions au sujet de l'eucharistie et les condamnent[118]. Dénoncé comme hérétique, il est condamné une première fois en avril 1050 au concile du Latran, puis à celui de Verceil en septembre de la même année. S'engage ensuite la longue controverse qui l'oppose entre autres à l'abbé Lanfranc de Pavie (ou Lanfranc du Bec)[119]. Finalement à nouveau convoqué à Rome en 1078, il est contraint de lire une formule de foi contraire à ses préceptes, mettant fin à la controverse[120]. Cette dernière se développait sur deux versants. Le premier, centré sur le débat théologique,

---

[115] Le principe de la communion des saints est important pour comprendre le développement du culte des reliques.

[116] Les discussions et les querelles ont notamment vu le jour autour des éventuelles reliques corporelles directes du Christ tel que le saint Prépuce. Certaines églises de pèlerinage (Charroux, Conques…) s'enorgueillissaient de posséder de telles reliques. Il s'est finalement avéré que l'Église a tranché contre ce genre de pratiques.

[117] Christian BROUWER, « Bérenger de Tours », dans : *Dictionnaire du Moyen-Âge*, p. 149–159.

[118] Odette PONTAL, *Les conciles de la France capétienne jusqu'en 1215*, IRHT, Cerf Paris 1995, p. 145–148, 173–174 et 183–184.

[119] Christian BROUWER « Lanfranc de Pavie », dans : *Dictionnaire du Moyen-Âge*, p. 813–814.

[120] À propos de la controverse l'opposant à Lanfranc ; voir, Jean DE MONTCLOS, *Lanfranc et Bérenger. La controverse eucharistique du XIe siècle*, Spilegium Sacrum Lovaniense, Louvain 1971 ; Hubert SILVESTRE « La controverse Bérenger de Tours – Lanfranc du Bec. À propos d'un livre récent », dans *Revue belge de philologie et d'histoire*, t. 51 fasc. 4 (1973), p. 840–847.

portait sur la présence réelle ou métaphorique du Christ dans l'hostie consacrée ; le second portait sur la dialectique mise en œuvre pour fonder les raisonnements théologiques en jeu[121]. Pour la première fois, « la dialectique s'empare [...] positivement de la théologie occidentale »[122]. Fondant sa doctrine sur celle de Ratramne de Corbie, qu'il confond avec Jean Scot Erigène dans ses écrits, et au-delà sur une tendance augustinienne plus ancienne[123], Bérenger de Tours remet en cause la thèse de la transsubstantiation et de la présence réelle, lui préférant une approche symbolique qui ne voit dans l'hostie consacrée qu'une présence intellectuelle ou métaphorique du Christ pour les fidèles. Le sacrement eucharistique est alors interprété comme un « signe sacré » où les éléments matériels que sont le pain et le vin ne sont que les signes renvoyant spirituellement et intellectuellement au corps et au sang du Christ[124]. Il accepte que par la consécration le pain et le vin deviennent corps du Christ mais refuse tout changement de substance des espèces qui demeurent inchangées, « signes visibles *(sacramenta)* d'une réalité spirituelle *(rei sacramenta)* »[125]. En reprenant et tenant pendant près d'un demi-siècle cette doctrine qui tendait alors à disparaître, Bérenger a surtout initié, par contrecoup, l'élaboration du dogme de la transsubstantiation, finalement officiellement énoncé au cours du quatrième concile du Latran (1215).

L'un des plus farouches opposant de Bérenger de Tours fut sans conteste Lanfranc de Pavie, abbé de Saint-Étienne de Caen, qui, vers 1063, écrivit à son tour un traité *De corpore et sanguine Domini*[126] en réponse notamment aux assertions de l'archidiacre d'Angers. Il est un des premiers à qui l'on attribue l'emploi du terme de « substance »

---

[121] Sur l'emploi de la dialectique pour fixer la doctrine ou en réfuter les arguments ; voir, Henri de LUBAC, « Du symbole à la dialectique », dans : *Corpus mysticum. L'eucharistie et l'Église au Moyen Âge. Étude historique*. Cerf, Paris 2009, p. 248–277 et en particulier p. 250–255 ; « Bérenger de Tours», dans : Olivier BOULNOIS (dir.), *Philosophie et Théologie au Moyen Âge. Anthologie t. II*, Cerf, Paris 2009, p. 107–109 ; « La controverse eucharistique », dans : Alain de LIBERA, *La philosophie au Moyen Âge*, PUF, Paris 2004, p. 288–292.

[122] LIBERA, *La philosophie au Moyen Âge*, p. 290.

[123] Pour le développement sur l'évolution de la pensée augustinienne sur l'eucharistie ; voir, SAXON, *The Eucharist in Romanesque France...*, p. 22–24.

[124] BÉRENGER DE TOURS, *Rescriptum contra Lanfrannum*, éd. R. C. B. Huygens, Brepols 84, Turnhout 1988.

[125] SAXON, *The Eucharist in Romanesque France...*, p. 29.

[126] LANFRANC, *De corpore et sanguine Domini*, dans : *PL*, 150, col. 407–442 ; « Lanfranc de Pavie », dans : BOULNOIS (dir.), *Philosophie et Théologie au Moyen Âge...*, p. 109–111 ; « Lanfranc de Pavie », dans : LIBERA, *La philosophie au Moyen Âge*, p. 289.

pour expliciter son approche et sa doctrine de l'eucharistie, notion qui donnera lieu peu après au dogme de la transsubstantiation[127]. À travers l'idée de « substance », Lanfranc cherche à déterminer ce que la consécration eucharistique modifie et ce qui demeure inchangé. Selon lui, la consécration des espèces pain et vin en bouleverse la substance pour en faire pleinement et intrinsèquement le corps et le sang du Christ. Ainsi si l'apparence extérieure paraît être inchangée, l'essence même des espèces s'est quant à elle transmuée. Pour cette définition de la doctrine eucharistique, Lanfranc utilise une interprétation reprenant, dans les termes, la logique aristotélicienne. En plus de réfuter les arguments de Bérenger, Lanfranc serait aussi à l'origine de la première procession du Saint Sacrement, le jour de la dédicace de sa cathédrale de Canterbury (Rameaux 1077)[128]. La procession solennelle de l'hostie consacrée recentre l'attention sur la personne du Christ comme objet du culte et véritable trésor. Ce type de procession connaît au cours du XIIIe siècle un développement important jusqu'à donner l'institution de la fête du *Corpus Christi* ou Fête-Dieu.

Les opposants de la thèse symboliste portent enfin l'argument sur le fait que le Christ ne possède qu'un seul et unique corps, sur terre comme au ciel, un corps d'autant plus unique qu'il est passé par la Résurrection et l'Ascension et c'est ce corps unique qui s'incarne dans l'eucharistie[129]. En 1079, Bérenger doit finalement faire un nouvel acte de foi commandé par le pape Grégoire VII et dans lequel il reconnaît :

« Le pain et le vin qui sont placés sur l'autel à travers le mystère de la sainte prière et les mots de notre Rédempteur sont substantiellement changés [*substantialiter converti*] en vrais et proprement vivants corps et sang de Jésus Christ notre Seigneur et après la consécration ils sont le vrai corps du Christ né de la Vierge [...] »[130]

L'acte de 1079 met en quelque sorte fin à la controverse, Bérenger ne revenant plus sur ses positions. Mais la question de la définition de la substance et de l'essence se poursuit quant à elle au XIIe siècle, sous la plume notamment de penseurs et exégètes tels

---

[127] Le terme en tant que tel n'apparaîtrait qu'à la fin du XIe siècle, en 1079, sous la plume d'Hildebert de Tours ou Hildebert de Lavardin. Mais si Lanfranc n'utilise pas directement le terme de « transsubstantiation », il emploie malgré tout la notion en parlant notamment de « substance » et d'« essence » pour qualifier l'eucharistie.

[128] Saxon, *The Eucharist in Romanesque France*..., p. 32. Partant de l'extérieur de la ville, la procession s'achevait dans le chœur de la cathédrale au pied de la grande croix.

[129] On trouve plusieurs exemples développés de cet argument dans : Jaroslav Pelikan, *The Christian Tradition. A History of the Development of Doctrine. 3, The Growth of medieval Theology*, University of Chicago, Chicago 1978, p. 194 et ss.

[130] Saxon, *The Eucharist in Romanesque France*..., p. 34.

qu'Anselme de Laon ou Hugues de Saint-Victor[131]. Ce dernier distingue, par exemple, dans les espèces consacrées la vérité signifiante (l'idée de la transformation de la substance) et la force du sacrement (la transsubstantiation elle-même)[132].

L'ensemble de ce développement culmine finalement avec la définition du dogme de la transsubstantiation en ouverture du *credo* du quatrième concile du Latran (1215) convoqué par le pape Innocent III :

> « Il n'y a qu'une seule Église universelle des fidèles, hors de laquelle nul n'est absolument sauvé, et dans laquelle Jésus-Christ est le prêtre et la victime, dont le corps et le sang sont véritablement dans le sacrement de l'autel sous les espèces du pain et du vin ; le pain étant *transsubstantié* au corps de Jésus-Christ [*transsubstantiatis pane in corpus*], et le vin en son sang, par la puissance divine ; afin que, pour rendre le mystère de l'unité parfait, nous recevions du sien ce qu'il a reçu du nôtre. Personne ne peut consacrer ce mystère que le prêtre ordonné légitimement, selon la puissance des clefs de l'Église, que Jésus-Christ a donné aux apôtres et à leurs successeurs. Quant au sacrement de baptême, qui est consacré par l'invocation sur l'eau de la Trinité individuelle, savoir, du Père, du Fils et du Saint-Esprit, il procure le salut tant aux enfants qu'aux adultes, quand il leur est administré suivant la forme de l'Église, quel qu'en soit le ministre. Si, après l'avoir reçu, quelqu'un tombe dans le péché, il peut recouvrer son innocence par une vraie pénitence. Non seulement les vierges qui vivent dans la continence, mais aussi les personnes mariées qui plaisent à Dieu par une foi pure et par leurs bonnes œuvres, méritent de parvenir à la vie éternelle. »[133]

Dans sa volonté de souligner l'importance de l'eucharistie au sein de la messe et dans la foi chrétienne, les canons du concile imposent, de plus, la communion pascale annuelle obligatoire pour les fidèles[134]. Avec Latran IV, on constate un recentrement du mystère sur l'eucharistie et la communion, et à travers le sacrement, sur la figure du

---

[131] Saxon, *The Eucharist in Romanesque France*…, p. 35–38 ; Pelikan, *The Christian Tradition*…, p. 187–204 ; Macy, *The theologies of the Eucharist*…, p. 83 et suivantes ; Lubac, *Corpus Mysticum*…, p. 313–328.

[132] Saxon, *The Eucharist in Romanesque France*…, p. 36. Hugues de Saint-Victor distingue une triade « *sepcies et veritas et virtus* » qui correspond à l'image visible de l'eucharistie *(image visibilis)*, l'image invisible du corps et du sang *(imago-res)* et la grâce spirituelle *(gratia spiritualis)*.

[133] Raymonde Forville, *Latran I, II, III et Latran IV. Histoire des conciles oecuméniques*, t. 6, Fayard, Paris, 2007, p. 278 et ss. « *Una vero est fidelium universalis Ecclesia, extra quam nullus omnino salvatur, in qua idem ipse sacerdos est sacrificium Iesus Christus, cuius corpus et sanguis in sacramento altaris sub speciebus panis et vini veraciter continentur, transsubstantiatis pane in corpus, et vino in sanguinem potestate divina: ut ad perficiendum mysterium unitatis accipiamus ipsi de suo, quod accepit ipse de nostro. Et hoc utique mysterium nemo potest conficere, nisi sacerdos, qui rite fuerit ordinatus, secundum claves Ecclesiae, quas ipse concessit Apostolis eorumque successoribus Iesus Christus. Sacramentum vero baptismi (quod ad Dei invocationem et individuae Trinitatis videlicet Patris, et Filii, et Spiritus Sancti, consecratur in aqua) tam parvulis, quam adultis in forma Ecclesiae a quocunque rite collatum proficit ad salutem. Et si post susceptionem baptismi quisquam prolapsus fuerit in peccatum, per veram potest semper paenitentiam reparari. Non solum autem virgines et continentes, verum etiam coniugati, per rectam fidem et operationem bonam placentes Deo, ad aeternam merentur beatitudinem pervenire.* ».

[134] Forville, *Latran I, II, III et Latran IV*…, p. 298–299.

Christ Sauveur. L'institution de la Fête-Dieu (*Corpus Domini Corpus Christi*), le jeudi suivant la Trinité (soit soixante jours après Pâques), en 1264 par le Pape Urbain IV, fait suite au développement du rite de l'élévation de l'hostie pendant la consécration[135]. À cela s'ajoutent les miracles eucharistiques qui viennent témoigner directement de la réalité du dogme et de son bien-fondé[136] et deviennent à leur tour des reliques insignes bénéficiant d'un culte particulier.

Par la suite l'utilisation de la forme du Saint-Sépulcre comme tabernacle se répand. Sous la forme d'une tour renvoyant à l'édicule du tombeau ou celle d'un reliquaire de plan centré, ces reposoirs eucharistiques connaissent à partir du XIII<sup>e</sup> siècle un retentissement certain[137].

Les manuscrits décrivant le drame liturgique insistent pour la plupart sur les manifestations de douleur et de deuil qui accompagnent l'office de la *Depositio* et Brooks souligne notamment l'aspect parfois incongru de telles expressions symboliques associées à l'emploi d'une hostie consacrée qui revêt quant à elle toujours un caractère heureux dans son contenu eschatologique[138]. Cette antinomie apparente ne pose en réalité que peu de problèmes,

---

[135] Attesté pour la première fois à Paris vers 1200, on sait que l'habitude d'élever l'hostie pendant la consécration répondait à un désir des fidèles de voir le pain devenu corps du Christ.

[136] Le plus ancien miracle eucharistique reconnu, en dehors de la messe de saint Grégoire, date des environs de 750. Dans la paroisse de Lanciano (Abruzzes), au moment de la consécration, le pain et le vin se sont véritablement transsubstantiés en chair et sang du Christ. Le même miracle arrive en 1263 à Bolsena où, alors que le prêtre doutait ouvertement du bien-fondé du dogme de la transsubstantiation, le pain et le vin devinrent chair et sang. Une autre forme de miracle eucharistique s'est déroulée à la collégiale Saint-Pierre de Douai où, en 1254, la face du Christ est apparue sur l'hostie consacrée. Pour l'histoire des miracles eucharistiques ; voir, Joan Caroll CRUZ, *Relics*, Our Sunday Visitor, Huntington 1984, p. 10–21 ; Joan Caroll CRUZ, *Eucharistic Miracles*, Tan Books, Rockford 1987, p. 3–18 et p. 59–62 notamment. Au XV<sup>e</sup> siècle, ce type de croyance se cristallise dans une iconographie nouvelle autour du miracle de la messe de saint Grégoire. Selon la tradition qui se met alors en place, l'évènement eut lieu pendant une messe célébrée par le pape Grégoire le Grand (fin du VI<sup>e</sup> siècle) dans l'église Sainte-Croix de Jérusalem à Rome. Au moment de l'élévation de l'hostie, alors que l'un de ses clercs doutait de la présence réelle, le Christ serait apparu dans son tombeau, entouré de toutes les *Arma christi* démontrant ainsi la réalité de la présence eucharistique.

[137] Justin E. A. KROESEN, « Heiliges Grab und Tabernakel. Ihr Zusammenhang im mittelalterlichen Kirchenraum », dans : *Das Münster* 53/4 (2000), p. 290–300.

[138] « There is an obvious incongruity between the symbolic expression of grief and the exposition of the Host always e token of joy », dans : BROOKS, *The Sepulchre of …*, p. 46. L'hostie consacrée, comme véritable corps incarné, est un symbole de joie puisqu'elle renvoie à la promesse du Salut faite par le Christ au moment de l'institution de l'eucharistie.

l'hostie étant dans ce cas-là déjà pleinement interprétée comme le corps véritable du Christ à travers lequel sont revécues la Mise au Tombeau du vendredi et la Résurrection de Pâques.

En recentrant l'attention et la dévotion des fidèles sur l'eucharistie, les théologiens du XI$^e$ siècle et le concile de Latran IV ont profondément modifié la perception du Saint-Sépulcre. D'une pensée axée sur la représentation d'un mystère caché, s'opérant dans le secret du tombeau, on arrive à la dévotion eucharistique qui voit dans le pain et le vin consacrés le corps incarné du Christ, une présence réelle qui efface toutes les autres. Le principe de la présence réelle rend caduque toute autre relique christique directe ou indirecte. L'idée même du Saint-Sépulcre comme seule relique de la Résurrection semble alors perdre de sa force face à la synapse eucharistique qui réitère à chaque célébration le miracle de la transsubstantiation et de la présence réelle. Le tombeau et ses représentations se recentrent ainsi sur sa fonction originelle de premier tabernacle.

La spiritualité orientale se concentra quant à elle sur la divinité du Christ révélée par la Résurrection et ne pouvait que s'opposer à la théologie occidentale, plus johannique dans sa tradition, qui mettait l'accent sur la Passion du Christ et donc sur le mystère de l'Incarnation en tant que tel. Cette évolution dichotomique de la pensée religieuse entre Orient et Occident a aussi une incidence sur la perception du tombeau lui-même. Elle se manifeste notamment dans les termes employés pour le qualifier et le désigner. Si le terme d'Anastasis est unanimement utilisé à l'époque constantinienne[139], dès le IX$^e$ siècle le patriarche d'Alexandrie, Eutychius, s'étonne de l'usage par les latins du vocable du « Saint-Sépulcre » pour désigner la rotonde de la Résurrection[140]. Son côté anecdotique mis à part, cette remarque témoigne aussi de l'évolution de la pensée religieuse occidentale et le recentrement de son attention sur le corps souffrant du Christ. Recentrement qui induit non seulement une évolution de la liturgie mais aussi de nouvelles approches dogmatiques et exégétiques.

Entre le IV$^e$ et le VII$^e$ siècle, la rotonde de l'Anastasis devint le point de convergence de tous les pèlerinages et l'emblème désignant Jérusalem dans son ensemble. Ainsi,

---

[139] Égérie, l'anonyme de Bordeaux ou le pèlerin de Plaisance par exemple ne parle que de « l'Anastasis ».
[140] Michel JOIN-LAMBERT, « Anastasis et Saint-Sépulcre », dans *Bible et Terre sainte*, n°140 (avril 1972), p. 4 ; ABEL et VINCENT, *Jérusalem...*, p. 218 n. 7.

pendant cette période de fondation, le bâtiment acquiert une double signification de monument funéraire, édifice de plan centré à l'image de l'architecture funéraire impériale, et de temple spirituel du Salut dont le contenu fut par la suite encore complété par les pèlerins et les exégètes médiévaux.

## Pèlerinage et Saint-Sépulcre

L'étude générale du phénomène du pèlerinage à Jérusalem, dans ses composantes spirituelles et matérielles, permet de cerner la dynamique interne de la construction d'une image de Jérusalem dans l'Occident médiéval. Cette construction progressive, qui se base non seulement sur les récits, écrits ou oraux, d'anciens pèlerins, se fonde aussi sur l'image théologique et eschatologique que la cité acquiert au cours du temps.

Si les pèlerinages n'ont jamais véritablement cessé depuis le IV$^e$ siècle, certaines phases de développement sont malgré tout définissables et apparaissent concomitantes ou succèdent de peu à des discussions ou des évènements concernant Jérusalem. La place qu'occupent dans l'imaginaire et la pensée occidentale Jérusalem et le Saint-Sépulcre, favorisa et encouragea les pèlerinages de toutes sortes et de toutes formes qui contribuèrent à renforcer et redéfinir l'image du Saint-Sépulcre et, à travers elle, celle de la cité sainte.

### *Sepulchrum Domini*
### *Le Saint-Sépulcre vu depuis l'Occident*

Jérusalem occupe sans conteste une place particulière dans l'imaginaire et la pensée médiévale. La cité est connue et alimente les désirs des hommes en quête de divinité[141]. Depuis les thèses de Carl Erdmann[142] faisant de la ville un objet d'obsession pour les chrétiens du XI$^e$ siècle, certaines études récentes ont eu tendance à minorer l'impact de Jérusalem sur la pensée médiévale[143]. Cependant, l'étude des sources, aussi bien histo-

---

[141] Graboïs, *Le pèlerin occidental...*, p. 54–59.

[142] Carl Erdmann, *The origin of the idea of crusade*, Princeton University Press, Princeton 1977.

[143] Voir par exemple : Jonatahan Riley-Smith, *The First Crusade and the Idea of Crusading*, The Athlone Press, Londres 1986 ; Marcus Bull, *Knightly Piety and the lay response to the First Crusade*, Clarendon Press, Oxford, 1993 ; John France « Le rôle de Jérusalem dans la piété du XI$^e$ siècle » dans : Michel Balard et A. Ducellier *Le partage du monde. Échanges et colonisation dans la Méditerranée médiévale*, Publication de la Sorbonne, série Byzantina Sorbonensia 17, Paris 1998, p. 151–161.

riques qu'exégétiques, invite, malgré tout, à ne pas sous-estimer sa portée symbolique. En tant que ville, Jérusalem est tout d'abord connue par les Saintes Écritures où son nom possède déjà un sens multiforme. Centre de la terre promise par Dieu à son peuple, la cité devient le symbole de toute l'histoire du peuple d'Israël. Jérusalem est le lieu de l'accomplissement des promesses de Dieu et la patrie vers laquelle le psalmiste crie dans son exil. Saint Paul, dans son Épître aux Galates[144], distingue nettement la Jérusalem historique et terrestre de la Jérusalem céleste. Comme nous l'avons déjà vu, l'exégèse médiévale a dès l'origine interprétée la figure de Jérusalem selon les différents sens de l'écriture[145].

Au IXe siècle, Walafrid Strabon définit les trois phases historiques de la ville[146] : tout d'abord la ville de Sem, fils de Noé, nommée Salem ; ensuite la cité des Jébuséens[147] conquise par David ; et enfin la cité de Salomon et de son Temple, celle où le Christ a vécu. L'interprétation allégorique de la ville met l'accent sur l'image de Jérusalem comme vision de paix renvoyant à l'Église. Cette explication allégorique, très répandue au Moyen Âge, était aussi directement empruntée à son étymologie[148]. Selon saint Augustin, cette interprétation fait de Jérusalem la mère éternelle des cieux[149] et la ville de la paix éternelle[150]. Il l'oppose alors à l'image de Babylone, ville de la paix temporelle et de la confusion.

Mais si, comme nous l'avons déjà évoqué, Jérusalem, en tant que lieu de la prédication évangélique, restait au cœur des préoccupations eschatologiques et exégétiques, la ville n'en demeurait pas moins un lieu lointain, et avant tout un but de pèlerinage, et ce, même si la notion elle-même ne faisait, à l'origine, pas l'unanimité parmi les Pères de l'Église.

Avec la conversion de Constantin et le mouvement de construction des grandes basiliques sur les lieux mêmes de la prédication évangélique, l'universalisme de l'Église

---

[144] Galates, IV, 25-26.

[145] Henri de LUBAC a entrepris d'analyser cette exégèse selon les quatre sens de l'écriture : littéral, allégorique, moral et anagogique… dans : LUBAC *Exégèse médiévale…*, p. 645-648.

[146] WALAFRID STRABON *De subversione Jerusalem*, in PL, t. CXIV, col 973.

[147] 2Samuel, V, 6.

[148] Ville de Chalem.

[149] AUGUSTIN D'HIPPONE *De Genesi ad litteram*, c. XXVIII, 36 in PL, t. XXXIV, col. 438.

[150] AUGUSTIN D'HIPPONE *De Civitate Dei* lib. XIX, c. 11.

a connu un glissement qui a fait de la révérence envers les Lieux saints le *topos* de la culture chrétienne pour les siècles suivants. C'est à cette période que s'est fixée l'image chrétienne maintenant traditionnelle de la sainteté de Jérusalem[151]. La dévotion aux reliques est déjà attestée au cours des premiers siècles de l'ère chrétienne mais la prééminence des Lieux saints n'a pas toujours été sans réserve. En effet, les Pères occidentaux ont très tôt commencé à émettre des réserves concernant les pèlerinages vers la Palestine. Jérôme (vers 347–420) lui-même est l'auteur de texte alternativement pour ou contre le phénomène déjà grandissant des marches vers Jérusalem. D'un côté, il insiste sur le fait que Jérusalem possède encore et toujours une signification pour le croyant[152]. De l'autre il est très explicite lorsqu'il écrit à Paulinus certains des textes les plus convaincants contre le pèlerinage. Il rappelle ainsi que « la cour céleste est ouverte, pareillement à Jérusalem ou en Bretagne, car l'esprit de Dieu est sur nous » et surtout que « ce n'est pas d'avoir été à Jérusalem, mais d'avoir bien vécu à Jérusalem qui est digne d'éloges »[153].

La patristique orientale émet le même genre de réserves. Grégoire de Nysse (mort après 394) parle dans ses lettres des sites de Palestine mais en a une vision relativement négative : « Nous connaissions l'Incarnation de la Vierge avant d'avoir vu Bethléem, nous croyions à la Résurrection avant d'avoir vu la tombe, nous croyions à la vérité de l'Ascension sans avoir vu le mont des Oliviers »[154].

Augustin lui-même, au début du Ve siècle, ne paraît guère impressionné par les sites de Palestine. S'il reconnaît le bien-fondé de se rendre sur place pour comprendre la signification de l'histoire biblique, il insiste malgré tout sur la portée universelle du message christique qui n'a pas besoin de lieu pour vivre. Comme le définit Grégoire le Grand (540–604), « Dieu vit partout où l'on recherche la vraie paix, là où nous

---

[151] Peter W. L. WALKER, « Eusebius, Cyril and the Holy Places », dans : *Studia patristica*, 20 (1989), p. 306–314. Il revient sur la formation de l'image de la sainteté de Jérusalem à travers la construction des grandes basiliques constantiniennes et le contenu exégétique et eschatologique qui leur a été attribué.

[152] JÉRÔME, *Epistula* 46 dans : *Palestine Pilgrims' Text Society*, I. 9.

[153] JÉRÔME, *Epistola* 58. 3. 2., dans : *Corpus Scriptorum Ecclesiasticroum Latinorum* 54, Vienne 1996, p. 527–41. L'assertion renvoie à Luc, XVII, 21.

[154] GRÉGOIRE DE NYSSE, *Lettres*, dans : *PG* LXVI, c.1010 ; Bernhard KÖTTING, « Gregor von Nyssas Wallfahrtskritik », dans : *Studia Patristica*, 5 (1962), p. 360–367.

adorons la gloire de la contemplation intérieure »[155]. Il est donc inutile, selon lui, de se rendre à Jérusalem pour l'éprouver. L'ensemble de ces réserves n'entrave cependant pas le développement des pèlerinages et ne diminue en rien l'intérêt que portent les fidèles puis les autorités ecclésiastiques au cas particulier de Jérusalem.

Il est difficile de quantifier l'impact exact des évènements de Jérusalem en Occident. Il est indéniable que la prise de la ville par les musulmans au VIIe siècle est un fait d'importance mais il apparaît que l'information ne semble pas avoir eu un retentissement considérable en Occident qui, tout en regrettant la perte des Lieux saints, n'y voit avant tout qu'un problème relevant de l'empereur de Constantinople. De plus, sous l'autorité des nouveaux dirigeants musulmans, le mouvement des pèlerinages ne s'est pas arrêté[156] et les relations de pèlerinage qui nous sont parvenues nous renseignent non seulement sur les difficultés de la route (les multiples taxes de passage en terre musulmane, le brigandage, les risques nautiques…etc.), mais aussi sur l'état des monuments visités.

Aux VIIIe et IXe siècles Jérusalem et la Terre sainte sont sous la domination des Abbassides de Bagdad. La mention, dans les annales royales, de l'établissement de relations diplomatiques entre la cour d'Aix-la-Chapelle et celle de Bagdad, entre 797 et 807, revêt une signification particulière en ce qui les concerne et connaît par la suite un développement tout particulier. Notamment fondée sur l'affirmation par Éginhard de la cession du Saint-Sépulcre par le calife Harun al-Rashid à Charlemagne[157], cette simple mention a donné naissance à l'idée de l'établissement d'un protectorat franc sur la Terre sainte[158]. Qu'il s'agisse, selon la thèse de Louis Bréhier, de l'instauration

---

[155] Grégoire Ier, *Epistolae* XI, 26, 52, dans : *MGH* Ep. 11, Berlin 1957.

[156] John Wilkinson, « Holy Places Lost but not Forgotten », dans : *L'idea di Gerusalemme nella Spiritualità Cristiana del Medioevo*, Libreria Editrice del Vaticano, Vatican 2003, p. 204–210.

[157] Éginhard, *Vita Caroli Magni*, XVIe édition de Louis Halphen, *Les classiques de l'Histoire de France*, Paris 1923, p. 36 » *Ac proinde, cum legati eius, quos cum donariis ad sacratissimum Domini ac salvatoris nostri sepulchrum locumque resurrectionis miserat, ad eum venissent et a domini sui voluntatem indicassent, non solum quae petebantur fieri permisit, sed etiam sacrum illum et salutarem locum, ut illius potestati adscriberetur, concessit.* ».

[158] Aryeh Graboïs, « Charlemagne, Rome and Jerusalem », dans : *Revue Belge de philologie et d'histoire*, t. 59–4 (1981), p. 792–809. Il entreprend ici de faire la synthèse sur le sujet et revient sur les éléments montrant malgré tout l'intérêt que le pouvoir carolingien porte à la Terre sainte. Voir aussi pour la constitution du débat : Louis Bréhier, « La situation des Chrétiens de Palestine à la fin du VIIIe siècle et l'établissement du protectorat de Charlemagne », dans : *Le Moyen Âge*, 21 (1919), p. 67–75 ; Id., « Charlemagne et la Palestine », dans : *Revue Historique* 157(1928), p. 277–291 ; Arthur

d'un véritable protectorat ou, plus vraisemblablement, du simple établissement de fondations pieuses dans la ville pour l'accueil des pèlerins et le soutien à la communauté chrétienne locale, il n'en reste pas moins que cette implication, revendiquée par Éginhard, du pouvoir carolingien témoigne d'une véritable préoccupation envers Jérusalem et la Terre sainte. Elle souligne non seulement la volonté de Charlemagne de s'imposer politiquement et symboliquement en tant que successeur de Constantin[159], mais elle s'intègre aussi dans le discours exégétique et eschatologique carolingien. Assurant la protection de l'*omphalos mundi*, ou à défaut y participant diplomatiquement, Charlemagne assure la possible seconde venue du Christ. Elle aboutira enfin à la création du récit d'un mythique pèlerinage de Charlemagne en Terre sainte[160] – courte chanson de geste datée de la seconde moitié du XIIe siècle – qui met l'emphase sur la volonté de l'empereur à se rendre au Saint-Sépulcre[161].

En 1009, le calife fatimide du Caire, al-Hakim bi-Amr Allah (966–1021), ordonne la destruction des Lieux saints de la ville, en particulier celle du Saint-Sépulcre, il en interdit ensuite l'accès aux pèlerins et entame une persécution systématique des chrétiens de la ville. Il est complexe de déterminer l'impact d'un tel évènement sur les consciences occidentales. L'incident est malgré tout rapporté par deux historiens majeurs de la période, Adémar de Chabannes actif dans la région de Limoges et Angoulême dans les années 1020[162] et Raoul Glaber à Auxerre aux alentours de 1030[163]. Leurs ouvrages ont largement été diffusés auprès de leurs contemporains, ce qui tend

---

KLEINCLAUSZ, « La légende du Protectorat de Charlemagne sur la Terre sainte », dans : *Syria*, t. 7-3 (1926), p. 211-233.

[159] Constantin, fondateur des grandes basiliques hiérosolymitaines, a inauguré le principe de la protection impériale sur la Terre sainte. Introduisant la question de Jérusalem dans le cadre des relations diplomatiques avec Bagdad, Charlemagne se place *de facto* dans cette lignée et, en contrepoint, souligne l'absence de l'empereur byzantin de ces discussions.

[160] C'est le moine Benoît du mont Socrate au nord de Rome qui le premier fait état d'un voyage de Charlemagne à Jérusalem. La chronique, écrite avant l'an mil, reprend les informations contenues dans le récit d'Éginhard et chez d'autres chroniqueurs. C'est peut-être lui l'inventeur de la légende. L'histoire est ensuite reprise par les chroniqueurs des croisades Pierre Tudebolde et Robert de Reims (après 1100) qui rapportent que les croisés suivirent la route empruntée par l'empereur pour se rendre en Orient.

[161] 870 vers dodécasyllabiques mettant en scène Charlemagne et ses douze pairs (comme dans la chanson de Roland) se rendant en Orient (Constantinople et Jérusalem). *Le voyage de Charlemagne à Jérusalem et à Constantinople*, éd. Paul AEBISCHER, Droz, Genève 1965.

[162] ADÉMAR DE CHABANNES, *Chronicon*, Livre III 47, publié par Jules CHAVANON, Picard, Paris 1897, p. 169-171.

[163] RAOUL GLABER, *Histoires*, traduites et présentées par Mathieu ARNOUX, Brepols, Turnhout 1996, Livre III, VII-24, p. 182-185.

à prouver que l'information sur les destructions et les persécutions contre les chrétiens d'Orient a pu circuler en Occident. Il faut cependant attendre la fin du XIe siècle pour en retrouver une mention sous la plume d'Hugues de Flavigny (1096–1115), compilateur d'une Histoire universelle depuis la Création jusqu'en 1112. Mais on sait qu'Hugues de Flavigny a abondamment employé les *Historiae* de Glaber pour la réalisation de son œuvre, il est donc plus que probable que Raoul Glaber ait encore une fois été sa source d'informations. De même on retrouve chez l'abbé Arnaud de Sens (1096–1124) une mention de la destruction du Saint-Sépulcre pour l'année 1008[164]. Il se peut cependant que le chroniqueur de Sens ait eu accès au texte d'Hugues de Flavigny voire même à celui de Raoul Glaber[165].

Il est en revanche plus étonnant de ne trouver aucune allusion à l'évènement dans d'autres chroniques produites à Sens à la même période ou même auparavant[166], ni même dans la *Gesta consulum Andegavorum* qui rapporte notamment les divers pèlerinages de Foulque d'Angers jusqu'à Jérusalem sans pour autant en mentionner les destructions[167]. Il est certes difficile de déterminer l'impact réel de ces destructions sur la pensée occidentale. Il est probable que l'information ait mis du temps à circuler, mais on sait aussi que la chronique de Raoul Glaber connut une importante diffusion au cours du XIe siècle, démontrant malgré tout que la nouvelle fut relativement largement transmise en Occident. Elle put ainsi resurgir plus tardivement et venir renforcer la justification d'une intervention occidentale en Orient et la reconquête de Jérusalem[168].

---

[164] ARNAUD DE SENS *Chronicon Sancti Petri Vivi* « Anno MVIII Hoc anno sepulcrum christi destructum est sub Heinrico imperatore et Francorum rege Roberto. ».

[165] cf. John FRANCE « The Destruction of Jerusalem and the First Crusade », dans : *Jounal of Ecclesiastical History*, vol. 47, n°1 (janvier 1996), p. 1–3.

[166] C'est le cas notamment de la chronique d'Odoramnus *Historia Francroum Senonensis. 688–1034* (MGH, SS, IX, 364–369). On ne relève aucune mention de destruction à Jérusalem pour l'année 1008 ou 1009. Voir John FRANCE, « The Destruction of Jerusalem and the First Crusade », *op. cit.*, p. 2–3.

[167] Thomas de Parcée, auteur de la *Gesta*, s'est pourtant largement appuyé sur les *Historiae* de Raoul Glaber pour constituer sa chronologie. Voir, FRANCE « The destruction of Jerusalem… », *op. cit.*, p. 1–17. L'auteur note l'absence presque totale de l'évènement dans de nombreuses sources contemporaines alors même que les liens avec Jérusalem auraient pu éveiller l'intérêt des chroniqueurs locaux. Il en conclut qu'il faut minimiser l'impact des destructions de 1009 sur la pensée occidentale contemporaine de l'évènement. Elles ne seront reprises que plus tardivement dans une argumentation *a posteriori* de la croisade. Les causes de la destruction étaient, selon lui, « oubliées » au moment de la Croisade et ne peuvent donc pas constituer l'un des motifs de l'exhortation papale.

[168] Sans pour autant remettre en question les théories très bien argumentées de John France (déjà citées au-dessus), on

En 1095, clôturant le Concile de Clermont qui devait poursuivre la mise en place de la réforme grégorienne initiée par son prédécesseur (Grégoire VII), le pape Urbain II exhorta les fidèles et les chevaliers à prendre les armes et à partir délivrer le tombeau du Christ. La diffusion rapide de cet appel, montre toute la place qu'occupe le Sépulcre dans la pensée médiévale. Il est la métonymie qui permet de désigner la ville dans son ensemble, non seulement dans son caractère terrestre mais aussi dans son lien avec la cité céleste.

## Saint-Sépulcre et pèlerinage

Lieu doté d'une charge symbolique forte, la vénération du tombeau est, dans toutes les formes d'expression religieuse, un des cultes les plus anciens. L'hommage rendu aux grands ancêtres, la figure de modèle qu'ils procurent, font du tombeau le lieu par excellence où s'exerce le lien entre les vivants et les morts. La grâce toute spécifique attachée à la sépulture a favorisé le développement rapide d'une valeur thaumaturgique qui, encadrée par les autorités religieuses, a fait de ces tombeaux des centres religieux et des buts de pèlerinages pour les fidèles en quête de spiritualité[169].

Il est certain que parmi tous les tombeaux de la chrétienté, celui du Christ occupe dès l'origine une place toute particulière. Malgré les aménagements de la nouvelle *Aelia Capitolina* au IIe siècle et la construction, sur l'emplacement actuel du tombeau, d'un temple dédié à Vénus[170], il est fort probable qu'un culte funéraire, dans la continuité de la tradition juive, ait pu perdurer à proximité jusqu'au début du IVe siècle. L'œuvre majeure de Constantin à Jérusalem fut, selon Eusèbe de Césarée, de rendre au culte chrétien ce lieu insigne témoin de la Résurrection. Si le pèlerinage en Terre sainte était

---

peut tout de même tenter de les nuancer quelque peu. En effet, l'étude entreprise sur les chroniques et les sources a effectivement révélé un relatif silence sur les destructions hiérosolymitaines ordonnées par al-Hakim. Cependant, une analyse de la diffusion des œuvres de Raoul Glaber et Adémar de Chabannes, principaux rapporteurs de l'évènement, montre que l'information devait avoir circulé en Occident via abbayes et *scriptoriae* et par la suite être oralement relayée.

[169] Alphonse DUPRONT, *Du Sacré. Croisades et pèlerinages, images et langages*, nrf Gallimard, Paris 1987, p. 366–368. Dans son analyse sur les liens entre pèlerinage et lieux sacrés, Dupront revient rapidement sur la notion de « lieux sacrés » et la pratique du pèlerinage qui l'accompagne dans les différentes cultures. Il relève le fait que ces lieux sont le plus souvent attachés à l'idée d'ancêtres ou de tombes permettant de relier le monde spirituel et le monde tangible (tombeau des Prophètes à Hébron, culte des morts à Heliopolis, etc.).

[170] Eusèbe de Césarée souligne le fait et y voit une volonté assumée de la part d'Hadrien afin d'empêcher tout développement d'un culte chrétien sur les lieux.

un usage ancien, déjà pratiqué au cours des premiers siècles de l'ère chrétienne[171], la reconnaissance officielle de la religion chrétienne et la vaste campagne de construction de lieux de culte en favorisèrent cependant la recrudescence. La conquête arabe (VII$^e$ siècle) paraît infléchir le rythme des arrivées mais sans jamais totalement l'arrêter, et le XI$^e$ siècle voit le retour d'un flux relativement régulier de pèlerins occidentaux voulant rejoindre Jérusalem[172].

L'évolution des cadres historiques de la fin de l'Antiquité et du début du Moyen Âge a une incidence sur les itinéraires empruntés par les pèlerins à destination de Jérusalem. L'éclatement de l'Empire a rendu les routes terrestres particulièrement peu sûres et les routes maritimes deviennent rapidement un itinéraire privilégié[173]. Les pèlerins s'embarquaient pour une traversée de cinq mois environ sur des navires reliant le plus souvent l'Italie à l'Égypte ou à la Syrie, le reste du chemin se faisant ensuite par voie de terre. Les pèlerins rejoignaient par voie terrestre les principaux ports de départ de la côte italienne (Pise, Amalfi, Brindisi ou Venise) et, de là, des bateaux, le plus souvent de commerce musulman ou s'étant fait une spécialité de ce type de transport, permettaient d'atteindre Alexandrie ou la côte syrienne à Tripoli, Césarée ou Gaza, via Chypre ou Rhodes. Depuis l'Égypte, le pèlerin se rendait à Jérusalem via le Caire et le Sinaï où il résidait au monastère de Sainte-Catherine. Il arrivait ensuite à Hébron, Bethléem et enfin à son terme, Jérusalem.

---

[171] Selon la tradition, Méliton de Sardes (seconde moitié du II$^e$ siècle) aurait été le premier pèlerin à se rendre à Jérusalem à la recherche des lieux de la Passion et de la Résurrection du Christ. Une communauté chrétienne semble toujours avoir été présente à Jérusalem et avoir accueilli plus ou moins ouvertement les pèlerins. Il semble qu'Origène, théologien du II$^e$ siècle, ait ainsi pu séjourner dans la ville.

[172] Cet afflux est notamment sensible à travers la multiplication des récits de pèlerinage conservés et le nombre de fondation d'églises ou chapelle « Sainte-Croix » ou « Sainte-Sépulcre » en Occident. Voir, C. MOULIN, « Les églises et chapelle Sainte-Croix en France », dans : *Revue d'histoire de l'Église de France*, T. LXII, n°169, juillet-décembre 1976, p. 349–360 ; John WILKINSON, *Jerusalem Pilgrims*…

[173] Françoise MICHEAU « Les itinéraires maritimes et continentaux des pèlerinages vers Jérusalem » dans *Occident et Orient au X$^e$ siècle. Actes du IX$^e$ siècle congrès de la société des Historiens médiévistes de l'enseignement supérieur public*, Paris 1979, p. 79–111 ; François AVRIL, Jean-René GABORIT, « L'*Itinerarium Bernardi Monchi* et les pèlerinages d'Italie du sud pendant le Haut Moyen Âge », dans : *Mélanges d'archéologie et d'histoire*, vol. 79, n°1 (1967), p. 269–298 et en particulier p. 270–273 où les deux auteurs reviennent sur les itinéraires vers Jérusalem.

Le pèlerinage de Willibald *(Hodœporicon Sancti Willibaldi)*[174], qui se rend en Orient en 723, illustre cet itinéraire maritime et ses difficultés. Venant d'Angleterre, Willibald passe tout d'abord par Rome avant de s'embarquer à Gaète, puis Naples et enfin en Sicile pour rejoindre Chypres, la côte syrienne et Jérusalem. À chaque étape, il est tenu de témoigner de sa condition de pèlerin, et même de payer une taxe au califat de Chypres pour poursuivre sa route et enfin atteindre Jérusalem[175].

Malgré tous ces obstacles et l'adversité contre laquelle le pèlerin semble devoir toujours être en butte, le pèlerinage vers Jérusalem ne connaît pas de réelle interruption comme en témoigne la masse des relations de pèlerinages et autres mentions de départ dans les chroniques et cartulaires des grandes églises pendant tout le Haut Moyen Âge et jusqu'à la première Croisade et la fondation du Royaume latin de Jérusalem. Même sous domination musulmane et au plus fort des interdictions et des persécutions (début du XIe siècle, destruction du Saint-Sépulcre jusqu'aux fondations sur l'ordre du calife Al-Hakim[176]), les pèlerinages ne se sont jamais totalement arrêtés, ces pèlerins représentant pour l'occupant, malgré les oppositions et les divergences, une source de revenus non négligeable (transports, taxes, droits de passage, droits d'accès, etc.).

À partir du Xe siècle une nouvelle route continentale voit le jour et permet d'échapper aux risques inhérents à la navigation. En effet, vers 935, la conversion de Waïk de Hongrie, futur saint Étienne, au christianisme, sécurise la route d'Europe

---

[174] *Hodoeporicon sancti Willibaldi*, dans Titus TOBLER, *Itinerarium hierosolymitana et descriptiones Terrae Sanctae bellis sacris anteriora*, Osnabrück 1966 ; Andreas BAUCH, « Pilgerreise Willibalds ins Heilige Land », dans : *Das Heilige Land im Mittelalter. Begegnungsraum zwischen Orient und Okzident*, Bd. 22, Degener, Neustadt an der Aisch 1982, p. 13–18.

[175] Klaus GUTH, « Heiliglandfahrt in frühislamischer Zeit. Willibald von Eichstätt zum Gedenken (787) », dans : *Recherches de Théologie Ancienne et Médiévale*, T. LVI (janv.–déc. 1989), p. 5–18.

[176] RAOUL GLABER rapporte le fait dans ses *Histoires* (III, 24. *Op. cit.* p.182–183), l'information est ensuite reprise par ADHÉMAR DE CHABANNES, *Chronicon*, 169, 71, *Corpus Christianorum continuatio mediaevalis* 129, Turnhout 1999. Certains auteurs trouvent cependant difficile de déterminer quel fut l'impact réel de cette information en Occident. Cf. John FRANCE, « The Destruction of Jerusalem and the First Crusade », dans : *Journal of Ecclesiastical History*, vol. 47, n°1 (janv. 1996), p. 1–17; ID. « Les origines de la première croisade, un nouvel examen » dans : Michel BALARD, *Autour de la première croisade. Actes du Colloque de la Society for the Study of the Crusades and the Latin East : Clermont-Ferrand, 22–25 juin 1995*, Publication de la Sorbonne, Paris 1996, p. 45–56.

centrale, via la Hongrie, la Grèce puis Constantinople, auparavant trop dangereuse car infestée de bandes armées non chrétiennes rançonnant ou faisant prisonniers les pèlerins s'y risquant. Ce monarque fut d'ailleurs l'instigateur, à Jérusalem même, de plusieurs fondations pieuses destinées à accueillir les pèlerins.

Mais, même si cette nouvelle route terrestre permet d'échapper aux taxes de passage sur des bateaux musulmans ou aux naufrages, elle n'en demeure pas moins dangereuse dans sa partie la plus orientale. Le grand pèlerinage allemand de 1064–1065 en témoigne[177]. Le récit se concentre plus particulièrement sur les péripéties et les dangers du voyage rencontrés par la foule des pèlerins conduits par les évêques d'Utrecht, de Ratisbonne et de Mayence. En plus des brigands et des voleurs, le chroniqueur rapporte surtout les rencontres avec des tribus arabes et les autorités musulmanes présentées comme avides et sans pitié et dont les pèlerins ne réchappent que par miracle. Le récit s'achève finalement sur l'arrivée à Jérusalem sans même s'attarder sur la visite des Lieux saints ni décrire en détail la visite au Sépulcre.

Le pèlerinage est considéré par le pérégrinant comme un chemin le menant à Dieu, chemin réalisé dans et par le Christ, qui se définit lui-même comme « le chemin, la vérité et la vie » menant au Père[178]. La *Via perigrinalis* est ainsi étroite et difficile, elle est le reflet de la vie spirituelle dans ses moments de certitudes et ses moments de doute. À travers son cheminement, tant physique que spirituel, le pèlerin expérimente toute la réalité d'une vie de foi.

Cette tradition s'enracine profondément dans la pensée judéo-chrétienne et les récits tant vétéro- que néo-testamentaires. Depuis l'exil d'Adam chassé du Paradis et condamné à errer[179], l'homme est un pèlerin sur la terre[180] qui chemine à la recherche de l'Éden perdu, objectif final redevenu accessible par le sacrifice du Christ qui efface le péché du premier homme. Dans la Genèse, Abraham devient à son tour, par l'appel de Dieu lui-même, pèlerin abandonnant sa terre et son environnement pour se rendre sur la Terre promise par le Créateur. Le phénomène se nourrit aussi de toute la tradition de l'Exode. Tout comme le peuple élu a été condamné à errer dans le désert

---

[177] LAMPERT DE HERSFELD, *Annales*, MGH, SS, t. V.
[178] Jn, xiv 6–7 : « *Ego sum via et veritas et vita; nemo venitad Patrem nisi per me.* ».
[179] Gn, III, 23–25.
[180] 2Co V, 6.

entre l'Égypte et la Terre promise, de même le pèlerin offre-t-il son long chemin, ses errances, à Dieu avant d'atteindre sa propre terre promise, le sanctuaire par lequel il sera sanctifié. S'ajoute à cela le chant de l'exil à Babylone, sensible dans les récits prophétiques et dans les psaumes mettant en exergue l'absence de Jérusalem et la volonté de retrouver la ville : « Si je t'oublie, Jérusalem, que ma droite se dessèche ! Que ma langue s'attache à mon palais, si je perds ton souvenir, si je ne mets pas Jérusalem au plus haut de ma joie ! »[181]... Toute une esthétique de la recherche également sensible dans la quête de l'époux du Cantique des Cantiques.

Mais le pèlerin cherche surtout à reproduire dans sa démarche l'exemple du Christ, lui-même pèlerin sur la route d'Emmaüs, et qui se présente à ses disciples dans la gloire de sa Résurrection[182]. Comme les disciples à Emmaüs, le pèlerin est constamment conduit dans sa quête par la présence du Christ qui lui montre la voie et l'enseigne. En cela, il se conforme à l'appel que le Christ lance au jeune homme riche dans l'Évangile de Matthieu[183] : « Si tu veux être parfait, va, vends ce que tu possèdes, donne-le aux pauvres et tu auras un trésor dans les cieux ; et puis viens et suis-moi ». Ce détachement s'enracine ainsi profondément dans l'enseignement de l'Écriture qui rappelle à l'homme qu'il n'a pas de demeure permanente sur la terre, mais que sa véritable demeure reste celle des cieux[184]. La difficulté du chemin vers Jérusalem tend à prouver que la principale motivation des pèlerins était avant tout religieuse et l'accomplissement de cette « imitation de Jésus Christ » passait par la visite sur les lieux de son enseignement et de sa Passion. D'autres aspects venaient compléter la quête spirituelle[185] mais sont naturellement toujours mis au second plan, ou même omis, dans les sources médiévales. La *peregrinatio* n'obéit pas aux mouvements internes de la société et se développe en marge de celle-ci dans le cadre de la vie spirituelle et de la relation au divin. Le *pere-*

---

[181] Ps. 137 (136), 5–6 « *Si oblitus fuero tui, Ierusalem, oblivioni detur dextera mea; adhaerat mea faucibus meis, si non meminero tui, si non praeposuero Ierusalem in capite laetitiae meae.* ».

[182] Lc, XXIV, 13–32.

[183] Mt, XIX, 21 ; Mc, X, 21 ; Lc, IX, 23.

[184] Benoît GAIN, « "Nous cheminons sur la terre" : l'exégèse de 2Co V, 6 chez quelques Pères », dans : Béatrice CASEAU, Jean-Claude CHEYNET, Vincent DEROCHE, *Pèlerinages et Lieux saints dans l'Antiquité et le Moyen Âge. Mélanges offerts à Pierre Maraval*, Association des amis du Centre d'Histoire et Civilisation de Byzance, Paris 2006, p. 223–234.

[185] Aryeh Graboïs analyse ces motifs et cite entre autres la curiosité, la recherche d'exotisme, des raisons politiques etc. Voir, GRABOÏS, *Le pèlerin occidental...*, chapitre II « Motivations religieuses des pèlerins », p. 53–62.

*grinus* renvoie donc à celui qui prend la route vers un ailleurs qui représente pour lui le lieu du mystère et du désir. Le terme en lui-même recouvre la triple interprétation de la démarche de partir, du statut en découlant – celui de l'étranger rejeté en marge – et enfin de celui reprenant sa place dans la société après son périple.

Le tombeau vide représente le lien visible liant Jérusalem terrestre et Jérusalem céleste, lien physiquement matérialisé par cet *Umbilicus Mundi* à l'entrée de l'Anastasis (aujourd'hui Basilique des Croisés). Ce choix n'est pas sans conséquence. En effet, le Saint-Sépulcre est, depuis les origines du pèlerinage, le but ultime de tout voyageur. En tant que lieu de la Résurrection, il est le lieu du mystère et celui où, selon exégètes et pèlerins, l'homme se sent le plus proche de Dieu. Ainsi, comme le définit Pierre le Vénérable (mort en 1156), le visiteur sait « que le Seigneur ne gît pas là comme un cadavre mais règne dans les cieux, Dieu vivant »[186] et que c'est par cette absence que tous les autres lieux de pèlerinages acquièrent une valeur mystique. Le parallèle entre le voyageur qui part pour la cité sainte et affronte les rigueurs du chemin, et la Passion du Christ est rapidement fait. Dans son désir d'imiter le Christ, le pèlerin décide de tout quitter pour garantir son Salut. L'apothéose mystique de cette démarche semble alors être de pouvoir mourir une fois arrivé à destination, *ad sanctos*, au plus près du sanctuaire. Quelques traditions évoquent même les prières de pèlerins demandant, maintenant qu'ils avaient atteint leur but et reconnu tous les bienfaits de leur démarche, la grâce de mourir pour ne plus retomber dans leurs anciens travers[187].

Le phénomène a aussi donné naissance à une littérature particulière qui permet de comprendre la piété entourant la vénération des Lieux saints de Jérusalem. Ces récits, conçus comme le prolongement naturel de la démarche initiale sans pour autant en être une obligation, sont autant les descriptions d'un périple souvent périlleux que des guides à l'usage des pèlerins futurs ou même de ceux qui, ne pouvant tout laisser derrière

---

[186] *Liber des Miraculis*, dans *PL*, CLXXXIX, 991, cf. 1Cor, XV, 17.

[187] C'est le cas du Bourguinon Lébaut qui, succombant à la beauté des lieux, demande en prière à mourir sur place, dans : RAOUL GLABER *Histoires…*, IV 18, p. 254–257. De même Pierre le Vénérable rapporte l'histoire d'un riche chevalier partant pour Jérusalem. Il abandonne tous ses biens à l'abbaye de Cluny et se rend au Saint-Sépulcre pour y mourir et ne pas retomber dans le péché. Il n'est finalement pas exaucé et retourne en France où il devient moine à l'abbaye de Cluny, dans : PIERRE LE VÉNÉRABLE, *Liber de Miraculis*, PL CLXXXIX, 883. Voir, Adrian BREDERO « Jérusalem dans l'Occident médiéval », dans : Pierre GALLAIS, Yves-Jean RIOUX, *Mélanges offerts à René Crozet*, Société d'études médiévales, Poitiers 1966, p. 267.

eux, les emploieront comme fil conducteur de leur propre pèlerinage intérieur. L'étude de ces sources, toutes périodes confondues, permet de cerner trois types de récits[188].

Le premier, les *itineraria*, répond au besoin des pèlerins de connaître les trajets et les routes qu'il devra ou pourra emprunter afin d'arriver à destination. Ces recueils avaient pour fonction principale de donner les grandes étapes du voyage vers Jérusalem, les routes praticables, sans oublier les lieux remarquables et, pour ce qui concerne le terme de la démarche, une description succincte des principaux monuments. Le plus ancien itinéraire conservé de ce genre a été rédigé par un pèlerin bordelais et est daté de 333[189]. Il rapporte ainsi que depuis Bordeaux, il traversa la Narbonnaise et la Provence jusqu'à Milan puis emprunta une voie terrestre via les Balkans jusqu'à Constantinople puis la Bithynie, la Cappadoce, Antioche, la Syrie et enfin la Palestine. Au retour, il reprend un bateau à Constantinople pour rejoindre la Grèce puis l'Italie, Rome et enfin la Gaule. Le récit de la pèlerine Égérie (fin du IV$^e$ siècle)[190], quoique incomplet en ce qui concerne son trajet, est considéré comme appartenant à cette catégorie.

Les récits hagiographiques de pèlerins, *Vitae* ou *Miraculae*, forment le second genre de la littérature de pèlerinage, leur propos étant avant tout de rapporter avec force de détails et d'hyperboles les faits miraculeux du protagoniste pour en souligner la sainteté. Les descriptions de monuments répondent alors le plus souvent à des stéréotypes ou passent au second plan de la narration.

Enfin, aux IX$^e$ et XII$^e$ siècles, les textes juridiques ou ecclésiastiques entourant la pratique du pèlerinage sont d'importantes sources d'informations concernant l'ensemble des éléments constitutifs au départ vers la Terre sainte et au déroulement du pèlerinage (motifs, itinéraires, etc.). L'analyse globale de ces œuvres n'entre pas dans le cadre de l'étude des représentations du Saint-Sépulcre.

---

[188] Jean RICHARD, « Les récits de voyages et de pèlerinages », dans : *Typologie des sources du Moyen Âge occidental*, fascicule 38, Brepols, Turnhout 1981, p. 16–23 ; Édmond-René LABANDE, « Recherches sur les pèlerins dans l'Europe des XI$^e$ et XII$^e$ siècles », dans : *Cahiers de Civilisation Médiévale*, n°2, avril–juin 1958, p. 161–162.

[189] *Itinerarium Burdigalense* dans *Itineraria et alia Geographica*, p. 1–34.

[190] Pierre MARAVAL « Introduction. La partie perdue du voyage » dans : ÉGÉRIE, *Journal de voyage…*, p. 56–117. La partie sur son périple depuis l'Espagne, dont elle est vraisemblablement originaire, jusqu'à Jérusalem est malheureusement aujourd'hui perdue. Maraval arrive cependant à retracer une partie de son itinéraire (p. 56–60).

Cependant, il semble indispensable de déterminer l'environnement général de ces voyages afin d'évaluer la place du tombeau du Christ et la diffusion de ses représentations[191].

Ces relations de pèlerinages ne sont pas que de simples récits de voyage. Elles portent en elles-mêmes un acte de piété et de révérence envers les lieux visités, et se situent dans la continuité de la démarche initiale. Elles participent à la dévotion du pèlerin et permettent à d'autres de réaliser, intérieurement et spirituellement, leur propre pérégrination.[192]

En tant que phénomène social, le pèlerinage occupe une place particulière au sein de la société médiévale. Il est une expression des pratiques religieuses où le fidèle rencontre l'élément transcendant dans un lieu définit comme saint, qu'il s'agisse du lieu de sépulture d'un saint ou d'un site rendu célèbre par les miracles qui s'y opèrent. Le pèlerinage est une démarche personnelle qui marque une rupture avec la vie quotidienne, une recherche mystique où le pèlerin, par un chemin tant concret que spirituel, tente de se rapprocher de Dieu et entame avec lui un dialogue transcendantal le confortant dans sa foi.

Tout pèlerinage implique un renoncement et une rupture avec son milieu et son quotidien. Dès son départ, le pèlerin devient un itinérant reconnaissable à son bourdon et sa panetière qui le distingue des autres voyageurs et des simples vagabonds.

Ce phénomène témoigne de la vivacité et de la mobilité de la société médiévale. Le statut spécifique du pèlerin, en marge du temporel mais au cœur du spirituel, a poussé de nombreux hommes et femmes à partir à la rencontre du Christ à Jérusalem. Les croisés eux-mêmes se définissent comme des pèlerins dont la démarche spirituelle vise à libérer les Lieux saints pour les rendre de nouveau accessibles au plus grand nombre. Les chroniqueurs de la première croisade soulignent bien cet aspect. À partir du XIIe siècle, mais surtout au XIIIe, l'évolution de la pensée théologique va modifier le rapport du fidèle au pèlerinage vers Jérusalem.

---

[191] Pour une étude plus complète de ces documents en lien avec le pèlerinage en Terre sainte ; voir, GRABOÏS, *Le pèlerin occidental en Terre sainte...* ; pour une liste de ces sources ; voir, Fernand CABROL, Henri LECLERC, Henri-Irénée MARROU, « Pèlerinage aux Lieux saints », dans : *Dictionnaire d'archéologie chrétienne et de liturgie*, T. XIV, col. 65–176, Paris, 1908–1953.

[192] Jean RICHARD, « La relation de pèlerinage à Jérusalem. Instrument de dévotion », dans : *L'idea di Gerusalemme...*, p. 20–28.

Le pèlerinage est un total don de soi, puisque, devenu itinérant dans une société essentiellement sédentaire, le pèlerin n'offre aucune prise au temps qui rythme la vie sociale ni aux hommes qui la dirigent. Pour cela, le voyageur pieux laisse derrière lui tous ses biens afin d'avoir l'esprit entièrement libre de se consacrer à sa quête spirituelle. Il se place dans un cadre extratemporel où la donnée essentielle sera la souffrance et l'ascétisme qu'il offre à Dieu pour atteindre son objectif. Au-delà de la vision eschatologique, ou du départ en remerciement d'une grâce obtenue, d'une guérison ou pour l'exécution d'un vœu, la démarche de pèlerinage appartient aussi à la catégorie des indulgences et pénitences, qu'il s'agisse d'une décision personnelle ou plus souvent d'une pénitence infligée par l'Église. En raison de l'éloignement de sa destination et des sacrifices qu'il induit, le pèlerinage acquiert dès l'origine cette valeur pénitentielle. Déjà au VIIe siècle, il compte parmi les pénitences canoniques (selon le degré d'éloignement et le but visé)[193]. Le concile d'Arles (1038) institue même que tout chevalier ayant rompu la trêve de Dieu n'a de possible rémission que dans le pèlerinage vers Jérusalem[194].

Le cas du comte d'Anjou, Foulque III Nerra (965/70–1041), est à ce titre intéressant. À plusieurs reprises impliqué dans des assassinats et des guerres locales, il entreprend, sur l'injonction de l'Église, le voyage vers Jérusalem en pénitence, abandonnant derrière lui son pouvoir et ses possessions. En 1002, son premier périple le mène jusqu'au Sépulcre du Christ où, nous dit le chroniqueur, il versa d'abondantes larmes. À son retour, il fonde la grande abbaye de Beaulieu-lès-Loches (1012) et la chapelle du Saint-Sépulcre où il sera inhumé. Il entreprend par la suite pas moins de trois autres pèlerinages de pénitence vers Jérusalem avant de s'éteindre en 1041, à Metz, sur le chemin du retour de son dernier voyage. Son exemple illustre non seulement l'influence du pèlerinage hiérosolymitain, que Foulque Nerra n'hésite pas à entreprendre par trois fois peut-être même quatre, et ce malgré la distance et les dangers de la route[195], mais

---

[193] Sur la pénitence et l'indulgence voir, Jean RICHARD « L'indulgence de croisade et le pèlerinage en Terre sainte » dans *Il concilio di Piacenza e le Crociate*, Plaisance 1996, p. 213–223 ; Philipp ENDMANN « Die Entstehung des Ablasses für den Ersten Kreuzzug », dans *Concilium Medii Aevi*, 6 (2003), p. 163–194.

[194] PONTAL *Les conciles de la France…*, p. 128 et 132.

[195] Bernard S. BRACHRACH « The Pilgrimage of Fulk Nerra, Count of the Angevins, 987–1040 » dans : Thomas F. - X. NOBLE, John J. CONTRENI *Religion, Culture and Society in the Early Middle Ages – Studies in Honour of Richard E. Sullivan*, Kalamazoo 1987, p. 205–217.

aussi l'attrait qu'exerce le tombeau du Christ auprès des occidentaux. Il reste cependant un exemple relativement rare de pèlerinages multiples vers Jérusalem[196].

Si la pratique du pèlerinage à Jérusalem perdure pendant les siècles suivants, d'autres formes de spiritualité se développent aussi. On en viendra, au cours du Moyen Âge, à considérer le pèlerinage avant tout comme un état d'esprit pouvant exister au-delà de la distance géographique à parcourir, une pérégrination spirituelle. À partir du XIV$^e$ siècle, le principe des « pèlerinages de l'esprit », méditations spirituelles sur les épisodes bibliques et la vie du Christ, se développent[197].

## De l'Appel de Clermont

La prise de Jérusalem le 15 juillet 1099 par les croisés, aboutit à la création du Royaume latin (ou États latins) dont Jérusalem restera la capitale jusqu'à la victoire des troupes de Saladin à Hattin en 1187. Cette première expédition armée vers la Terre sainte est spirituellement et symboliquement proche du pèlerinage hiérosolymitain[198].

Dans le pèlerinage à Jérusalem, premier et plus important de tous les grands pèlerinages occidentaux, ce sont les *locae sanctae*[199] de la prédication, de la Passion et de la Résurrection du Christ qui attirent les foules et bénéficient d'un statut particulier dans la pensée chrétienne médiévale. C'est pour saisir tout le mystère de l'Incarnation et de la vie du Christ, ainsi que la portée de l'annonce du Salut promis, que le pèlerin doit se rendre sur les lieux de son passage terrestre. Au terme de cette démarche, le Saint-Sépulcre représente l'ultime destination de ce pèlerinage *ad limina*. La rotonde est ainsi la métonymie par laquelle toute la ville est définie[200]. Conjurant seigneurs et croyants à

---

[196] Selon le rédacteur de sa *Vita*, l'évêque de Constance, Conrad, a aussi été trois fois en pèlerinage à Jérusalem au cours du X$^e$ siècle. Voir, Untermann, *Der Zentralbau im Mittelalter…*, p. 58–59.

[197] Morris, *The Sepulchre of Christ…*, p. 245–253.

[198] Les historiens des croisades s'accordent tous à reconnaître à cette première croisade un caractère de pèlerinage procédant des mêmes données socio-culturelles et des mêmes motivations religieuses. Pour une présentation des sources de la croisade ; voir, Jean Richard, « Les croisades et les sources occidentales », dans : Rey Delqué, *Les croisades. L'Orient et l'Occident …*, p. 39–47. Dans le cadre de cette étude, et sans pour autant remettre en cause les nombreuses recherches récentes sur le sujet, seul l'aspect religieux et le contenu spirituel de la croisade seront analysés.

[199] Il est difficile de déterminer quand exactement apparaît pour la première fois le terme de *loca sancta* pour désigner la Judée et Jérusalem. Il semble que la plus ancienne mention connue soit due à Constantin dans une lettre à l'évêque de Jérusalem en 325 à propos de la construction des grandes basiliques. Cf. Eusèbe de Césarée *Vita Constantini*, livre III, xxx.

[200] Sylvia Schein, « Jérusalem, objectif originel de la Première croisade ? », dans : Balard, *Autour de la première croisade…* p. 119–126.

délivrer le Sépulcre du Christ et par extension la ville, Urbain II lança le mouvement de la première croisade au concile de Clermont en 1095, soulignant une fois encore la place majeure tenue par le tombeau du Christ dans la spiritualité du début du Moyen Âge[201]. De par l'incarnation même du Christ, la Terre sainte dans son ensemble et le Saint-Sépulcre en particulier ont acquis leur statut privilégié.

La croisade de Pierre l'Ermite, qui précède de seulement quelques mois celle des seigneurs et des chevaliers, tend à prouver que les pèlerins, toutes catégories sociales confondues, furent les premiers à répondre massivement à l'appel d'Urbain II. Ce mouvement populaire est avant tout un pèlerinage, jusque dans ses débordements qui participent, dans une certaine mesure, au processus mis en œuvre de restauration de l'Église du Christ[202].

L'exhortation papale ne nous est pas parvenue de façon directe. Elle ne nous est connue qu'à travers les chroniques de croisade et les chansons de geste où elle fait office d'introduction[203]. Postérieur d'au moins quelques années à l'évènement, l'ensemble des versions à notre disposition en a malgré tout conservé la teneur[204]. Les nombreux chercheurs s'étant intéressés à la question de la croisade ont relevé que les raisons de l'appel de Clermont ont essentiellement été politiques à l'origine. Si l'on se fie au récit de Foucher de Chartres[205], à qui l'on doit une chronique de la croisade et que l'on sait présent à Clermont en 1095, le pape débuta par un compte-rendu sur les désordres et violences dont souffraient les chrétiens d'Orient, puis sur la destruction et l'état général des grandes églises constantiniennes. Ensuite, comme remède à ces maux, le pape en appelle à la guerre sainte, à la guerre de reconquête de la terre du Christ.

---

[201] Le discours même d'Urbain II ne nous est pas directement parvenu. Cependant, plusieurs relations de croisade s'en font l'écho, le retranscrivant plus ou moins intégralement. La comparaison de ces différents textes nous permet de nous faire une idée sur la teneur du discours qui visait notamment à détourner les seigneurs de leurs conflits locaux. Cf. Michel BALARD *Autour de la première Croisade. Actes du colloque de la Society for the Study of the Crusades and the Latin East*, Paris 1996 ; ID., *Le Concile de Clermont de 1095 et l'appel à la Croisade*, Rome 1997 ; Alain DEMURGER, « L'idée de Croisade », dans : *Croisades et croisés au Moyen Âge*, Paris 2006, p. 15–40.

[202] Les massacres perpétrés sur les diasporas juives d'Europe centrale s'expliquent par cette volonté des « pèlerins » de punir ceux considérés comme déicides et responsables de la mort du Christ.

[203] Comme par exemple dans la *Chanson d'Antioche* ou la *Conquête de Jérusalem*.

[204] BREDERO, « Jérusalem dans… », dans : *Mélanges offerts à René Crozet…*, p. 259.

[205] FOUCHER DE CHARTRES, *Historia Hierosolymitana*, dans : *RCH*, t. 3, I, 1–3, p. 321–324.

Tous les auteurs s'accordent sur cet élément[206]. Il s'agissait pour lui, non seulement de rappeler la chrétienté occidentale à son devoir envers les lieux de l'enseignement du Christ, mais aussi de canaliser les velléités belliqueuses de certains seigneurs responsables d'une insécurité grandissante et ainsi de porter le conflit sur un terrain plus lointain, répondant à une cause plus grande que la seule recherche de pouvoir personnel. Il est certain que ceux qui se chargèrent de diffuser, par écrit ou par oral, le discours d'Urbain II, insistèrent bien plus sur l'idée de délivrance d'une Terre sainte maintenue sous le joug musulman et passèrent sous silence les données politiques entourant la mise en œuvre de la réforme grégorienne et de la Paix de Dieu afin de susciter une plus large adhésion[207].

Ce message trouve un large écho à travers toute l'Europe. Relayé et agrémenté du récit des destructions des églises de Jérusalem et en particulier de celle du Saint-Sépulcre en 1009[208], il suscite rapidement l'intérêt des foules. Le rapprochement avec la cité sainte amena même à réinterpréter l'occupation musulmane comme l'image du règne de l'Antéchrist, permettant de réaffirmer le besoin d'un nouveau peuple élu appelé à libérer Jérusalem[209]. Historien écrivant d'après des sources sans s'être rendu sur place, Guibert de Nogent a voulu, dans sa *Gesta Dei per Francos*, développer les raisons théologiques et eschatologiques ayant conduit à ce pèlerinage armé. Il en trouve un bel exemple dans le récit de Raymond d'Aguilers qui compare Adhémar de Monteil et Raymond de Saint-Gilles à Moïse et Aaron menant le peuple d'Égypte vers la Terre

---

[206] Dana C. MUNRO, « The Speech of Pope Urbain II at Clermont, 1095 », dans : *American Historical Review*, t. XI (1905), p. 231–242. L'auteur ne tient pas compte dans son étude de la *Gesta francorum* anonyme.

[207] Chez Guibert de Nogent le discours se divise en trois parties : une exaltation de la cité comme lieu de la Rédemption ; un appel aux chevaliers à cesser leurs querelles intestines et à s'unir pour délivrer la ville ; un accent porté sur la croisade vue comme un moyen de rassemblement entre chrétiens d'Orient et d'Occident et ainsi préparer la seconde venue du Christ. GUIBERT DE NOGENT, *La geste de Dieu par les Francs*, introduction et notes par Monique-Cécile GARAND, Brepols, Turnhout 1998, Livre II, 4, p. 78–83.

[208] Baudri de Bourgueil par exemple revient plus largement sur ces destructions qu'il place comme élément principal de l'argumentation en faveur du départ en croisade. Voir BAUDRI DE BOURGUEIL, *Historia Ierosolimitana*, dans : *RHC*, t. 4 p. 13.

[209] DUPRONT, *Du sacré...*, p. 288–296. Dans ce chapitre, Dupront revient sur la composante eschatologique de la croisade, soulignant le lien avec l'Apocalypse et le règne de l'Antéchrist. André VAUCHEZ, « Les composantes eschatologiques de l'idée de croisade », dans : *Le Concile de Clermont de 1095 et l'appel à la Croisade*, Collection de l'École Française de Rome – 236, Publication de l'École Française de Rome, Rome 1997, p. 233–243.

promise[210]. Le cri de ralliement des croisés, *Deus le volt*, démontre, s'il le faut encore, le contenu eschatologique revendiqué par les participants eux-mêmes qui se placent sous la volonté directe de Dieu[211] à l'instar de Constantin se plaçant sous la bannière du Christ et vainqueur au pont de Milvius.

Les éléments religieux de la croisade sont récurrents dans les sources. Le rapprochement entre pèlerin et croisé n'est jamais directement évoqué mais reste implicitement admis si l'on regarde les préparatifs et la liturgie entourant le départ en croisade[212]. Tout comme les pèlerins, les candidats déclarés à la croisade ont l'obligation au moment de leur vœu de se purifier le corps et l'âme avant de recevoir leur insigne : une croix[213]. Celle-ci était déjà l'emblème choisi par les pèlerins du XIe siècle pour caractériser leur destination : le lieu de la Passion et de la Résurrection du Christ. Réemployant ce symbole, les croisés se placent naturellement dans la lignée des pèlerins les ayant précédés en Terre sainte. De même, les nombreuses épreuves que connaissent ces *Milites Christi* sur leur route vers Jérusalem ne sont pas sans rappeler l'ascèse du chemin de pèlerinage. La croisade bénéficie aussi d'indulgences pénitentielles plénières accordées par le pape, la libération des Lieux saints étant considérée comme une œuvre expiatoire[214] au même titre que le pèlerinage. Tout comme le pèlerin, le croisé passe par les sanctuaires des grands saints sur son chemin, où il participe aux jeûnes et aux prières du temps. Enfin, à l'image des rois Maccabées de l'Ancien Testament, il s'en remet totalement à Dieu pour sa victoire. Après la prise de la ville et le couronnement de Godefroi de Bouillon en tant que protecteur du Saint-Sépulcre, la majorité des croisés ont choisi de ne pas rester sur place mais s'en sont retournés en Occident, leur vœu accompli.

---

[210] RAYMOND D'AGUILERS, *Historia francorum qui ceperunt Hierusalem*, dans : RHC, t. 3, p. 301 ; RAYMOND D'AGUILERS, *Histoire des Francs qui prirent Jérusalem*, Perséides, Rennes 2006, p. 167.

[211] Benoît LACROIX, « *Deus le volt !* La théologie d'un cri », dans : *Études de civilisation médiévale (IXe–XIIe siècles). Mélanges offerts à E.-R. Labande*, C.E.S.C.M., Poitiers 1974, p. 461–470.

[212] DEMURGER, *Croisades et Croisés…*, p. 61–63.

[213] DEMURGER, *Croisades et Croisés…*, p. 71–73. La remise de la croix se fait de façon solennelle au cours d'une cérémonie religieuse pendant laquelle le futur croisé reçoit la bénédiction.

[214] ENDMANN « Die Entstehung des Ablasses … », *op. cit.*, p. 163–194.

La signification centrale du Saint-Sépulcre dans la Croisade semble être tout aussi évidente pour des personnes extérieures aux Francs, notamment les communautés et diasporas juives, qui soulignent la place du Sépulcre du Christ comme but ultime de ce « pèlerinage »[215].

La chute de Jérusalem[216] est considérée comme une œuvre divine, les contemporains ne manquant pas de souligner le caractère hautement improbable de l'épopée. Ils ne peuvent que s'étonner du succès de cette longue marche depuis l'Occident, menée par aucun roi ou empereur, mais seulement par des seigneurs locaux et des évêques s'étant directement mis sous la protection divine[217]. C'est à cette protection et à l'acte de foi qu'elle représente que les chroniqueurs attribuent la victoire finale et l'instauration d'une royauté chrétienne.

De même, la perte de la ville aux mains de Saladin après la bataille d'Hattin en 1187 est-elle, dans son interprétation eschatologique, une suite logique de l'inconséquence des hommes qui, se livrant à des luttes intestines de pouvoir, ne peuvent plus bénéficier de la protection divine et donc emporter la victoire. Cette interprétation reprend celle développée dans la vision d'Ézéchiel qui voit, dans la destruction du Temple et l'exil à Babylone, un juste châtiment contre les hommes s'étant détournés de Dieu et des bonnes pratiques de la foi au profit des éléments matériels par essence périssables[218].

La *Gesta Francorum*[219], qui reste l'une des principales sources concernant le déroulement de la croisade[220], décrit l'état d'esprit des troupes franques lors de la prise de

---

[215] Shlomo EIDELBERG, *The Jews and the Crusaders : the Hebrew chronicles of the First and Second Crusades*, University of Wisconsin Press, Madison 1977 ; Robert CHAZAN, « Jerusalem as Christian Symbol during the First Crusade : Jewish Awarness and Response », dans : Lee L. LEVINE, *Jerusalem : its Sanctity and Centrality to Judaism, Christianity and Islam*, Continuum, New York 1999, p. 382–392.

[216] Pour le récit de la prise de la ville, voir, René GROUSSET, *Histoire des croisades. I. 1085–1130, l'anarchie musulmane*, Tempus Perrin, Paris 2066, p. 218–223 ; Jacques HEERS, *La première croisade. Libérer Jérusalem, 1095–1107*, Tempus Perrin, 2002, p. 211–227.

[217] C'est cette idée que développe Guibert de Nogent dans son histoire de la première croisade. Le titre même de son œuvre, *Gesta Dei per Francos* ou « Geste de Dieu par les Francs », insiste sur le fait que l'armée franque n'est qu'un outil entre les mains de Dieu qui, à travers elle, reprend possession de la Terre sainte. L'ensemble de son discours théologique est ainsi construit autour de cette idée. Voir, GARAND, « Introduction. Le traitement du sujet », dans : GUIBERT DE NOGENT, *La geste de Dieu …*, p. 21–32.

[218] Ez, v, 5–17 et ix, 8–11.

[219] *Chronique anonyme de la première croisade*, traduit et présenté par Aude Matignon, Arlea, Paris 1992.

[220] Guibert se sert très largement de son témoignage pour écrire sa propre Geste.

Jérusalem et du Saint-Sépulcre. Faisant face aux dernières épreuves (faim, soif, défenses musulmanes de la ville, etc.), ils se rendent finalement « joyeux et pleurant de joie » sur le tombeau de Christ pour l'adorer et le vénérer[221].

Au soir du 15 juillet, les seigneurs encore présents[222] se rendent au Saint-Sépulcre pour veiller et prier[223] mettant ainsi un terme à leur pérégrination. Se pose alors la question, à présent que ce « pèlerinage » touche à sa fin (*ad limina*), de la gestion du temporel et du nouveau gouvernement de la ville. S'agira-t-il d'une primauté ecclésiastique ou d'un royaume laïque ? L'aspect spirituel de la croisade se heurte ici à son aspect historique et véritablement temporel. Une fois la ville prise et l'accès au Sépulcre garanti, la Jérusalem croisée s'inscrit dans le monde[224]. C'est finalement le duc de Lorraine, Godefroi de Bouillon, qui est élu par les barons à la tête du nouveau pouvoir franc. Refusant le titre de roi, il prend celui « d'avoué du Saint-Sépulcre » (*ecclesiae Sancti Sepulchri advocatus*)[225], refusant d'exercer une royauté sur le territoire qu'il considère comme appartenant de droit au Christ et se plaçant ainsi sous sa suzeraineté directe. Il meurt un an plus tard, le 18 juillet 1100. C'est son frère Baudouin qui lui succède et prend le titre de premier roi de Jérusalem.

Une des premières actions des nouveaux arrivants fut sans conteste la reconstruction de la ville ruinée par les destructions d'al-Hakim puis celles de la guerre. Une attention particulière fut portée au Saint-Sépulcre lui-même et à l'édicule du tombeau dont les restaurations avaient déjà été entreprises par les Byzantins[226]. L'architecture originale est autant que possible conservée et, comme le souligne Robert Ousterhout, alors con-

---

[221] *Chronique anonyme...*, p. 149. « *Venerunt autem omnes nostri gaudentes et prae nimio gaudio plorantes ad nostri Saluatoris Iesu sepulchrum adorandum, et reddiderunt ei capitale debitum.* ».

[222] Pendant les trois années qu'ont duré la croisade, tous ne sont pas arrivés jusqu'à Jérusalem. Certains sont repartis vers l'Occident et d'autres se sont installés dans les terres nouvellement conquises. Voir, GROUSSET, *1085–1130, l'anarchie musulmane...*, p. 225.

[223] Amnon LINDER, « A New Day, New Joy : the Liberation of Jerusalem on 15 July 1099 », dans : *L'Idea di Gerusalemme...*, p. 46–64.

[224] Au sens ici de séculaire par opposition au spirituel, ce qui modifie d'autant la perception de la ville.

[225] Jonathan RILEY-SMITH, « The Title of Godfrey of Bouillon », dans : *BIHR* 52 (1979), p. 83–86 ; John FRANCE, « The Election and Title of Godfrey of Bouillon », dans : *Canadian Journal of History*, 18 (1983), p. 321–329.

[226] BORG, « Observations on the Historiated Lintel... » p. 25–40 ; ID., « The Holy Sepulchre ... », p. 389–390 ; KENAAN-KEDAR, « Les deux linteaux de l'église... », dans : *Les croisades : Orient et Occident...*, p. 286–290.

sidérée comme relique elle-même[227]. Il est intéressant de noter cette volonté de retrouver et conserver le monument original qui se retrouve comme investi d'une sacralité particulière comme le furent, pour les pèlerins des siècles précédents, les fragments provenant de ce même bâtiment. De même que ces fragments deviennent les reliques majeures au cœur de nouvelles constructions en Occident, de même il semble que les éléments du monument original *in situ* acquièrent eux aussi une quasi fonction de relique. En 1114, le chapitre installé au Saint-Sépulcre adopte la règle de saint Augustin et introduit la liturgie occidentale qui vient encadrer la pratique du pèlerinage[228]. L'ordre antique des chevaliers du Saint-Sépulcre y assure enfin la protection des pèlerins et des Lieux saints[229].

La prise de Jérusalem en 1099 par les croisés a permis la formation ou le renforcement d'un lien encore plus intime entre l'Occident et le Saint-Sépulcre. En vingt-cinq ans, la domination occidentale s'est établie sur l'ensemble de la côte orientale de la Méditerranée avec la création autour de Jérusalem de quatre principautés[230] contrôlées par une aristocratie majoritairement franque ou de culture franque[231]. L'instauration d'un pouvoir latin plus ou moins stable en Orient modifie aussi la perception de Jérusalem en Occident, cette dernière devenant l'un des protagonistes du discours politique de l'Orient et l'enjeu de luttes de pouvoirs au sein même des royautés occidentales qui ne font que renforcer la partition spirituelle de la ville entre cité céleste (lieu de pèlerinage) et cité terrestre (lieu du pouvoir)[232].

---

[227] Robert OUSTERHOUT, « Architecture as Relic and the Construction of Sanctity: the Stones of the Holy Sepulchre », dans : *Journal of the Society of Architectural Historians* 62 (2003), p. 13.

[228] Kaspar ELM, « La liturgie de l'Église latine de Jérusalem au temps des croisades », dans : REY-DELQUÉ, *Les croisades : l'Orient et l'Occident...*, p. 243–245.

[229] Kaspar ELM, « Die Spiritualität der geistlichen Ritterorden des Mittelalters. Forschungstand und Forschungsprobleme », dans : *Militia Christi e Crociata nei secoli XI–XIII*, Vita e Pensiero, Milano 1992 ; Alain DÉMURGER, *Chevaliers du Christ. Les ordres militaires religieux-militaires au Moyen Âge (XIe–XVIe siècles)*, Seuil, Paris 2000.

[230] Comté de Tripoli, Principauté d'Antioche, Seigneurie d'Outre-Jourdain, Comté d'Édesse, dans : GROUSSET, *1085–1130, l'anarchie musulmane...*, cartes p. 864–871.

[231] GROUSSET, *1085–1130, l'anarchie musulmane...*, p. 368–414 et 415–552.

[232] MORRIS, *The Sepulchre of Christ...*, p. 180–181 ; GROUSSET, *1085–1130, l'anarchie musulmane...*, p. 224. Dans ce chapitre Grousset analyse l'implication de la formation d'un royaume latin en Orient en tant qu'entité politique stable suite à la vague militaire et spirituelle que représentait la croisade.

## Du tombeau au Sépulcre, le Saint-Sépulcre figuré

Si les toutes premières iconographies de la Résurrection ont eu tendance à insister sur le triomphe de la Croix, triomphe à la romaine, entouré d'une couronne de laurier rappelant les représentations de *spolia*[233], c'est rapidement le thème de la visite au tombeau par les Saintes Femmes qui est employé pour illustrer les scènes de la Résurrection. L'un des plus anciens exemples connus est encore visible dans le baptistère de l'église de Doura Europos (daté entre 230 et 256, époque de son ensevelissement volontaire)[234]. La fresque est située sur le registre inférieur du mur sud, à proximité immédiate de la piscine vers laquelle les Femmes semblent se diriger au-delà même du tombeau. Portant cierges et coupes d'aromates, les trois Marie s'acheminent vers un grand sarcophage fermé d'un toit en bâtière dont les extrémités sont ornées d'étoiles. On note l'absence de l'Ange et le caractère fermé du tombeau qui contraste avec le récit évangélique. L'aspect allégorique et symbolique de l'image est ici revendiqué et son insertion dans le programme iconographique d'un baptistère manifeste, dès une période ancienne, l'importance de la Résurrection dans le déroulement de ce rite initiatique. Mais ce qui est pour nous le plus frappant est sans aucun doute le fait qu'ici déjà l'iconographie se détache du texte évangélique et passe du tombeau taillé dans le roc à l'image funéraire du sarcophage. Cette substitution du roc par le sarcophage, en dehors de toutes éventuelles considérations exégétiques et symboliques, témoigne d'une volonté d'adapter la scène aux coutumes funéraires alors en cours. Ainsi, le spectateur pouvait aisément identifier la scène funéraire sans pour autant avoir une fine connaissance des textes bibliques. Entre les IV$^e$ et XII$^e$ siècles ce type de figuration, dite « à sarcophage », continue d'être largement employé dans les scènes de la Mort et de la Résurrection. Si ce parti s'explique par un désir de faciliter l'accès et la compréhension de l'épisode représenté, c'est tout de même cette liberté iconographique – mêlant éléments issus du récit évangélique, interprétations exégétiques et adaptation de ces deux ensembles à un discours graphique – qui permettra le développement de toute une iconographie de la mise au tombeau et de la Résurrection employant aussi bien la représentation, dans un premier temps, d'un simple sarcophage que, par la suite, celle d'une forme architecturale plus complexe.

---

[233] André GRABAR, *Les voies de la création en iconographie chrétienne*, Champs Flammarion, Paris 1994, p. 213–214.

[234] André GRABAR, « Les fresques des Saintes Femmes au tombeau à Doura », dans *Cahiers archéologiques*, VIII (1956), p. 9–26 ; ID., *Les voies de la création...*, p. 40–44 et 212.

La construction d'un grand complexe ecclésial à Jérusalem a bien entendu une incidence sur les représentations iconographiques. La figure de la rotonde de l'Anastasis apparaît rapidement comme le modèle de représentation de la Sépulture du Christ et des scènes de la Résurrection, sur tous *media* et dans différents contextes. Il convient ainsi d'analyser et déterminer ces différents usages pour comprendre l'importance de la figure du Saint-Sépulcre et son emploi symbolique.

## *Figurations topographiques*

La création des États latins de Jérusalem s'accompagne de la mise en place d'une administration qui emploie des éléments signifiant pour s'identifier. Les sceaux des rois latins de Jérusalem, tel que celui de Baudouin III (1143–1162) conservé au Cabinet des Médailles la Bibliothèque nationale de France[235], reprennent les trois principaux monuments de la ville : le *Templum Domini* (Dôme du Rocher), la tour de David et le Saint-Sépulcre. Ce dernier, constitué de trois niveaux à ressauts, est couvert d'une coupole tronconique surmontée d'une large croix. Le premier niveau bas correspond aux arcades du rez-de-chaussée, le second à la galerie supérieure et le troisième à la galerie faisant office de tambour à la coupole. En stylisant ainsi l'image de l'Anastasis, ce type de sceau a figé une forme de représentation en plan et en coupe qui a perduré pendant toute l'existence du royaume latin de Jérusalem.

L'installation d'un chapitre canonial au Saint-Sépulcre au XIIe siècle entraîne aussi la création d'un sceau spécifique favorisant la diffusion d'une image unique de la Rotonde jusqu'en Occident[236]. Contrairement au sceau royal, l'attention est ici unique-

---

[235] Ce sceau est de plus un rare exemple présentant les dispositions générales de l'Anastasis à l'époque romane et au début de la domination franque en Palestine. Symboliquement, l'alliance des deux dômes de Jérusalem autour de la Tour de David, porte principale de la ville par laquelle les croisés pénétrèrent dans Jérusalem, témoigne aussi de l'importance de la pensée exégétique entourant le Saint-Sépulcre dans la construction du discours politique des États latins de Jérusalem, symbolique encore renforcée par la légende entourant le sceau « +Civitas Regis Regium Omnium » (Cité du Roi des Rois). Voir, BONNERY, MENTRÉ, HIDRIO, *Jérusalem, symboles et représentations…*, p. 169–171 ; Jules FORMIGÉ, « un plan du Saint-Sépulcre découvert à la basilique Saint-Denis », dans : *Monuments et Mémoires Piot*, t. XLVIII (1954), fasc. 1, p. 107–130, fig. 2 ; Mélchior de VOGÜE, *Les églises de la Terre sainte*, V. Didron, Paris 1860, p. 454.

[236] Voir le dessin de VOGÜE, *Les églises de la Terre sainte*, p. 184–185 et BONNERY, MENTRÉ, HIDRIO, *Jérusalem, symboles et représentations…*, p. 169–171.

ment concentrée sur l'église de la Résurrection vue en coupe et élévation[237] et offrant au regard, au centre, l'édicule du tombeau. L'édicule lui-même, reprenant les formes des reliquaires à coupole[238], est partiellement figuré en coupe afin de laisser apparaître l'unique lampe éclairant le sarcophage vide. Image stylisée, ce sceau offre lui aussi un aperçu de l'état et de l'agencement du sépulcre au début du XII$^e$ siècle. L'utilisation de la rotonde de l'Anastasis dans la sigillographie hiérosolymitaine démontre l'importance du monument dans la pensée médiévale.

L'Anastasis, image de la Jérusalem terrestre
(cartes et plans)
La centralité théologique de Jérusalem est une donnée reconnue par les Pères et la pensée exégétique qui connaît une traduction visuelle faisant de la ville et de son symbole, le Saint-Sépulcre, le centre géographique et spirituel du monde. À cette centralité de Jérusalem dans l'exégèse et l'interprétation biblique s'oppose sa situation géographique réelle en « périphérie » du monde occidental. Ces deux aspects sont cependant indissociables. Si Jérusalem, céleste aussi bien que terrestre, est au cœur des interrogations de la foi, sa situation excentrée par rapport au monde occidental chrétien participe à sa valeur. Elle est ce que l'on pourrait définir comme un point externe de convergence, une périphérie de la géographie réelle mais le centre absolu de la géographie sacrée. Cette dualité est sensible dans la cartographie du début du Moyen Âge qui, dans un même ensemble, mêle éléments provenant du réel (récoltés *in situ*, d'après le témoignage de voyageurs, etc.) et réinterprétation symbolique.

---

[237] La rotonde de l'Anastasis est figurée, en coupe, par trois arcades en plein cintre reposant sur des colonnes, celle du centre plus large que les deux latérales, permettant ainsi de déterminer l'espace central et le déambulatoire. Cette partition de l'espace paraît encore être renforcée par la figuration de la coupole tronconique s'achevant par un opaïon ouvert dominant l'ensemble de la composition à l'aplomb de la travée principale.

[238] S'il est difficile de déterminer avec certitude le plan adopté par l'édicule, il paraît tout de même être à rapprocher des reliquaires à coupole conservés à Londres (Victoria and Albert Museum) et Berlin (Kunstgewerbemuseum) et datés de la fin du XII$^e$ siècle et du tout début du XIII$^e$ siècle. Voir, Dietrich KÖTZSCHE, Lothar LAMBACH, *Höhepunkte romanischer Schatzkunst : die Kuppelreliquiare in London und Berlin und ihr Umkreis*, Staatliche Museen zu Berlin Preussischer Kulturbesitz, Berlin 2006.

La plus ancienne carte de la Terre sainte encore connue est une mosaïque de pavement de l'église byzantine de Madaba, en Transjordanie, datée du VIe siècle[239]. La mosaïque reprend un fond de carte des routes antiques, détaillant les routes commerciales reliant la Syrie à l'Égypte qu'elle adapte à la composition d'une carte générale de la Méditerranée où l'on retrouve, légendé en grec, le nom des localités et lieux saints du pourtour méditerranéen[240]. Mais c'est le centre de la carte qui retient notre attention et permet d'illustrer déjà très tôt l'interprétation de Jérusalem comme *Umbilicus Mundi*. En effet, la ville est figurée au centre de la composition, point de convergence des routes mais surtout des divers Lieux saints reportés et dont la présence ne paraît avoir de valeur que dans le cheminement qu'ils représentent vers Jérusalem. Ainsi, à travers cette position centrale, Jérusalem revendique non seulement son statut de centre du monde habité mais aussi celui de centre du monde spirituel. Malgré une idéalisation topographique des formes, la ville est parfaitement identifiée par l'inscription qui l'accompagne et la présence du complexe du Saint-Sépulcre. La forme ovale qui lui est ici attribuée ne correspond pas à la réalité de la ville, elle reprend l'image stéréotypée des grandes villes de l'Antiquité avec ses rues à colonnes se coupant à angles droits. Mais l'artiste n'est pas soucieux du réalisme, il préfère employer des éléments métonymiques allégeant et clarifiant la composition allégorique. Et c'est avec la figure du complexe constantinien du Martyrium, et en particulier la rotonde de l'Anastasis, que Jérusalem peut être caractérisée. Le Saint-Sépulcre est vu en enfilade, d'est en ouest, depuis les quatre gran-

---

[239] La mosaïque de Madaba sert aujourd'hui encore de pavement à l'église orthodoxe Saint Georges. Construite en 1890 sur les restes d'une église byzantine datée de la fin du VIe ou du tout début du VIIe siècle, le nouvel édifice a précieusement conservé ce vestige unique de mosaïque post justinienne. Quoique maintenant incomplète, la mosaïque originale s'étendait sur une surface de 94 m² (25 m² conservés) et figurait une carte du monde méditerranéen s'ordonnant autour de la ville de Jérusalem. Pour une analyse plus approfondie voir, Eugenio ALLIATA, Michele PICCIRILLO (éd.), *The Madaba Map Centenary 1897–1997 travelling through the Byzantine Umayyad Period: Proceedings of the International Conference held in Amman, 7–9 April 1997*, Franciscan Printing Press, Collectio maior (Studium Biblicum Franciscanum) 40, Jérusalem 1999 ; Félix-Marie ABEL, *La carte mosaïque de Madaba. Découverte importante 1897*, Maison de la Bonne Presse, Paris 1897 ; Anne MICHEL, *Les églises d'époque byzantine et umayyade de Jordanie (provinces d'arabie et de Palestine) V[e]–VIIIe siècles : typologie architecturale et aménagements liturgiques*, Brepols, Turnhout 2001 ; PICCIRILLO, *Madaba : le chiese …* ; Tsafra SIEW, *Representations of Jerusalem in Christian European maps from the 6th to the 16th Centuries: a comparative tool for reading the message of a map in it cultural context*, European Forum at the Hebrew University, Center for the Study of Italian Culture: Corinaldi Fund, Jerusalem 2008, p. 10.

[240] Du Sinaï à Jérusalem.

des marches reliant le complexe au *Cardo Maximus* à colonnade, puis le petit *atrium* extérieur et les trois portes de façade du Martyrium. Le toit en bâtière de la basilique conduit ensuite le regard jusqu'à la coupole de l'Anastasis qui domine l'ensemble la ville. Basilique et Rotonde paraissent ici contractées en un seul édifice[241] tandis que les autres monuments de Jérusalem, et en particulier le Temple à l'opposé, ne sont guère identifiables[242].

Les représentations cartographiques de Jérusalem tendent par la suite à se raréfier au profit d'autres types de représentations sur lesquelles nous reviendrons plus tard, avant de redevenir l'objet d'une attention particulière avec le développement des croisades. En effet émerge, avec la littérature de croisade, une nouvelle cartographie de Jérusalem dont le but est aussi de souligner le caractère profondément central de la Cité, de l'*Umbilicus Mundi* spirituel et géographique de la ville récemment reconquise (juillet 1099).

À partir des années 1120–1130, Jérusalem devient, sur les mappemondes, le centre de convergence des trois parties de la Terre attribuées aux trois fils de Noé : l'Asie à l'est, l'Afrique au midi, l'Europe au nord et à l'ouest. Hugues de Saint-Victor[243], au XIIe siècle, rédige, à la suite de son *De Arca Noe Mystica*, un *Libellus de formatione arche* où il décrit précisément la façon de dresser une mappemonde[244]. Dans une représentation du cosmos comme création divine, il place l'arche de Noé (abondamment décrite) et les terres habitées, figurées dans une ellipse divisée autour de trois pôles : Babylone au nord, l'Égypte au sud, et enfin Jérusalem au centre, *Umbilicus Mundi*,

---

[241] Le grand *atrium* séparant la basilique et la rotonde et abritant la chapelle du Golgotha n'est pas visible ici, sauf à interpréter l'espace (noir) précédant le dessin de la coupole comme une tentative de l'artiste de faire figurer l'*atrium ante Crucem* dans la composition.

[242] Des interprétations et des identifications des autres monuments ont été tentées mais ces essais se sont révélés peu probants. Dans : BONNERY, MENTRÉ, HIDRIO, *Jérusalem, symboles et représentations...*, p. 152 ; Asher OVADIA, « The Churches of Jerusalem », dans : ALLIATA, PICCIRILLO (éd.), *The Madaba Map* .., p. 252–254 ; Yoram TZAFIR, « The Holy City of Jerusalem in the Madaba Map », dans : ALLIATA, PICCIRILLO, *The Madaba Map...*, p. 155–163.

[243] Hugues de Saint-Victor (1096–1141), élu à la tête de l'école victorine en 1133, où il put développer son intérêt pour la Patristique et l'exégèse carolingienne (Raban Maur, Alcuin, Jean Scot Érigène…). Sous son abbatiat, Saint-Victor attira de nombreux étudiants intéressés par son approche de la philosophie et de la scolastique. Voir, Mary CARRUTHERS, *Machina Memorialis. Méditation, rhétorique et fabrication des images au Moyen Âge*, Gallimard, Paris 1998, p. 305–308.

[244] HUGUES DE SAINT-VICTOR, *Libellus de formatione arche*, traduction de Danielle LECOQ, d'après : *PL* 176, col. 700 à 702 et Patrice SICARD (éd.), *De Archa Noe Mystica, Libellus de formatione arche*, Brepols, Turnhout 2001, p. 157–161.

entre le commencement du monde et sa fin, lieu de l'Incarnation et de la Résurrection[245]. Il propose ainsi une représentation totale du monde, dans l'espace et dans le temps : depuis Babylone, la ville déchue d'Augustin, la cité de l'exil et des idolâtres jusqu'à l'Égypte, mère des arts (et de la géométrie), via la Grèce et Rome, témoin de la loi naturelle, et étape nécessaire avant la traversée du désert et l'accès à la grâce de la Terre promise. En définitive, Hugues de Saint-Victor propose une lecture initiatique du monde et une ascension progressive de ses divers aspects à travers, notamment, la place de Jérusalem, centre du monde, qui paraît transcender ces différents niveaux de lecture et servir de guide au lecteur dans sa découverte et sa compréhension du monde.

Par la suite, les *mappae mundi* qui se développent au cours du XII<sup>e</sup> siècle, sont profondément marquées par cette vision universaliste de la cartographie et le caractère central de Jérusalem, vue comme un espace aussi bien temporel (réel) que spirituel. En effet, elles ont pour ambition de figurer le monde, d'un côté, en tant que lieu du déroulement de l'histoire humaine dans sa globalité et, de l'autre, comme somme des connaissances théologiques depuis la Création et dont Jérusalem est le point focal, l'*Omphalos Mundi*[246].

Après la conquête de Jérusalem en 1099, la ville connaît un renouveau certain des pèlerinages, les fidèles venant de plus en plus nombreux adorer les Lieux saints placés sous l'autorité des chrétiens. En marge des nombreuses descriptions écrites et orales (récit de croisés ou de pèlerins), des cartes apparaissent pour illustrer les manuscrits. Ces cartes s'accompagnent généralement d'inscriptions permettant l'identification des villes représentées et des monuments représentés.

Si l'on regarde les plans de Jérusalem effectués à cette période, on note une forme d'uniformisation des représentations de la ville reprenant un ensemble de motifs communs dont le plus prégnant est l'emploi du plan circulaire[247] orienté et divisé selon le schéma classique des parties du monde des *mappae mundi* et obéissant aux

---

[245] Danielle Lecoq, « La "mappemonde" du *De Arca Noe Mystica* de Hugues de Saint-Victor (1128–1129) », dans : Monique Pelletier (éd.), *Géographie du monde au Moyen Âge et à la Renaissance*, coll. Mémoire de la Section de géographie 15, édition du C.T.H.S., Paris 1979, p. 9–31.

[246] Carruthers, *Machina Memorialis*..., p. 59–63 et 291–298.

[247] Milka Levy-Rubin, « The Crusader Maps of Jerusalem », dans : Silvia Rozenberg (éd.), *Knights of the Holy Land. The Crusader Kingdom of Jerusalem*, Israël Museum, Jerusalem 1999, p. 230–237. Sur quatorze cartes étudiées, il dénombre onze emplois du plan circulaire et seulement trois autres formes quadrangulaires.

mêmes constructions symboliques. Les remparts sont percés de cinq portes dont une, au nord-ouest est murée[248]. Dans la partie inférieure de la composition, deux routes divergentes partent de la porte de David (ouest) et rejoignent, pour la première, au sud, Bethléem, et la seconde, au nord, le *Mons Gaudii* (montagne de la Joie), du nom du point de vue où les croisés aperçurent pour la première fois Jérusalem. La ville et ses environs sont caractérisés par un certain nombre de sites, identifiés par une inscription, tous liés à des évènements de la vie et de la Passion du Christ, et qui, en raison même de leur importance spirituelle, sont des étapes pour les pèlerins en route vers Jérusalem. On trouve la mention, encadrant les murailles de Jérusalem, de la montagne où le Christ aurait été tenté par le Diable, de l'église de l'Ascension, de la vallée de Josaphat et du tombeau de la Vierge, etc. À l'intérieur de la cité sainte, le *Cardo* et le *Decumanus* se croisent à angle droit et divisent la ville où le Saint-Sépulcre est conventionnellement figuré, dans la partie inférieure gauche, par un cercle ou un édifice timbré d'une ou plusieurs croix[249].

Avec l'instauration d'un pouvoir latin en Terre sainte l'image de la ville connaît quelques modifications. Ainsi, rapidement, le Temple de Salomon, reprenant un mode de figuration identique à celui du Saint-Sépulcre (plan circulaire) vient, com-

---

[248] Une légende voulait que ce soit par cette porte que, au jour du Jugement Dernier, le Sauveur pénètrerait dans Jérusalem. Elle se distingue non seulement par l'inscription qui l'accompagne, mais surtout par un jeu de couleurs qui l'isole des autres, et sa taille moindre, la partie externe étant comprise dans la muraille.

[249] L'un des plus anciens exemples connus de ce type est conservé à la Bibliothèque royale Albert Ier de Bruxelles (Ms. 9823, fol 157r). Elle est datée des environs de 1150 et appartient à un collectaire comprenant entre autres une *Genealogia Comitum Bouloniensis*, une *Historia Hierosolymitana* de Robert de Reims et une de Foucher de Chartres, une *Descriptio Hierusalem*… Les différents sanctuaires y sont identifiés par des inscriptions qui non seulement en donnent le nom mais aussi, pour certains, rapportent les traditions bibliques ou apocryphes qui y sont rattachées. Il s'agit du type de figuration de la Jérusalem-monde qui répond avant tout à un ensemble de critères allégoriques et exégétiques. L'emphase est mise sur la place de la ville sainte en tant que *Umbilicus Mundi*, et, à travers elle, sur les principaux sanctuaires de la ville et de ses alentours proches. Élément relativement exceptionnel dans ce type de cartographie, on note ici la figuration de pèlerins, le bourdon à la main, sur les routes reliant les divers édifices et la ville sainte. Patrick GAUTIER-DALCHÉ, « Cartes de Terre sainte, cartes de pèlerins », dans : Massimo OLDONI (éd.), *Fra Roma e Gerusalemm nel Medioevo : paesaggi umani ed ambientali del pellegrinaggio meridionale*, Laveglia, Salerne 2005, p. 573–612 ; J. KLEENER, « La Croisade, le monde juif et les royaumes latins de Jérusalem », dans : *Le temps des croisades. Exposition présentée dans l'église Saint-Mengold à Huy (Belgique) du 15 juin au 29 septembre 1996*, Crédit Communal, Bruxelles 1996, p. 45–55 ; LEVY-RUBIN, « The Crusader Maps of Jerusalem », dans : ROZENBERG, *Knights of the Holy Land…*, p. 230–237 ; MEUWESE, « Representations of Jerusalem on Medieval Maps and Miniatures », p. 139–148 ; *Ornamenta Ecclesiae. Kunst und Künstler der Romanik. Katalog zur Austellung des Schmütgen-Museums in der Josef-Haubrich-Kunsthalle*, Schnütgen-Museum, Cologne 1985, p. 76–77.

me en écho au tombeau du Christ, achever la symétrie de la composition dans la partie supérieure[250]. Le balancement induit par les deux formes similaires est un renvoi au balancement exégétique des deux monuments, témoins de l'Ancienne et de la Nouvelle Alliance, qui semblent trouver leur aboutissement dans cette nouvelle Jérusalem chrétienne. Sur le manuscrit de Saint-Omer[251], daté de la première moitié du XIIe siècle, ou celui de Besançon[252], daté du troisième tiers du XIIe siècle, Temple et Saint-Sépulcre adoptent un même plan circulaire à l'intérieur duquel est inscrit le nom permettant de les distinguer. L'un et l'autre sont situés dans un complexe plus grand et l'un comme l'autre paraissent être placés selon une symétrie parfaite entre l'Ancienne et la Nouvelle Alliance.

Il est plus particulièrement intéressant de noter que ces cartes témoignent, au cours des siècles, de l'inversion des rapports d'interdépendance existant entre les deux édi-

---

[250] Sur les liens existant entre le Temple et le Saint-Sépulcre au cours du XIIe siècle, voir, Robert OUSTERHOUT, « The Temple, the Sepulchre and the *Martyrion* of the Savior », dans : *Gesta*, vol. 29 n°1 (1990), p. 44–53.

[251] Saint-Omer, Bibliothèque d'agglomération, Ms. 776 fol 15v. Le manuscrit provient de l'abbaye de Saint-Bertin (Saint-Omer) et est une *Gesta Francorum Iherusalem expugnatium*, c'est-à-dire une histoire des croisés entre 1095 et 1106, écrite sans doute en 1109 et qui reprend la première partie de la chronique de Foucher de Chartres (1095–1106) avant sa « publication » en 1126. La *Gesta* et le plan se trouvent dans un ensemble d'interactions et d'allusions communes qui laissent penser que le plan daterait lui aussi des années 1106–1109 ce qui en ferait la plus ancienne version. De plus ce plan a dû être établi peu avant ou en même temps que le *Liber Floridus* de Lambert de Saint-Omer (1120) qui reprend des sites de Jérusalem. Cependant la version autographe (Gand, Rijksuniversiteit, Ms. 92) de ce dernier ne comprend aucun plan, ces derniers n'apparaissant que dans les versions postérieures de Leiden (Ms. Voss. Lat. 31, vers 1300) et de Paris (Ms. Lat. 8865, vers 1260). Voir GAUTIER-DALCHÉ, « Cartes de Terre sainte, cartes de pèlerins », dans : OLDONI (éd.), *Fra Roma e Gerusalemm nel Medioevo...*, p. 573–612 ; LEVY-RUBIN, « The Crusader Maps of Jerusalem », dans : ROZENBERG, *Knights of the Holy Land...*, p. 230–237 ; Rudolf SIMEK, « Der Plan von Jerusalem », dans : *Altnordische Kosmographie : Studien und Quellen zu Weltbild und Weltbeschreibung in Norwegen und Island vom 12. bis zum 14. Jahrhundert*, De Gruyter, Berlin 1990, p. 297–315.

[252] Besançon, Bibliothèque municipale, Ms. 0862, fol 22v. Issue d'une *Descriptio Civitatis Hierusalem* (3e tiers du XIIe siècle), les dispositions générales de cette carte sont particulièrement proches de celles de Saint-Omer (voir note 251) ou Bruxelles (voir note 249). On y retrouve les mêmes principes de figuration des édifices ainsi qu'une même disposition des monuments les uns par rapport aux autres. On peut sans doute supposer que les deux cartes sont à peu près contemporaines dans l'exécution et reprennent donc les mêmes critères de schématisation. De plus il est probable qu'elles saient toutes les deux été réalisées dans le nord de la France. Ici l'illustration est avant tout allégorique et exégétique. Elle met en avant le caractère central de Jérusalem et son interprétation en tant que *Umbilicus Mundi*. Voir GAUTIER-DALCHÉ, « Cartes de Terre sainte, cartes de pèlerins », dans : OLDONI (éd.), *Fra Roma e Gerusalemm nel Medioevo...*, p. 573–612 ; LEVY-RUBIN, « The Crusader Maps of Jerusalem », dans : ROZENBERG, *Knights of the Holy Land...*, p. 230–237.

fices[253]. Si le Saint-Sépulcre est, pendant le Haut Moyen Âge et jusqu'au XIIe siècle, l'élément central qui qualifie Jérusalem, il semble perdre de sa prééminence iconographique et symbolique au cours du XIIe siècle. Cette redécouverte de l'importance du Temple passe notamment par la cartographie où l'espace dévolu à sa figuration est largement mis en valeur au détriment de celui du Sépulcre. Déjà le manuscrit de La Haye[254], daté des environs de 1200, montre cet inversement de proportion qui se traduit ici par l'adoption d'une représentation du Temple sous la forme d'une architecture complète tandis que le tombeau du Christ, bien que bénéficiant d'un espace de représentation plus important, est seulement figuré en plan. La prépondérance du *Templum Domini* sur l'Anastasis semble être acquise dans la carte conservée à la bibliothèque universitaire d'Uppsala[255]. Située à la fin des Chroniques des croisades de Robert le Moine, elle appartient au groupe des représentations classiques de la Jérusalem-monde

---

[253] Sylvia SCHEIN, « Between Mount Moriah and the Holy Sepulchre: the Changing Traditions of the Temple Mount in the Central Middle Ages », dans : *Traditio*, 40 (1984), p. 175–195. Quoique s'intéressant principalement à une période plus tardive, l'analyse entreprise permet de voir que les liens unissant Mont du Temple et Saint-Sépulcre et l'importance que chacun des lieux a connu au cours du Moyen Âge, se forgent principalement au moment de la première Croisade et de l'instauration des premiers États latins d'Orient.

[254] La Haye, Bibliothèque Royale, Ms. 65, fol 1r. Vers 1170–1200, psautier avec ajouts postérieurs : enseignements et *Complainte de Jérusalem contre l'Église de Rome* de Huon de Saint-Quentin. Dans le manuscrit de La Haye, la symétrie à l'intérieur de la ville est toujours présente, mais c'est le mode de représentation des deux monuments qui varie. En effet si le Saint-Sépulcre est toujours reconnaissable à son plan circulaire laissant apparaître en son sein le sarcophage vide, le Temple bénéficie quant à lui d'une véritable architecture développée (une tour dans une enceinte, image du Dôme du Rocher identifié au Temple sur le mont Moriah fortifié). L'illustration est ici avant tout allégorique. On peut cependant noter que si tous les autres monuments, tant à l'intérieur qu'à l'extérieur de la ville, sont représentés en élévation, l'Anastasis est le seul figuré en plan. L'espace qui lui est dévolu et cette vision très schématique de l'édifice favorise cette mise en évidence dans la composition générale de la carte. L'imbrication des éléments et la prépondérance du cercle suggèrent une identification directe de la forme avec l'Anastasis. Tout comme dans les autres cartes de ce type, l'insistance est portée sur la valeur religieuse de la rotonde au sein de la ville. GAUTIER-DALCHÉ, « Cartes de Terre sainte, cartes de pèlerins », dans : OLDONI (éd.), *Fra Roma e Gerusalemm nel Medioevo...*, p. 573–612 ; LEVY-RUBIN, « The Crusader Maps of Jerusalem », dans : ROZENBERG, *Knights of the Holy Land...*, p. 230–237 ; MEUWESE, « Representations of Jerusalem on Medieval Maps and Miniatures », p. 139–148 ; *Ornamenta Ecclesiae...*, p. 76–77.

[255] Uppsala (Suède), Universiteitsbibliotek Ms C.691, fol. 39r. Fin du XIIe – début du XIIIe siècle, France, dans *Historia Hierosolymitana* de Robert le Moine. GAUTIER-DALCHÉ, « Cartes de Terre sainte, cartes de pèlerins », dans : OLDONI (éd.), *Fra Roma e Gerusalemm nel Medioevo...*, p. 573–612 ; Milka LEVY-RUBIN, « The Rediscovery of the Uppsala map of Crusader Jerusalem », dans : *Zeitschrift des Deutschen Palästina-Vereins*, 111–2 (1995), p. 162–167 ; LEVY-RUBIN, « The Crusader Maps of Jerusalem », dans : ROZENBERG, *Knights of the Holy Land...*, p. 230–237 ; MEUWESE, « Representations of Jerusalem on Medieval Maps and Miniatures », p. 139–148.

entourée des principaux sites de pèlerinage de Terre sainte mais marque une nouvelle étape de la représentation et traduit le renversement de valeur en cours entre les différents monuments de la ville. Dans la partie inférieure gauche, le *Sepulchrum Domini* est reconnaissable à sa forme mixte mêlant forme architecturale (un ensemble ramassé cantonné de tours et dominé par une haute tour de section carrée surmontée d'une croix) et le plan circulaire développé au premier plan. Mais c'est le Temple (Dôme du Rocher) qui est largement mis en avant, dans la partie supérieure de la ville, dans un médaillon l'isolant du reste de la composition.

Si les architectures et les formes employées pour le Saint-Sépulcre et les autres monuments figurés sont très largement stylisées et répondent à des canons précis devant permettre leur identification (en plus des inscriptions), elles participent malgré tout de la diffusion d'un modèle général et de ce qui est considéré comme les principales caractéristiques du Saint-Sépulcre : plan centré, rotonde, coupole…etc. La stylisation du Saint-Sépulcre, dans les manuscrits de Bruxelles ou Besançon par exemple, n'est pas exempte d'une certaine réalité. En effet, figuré en plan, on y retrouve un double cercle délimitant un espace central à l'intérieur duquel un trilobe timbré d'une croix marque l'emplacement de l'édicule. Cette disposition reprend, plus schématiquement encore, celle visible dans les descriptions du Sépulcre par Arculfe.

En plus de cet ensemble de représentation de la Jérusalem-monde, certains exemples de cartographie de Jérusalem adoptent une iconographie originale. La carte de Cambrai (1140–1170 environ)[256], orientée au nord, est un ensemble exceptionnel qui figure Jérusalem ceinte d'une muraille trapézoïdale et s'accompagne d'une courte description de la ville contemporaine[257]. Contrairement aux *mappae mundi*, la carte de Cambrai tente de reproduire une partie plus ou moins fidèle de la réalité de Jéru-

---

[256] Cambrai, Bibliothèque municipale, Ms 437. Vers 1140–1170, nord de la France, sans doute produit dans la région de Cambrai. Collectaire. Voir, Roberto CASSANELLI, *La Méditerranée des croisades*, Citadelles et Mazenod, Paris 2000, p. 174–194 ; GAUTIER-DALCHÉ, « Cartes de Terre sainte, cartes de pèlerins », dans : OLDONI (éd.), *Fra Roma e Gerusalemm nel Medioevo…*, p. 573–612 ; LEVY-RUBIN, « The Crusader Maps of Jerusalem », dans : ROZENBERG, *Knights of the Holy Land…*, p. 230–237 ; MEUWESE, « Representations of Jerusalem on Medieval Maps and Miniatures », p. 139–148 ; Monique REY-DELQUE (éd.), *Les croisades. L'Orient et l'Occident d'Urbain II à saint Louis, 1096–1270, catalogue de l'exposition présentée aux Jacobins de Toulouse du 16 mai au 1ᵉʳ août 1997*, Electa, Milan 1997, p. 236 ; *Ornamenta Ecclesiae…*, p. 73–74 ; SIEW, *Representations of Jerusalem …*, p. 12–13.
[257] BONNERY, MENTRÉ, HIDRIO, *Jérusalem. Symboles et représentations…*, p. 156–157.

salem dans les années 1140. On y reconnaît le tracé sinueux du *Cardo* et celui du *Decumanus* qui traversent la ville et le long desquels se situent les principaux édifices non seulement religieux mais aussi civils de la ville. Elle rend compte du complexe architectural de l'Anastasis situé sur la *platea Sepulchri*, dans la partie nord-ouest des remparts. Au cœur du complexe, la rotonde du Saint-Sépulcre est encadrée, d'un côté par les chapelles du Golgotha et du Calvaire, cette dernière marquant l'emplacement de la chapelle d'Adam tandis que la première, située au-dessus, marque le lieu de la Crucifixion[258] ; de l'autre, par le campanile et la Basilique des Croisés nouvellement achevés. L'Anastasis proprement dite est reconnaissable à sa coupole reposant sur un arc en plein cintre laissant voir, à l'intérieur, l'édicule du tombeau. L'aspiration à une certaine forme de réalisme sensible dans cette carte n'est peut-être pas sans rapport avec la présence à proximité de l'abbaye du Saint-Sépulcre de Cambrai qui entretenait des liens étroits avec l'édifice hiérosolymitain[259]. Cette volonté de rendu topographique de Jérusalem passe aussi dans l'emploi de certaines titulatures, dont, pour ce qui nous concerne, l'emploi du terme « Anastasis » pour qualifier la rotonde du Saint-Sépulcre, emploi du terme grec qui témoigne sans doute d'une source d'informations locale ou possédant une réelle connaissance des sanctuaires hiérosolymitains. Il est ainsi envisageable de penser que la carte de Cambrai ait été dessinée d'après le témoignage direct d'un ancien croisé ou bien encore d'un pèlerin[260]. L'intérêt de l'image, outre de présenter l'emprise spatiale des sanctuaires hiérosolymitains les uns par rapport aux autres dans un rendu topographique, est de mettre l'accent sur l'église de la Résurrection associée au Calvaire et au Golgotha. Cette insistance sur la réunion des trois édifices

---

[258] LEVY-RUBIN, « The Crusader Maps of Jerusalem », dans : ROZENBERG (éd.), *Knights of the Holy Land.* ..., p. 231 ; MEUWESE, « Representations of Jerusalem on Medieval Maps and Miniatures », p. 142.

[259] Le catalogue de l'exposition de 1985 attribue la réalisation du manuscrit à l'abbaye bénédictine de Saint-André-du-Cateau situé à environ 22 km de Cambrai. Il souligne de plus les relations toujours étroites existantes entre le Saint-Sépulcre de Cambrai et l'Église de Jérusalem. « E. L. Heydenreich vermutete zu Recht die in eine zugehefteten Brief dieses Collectars genannten Grafen d'Alsace als Auftraggeber, zudem legt eine Entstehung in der Hauptrekrutierungsregion des 1. Kreuzzuges (Niederlothringen) wie die Cambraier Hl-Grab Kirche enge Verbindungen nach Jerusalem im gesamten 12. Jahrhundert nahe » dans : *Ornamenta Ecclesiae*..., p. 74.

[260] Le Nord de la France (Flandres, Lotharingie...) s'est très largement mobilisé au cours de la première croisade et de nombreux seigneurs de cette région se sont joints à la première expédition et ont entrepris le voyage de retour de Jérusalem vers l'Occident.

de la Passion, de la Mort et de la Résurrection permet de mettre l'emphase, en un seul point, sur le sacrifice du Christ et la Rédemption qu'il induit.

Une autre carte, datée de la fin du XIIe siècle, retient notre attention et semble procéder de la même interprétation exégétique et eschatologique. Conservé à la bibliothèque universitaire de Montpellier[261], ce plan de Jérusalem et des grands sanctuaires chrétiens de Palestine se distingue des autres par son caractère allégorique et symbolique poussé à l'extrême. C'est un cas particulier dont on ne connaît pas d'autres occurrences directes mais elle peut malgré tout être dans une certaine mesure rapprochée de la carte conservée dans le Codex Harleian 658 (British Library, fol. 39b) datée du XIIIe siècle[262]. Ceints de remparts de plan carré[263], les principaux édifices de Jérusalem et des environs ne bénéficient pas ici d'une représentation architecturale mais sont seulement nommés dans les inscriptions courant le long des murailles. Seuls le Saint-Sépulcre et l'église Sainte-Marie-Latine présentent un traitement spécifique. C'est ici l'édicule seul qui est employé pour figurer l'ensemble du complexe, reprenant une figuration classique en *Turris* ouverte laissant voir les linges pliés et le tombeau vide. L'inscription visible sur le côté désigne le monument comme le *Sepulchrum Domini* au centre duquel se trouve le *Medius Mundi*. La prépondérance accordée à l'église de la Résurrection et à celle de Sainte-Marie-Latine, siège du patriarcat latin de Jérusalem,

---

[261] Montpellier, B.U., section médecine, H142, fol 67v. Vers 1190, provient de l'oratoire de Troyes (fonds de Pithou), appartient à un collectaire contenant notamment un réit de pèlerinage à Compostelle. GAUTIER-DALCHÉ, « Cartes de Terre sainte, cartes de pèlerins », dans : OLDONI (éd.), *Fra Roma e Gerusalemm nel Medioevo...*, p. 573–612 ; LEVY-RUBIN, « The Crusader Maps of Jerusalem », dans : ROZENBERG, *Knights of the Holy Land...*, p. 230–237 ; MEUWESE, « Representations of Jerusalem on Medieval Maps and Miniatures », p. 139–148.

[262] Le Codex Harleian ms. 658, fol 38v se caractérise par une absence totale d'architectures en dehors des seuls remparts parfaitement circulaires. L'ensemble des édifices civils ou religieux est simplement figuré par un cercle à l'intérieur duquel est inscrit son nom, donnant à la carte un caractère géométrique prononcé unique. Voir, SIEW, *Representations of Jerusalem ...*, p. 13; Hanna VORHOLT, « Studying with Maps : Jerusalem and the Holy Land in Two Thirteenth Century Manuscripts », *dans* : Lucy DONKIN, Hanna VORHOLT (éds.), *Imagining Jerusalem in the Medieval West*, Oxford University Press, Oxford 2012, p. 163–199.

[263] De plan quadrangulaire (un carré presque parfait) les murailles, apparemment en grand appareillage de pierre à peu près régulier, sont classiquement percées de cinq ouvertures pourvues de portes à ferronneries. Quatre sont ouvertes dans chacune des parois, une cinquième, dans la paroi sud, est fermée (Jugement Dernier). La ville est isolée et aucun autre monument n'est visible à l'extérieur. Cependant, les légendes entourant les remparts indiquent les principaux lieux saints existant aux alentours. Le long des remparts, à l'intérieur, un certain nombre de petits bâtiments sont rapidement esquissés mais seul le Temple de Salomon est légendé (partie supérieure droite).

est à comprendre comme une insistance voulu et revendiquée de la part du concepteur de la carte de faire du Saint-Sépulcre l'unique point de convergence, véritablement individualisé, des routes terrestres de pèlerinage et, par extension, le point d'ancrage visible vers le divin et le monde de l'impalpable.

Ainsi les représentations topographiques participent elles aussi à la diffusion d'une interprétation exégétique et eschatologique de la figure du Saint-Sépulcre. La centralité symbolique de Jérusalem, *Umbilicus Mundi*, passe par la création, après la première croisade, d'une géographie sacrée à l'intérieur même de la ville qui doit traduire visuellement et allégoriquement l'histoire de la ville de l'Ancienne et de la Nouvelle Alliance, sa centralité spirituelle dans une géographie réelle revisitée faisant de l'Occident latin sa périphérie éloignée. La fonction principale de ces cartes médiévales était, d'une part d'inviter à la réflexion sur l'omnipotence de Dieu et de l'autre de créer un ensemble didactique favorisant un cheminement pas tant physique que spirituel[264].

Que ces cartes comportent de plus des éléments de la géographie réelle semble n'être qu'accessoire. Ces éléments rendus visibles ne sont alors présents que pour appuyer les arguments d'un discours théologique prédominant. À travers la représentation schématique de la Jérusalem terrestre des pèlerins et des croisés, c'est avant tout une image de la Jérusalem céleste qui nous est donnée à voir. Certains édifices sont ainsi mis en exergue puisque renvoyant tout à la fois à l'histoire biblique et évangélique et à l'interprétation exégétique et eschatologique de la ville comme point d'ancrage et espace de convergence du spirituel et du temporel.

L'absence de sources concernant ce type de représentation topographique entre les VIᵉ et XIIᵉ siècles est certes problématique mais traduit aussi une approche différente du voyage en Terre sainte et une autre interprétation du voyage ne nécessitant pas une cartographie des évènements. En revanche, à partir du XIIᵉ siècle, l'épopée des croisades et la littérature qu'elle a par la suite engendrée semblent avoir ressenti le besoin de développer une cartographie de la Terre sainte. En effet, la diffusion des récits de croisades et de leur interprétation exégétique[265] s'accompagne de nouvelles données

---

[264] CARRUTHERS, *Machina Memorialis*…, p. 59-63.

[265] En particulier celle de Guibert de Nogent qui rédige, a posteriori et sans s'être personnellement rendu à Jérusalem, un compte-rendu des évènements qu'il interprète comme la manifestation d'une volonté divine ayant pris les Francs comme le bras armé de Dieu, interprétation sensible dès le titre de l'ouvrage : « Geste de Dieu par les Francs ».

iconographiques donnant à voir, d'un côté l'implantation franque sur la Terre sainte et de l'autre la centralité spirituelle du nouveau royaume franc figurée par exemple dans les Chroniques de Robert le Moine conservées à la bibliothèque universitaire d'Uppsala et qui s'achèvent par une carte représentant la Jérusalem-monde, image terrestre de la cité céleste.

## L'Anastasis, Temple de la Jérusalem céleste

Si les plans de la Jérusalem des croisés renvoient plus ou moins indirectement à une image de la cité céleste, il n'est pas étonnant de constater que des éléments de la Jérusalem terrestre sont employés pour figurer celle d'en haut. Le thème iconographique de la Jérusalem céleste connut, dès le VIIIe siècle, un succès certain qui ne fit que s'accroître avec la multiplication des commentaires théologiques de l'Apocalypse de Jean[266]. La description donnée par l'évangéliste porte essentiellement sur ses remparts et ses portes, avec une insistance plus particulière sur les dimensions et la symbolique des nombres. Il précise aussi que la ville ne possède aucun temple[267], se démarquant en cela de la vision d'Ézéchiel qui revient quant à lui longuement sur l'agencement du Temple, son plan et son élévation générale.

L'ensemble urbain qui se développe dans l'iconographie médiévale est donc avant tout allégorique et symbolique si bien que son identification, globale ou non, avec la Jérusalem terrestre est complexe, tout plan centré n'étant pas obligatoirement une réminiscence du Saint-Sépulcre par exemple. La distinction théologique entre les deux cités est bien réelle et les artistes médiévaux en sont conscients[268]. Sans donc pouvoir analyser toutes les occurrences de plans centrés dans les figurations de la Jérusalem céleste[269], nous pouvons cependant nous arrêter sur certaines qui témoignent des liens existant entre les deux cités céleste et terrestre.

---

[266] Le plus connu et dont on peut retracer la diffusion, est *In Apocalypsin* du Beatus de Liebana.

[267] Ap, XXI, 12–22.

[268] Marie-Thérèse GOUSSET « La représentation de la Jérusalem céleste à l'époque carolingienne » in *Cahiers Archéologiques* 23 (1974), p. 47–60 ; Mireille MENTRÉ, « L'image de la Jérusalem céleste dans l'iconographie des XIe et XIIe siècles », dans : Daniel POIRION, *Jérusalem, Rome, Constantinople : l'image et le mythe de la ville au Moyen Âge. Colloque du Département d'études médiévales de l'Université de Paris-Sorbonne (Paris IV)*, Presses de l'Université de Paris-Sorbonne, Paris 1986, p. 13–31.

[269] Il serait d'autant plus complexe de faire un catalogue de toutes les représentations de la Jérusalem céleste, possédant ou non une construction de plan centré, que toute création architecturale contient intrinsèquement en elle-même une part de la Jérusalem céleste et que le Saint-Sépulcre lui-même en est une image.

La première, et sans doute la plus remarquable, est la mosaïque d'abside de l'église paléochrétienne de Sainte-Pudentienne à Rome. Comme nous l'avons déjà évoqué, elle figure le Christ trônant au milieu de ses disciples dans un hémicycle architecturé séparant la Sainte Conversation du premier plan de la vision de la Jérusalem céleste du second plan. C'est le complexe du Saint-Sépulcre dans son état du IV$^e$ siècle qui est ici transposé pour symboliser la Jérusalem céleste dominée par les figures du Tétramorphe[270]. Derrière le Christ en majesté, s'élève la *Crux Gemmata* dominant le Golgotha et divisant la composition générale. À la droite du Christ, l'Anastasis est représentée comme une rotonde couverte d'une coupole plate. Elle ne semble comporter qu'un seul niveau et est ouverte par trois grandes arcades en plein cintre reposant sur des piles quadrangulaires qui sont sans doute une image des grandes ouvertures reliant l'Anastasis au reste du complexe. Cet emploi de la rotonde de la Résurrection et du complexe du Martyrium pour incarner la Jérusalem céleste descendue sur Terre est un cas relativement unique dans l'iconographie occidentale. Il témoigne cependant, dès le IV$^e$ siècle, d'une association et d'une assimilation des deux aspects de Jérusalem, temporel et spirituel, renforçant la valeur intrinsèque de la ville en tant que lieu et espace au-delà du sensible.

Si ce réemploi direct des monuments hiérosolymitains, immédiatement identifiables, pour figurer la Jérusalem céleste ne connut pas d'autres occurrences durant les siècles suivants, l'utilisation des allégories de Jérusalem et Bethléem comme symboles du monde céleste et de la Théophanie du Christ devient quant à elle un *topos* de la mosaïque paléochrétienne et romane[271]. Lieux de la naissance du Christ d'un côté, et de sa Mort et de sa Résurrection de l'autre, les deux cités possèdent chacune une iconographie spécifique se développant sur les arcs de triomphe précédant l'abside

---

[270] Présentes tant dans la vision d'Ézéchiel que dans l'Apocalypse de Jean, le Tétramorphe est une figure recomposé de Dieu qui, individualisé dans la tradition chrétienne, renvoie à chacun des évangélistes. Leur présence ici permet d'affirmer que l'ensemble architectural en arrière-plan est une figuration de la Jérusalem céleste.

[271] Raffaela FARIOLI CAMPANATI, « Jerusalem and Bethlehem in the Iconography of Church Sanctuary Mosaics », dans : ALLIATA, PICCIRILLO (éd.), *The Madaba Map Centenary 1897–1997*, p. 173-177.

de nombreuses églises médiévales italiennes[272]. Situées dans la partie inférieure de la composition, comme base de l'arcature, les deux villes se font face, encloses dans des remparts rehaussés de pierres précieuses[273]. Si les murailles des deux cités sont identiques, les monuments visibles à l'intérieur diffèrent. Sans pouvoir en faire une analyse exhaustive qui ne rentre pas dans le cadre de la présente étude, on relève, dans les figurations de Jérusalem, au centre même de la ville, une occurrence architecturale qui paraît pouvoir définir la cité de la Résurrection par rapport à celle de la Nativité. On distingue en effet la présence d'un édifice de plan centré, le plus souvent une rotonde ou une tour, pouvant être rapproché de la rotonde de l'Anastasis. Si ce rapprochement ne peut être avancé de façon certaine, le contenu exégétique et eschatologique de l'église de la Résurrection *Umbilicus Mundi* paraît justifier à lui seul l'emploi de telles formes pour figurer la Jérusalem nouvelle et son temple de la Nouvelle Alliance tel qu'Ézéchiel le décrit[274].

Au VIe siècle, un autre exemple de mosaïque représentant Jérusalem est visible dans la partie inférieure de l'arc de triomphe de Saint-Vital à Ravenne[275]. Adoptant le schéma classique de la cité ceinte de remparts cantonnés de tours et ornés de gemmes, elle renferme un certain nombre de monuments de type antique. On peut reconnaître l'agencement général du complexe du Saint-Sépulcre dans l'ensemble des quatre bâtiments visibles en arrière-plan et composé, de gauche à droite : d'une tour qua-drangulaire, d'une construction plus petite et difficile à analyser, d'une seconde tour quadrangulaire et enfin d'un édifice barlong couvert d'un toit en bâtière.

---

[272] Cette iconographie se développe principalement dans la mosaïque italienne des Ve–VIIIe siècles et connaît une renaissance artistique au cours du XIIe siècle, période à laquelle l'art de la mosaïque, principalement romaine, connaît un renouveau certain marqué par une reprise de motifs anciens (renaissance paléochrétienne). Sans en faire une liste exhaustive, on en trouve un exemple dans les mosaïques d'abside de Sainte-Marie-Majeure, Saints-Côme-et-Damien ou Saint-Clément à Rome, Saint-Vital à Ravenne, etc. Voir, Hélène TOUBERT, « Le renouveau paléochrétien à Rome au début du XIIe siècle », dans : *Cahiers Archéologiques*, XX (1970), p. 99–154.

[273] Ap, XXI, 9–21.

[274] Ez, XL.

[275] Consacrée en 547 ou 548 par l'empereur Justinien, son décor de mosaïque est un exemple unique de l'art des artistes byzantins du VIe siècle. Le plan même de l'église (octogonal et tréflé pour la partie centrale) est sans doute à mettre en rapport avec celui du Saint-Sépulcre. En effet, se voulant un nouveau Constantin restaurant l'intégrité de l'Empire, Justinien fut influencé, dans ses fondations, par les formes et les fonctions des grands sanctuaires constantiniens romains et hiérosolymitains. Voir, Henri PERRAULT-DESAIX, *Recherches sur Neuvy-Saint-Sépulchre et les monuments de plan ramassé*, Librairie Ernest Leroux, Paris 1931, « Introduction. Les rotondes romanes et les monuments de plan ramassé ».

## Le Saint-Sépulcre figuré

Si l'identification entre la figuration de la Jérusalem céleste et des éléments contemporains de la Jérusalem terrestre semble rapidement se mettre en place à la fin de l'Antiquité, son emploi perdure au cours du Moyen Âge et donne lieu à des interprétations où la rotonde de l'Anastasis, seul édifice véritablement reconnaissable, fait le lien entre les deux visions de la Jérusalem. Suivant les fluctuations et les avancées de l'interprétation biblique, l'iconographie de la Jérusalem céleste – des visions d'Ézéchiel ou de l'Apocalypse de Jean – est plus ou moins définie par la présence d'un édifice de plan centré.

Deux cycles monumentaux retiennent plus particulièrement notre attention. Tous deux développés dans un cadre bénédictin, ils illustrent, pour le premier, l'annonce du Jugement dernier et le règne de la Jérusalem céleste dont parle l'Apocalypse et, pour le second, l'avènement de la Nouvelle Alliance décrite dans les visions d'Ézéchiel.

C'est autour du thème de l'Apocalypse, et plus particulièrement du Jugement dernier, qu'est centré l'ensemble de l'iconographie de la chapelle haute de l'abbaye de Saint-Chef (Isère)[276]. Datées de la fin du XIe siècle ou des premières années du XIIe siècle, les fresques de Saint-Chef abordent la question du Saint-Sépulcre et de ses représentations selon deux angles. Le premier est la fonction même de cette chapelle. Située au niveau supérieur du croisillon nord du transept[277], elle est dédiée aux saints archanges Michel, Gabriel et Raphaël et à saint Georges[278]. Sans pouvoir véritablement

---

[276] Chapelle des Anges, abbatiale Saint-Chef (Isère), fin du XIe-début du XIIe siècle (classée monuments historiques en 1840). À propos de Saint-Chef et des fresques, voir, Joseph BRISSAUD, *Une visite à l'église de Saint-Chef*, imp. L. Aubert, Grenoble 1913 ; Paul DESCHAMPS, Marc THIBOUT, *La peinture murale en France. Le Haut Moyen Âge et l'époque romane*, Édition d'histoire de l'art – Plon, Paris 1951, p. 49–52, p. X–XII ; Barbara FRANZÉ, *La pierre et l'image : étude monographique de l'église de Saint-Chef en Dauphiné*, Picard, Paris 2011 ; Joseph SAVOYAT, *Saint-Chef, visite de l'abbaye et de la cité médiévale*, Mairie de Saint-Chef, Saint-Chef 1992 ; Mathieu VARILLE, Eugène LOISON, *L'abbaye de Saint-Chef en Dauphiné*, P. Masson, Lyon 1929 ; Abbé VARNET, *Saint Theudère, fondateur et patron de Saint-Chef. Légende, notices historiques, archéologiques, descriptions, etc. par un prêtre de Saint-Chef*, Baratier frères et fils, Grenoble 1859 ; Marion VIVIER, Benoît ROUX, *Les fresques romanes de Saint-Chef*, Musée Dauphinois, Grenoble 2000.

[277] Elle est ouverte sur le transept intérieur de l'église par une triple arcature en plein cintre (aujourd'hui obstruée par un vitrage).

[278] Les quatre dédicataires sont d'ailleurs représentés derrière l'autel tenant des phylactères dont le contenu est malheureusement effacé ce qui rend difficile toute identification exacte des archanges. On peut cependant supposer qu'ils ont été placés dans l'ordre dans lequel ils apparaissent dans la dédicace (*Consecratus est hoc altare in honore domini nostri Ihesu Christi et sanctorum archangelorum Michaelis, Gabrielis et Raphaelis et Sancti Georgii Martyrii*), d'autant que celui situé à l'extrême droite, le seul dépourvu d'ailes, peut être logiquement identifié comme saint Georges.

déterminer l'emploi de cette chapelle, son vocable et sa situation dans l'espace ecclésial peuvent être rapprochés des antéglises carolingiennes telles que celle de Centula-Saint-Riquier[279] qui comportait, à l'étage, une chapelle dédiée à saint Michel, utilisée lors de liturgies spécifiques, en particulier celles entourant les offices des fêtes de Pâques.

Mais c'est principalement à travers le cycle iconographique que se manifeste sans doute un intérêt pour le Saint-Sépulcre en tant que « Temple » de la Jérusalem céleste. S'éloignant du texte de Jean qui ne mentionne aucun temple dans la cité nouvelle[280], on relève, au centre de la Jérusalem céleste que l'Ange donne à voir à l'Apôtre, la présence d'une rotonde à déambulatoire, couverte d'une coupole surmontée du médaillon de l'Agneau renvoyant aux paroles de l'Apocalypse : « la cité n'a besoin ni du soleil ni de la lune pour l'éclairer car la gloire de Dieu l'illumine et son flambeau c'est l'Agneau »[281]. Ce dernier permet de faire le lien visuel et symbolique entre la vision de la Cité Céleste et la scène du Christ du Jugement dernier se développant sur la voûte. Si le rapprochement avec les formes architecturales contemporaines[282] est intéressant, cette figuration de la Jérusalem céleste et de son Temple renvoient aussi à une variation de l'image du Sépulcre du Christ dans l'iconographie classique du tombeau vide. Image de l'*Umbilicus Mundi*, l'attention se porte ici sur l'édifice à travers lequel la Jérusalem d'en haut devient sensible dans l'ici-bas.

En contrepoint, l'abbatiale de St. Maria und Clemens de Schwarzrheindorf (Basse Rhénanie) présente un cycle quasiment complet de fresques datées de la seconde moitié du XIIe siècle (entre 1151 et 1173)[283]. Fondée par l'évêque et prince électeur de

---

[279] HEITZ (Carol), *L'architecture religieuse carolingienne...*, p. 51-62 et plus spécifiquement p. 54-56.

[280] Ap, XXI.

[281] Ap, XXI, 23.

[282] Carol Heitz a interprété l'ensemble du motif comme une représentation d'un *Westwerk* carolingien précédé d'un atrium sur le modèle de Saint-Riquier. L'église est ainsi vue comme une préfiguration du Paradis et une image terrestre de la Jérusalem céleste. Cf. HEITZ, *L'architecture religieuse carolingienne...*, p. 222.

[283] Schwarzrheindorf se distingue surtout par son ensemble de fresques romanes datées, pour l'église basse, entre 1151 et 1173, et pour l'église haute, des années 1180–1190. L'architecture du double chœur de plan centré, est une réminiscence du plan octogonal de la chapelle palatine d'Aix-la-Chapelle et devait, dès l'origine, servir de lieu de sépulture à l'évêque électeur. Une ouverture octogonale, à la croisée du transept, permet de relier les deux espaces liturgiques si bien que les peintures de l'abside supérieure sont visibles depuis la nef inférieure et apparaissent comme une évocation fugitive de la Jérusalem céleste et du Christ en majesté dominant naturellement l'église inférieure et son programme iconographique centré sur les visions prophétiques d'Ézéchiel. L'accès à l'église supérieure se fait par un escalier de pierre situé dans la partie

*Le Saint-Sépulcre figuré*

Cologne Arnold von Wied qui en fit son lieu de sépulture, elle est une illustration de la théologie sur Ézéchiel de Rupert de Deutz[284]. On trouve en effet, à la croisée du transept de l'église basse, sur la lunette occidentale, une figuration de la Jérusalem céleste présentée au prophète par l'Ange qui en prend les mesures. Au-delà de la symbolique exégétique de la prise de mesures elle-même et dont on trouve un écho dans l'attitude des pèlerins répétant les mêmes gestes au Saint-Sépulcre[285], c'est la vision proprement dire de la cité céleste qui est plus particuliè-

---

sud de l'église et qui donnait accès au trône impérial placé, à l'image de la chapelle palatine de Charlemagne, dans la partie occidentale du chœur et d'où il pouvait voir l'autel de l'église inférieure. Sur l'église et sur les fresques voir, Christoph DOHMEN, *Das Neue Jerusalem. Der Ezechiel-Zyklus von Schwarzrheindorf*, Bouvier-Verlag, Bonn 1994 ; Meta FRIESE, *Die Doppelkapelle von Schwarzrheindorf*, Dissertation Architekturgeschichte 2003, Universität Köln, Cologne 2006 ; Wilfried HANSMANN, Jürgen HOHMANN, *Die Gewölbe- und Wandmalereien in der Kirche zu Schwarzrheindorf: Konservierung – Restaurierung – neue Erkenntnisse*, Arbeitsheft der rheinischen Denkmalpflege 55, Wernersche, Worms 2002 ; Karl KÖNIGS, *St. Maria und St. Clemens Schwarzrheindorf. Ein Kirchenführer*, Kath. Pfarrgemeinde, Schwarzrheindorf 2000 ; Heinrich NEU, Franz-Josef HELFMEYER (éd.), *825 Jahre Doppelkirche Schwarzrheindorf 1151–1176*, Katholische Kirchengemeinde zum Heiligen Klemens, Schwarzrheindorf 1976 ; Andreas SIMONS, *Die Doppelkirche zu Schwarzrheindorf*, Bonn 1846.

[284] Abbé de Saint-Héribert de Deutz en 1120, Rupert de Deutz (vers 1075–1129) est connu pour son œuvre théologique prolifique dont une interprétation des visions d'Ézéchiel comme la préfiguration des mystères christiques. Voir, « Rupert de Deutz », dans : GAUVARD, DE LIBERA, ZINK (éd.), *Dictionnaire du Moyen Âge*, p. 1257–1258 ; Wilhelm NEUSS, *Das Buch Ezechiel in Theologie und Kunst bis zum Ende des XII. Jahrhunderts, mit besonderes Berücksichtigung der Gemälde in der Kirche Schwarzrheindorf*, Beiträge zur Geschichte des altes Mönchtums und der Benediktinerordens, Aschendorf, Münster 1912. Chacune des quatre absides de l'église inférieure (l'abside principale à l'est et les absidioles plates nord, sud et ouest) est ornée d'un portrait du Christ et est symboliquement reliée aux quatre scènes du Jugement de Jérusalem et de la Jérusalem nouvelle d'Ézéchiel se déployant sur les lunettes de la voûte centrale, autour de l'ouverture octogonale donnant sur l'église haute. À l'est, le Christ en gloire est adoré par une série de saints nimbés et est entouré, sur les piliers, par les évangélistes et leurs symboles. Sur la voûte centrale, Ézéchiel a la vision de la roue des quatre vivants (Tétramorphe) et de la naissance du Christ (le Seigneur apparaissant à la porte) [Ez. I, 4–28]. Au nord (absidiole du transept), le Christ est figuré crucifié et de son côté ouvert naît l'Église. Marie, soutenue par Jean, est présente au pied de la Croix. À cette scène correspondent, dans l'espace central, la récompense des Justes et le jugement des Impies, et la consécration de l'autel par le sang de l'Agneau [Ez. LXVIII, 13–27]. L'absidiole sud est quant à elle centrée sur la Transfiguration à laquelle répond la vision de la Jérusalem nouvelle par le prophète [Ez. LX, 1–2]. Le décor des voûtes du transept (nord et sud) est une vision du combat des Vices et des Vertus que domine la figure de quatre Rois. À l'ouest, enfin, le Christ est figuré chassant les marchands du Temple et annonçant sa Résurrection, annonce qui trouve un écho dans la vision du prophète et de l'Ange prenant les mesures de la ville au centre de laquelle est figurée le Temple de cette nouvelle Alliance [Ez. LX, 3].

[285] Attestée dans des relations plus tardives (surtout au XIV$^e$ siècle), cette tradition voulait que le pèlerin arrivant au terme de son pèlerinage en fasse le tour à genoux pour en prendre toute la dimension réelle et spirituelle. Voir, Edmond René LABANDE, « *Ad limina*, le pèlerin médiéval au terme de sa démarche », dans : Pierre GALLAIS, Yves-Jean RIOUX, *Mélanges offerts à René Crozet à l'occasion de son soixante-dixième anniversaire*, Société d'études médiévales, Poitiers 1966, p. 283–291.

rement éloquente. Au centre de la ville ceinte de rempart, le Temple de la Nouvelle Alliance adopte la forme d'une rotonde cantonnée de deux hauts campaniles. Percé de quatre fenêtres, le premier niveau sert de support à une coupole sur tambour permettant de déterminer la présence d'un déambulatoire interne. Située dans la partie occidentale de la croisée (nef principale) et symboliquement liée à la figure du Christ chassant les marchands du Temple et annonçant la Résurrection, la vision de la Jérusalem angélique insiste plus particulièrement sur le caractère prophétique de la ville. La Nouvelle Alliance d'Ézéchiel trouve son accomplissement dans le Christ ressuscité et le nouveau Temple céleste est son tombeau terrestre, *Umbilicus Mundi*, où se matérialise la Jérusalem d'en haut. Là encore, l'emplacement choisi pour une telle représentation, qui n'est réemployée dans aucune autre scène du cycle, n'est sans doute pas à négliger. Située à l'ouest, tout comme l'Anastasis, cette représentation en reprend aussi la forme et en souligne le contenu eschatologique. L'insistance est ainsi portée sur le double caractère du Saint-Sépulcre, tout à la fois église monumentale de la cité terrestre et but de pèlerinage, et Temple de la Jérusalem céleste à travers lequel cette dernière pourra advenir. Cette double interprétation de la rotonde est encore renforcée par le fait que, dans le reste du cycle visible à Schwarzrheindorf, on ne retrouve aucune architecture du même type pour figurer Jérusalem avant sa destruction. C'est donc à la Nouvelle Alliance se nouant dans la Mort et la Résurrection du Christ, que renvoie cette représentation[286].

Il faut cependant bien se garder de généraliser l'iconographie de la Jérusalem céleste et des visions prophétiques à partir de ces deux cas exemplaires. L'analyse entreprise ici est largement tributaire des nombreuses pertes de fresques contemporaines pouvant adopter un même programme et invite donc à une certaine prudence. Un rapide tour d'horizon de la peinture des XI$^e$ et XII$^e$ siècles encore conservée aujourd'hui, fresques monumentales ou miniatures de manuscrits, permet d'observer que l'iconographie de la Jérusalem céleste, quoique partageant plus ou moins directement un certain nombre d'éléments communs, ne paraît pas toujours opter pour la même interprétation

---

[286] À cela s'ajoute le fondateur de l'église. Même si Arnold II de Wied n'a pu présider lui-même à la réalisation du programme iconographique, son implication profonde dans la fondation – implication qui a perduré à travers la personne de sa sœur, première abbesse de l'abbaye – permet de supposer que le choix d'un tel cycle, basé sur l'interprétation exégétique de Rupert de Deutz, était sans doute prévu dès l'origine. De plus, sa participation à la seconde croisade, qui lui a permis de voir et visiter le Saint-Sépulcre, a pu avoir une influence dans cette réalisation.

eschatologique du Saint-Sépulcre. On note ainsi que dans le cycle de l'Apocalypse des fresques du porche de l'abbaye de Saint-Savin-sur-Gartempe (Vienne), la Jérusalem céleste ne comporte pas de temple comparable à ceux visibles à Saint-Chef ou Schwarzrheindorf. Dans d'autres cas, comme l'Apocalypse de Bamberg (Staatsbibliothek, ms. A. II. 42, fol 55r, vers 1000) ou même la voûte de San Pietro al Monte à Civitate (vers 1100), c'est l'Agneau ou le Christ lui-même qui se trouve figuré au centre de la Jérusalem nouvelle.

Sans pouvoir donc identifier avec certitude toute construction de plan centré située dans la Jérusalem céleste au Saint-Sépulcre existant à Jérusalem, le rapprochement symbolique est malgré tout envisageable pour expliciter l'importance de la nouvelle cité céleste dont la réalisation et l'existence mêmes ne sont rendus possibles que par la Résurrection du Christ dont le témoin est la rotonde de l'Anastasis.

## L'Anastasis, métonymie du complexe du Saint-Sépulcre

Si, comme nous venons de le voir, la rotonde du Saint-Sépulcre est la métonymie de Jérusalem dans les représentations topographiques de la cité terrestre ou de la cité céleste, son emploi, et par conséquent sa transposition, est avant tout allégorique et ne répond pas scrupuleusement à la matérialité du monument hiérosolymitain. En revanche, d'autres figurations emploient la rotonde de l'Anastasis pour évoquer l'ensemble du complexe dans un cadre contemporain. La valeur archéologique de tels témoignages est d'autant plus appréciable que ces figurations se veulent intrinsèquement plus fidèles au monument original dont elles sont un écho plus ou moins proche.

Provenant de Palestine et même produite à Jérusalem, le groupe des ampoules à eulogie de Monza et de Bobbio forme un ensemble iconographique particulièrement intéressant. Elles ont déjà fait l'objet de nombreuses études qui ont permis de souligner leur importance pour la connaissance des dispositions anciennes de l'Anastasis et de l'édicule central[287]. Conservées dans le trésor de la cathédrale de Monza, ces ampoules ont été offertes, ainsi que d'autres reliques, par le pape Grégoire Ier à la reine lombarde Théodelinde au début du VIIe siècle. Datées du VIe siècle, ce sont de pe-

---

[287] GRABAR, FOURMONT, Les ampoules... ; Dan BARAG, John WILKINSON, « The Monza-Bobbio Flasks and the Holy Sepulchre », dans : Levant VI (1974), p. 179–187 ; Joseph DAOUST, « Les ampoules de Monza », dans : Bible et Terre sainte, 170 (1975), p. 2–8 ; BONNERY, MENTRÉ, HIDRIO, Jérusalem, symboles et représentations..., p. 191–195.

tites flasques en argent ornées d'un décor exécuté au repoussé. Les artistes ont retenu diverses scènes de la vie du Christ renvoyant aux principaux lieux de pèlerinage où ces ampoules pouvaient être remplies d'huile : la Nativité, la Crucifixion, les Saintes Femmes au tombeau, l'Incrédulité de saint Thomas, l'Ascension ou la Pentecôte. En ce qui concerne notre étude, ce sont les scènes de la visite des Saintes Femmes au tombeau qui éveillent notre intérêt. Celles-ci se retrouvent sur huit des seize ampoules de Monza. Quatre autres, conservées à Bobbio et redécouvertes au début du XX$^e$ siècle, présentent la même iconographie.

Stéréotypées, les scènes paraissent toutes suivre le même schéma : deux ou trois femmes et l'Ange entourent une architecture stylisée qui occupe l'espace central. La forme de ces architectures variant légèrement d'une flasque à l'autre, leur analyse est nécessaire pour en dégager les lignes principales. Dan Barag et John Wilkinson ont entrepris d'analyser l'ensemble de ce matériel iconographique dans le cadre de leur étude sur le Sépulcre. Ils en sont arrivés à un certain nombre de conclusions qui bouleversent les théories avancées par André Grabar en 1958 qui n'avaient, jusque-là, pas été remises en cause[288]. Ils ont ainsi pu déterminer trois séries de représentations regroupant, pour la première (type I), huit ampoules et les deux suivantes (types II et III) seulement trois et cinq.

Le type I[289] est caractérisé par la figuration de la façade rectangulaire de l'édicule, surmontée d'un fronton triangulaire couronné d'une croix. Le fronton lui-même arbore un motif de conque stylisée ou de palmette difficilement identifiable. Au niveau inférieur, au centre, une porte à deux battants entrouverts matérialise l'entrée de la chambre sépulcrale. Dans deux cas (ampoules de Monza n° 10 et 6), les portes sont ornées d'un motif réticulé suggérant l'existence de claires-voies ou du chancel mentionné par Égérie. Il s'agit sans doute d'une représentation de la *spelunca ad Anastasim* vue de face. Les portes à claires-voies renvoient à la façade orientale du pronaos et à ses grilles, tandis que le fronton triangulaire est une réminiscence de l'élément architectural couronnant les colonnes antérieures. La croix est quant à elle une image de celle surmontant la coupole située dans l'axe du fronton.

---

[288] Pour une analyse complète des ampoules de Monza et Bobbio et leur apport pour la connaissance de l'édicule constantinien dans la rotonde de l'Anastasis, voir, BRAG, WILKINSON, « The Monza Bobbio Flasks… », dans : *Levant*, p. 179–187.
[289] Ampoules n$^{os}$ 2, 6 10, 13, 14 de Monza et 3, 15, 18 de Bobbio.

*Le Saint-Sépulcre figuré*

Une seconde série (type II)[290] présente un dessin plus complexe de l'édicule. Toujours vu de face, l'édicule est comme enserré dans une architecture plus grande symbolisant la coupole de l'Anastasis. Deux colonnes déterminent ainsi l'espace de l'entrée fermé par une porte grillagée à deux battants laissant apparaître un élément quadrangulaire plus bas. Les colonnes supportent un arc en plein cintre surmonté d'une toiture en ombrelle évoquant la coupole. Tout comme dans la série précédente, l'image combine plusieurs éléments appartenant à l'édicule : les grilles, les claires-voies, etc. mais surtout la pierre de l'Ange, sorte de bloc trapézoïdal logé entre les grilles.

La troisième type (type III)[291], le plus complet, semble différer mais reprend en réalité une construction analogue à celle déjà vue auparavant. La *spelunca* est toujours vue de face, à l'est selon une perspective renversée. Cette technique classique de l'Antiquité consiste à élargir la partie postérieure d'un objet, quitte à le déformer, de façon à présenter des surfaces normalement invisibles si représentées selon les canons de la perspective classique. L'ampoule 9 de Monza permet ainsi de voir les trois côtés du vestibule délimités par quatre colonnes à cannelures torses et chapiteaux feuillagés. Les colonnes supportent des archivoltes surbaissées faisant office de fronton et ornées, sur les parties latérales, d'une coquille stylisée. L'ensemble est couvert d'une coupole à pans surmontée d'une croix. Ces dispositions générales de l'édicule doivent être rapprochées de celles de l'édicule de Narbonne jusque dans les grilles entrouvertes en façade. Une représentation similaire est visible sur l'ampoule 3. L'effet de perspective renversée est moins accentué mais, entre les grilles de la façade, apparaissent l'entrée arrondie de la grotte et la pierre de l'Ange.

Une autre figuration de l'édicule du tombeau, reprenant le même principe de perspective renversée mais sur un autre support, est comparable aux ampoules de Monza. On retrouve en effet, sur le reliquaire en bois du *Sancta Sanctorum* (Musée du Latran)[292], une scène des Saintes Femmes au tombeau où l'édicule, structurellement

---

[290] Ampoules n⁰ˢ 13 et 14 de Monza, 3 de Bobbio.
[291] Ampoules n⁰ˢ 3, 5, 9 et 14 de Monza, 6 de Bobbio.
[292] Musée du Latran (Rome), inv. 61883 a–b, fin du VI$^e$-début du VII$^e$ siècle. Il faut sans doute réalisé en Palestine et l'artiste devait lui aussi connaître l'édicule original. Les dispositions générales de l'architecture (plan centré, chancel, colonnes, etc.) sont identiques à celles visibles dans l'édicule de Narbonne. Robert BERGMAN, Diane DEGRAZIA (éd.), *Vatican Treasures: Early Christian, Renaissance and Baroque Art from the Papal Collections. An Exhibition in Honor of the Sesquicentenary of the Diocese of Cleveland*, Cleveland Museum of Art, Cleveland 1998, p. 27 et ss. ; BONNERY, MENTRÉ, HIDRIO,

très proche de celui visible sur l'ampoule n° 9 de Monza, est de plus placé sous une vaste coupole hémisphérique symbolisant la rotonde de l'Anastasis à l'intérieur de laquelle se déroule la scène. De plus, les grilles ouvertes laissent apparaître la pierre de l'Ange rectangulaire et marquée d'une croix. Élément paradoxal puisque l'Ange annonçant la Résurrection est présent dans la scène, sur la droite, désignant aux Saintes Femmes le tombeau vide à l'intérieur duquel se trouve la pierre de l'Ange sur laquelle il devrait être assis.

Un dernier exemple, beaucoup plus tardif, traduit la permanence non seulement de l'emploi des ampoules à eulogie dans le cadre du pèlerinage – voire même d'une certaine forme de renouveau de ce type d'objets de dévotion après le XIIe siècle, mais aussi d'une iconographie du Saint-Sépulcre maintenant ancrée dans la tradition mais prenant en compte les modifications architecturales du monument. Approximativement datées de la fin du XIIe ou du XIIIe siècle, deux ampoules à eulogie, conservées pour la première à la Frühchristlich-Byzantinische Sammlung de Berlin[293] et pour la seconde au British Museum[294], présentent sur une face l'église de la Résurrection complétée sur la droite par le chœur de la Basilique des Croisés. La coupole de cette dernière est surplombée d'un clocher apparemment indépendant. L'Anastasis est identifiée par sa coupole tronconique ouverte aux poutres apparentes. Au-dessous, un arc trilobé sert d'écrin à un corps enroulé dans un linceul[295] tandis qu'un thuriféraire apparaît sur la gauche de la composition[296]. Malgré une datation

---

*Jérusalem, symboles et representations...*, p. 194–195 ; Philippe LAUER, « Le Trésor du *Sancta Sanctorum* », dans : *Monuments et Mémoires de la fondation Eugène Piot*, t. XV (1906), p. 97–99 ; Charles-Rufus MOREY, « The Painted Panel from the *Sancta Sanctorum* », dans : *Festschrift zum Sechzigsten Geburtstag von Paul Clemen*, Cohen, Bonn-Düsseldorf 1926, p. 150–157.

[293] Une autre ampoule à eulogie est conservée à la Frühchristlich-Byzantinische Sammlung de Berlin et présente une de crucifixion et une Résurrection. Voir Lieselotte KÖTZSCHE, « Zwei Jerusalemer Pilgerampullen aus der Kreuzfahrzeit », dans : *Zeitschrift für die Kunstgeschichte*, 51, Bd. 1 (1988), p. 13–32.

[294] Réminiscence tardive des ampoules à eulogie du VIe siècle, elle illustre les interventions latines sur le complexe du Saint-Sépulcre. La partie droite du monument semble en effet être une image du chœur de la Basilique des Croisés dominée par la silhouette du clocher. BUCKTON (David), *Byzantium. Treasures of Byzantine Art and Culture from British Collection*, "Trustess of the British Museum", British Museum Press, Londres 1994, p. 187 et fig. 202.

[295] Le thème iconographique du Christ dans son linceul provient du monde byzantin. La présence du Christ mort dans le tombeau favorise une datation plus tardive, au XIIIe siècle, ce genre de représentation ne se développant qu'à cette période, et traduit aussi un changement de perception du tombeau (tabernacle et transsubstantiation). Voir, GRABAR, *Martyrium*, ..., p. 272 et n. 3.

[296] Sur l'autre face, on retrouve les deux soldats endormis devant le sépulcre pour l'ampoule de Londres et la visite des Saintes Femmes avec l'Ange pour celle de Berlin.

incertaine, cette ampoule reste le témoin de la permanence d'une tradition ancienne tenant compte d'une réalité archéologique hiérosolymitaine.

Le cas des croquis illustrant le récit de voyage d'Arculfe, et repris par la suite par Bède le Vénérable, témoigne de cette réduction métonymique. Ils se trouvent principalement dans des manuscrits datés du IXe siècle (jusqu'au XIe siècle pour ceux de Bède) mais ne sont pas présent dans toutes les copies connues du texte d'Adamnan[297]. L'étroite correspondance existant entre le texte et l'illustration graphique demeure au-delà des éventuelles modifications connues par le monument et traduit la relative fidélité des copistes ayant travaillé sur un modèle commun aujourd'hui disparu. Sur le plan d'Arculfe, tous les monuments constantiniens sont représentés avec, de droite à gauche, la basilique constantinienne du Martyrium, l'*atrium* entre cette dernière et la rotonde, la chapelle du Calvaire sur le côté, celle de la Vierge et enfin la grande rotonde de l'Anastasis et, à l'intérieur, l'édicule du tombeau et la pierre de l'Ange.

Arculfe rapporte que l'église de la Résurrection était ronde et faite de pierre. À l'intérieur, elle était soutenue par douze colonnes, renfermait trois autels dans des absidioles et l'accès se faisait par deux groupes de quatre portes[298]. Ces détails se retrouvent dans les plans mais sont plus imprécis dans les versions de Bède qui semblent plus schématiques encore. La tombe est, toujours selon le récit d'Arculfe, un édicule de pierre rond à l'intérieur duquel se trouve la banquette funéraire. Il ne comporte aucun ornement si ce n'est douze lampes brûlant nuit et jour[299].

Matérialisée sous la forme de cercles concentriques (quatre ou cinq selon les plans), la rotonde et l'édicule sont les éléments les plus importants de ces plans. Le tombeau lui-même est individualisé du reste du monument dans lequel il est conservé. L'entrée en forme de porche contient la pierre de l'Ange figurée par un double rectangle. À l'intérieur du *Tegurium*, au nord, les termes de *Sepulcrum Domini* signalent

---

[297] À propos des plans du *De Locis Sanctis* de Admnan et de Bède le Vénérable ; voir, BONNERY, MENTRÉ, HIDRIO, *Jérusalem, symboles et représentations...*, p. 160-162 ; HEITZ, *Recherches sur les rapports ...* p. 113-118 et planche XXIX, B ; Carol HEITZ, « Renouveau de l'architecture, guidé par une nouvelle liturgie » dans *Dossiers Archéologiques*, 1978, n°30, p. 28-29 ; Carol HEITZ, *L'architecture carolingienne. Les formes et leurs fonctions*, Picard, Paris 1980, p. 212-213 ; Thomas O'LOUGHLIN « Adamnan's Plans in the Context of his Imagining 'the Most Famous City' », dans : DONKIN, VORHOLT (éd.), *Imagining Jerusalem...*, p. 15-40 ; WILKINSON, *Jerusalem Pilgrims before...*, p. 371-386 et fig.

[298] ADAMNAN, *De Locis Sanctis*, II, 5-6.

[299] ADAMNAN, *De Locis Sanctis*, II, 7.

l'emplacement de la banquette funéraire sur les rebords de laquelle douze rectangles (huit sur le rebord supérieur, quatre sur l'inférieur) symbolisent les lampes. Face à l'entrée, dans l'Anastasis même, un second élément rectangulaire est sans doute une évocation du béma précédant l'édicule et dont il était indépendant. L'Anastasis proprement dite est symbolisée par trois (quatre pour le codex viennois) enceintes circulaires imbriquées. Les deux groupes de quatre portes (nord-ouest et sud-ouest) chevauchent ces espaces et indiquent l'accès au périmètre interne. Le mur intermédiaire, où sont figurées les trois absides de l'édifice, permet de déterminer l'espace du déambulatoire.

Ces divers éléments sont tous visibles dans l'exemplaire conservé à la bibliothèque de Vienne (Codex 458, fol 4v)[300] et plus ou moins identifiables dans les autres cas (manuscrit de Paris[301], Karlsruhe[302], Zürich[303]). Les manuscrits de Bède sont en revanche beaucoup moins détaillés et témoignent d'une méconnaissance générale du modèle hiérosolymitain et d'une mauvaise interprétation de l'*ekphrasis* architecturale.

Un autre manuscrit viennois[304], daté du début du XIIIe siècle, montre tout à la fois une certaine continuité du motif (l'ensemble des édifices, le plan, etc.) mais aussi une modification d'importance qui témoigne d'un changement de mentalité vis-à-vis du monument lui-même. En effet, on retrouve dans le tombeau, figuré au centre, la banquette funéraire sur laquelle a été déposé le corps du Christ mort dans ses linges[305], mettant ainsi l'emphase sur le caractère sépulcral du monument (tabernacle, reposoir du corps du Christ) plus que sur son aspect reliquaire de la Résurrection.

D'autres œuvres pourraient être considérées comme des représentations topographiques. Sans être exhaustives, les quelques œuvres cartographiques, considérées comme les plus représentatives et analysées ici, permettent malgré tout de mettre en valeur une certaine connaissance des formes matérielles du Saint-Sépulcre et sa diffu-

---

[300] Daté du milieu du IXe siècle. Le manuscrit de Vienne est sans conteste le plus détaillé et, bien que fondé sur le même archétype que les autres, a sans doute bénéficié des amendements et des corrections d'un témoin direct (absides semi-circulaires et non rectangulaires, emplacement des portes, délimitation de l'espace central, lampes…).

[301] Paris, B.N.F., Ms. Lat. 13048, fol 4v. IXe siècle.

[302] Karlsuhe, Badische Landesbibliothek, Cod. Aug. Per. 129, fol 10r. IXe siècle.

[303] Zurich, Zentralbibliothek, Rheinau ms. 73, fol 5r. IXe siècle.

[304] Nationalbibliothek, ms. 609, Steiermark.

[305] On retrouve dans ce plan le même principe que celui déjà souligné dans l'ampoule du British Museum et qui atteste du développement de ce genre d'iconographie, d'origine byzantine, au cours du XIIIe siècle.

sion en Occident depuis l'époque carolingienne jusqu'à la période romane. Enrichies par les témoignages de pèlerins puis de croisés, elles demeurent cependant toujours tributaires de l'utilisation d'un certain nombre de stéréotypes induisant un ensemble d'images sérielles répondant aux mêmes exigences iconographiques.

Il serait sans doute intéressant de pouvoir ajouter à cet aperçu une étude des représentations similaires exécutées par des artistes non occidentaux ou actifs dans des régions géographiquement plus proches de Jérusalem et probablement mieux renseignés sur la configuration des Lieux saints (Byzance, Égypte copte…). Il semble cependant que l'impact de telles réalisations, du moins pour les périodes précédant le XIIe siècle, ne soit que difficilement quantifiable voire même négligeable.

Les XIe et XIIe siècles, forts d'un certain nombre de formes et de stéréotypes, mettent en place une iconographie du Saint-Sépulcre et de la Résurrection oscillant entre éléments réels et inventions allégoriques. L'emploi de ces formes mixtes, empreintes des discours exégétiques et liturgiques, a très certainement aussi participé à construire la perception de l'Anastasis dans l'esprit des chrétiens occidentaux.

## Figurations symboliques

Dès le IVe siècle, différents types d'architecture furent employés pour servir de cadre à la Résurrection. L'analyse des différents types de représentation faisant usage d'une ou plusieurs architectures doit permettre d'appréhender les critères religieux ayant pu influencer leur utilisation tout en tenant compte de l'évolution de la perception des Lieux saints au cours de la période envisagée.

### La mise en place d'une iconographie mixte : l'Antiquité tardive

Trois plaques, datées de la fin de l'Antiquité, sont parmi les plus anciens exemples d'architecture symbolique intégrée dans une représentation de la Résurrection et permettent de déterminer certaines caractéristiques qui se retrouveront par la suite. La première, conservée au musée d'art antique de Milan[306], est une plaque d'ivoire appartenant à un diptyque probablement byzantin daté de la fin du IVe siècle et formée de deux tableaux superposés entretenant des liens l'un avec l'autre. Au niveau supé-

---

[306] Ivoire, Castello Sforzesco, galeria d'arte antica (Milan) Inv. avori 9. John BECKWITH, *Early Christian and Byzantine Art*, Penguin, Hamondsworth 1970, p. 50 ; HEITZ, *Recherches sur les rapports...*, p. 221.

rieur, deux gardes cantonnent une rotonde percée, dans le mur haut, de trois fenêtres (visibles) en plein cintre. Au-dessus de la coupole, les symboles des évangélistes Luc et Matthieu (taureau et homme) sont visibles émergeant de la nuée, plaçant la scène dans un registre tout à la fois terrestre et céleste. Ces seuls éléments permettraient d'identifier la composition à une scène de Résurrection. Mais l'attitude des deux gardes retient plus spécifiquement l'attention. Au lieu d'être figurés endormis de chaque côté de l'édifice, ils paraissent assister, voire même pour le personnage de droite, désigner la scène se déroulant au registre inférieur. Cette dernière se situe en façade d'un bâtiment[307]. À gauche, un personnage imberbe et nimbé est assis, tenant un rouleau dans la main gauche et esquissant de l'autre un geste de bénédiction envers les deux femmes qui se prosternent devant lui. L'analyse des visages et des vêtements des deux femmes, parfaitement identiques, permet d'avancer qu'il s'agit sans doute du même personnage dans deux attitudes successives suggérant l'idée de mouvement. On peut alors supposer que l'artiste a ici représenté, non la visite des Saintes Femmes au tombeau le matin de Pâques mais plutôt la première apparition du Ressuscité à Marie-Madeleine. Le Christ apparaît donc vivant devant son tombeau, et non au jardin comme le veut la tradition classique du *Noli me tangere*.

Une analyse plus poussée de la plaque dans sa globalité permet alors de déterminer qu'il s'agit d'un seul et même bâtiment, l'Anastasis, figuré en deux plans : le plan inférieur percée d'une porte entrouverte vers l'intérieur du tombeau et orné d'une scène de la Résurrection de Lazare ; le plan supérieur qui correspondrait alors à la coupole et au tambour. Dans cette optique, la frise végétale biseautée permet la transition entre les deux espaces de la rotonde et fait office de couverture du déambulatoire. Une insistance particulière est mise sur le caractère funéraire de la figuration à travers la présence du Ressuscité auquel répond la résurrection de Lazare, préfiguration de celle du Christ dont Marie-Madeleine est ici le témoin.

Analysant le complexe du Saint-Sépulcre dans son état initial, André Grabar a vu dans cette plaque d'ivoire une image fidèle de l'édicule du tombeau tel qu'il existait à l'époque de Constantin[308]. Se fondant sur le récit de Willibald (VIIIe siècle)[309], qu'il

---

[307] L'arrière-plan de la scène est en effet composé d'un mur en briques ou en petit appareillage au centre duquel est percée une porte à deux battants dont l'un est entrouvert.
[308] André GRABAR, *Martyrium…*, (reprint 1946), p ; 270–272.
[309] *Hodoeporicon sancti Willibaldi*, dans : *Itinerarium hierosolymitana*.

juge plus explicite et plus complet que ceux d'Eusèbe ou d'Arculfe, il déduit de sa description que l'édicule était formé d'une base cubique surmontée d'une coupole hémisphérique reposant sur un tambour circulaire. Étayant ainsi son argumentation en se référant de plus à d'autres types de représentation, il demeure cependant prudent quant à une identification trop rapide. Si le monument représenté dans l'ivoire de Milan est sans aucun doute possible une image allégorique du Saint-Sépulcre, son caractère mimétique de l'architecture réelle de l'édicule est plus complexe à affirmer. Il souligne en effet que ces formes – association d'un niveau bas cubique et d'un niveau supérieur cylindrique – correspondent aussi à l'imagerie classique des mausolées antiques. Cette reprise d'une iconographie antique est encore renforcée par la présence des lourds vantaux, dont un ouvert, que l'on retrouve aussi dans le monde funéraire païen. Sans remettre en cause cette théorie, ni pouvoir confirmer ou infirmer l'analyse entreprise sur les dispositions originales de l'édicule qui, faute de sources probantes et d'analyses archéologiques, restent toujours indéterminées, on peut cependant relever qu'il ne paraît pas illogique d'observer la reprise de codes iconographiques empruntés à la culture païenne et de les voir adaptés à la culture chrétienne.

La plaque de triptyque conservée à Munich[310], datée des environs de 400, emprunte elle aussi aux architectures funéraires classiques. Là encore, l'édifice servant de cadre architectural au tombeau s'élève sur deux niveaux, un premier de section carrée et le second circulaire, en tholos. Il est encadré des deux gardes du tombeau, endormis sur le monument, et est précédé de la figure de l'homme assis, esquissant un geste de bénédiction en direction des Saintes Femmes (à droite).

Les dispositions générales de l'édifice et la précision des détails de l'architecture (médaillons, niche, appareillage…) renvoient à l'emploi d'un archétype funéraire utilisé par l'artiste pour figurer le tombeau du Christ dont il ne connaissait sans doute pas les éléments constitutifs réels.

---

[310] Vers 400, ivoire, Bayerisches Nationalmuseum (Munich) inv.-Nr. MA157. Voir BECKWITH, *Early Christian and Byzantine Art*, p. 51 ; Wladimir PETKOWIC, *Ein frühchristliches Elfenbeinrelief im Nationalmuseum zu München*, Kammerer, Halle 1905. Dans ce dernier l'auteur revient notamment sur l'iconographie des Saintes Femmes au tombeau dans l'art paléochrétien et les occurrences de ce type de scène dans les ivoires. Il ne s'attarde en revanche pas sur la forme architecturale du Sépulcre qu'il définit uniquement comme archétypal et qu'il interprète comme un modèle postérieur de l'art carolingien et ottonien.

De quelques années postérieures aux plaques de Milan et Munich, celle du British Museum (Londres)[311] obéit au même principe et présente un certain nombre de caractéristiques communes dans la figuration de l'architecture. Adoptant le même plan à deux niveaux d'élévation, cette figuration se distingue des autres par l'emploi des vantaux ouverts, laissant apercevoir, à gauche, le sarcophage vide auquel fait écho le bas-relief de la résurrection de Lazare à droite.

Même si ces trois cas exemplaires[312], réalisés peu après la construction du complexe constantinien, démontrent l'utilisation d'archétypes architecturaux funéraires pour figurer le tombeau du Christ, ils témoignent surtout du recours à l'architecture comme identifiant de la Résurrection. Au cours des siècles suivants, l'emploi d'architectures funéraires plus ou moins génériques comme évocation du Sépulcre au matin de Pâques perdure et tend à acquérir, de plus, un contenu symbolique et liturgique. À travers eux, c'est la mise en place progressive des principales composantes d'une iconographie de Pâques (visite des Saintes Femmes principalement) qui est illustrée.

### Figurations funéraires

L'emploi d'archétypes funéraires ou d'architectures honorifiques semblables à ceux employés pendant l'Antiquité tardive pour figurer le tombeau du Christ perdure au Moyen Âge. Au lieu de présenter une visite des Femmes au tombeau, la plaque boucle de saint Césaire (VIe siècle)[313] est centrée sur le Saint-Sépulcre encadré de deux soldats

---

[311] British Museum (Londres) inv. 1856, 0623.6, Rome, vers 420–430. Figuré au centre de la composition, le tombeau architecturé est cantonné, au premier plan, par les gardes assis le visage tourné vers l'extérieur, et au second, par les Saintes Femmes, la main sur la joue en signe de deuil, le regard tourné vers le Sépulcre. Ce dernier est représenté sous la forme d'une petite architecture à deux niveaux, un niveau bas cubique et un niveau haut de plan circulaire. Celui-ci arbore un moellon régulier (appareillage de brique), percé de deux petites fenêtres en plein cintre. L'ensemble est couvert d'une coupole aplatie aux nervures visibles. Deux colonnes lisses à chapiteaux feuillagés déterminent le registre inférieur au centre duquel s'ouvre une porte rectangulaire à deux vantaux à protomes de lion. Celui de droite, entrouvert, permet de deviner la présence de reliefs renvoyant à la résurrection de Lazare, tandis que celui de gauche, brisé, laisse entrevoir un sarcophage à strigile à l'intérieur. Voir, David BUCKTON, *Byzantium: Treasures of Byzantine Art and Culture from British Collections*, British Museum Press, Londres 1994, p. 59.

[312] D'autres cas datant de la même période auraient pu être présentés ici. Ils obéissent cependant plus ou moins tous à un même schéma iconographique d'architecture idéalisée.

[313] Musée départemental Arles antique, Trésor de Saint-Trophime, Arles, VIe siècle. BONNERY, MENTRÉ, HIDRIO, *Jérusalem, symboles et représentations...*, p. 199 et 203 ; Janic DURAND *Les reliques de saint Césaire d'Arles*, Objet d'art de la saison n°46, 16 novembre 2011–16 février 2012.

*Le Saint-Sépulcre figuré*

endormis. Le moment choisi est intéressant en lui-même. En l'absence des Femmes, il est difficile de savoir exactement à quel instant de l'épisode on se situe, mais leur absence même suggère que la Résurrection est en cours dans le sépulcre fermé. Figuré au sein d'une architecture plus vaste dont on ne distingue que les prémices à l'arrière, l'édicule adopte le type formel des architectures funéraires antiques à deux niveaux, composées d'une base carrée et d'un niveau supérieur circulaire en tholos, le tout couvert d'une coupole conique. La construction insérée dans l'initiale D du sacramentaire de Drogon[314] reprend le même type formel. Posée sur une base moulurée, elle se développe sur deux niveaux, un premier rectangulaire, cantonné de deux colonnes à chapiteaux supportant une corniche haute ; le second, de plan circulaire, est plus étroit et ouvert en portique sous colonnes à l'intérieur duquel on distingue deux Anges assis. L'ensemble est enfin couvert d'une coupole timbrée d'un fleuron. Les gardes, assoupis à gauche, paraissent rejetés de la composition au-delà du tombeau. Devant, l'Ange est assis sur un couvercle de sarcophage et accueille les Femmes qui arrivent de la droite. La même illustration, plus ample, se retrouve plus loin dans le manuscrit (fol 63v) pour accompagner une scène du *Noli me tangere*.

Le Psautier d'Utrecht[315] possède trois figurations du Saint-Sépulcre pour les psaumes 15, 40 et le *Credo* (symbole des Apôtres). Toutes trois reprennent le même archétype

---

[314] B.N.F., ms. lat. 9428, fol 58r, peinture sur parchemin, vers 845–855. Aina Trotzig, « L'apparition du Christ ressuscité à Marie-Madeleine et le drame liturgique. Étude iconographique », dans : *Revue de Musicologie*, t. 86 n°1 (2000), p. 83–104 ; « Trésor du patrimoine écrit », Conférence de l'Institut National du Patrimoine (Charlotte Denoël et Fabrizio Crivello), 9 mars 2010 (non publié).

[315] Bibliothèque de l'université d'Utrecht, Ms. 32. Encre sur parchemin, école de Reims, 825–830 environ. Dans chacune de ces représentations on note la présence d'un Ange ailé et nimbé, assis sur une pierre rectangulaire, qui accueille les visiteurs du tombeau (le plus souvent des femmes). Cependant seul le monument du folio 90r, illustrant le *Credo* (...*mortuus et sepultus est*...), est orné d'une croix culminant au sommet de la construction. Dans le cas du texte du *Credo*, il est bien question du sépulcre du Christ, de celui dans lequel son corps fut déposé et d'où il est ressuscité. La croix sommitale s'explique. En revanche, dans les psaumes 15 et 40, le tombeau figuré évoque d'un côté la corruption du tombeau que le saint ne connaît pas (Ps 15 [16], v. 10), et de l'autre la sépulture du malheureux en butte aux détracteurs et trahi par un ami (Ps. 40 [41], v. 9). Ces deux psaumes sont une préfiguration, pour le premier de la Résurrection, et pour le second de la Passion, ce qui explicite l'emploi du Saint-Sépulcre comme forme architecturale et la présence des Femmes et de l'Ange dans la scène. Dimitri Tselos, « The Influence of the Utrecht Psalter in the Carolingian Art », dans : *Art Bulletin*, vol. 39 n°2 (1957), p. 87–96 ; Koert Van der Horst, William Noël, Wilhelmina C.M.Wüstfeld (éd.), *The Utrecht Psalter in Medieval Art : Picturing the Psalms of David*, HES, Utrecht 1996 ; Élisabeth Ruchaud, *L'architecture dans le psautier d'Utrecht*, mémoire de maîtrise sous la direction de Patrick Demouy et Dominique Alibert, Institut Catholique de Paris, Paris 2004.

funéraire tardo-antique visible dans le sacramentaire de Drogon mais y ajoutent une variation due à l'emploi de la perspective illusionniste pour créer une succession de plans dans la composition[316]. En effet, une base rectangulaire, vue dans la perspective, remplace le plan carré des représentations antérieures. Couvert en berceau, ce vaisseau unique, percé d'ouvertures (fenêtre au folio 8r et portes aux folios 24r et 90r) laissant voir l'intérieur du tombeau, est surmonté d'une tour-lanternon couverte d'une coupole hémisphérique plate.

Les artistes des XI$^e$ et XII$^e$ siècles ont à leur tour remployé dans leurs illustrations de la Résurrection (*Visitatio* ou *Noli me tangere*) des archétypes architecturaux fictifs issus de l'architecture funéraire antique. Le thème de la Résurrection apparaît sur un plat de reliure conservé à Budapest[317]. On y retrouve la forme architecturale funéraire déjà évoquée se développant sur deux registres, un premier carré servant de base et un second, circulaire pour recevoir la coupole. Ce qui est sans doute le plus remarquable dans cet ivoire, et que l'on retrouve plus ou moins à la même échelle dans d'autres exemplaires[318], est le détail de l'élévation à trois niveaux du registre inférieur. Le caractère très décoratif de cette façade pourrait faire penser à une tour-porche carolingienne[319]. Mais la comparaison avec d'autres figurations du même type et l'abondance des détails décoratifs suggèrent qu'il est plus question ici d'une libre interprétation d'un schéma iconographique commun, celui des mausolées à l'antique, que d'une transposition voulue de formes contemporaines. Cependant, provenant des ateliers de Saint-Gall, cet ivoire relève sans doute d'une iconographie mixte de stéréotypes anciens et de motifs contemporains.

Un second archétype funéraire, circulaire, dérive de formes architecturales funéraires. Dans le plat de reliure du Metropolitan de New York[320], daté des environ de 870 et réalisé par l'école messine, la scène de la Résurrection occupe le registre inférieur sous une grande Crucifixion. Le sépulcre adopte la forme d'une rotonde en petit

---

[316] RUCHAUD, *L'architecture dans le psautier d'Utrecht*, p. 12–18.
[317] Provenant de Saint-Gall, Musée de la ville de Budapest, ms. 26, vers 900.
[318] Comme la Crucifixion du plat de reliure de South Kensington, Victoria and Albert Museum, inv. 250-1867. École de Metzt, vers 860–870.
[319] C'est l'interprétation qu'en a donné Carol Heitz. HEITZ, *Recherches sur les rapports...*
[320] Cloisters, Metropolitant Museum New York, inv. 1974.266 école de Metz, vers870. Danielle GABORIT-CHOPIN, *Ivoires du Moyen Âge*, Office du Livre, Fribourg 1978, p. 190.

appareillage de pierre régulier surmontée d'une coupole conique légèrement aplatie reposant sur un tambour percé. Au rez-de-chaussée, la large porte ouverte permet de voir le sarcophage vide à l'intérieur. Ce même schéma iconographique se retrouve sur des ivoires plus tardifs tel que le diptyque de Milan[321] où le sépulcre est figuré à deux reprises, une fois fermé et entouré de gardes à l'image de la boucle de saint Césaire, et une seconde fois ouvert précédé de l'Ange accueillant deux Marie.

Ce type de figuration en rotonde pourrait être compris comme une reprise plus « consciente » du modèle hiérosolymitain. Il est vrai que le choix du plan circulaire pour figurer le tombeau semble plus pertinent comparé au modèle original. Cependant, la forme même de la rotonde à coupole est, comme nous l'avons déjà évoqué à propos du Saint-Sépulcre lui-même, une forme classique de l'architecture funéraire antique. Les mosaïques de Saint-Apolinaire-le-Neuf à Ravenne (VIe siècle), présentent ainsi une iconographie générale et un emploi de l'architecture en particulier, qui reprennent des codes tardo-antiques. Le sépulcre est figuré sous la forme d'une tholos simple à quatre colonnes sous portique à l'intérieur duquel apparaît une dalle rectangulaire posée à la transversale qui renvoie au couvercle du sarcophage à présent ouvert. Le vide du tombeau est alors implicitement suggéré.

L'emploi de cette forme architecturale évolue après la période carolingienne. L'*antependium* de la chapelle d'Aix[322], a été réalisé vers 1020 sans doute pour l'abbaye de Fulda. Achevant le cycle iconographique de la Passion qui entoure la figure du Christ ressuscité dans une mandorle, la *Visitatio Sepulchri* reprend la même composition que celle déjà vue dans le sacramentaire de Drogon[323]. La structure simplifiée du

---

[321] Trésor de la cathédrale de Milan, école carolingienne, fin du IXe siècle ou début du Xe. HEITZ, *Recherches sur les rapports...*, p. 218 ; GABORIT-CHOPIN, *Ivoires du Moyen Âge*, p. 186. Voir aussi l'ivoire des Saintes Femmes au tombeau, Cloister, Metropolitan Museum New York, inv. 1993.19, daté du Xe siècle et provenant de Milan. L'élévation à deux niveaux adoptée ici est une reprise d'un archétype funéraire à l'antique. L'attitude des trois femmes est aussi à relever. Traduisant un véritable mouvement d'arrivée, de la position debout à la *proskynèse*, elles pourraient être interprétées comme étant la représentation d'une seule et même femme, Marie-Madeleine, dont le mouvement d'hommage serait vu à trois moments différents. Peter BARNET, Nancy WU (éd.), *The Cloister. Medieval Art and Architecture*, The Metropolitan Museum of Art, New York 2007, p. 27.

[322] Trésor de la chapelle palatine d'Aix-la-Chapelle, Fulda (?), vers 1020 (or repoussé). Louis GRODECKI, *Le siècle de l'an mil (950–1050)*, Collection « Univers des formes », Gallimard, Paris 1973, p. 296 fig. 307 ; Suse REICHEL, *Das Klaren-Antependium in Aachen*, Munich 1976.

[323] Les soldats endormis sont figurés à gauche, derrière le tombeau devant lequel est assis l'Ange qui accueille deux Marie qui arrivent de la droite.

monument pourrait s'apparenter à un simple baldaquin mais son isolation du reste de la scène ainsi que la toiture complète qui le couvre en fait un monument à part entière. Le tombeau adopte la forme d'une tour circulaire à un étage, entièrement ouverte sur sa face principale, et couverte d'une coupole à lanternon. À l'intérieur, les linges enroulés paraissent suspendus. Au-dessus de l'Ange, un médaillon timbré d'un buste sert de point de départ à trois rayons reliant les Femmes, l'Ange et le tombeau.

De ce modèle initial, dérivent aussi les représentations que l'on pourrait définir de tour lanterne. L'autel portatif conservé au Hessisches Landesmuseum de Darmstadt[324] illustre cette mutation des formes. Adoptant un plan circulaire en rotonde, cette tour est couverte d'une haute coupole conique surmontée d'un lanternon. La silhouette très effilée conférée à l'ensemble par la haute toiture conique et la simplicité du registre inférieur simplement percé d'une porte ouverte, ne sont pas sans rappeler l'aspect de certaines lanternes des morts[325]. Ce type formel est ainsi vraiment à interpréter comme la variation d'une architecture funéraire.

Les chapiteaux ornés des églises auvergnates sont un autre cas de figuration du Saint-Sépulcre qui présente l'utilisation d'une architecture stéréotypée[326]. Le développement de ces formes dans un cadre régional exclusif peut sembler dans un premier temps pro-

---

[324] Darmstadt, Hessisches Landesmuseum, Kg. 54:221, sans doute produit à Cologne, troisième quart du XI<sup>e</sup> siècle. Située sur une plaque d'ivoire ornant les parois latérales d'un autel portatif, la scène de la visite des Saintes Femmes (visibles à droite) fait suite à une scène de Crucifixion et précède celle de l'apparition du Christ à saint Thomas et aux pèlerins d'Emmaüs. Christoph STIEGEMANN (éd.), *Canossa 1077 – Erschütterung der Welt Geschichte, Kunst und Kultur am Aufgang der Romanik auf dem Weg nach Canossa*, Paderborn 2006, p. 390–392 n°483.

[325] En particulier celle de Sarlat (Dordogne) qui reprend le même principe de base circulaire relativement massive surmontée d'une haute couverture conique.

[326] Avital HEYMAN, « The Representation of the Holy Sepulchre in Auvergnat Romanesque Sculpture: a Reflection of Crusader Patrons », dans : Michel BALARD (éd.), *Autour de la Première Croisade. Actes du colloque de la Society for the Study of the Crusades and the Latin East, 22–25 juin 1995*, Édition de la Sorbonne, Paris 1996, p. 633–642. Jérôme BASCHET, Jean-Claude BONNE, Pierre-Olivier DITTMAR, « *Iter* et *Locus*. Lieu rituel et agencement du décor sculpté dans les églises romanes d'Auvergne », *Images re-vues. Histoire, anthropologie et théorie de l'art*, hors-série 3, 2012 ; Jérôme BASCHET, Jean-Claude BONNE, Pierre-Olivier DITTMAR, *Le monde roman : par-delà le bien et le mal*, éditions Arkhé, Paris 2012. Le chapiteau de Saint-Austremoine est un cas particulier, les restaurations entreprises dans l'église au XIX<sup>e</sup> siècle ont presque entièrement modifié le Saint-Sépulcre visible dans le chœur, ce qui l'exclut de notre étude. Voir, Armand G. MALLAY, *Essai sur les églises romanes et romano-byzantines du département du Puy-de-Dôme*, P.-A. Desrosiers, Moulins 1841.

blématique pour en retracer la filiation. Les sépulcres de Mozac[327] et Saint-Nectaire[328] sont presque totalement identiques. Sur de massives fondations maçonnées, s'étend un édifice barlong dont la façade est ouverte par deux arcs en plein cintre retombant sur des demi-colonnes plaquées sur des piliers carrés et entre lesquelles pendent des tentures et des lampes. L'ensemble est couvert en bâtière et complété d'un lanternon formé d'une baie géminée et coiffé d'une coupole conique.

Le chapiteau de Saint-Julien de Brioude[329] reprend un même schéma général mais diffère dans certains détails. Ainsi les arcades de la façade retombent-elles sur deux demi-colonnes plaquées aux extrémités et une colonne libre au centre. La toiture en bâtière repose sur une corniche à modillons et est percée au centre d'une petite lucarne que l'on retrouve aussi dans le couvrement du lanternon. Contrairement aux exemples de Mozac et de Saint-Nectaire, aucun voile ou lampe ne viennent masquer l'intérieur du monument où l'on distingue une cuve de sarcophage.

Le plan centré choisi pour figurer le Saint-Sépulcre dans les églises auvergnates semble correspondre à l'architecture mise en œuvre dans ces mêmes églises. L'emploi d'un bâtiment barlong surmonté d'un lanternon, sans être une copie de l'architecture contemporaine régionale, reste malgré tout relativement éloigné des canons habituels de représentation du Saint-Sépulcre. Cette iconographie développe donc un nouveau schéma d'architecture funéraire, prenant des libertés certaines avec les modèles paléochrétiens et ne se rattachant pas pour autant à une image du modèle hiérosolymitain.

---

[327] Abbaye Saint-Pierre de Mozac, Puy-de-Dôme, deuxième quart du XIIe siècle. BASCHET, BONNE, DITTMAR « Chapitre II – Saint-Pierre de Mozat : entre dignité du monde terrestre et harmonies cosmologiques », dans : « *Iter* et *Locus*… », *Images Re-vues* ; Bernard CRAPLET, *Auvergne romane*, Abbaye de la Pierre-qui-Vire, Zodiaque 1992, p. 119-127 (fig. 57-58) ; Matthieu PERONA, *L'abbaye royale des bénédictins de Mozat au Moyen Âge (histoire, vie monastique et architecture de 533 à 1516)*, Club historique mozacois, Mozac 2004 ; Zygmut SWIECHOWSKI, *Sculpture romane d'Auvergne*, Clermont-Ferrand, de Bussac 1973, p. 332-348.

[328] Priorale de Saint-Nectaire, Puy-de-Dôme, première moitié du XIIe siècle. BASCHET, BONNE, DITTMAR, « Chapitre III – Saint-Nectaire : déploiements figuratifs et auto-glorification de l'Ecclesia », dans : « *Iter* et *Locus*… », *Images Re-vues* ; CRAPLET, *Auvergne Romane*, p. 103-110 (fig. 15) ; G. ROCHIAS, *Les chapiteaux de l'église de Saint-Nectaire : étude iconographique*, Caen, H. Delesques 1910, p. 10-13.

[329] Abbaye Saint-Julien de Brioude, Haute-Loire, XIIe siècle. CRAPLET, *Auvergne Romane*, p. 229-278 (fig. 104).

Il serait tentant d'établir un lien entre l'apparition de ces stéréotypes et la prédication d'Urbain II en 1095. Si il est indéniable que le passage du Pape en Auvergne a sans aucun doute marqué les esprits, il serait hasardeux et réducteur de voir dans ce renouveau de l'iconographie auvergnate une réponse isolée à l'appel à la croisade[330].

Figurations liturgiques

Les éléments de la *Visitatio* liturgique se fixent petit à petit dans l'iconographie à partir de représentations funéraires auxquelles s'ajoutent des détails plus ou moins contemporains renvoyant à la pratique. Il faut ainsi relever que l'emploi d'une architecture, plus ou moins développée ou jouant un rôle central dans la composition, pour évoquer le tombeau du Christ paraît très tôt réservé aux scènes post Résurrection.

La multiplication des images autour du thème de la Résurrection à l'époque carolingienne correspond à l'épanouissement de cette nouvelle iconographie liant l'architecture monumentale à la liturgie s'y déroulant. Parallèlement au développement d'une liturgie pascale fondée sur un modèle hiérosolymitain de « stations » correspondant aux diverses étapes de la montée du Christ vers sa Résurrection, l'architecture carolingienne s'adapte à ces nouvelles données par le biais de solutions innovantes dont la pérennité et l'influence sont à souligner. L'étude de ces figurations que nous qualifierons de « liturgiques »[331], ne peut être entreprise et comprise qu'à la lumière des recherches de Carol Heitz[332] sur les rapprochements et les réflexions communes existant entre la création architecturale carolingienne et l'évolution de la liturgie gallicane et romaine. Il a en effet vu dans le développement de certaines productions artistiques de la période carolingienne (IX$^e$–X$^e$ siècles principalement), obéissant à un même schéma, une traduction de ces avancées. Se fondant sur une analyse précise des données architecturales et archéologiques, il en déduit la fonction en se référant aux cérémonies que ces antéglises pouvaient abriter et dont on trouve un écho dans les

---

[330] HEYMAN, « The Represantation of the Holy Sepulchre… », dans : BALARD (éd.), *Autour de la Première Croisade…* p. 637–639.

[331] Cette dénomination arbitraire vise avant tout à rassembler sous une même acceptation un certain nombre d'œuvres (orfèvrerie, ivoire, sculpture…) dont le dénominateur commun est la transposition, dans un espace tant réel (architecture monumentale carolingienne) que symbolique (visite des Saintes Femmes), des principes de la liturgie pascale. Des motifs semblables peuvent être relevés concernant d'autres fêtes chrétiennes (Noël, Ascension…etc.).

[332] HEITZ, *Recherches sur les rapports…* ; ID., *L'architecture religieuse carolingienne…*

arts précieux (ivoires, manuscrits, etc.). Sans reprendre cette analyse dont la pertinence n'est nullement remise en cause, ou le rapport qu'il a pu établir entre l'architecture et l'iconographie carolingienne et ottonienne, le but est ici de présenter quelques-uns de ces exemples démontrant une utilisation particulière de certaines formes architecturales dans un contexte annexe à sa fonction originelle et de voir leur importance dans la diffusion et l'appréhension du Saint-Sépulcre[333].

C'est naturellement autour de la visite des Saintes Femmes que se cristallise une iconographie du tombeau adoptant certaines formes spécifiques. Épisode biblique transposé dans la liturgie pascale, l'architecture qui lui est liée renvoie à la liturgie selon deux variantes : la *Turris* occidentale isolée (*Westwerk*), ou intégrée dans un complexe ecclésial plus important.

À partir du VIIIe siècle, les images de la Résurrection impliquant la présence du Saint-Sépulcre incorporent des dispositions monumentales contemporaines. Ce processus de réactualisation de l'épisode biblique par l'évocation d'architectures reconnaissables par les contemporains se situe dans la continuité des principes mis en place dès l'Antiquité tardive à travers l'utilisation d'architectures honorifiques funéraires pour figurer le Sépulcre à Pâques. Mais dans le cas des représentations carolingiennes, ce type de remploi formel ne répond pas à une simple banalisation des monuments dans un contexte iconographique. Et si ces *Turris* paraissent, dans un premier temps, dériver des constructions funéraires classiques, elles procèdent en réalité d'une toute autre dynamique et répondent à l'interprétation de la liturgie stationnale hiérosolymitaine et son adaptation occidentale.

Au début du IXe siècle, le monastère de Centula Saint-Riquier illustre cette évolution de la liturgie et l'adaptation du cadre architectural qu'elle nécessite. Formé de trois églises regroupées autour du cloître (abbatiale, Sainte-Marie et Saint-Benoît), c'est plus particulièrement le double vocable de l'église principale, dédiée à saint Riquier (est) et au Saint-Sauveur (ouest), qui retient l'attention. L'oratoire occidental, situé dans un massif à plusieurs niveaux (*Westwerk*) accueillait en particulier tout ou partie des cérémonies entourant celles de la fête de Pâques (liturgie de la Semaine sainte). À partir

---

[333] L'objectif est ici de présenter une synthèse de ces recherches et de l'apport de l'art dans la compréhension du phénomène. Les œuvres présentées et utilisées sont une sélection loin de pouvoir être exhaustive mais qui doit permettre de distinguer certains types de représentations et d'architectures employées pour figurer le Sépulcre et la Résurrection.

de cet exemple, Carol Heitz a pu démontrer que ces massifs occidentaux carolingiens et leurs dérivés plus tardifs, de par la liturgie spécifique qui s'y déroule, étaient des réminiscences de l'Anastasis de Jérusalem dont ils reproduisaient la fonction symbolique à travers notamment une adaptation formelle[334]. Ainsi certaines images de la Résurrection ont elles plusieurs sens de lecture. Un premier est l'illustration du mystère en tant que tel, les Saintes Femmes découvrant le tombeau vide et l'Ange leur signalant le départ du Ressuscité. Le second est la représentation réelle du jeu de Pâques. Le plat de reliure supérieur des péricopes d'Henri II[335], sculpture sur ivoire datée de la fin du IX$^e$ siècle (vers 870) et provenant des ateliers de Saint-Denis, présente une iconographie centrée sur la Crucifixion et la Résurrection du Christ comme porteuses du Salut. Au centre, le sculpteur a figuré la visite des Saintes Femmes au tombeau accueillies par l'Ange. Mis en valeur par une architecture élancée, posée sur un haut soubassement, le Sépulcre s'apparente à une véritable *Turris* occidentale. De plan carré, elle s'élève sur trois niveaux en retrait les uns par rapport aux autres pour finalement s'achever sur un dôme de section carrée. La porte ouverte au rez-de-chaussée laisse voir l'intérieur du tombeau et en particulier les *linteamina*[336], ces bandes de tissus figurant le Linceul roulé du Christ, seul élément tangible de la Résurrection. Heitz reconnaît dans cet exemple les portraits des clercs rejouant le drame de Pâques. Sans reprendre les codes de représentation des Saintes Femmes qui paraissent ici être véritablement des femmes, l'ivoire de Baltimore (870–880)[337] présente le même type de construction étagée de plan carré. Malgré une usure importante, l'analyse de l'architecture, entreprise par

---

[334] Heitz, *Recherches sur les rapports...*, p. 161–167 ; Id., *L'architecture religieuse carolingienne....*, p. 51–62 et en particulier p. 61–62. Le cas de Centula Saint-Riquier est particulièrement intéressant puisque l'abbaye carolingienne, fondée sous le règne de Charlemagne par Angilbert, est relativement bien connue grâce à quelques documents iconographiques et aux fouilles archéologiques. Mais c'est surtout avec l'*Institutio de diversitate officiorum* dans lequel Angilbert expose le programme liturgique de l'abbaye que cette analyse a pu être entreprise et a permis de comprendre l'utilisation des massifs occidentaux carolingiens.

[335] Munich, Staatsbibliothek, cod. Lat. 4452, atelier de Saint-Denis, vers 870. Heitz, *Recherches sur les rapports...*, p. 212–213 ; Id., *L'architecture carolingienne...*, p. 214–216 (fig. 170) ; Danielle Gaborit-Chopin, *Ivoires du Moyen Age*, Office du Livre, Fribourg 1978, p. 64 et 189.

[336] Le terme latin renvoie au linceul enroulé figuré à l'intérieur du tombeau et visible dans la majorité des exemples retenus ici.

[337] Walters Art Gallery, Baltimore, inv. 71. 142, Nord de la France (Abbaye de Maroille?), vers 870–880. Heitz, *L'architecture carolingienne...*, p. 216 ; Marie-Christine Sepière, *L'image d'un Dieu souffrant, IX$^e$–X$^e$ siècles : aux origines du crucifix*, Cerf, Paris 1994, p. 209–212.

Philippe Verdier au début des années 1960[338], a souligné très tôt les liens existant entre ce type de représentation et les *Westwerke* carolingien. D'autres exemples, dont certains plus tardifs, adoptent la même forme architecturale pour évoquer le Saint-Sépulcre. Dans le folio 15v du Sacramentaire d'Henri II[339], le Saint-Sépulcre occupe presque tout l'espace de la composition. Parfaitement centré dans la miniature en pleine page, il divise l'espace de la représentation entre monde terrestre, incarné par les Femmes à gauche, et monde céleste, en la personne de l'Ange à droite. Les soldats sont, quant à eux, réduits à des éléments décoratifs venant cantonner le registre supérieur de l'édifice. De plan carré et adoptant une élévation à plusieurs niveaux, cette figuration du Sépulcre appartient au même type de représentations que celles déjà évoquées. Mais à cet emprunt d'éléments contemporains, s'ajoute cette division de l'espace qui replace le tombeau du Christ comme point de convergence entre les réalités terrestres et célestes.

Daté de la même période, le plat de reliure de la cathédrale de Toul[340] présente une iconographie centrée sur la Crucifixion (registre supérieur) et la *Visitatio* (registre inférieur). Tout comme dans le sacramentaire d'Henri II, le Sépulcre occupe l'espace central et est formé d'une base carrée massive percée d'une porte cintrée aux battants ouverts. Surmonté d'un tambour, il est couronné d'un lanternon à arcades dont la forme effilée est à rapprocher des *tristegum* des tours de Saint-Riquier. De par son emplacement dans la scène, le tombeau joue un double rôle de séparation et de réunification. Il divise l'espace entre l'Ange et les Femmes mais, par le vide qu'il figure (les linges ne sont même pas représentés), il fait office de lien entre les deux groupes, céleste et terrestre.

---

[338] Philippe VERDIER, « Deux plaques d'ivoire de la Résurrection avec la représentation d'un *Westwerk* », dans : *Zeitschrift für schweizerische Archäologie und Kunstgeschichte*, XXII (1962), p. 3–9.

[339] Munich, Staatsbibliothek, cod. Lat. 4456, fol. 15v ; vers 1017. L'ampleur de l'édifice et ses multiples niveaux permettent d'identifier le tombeau à un *Westwerk* carolingien sur le modèle déjà vu des péricopes. La symétrie de la composition organisée autour du sépulcre est à relever. En effet, le tombeau paraît faire office d'axe autour duquel se joignent sans se toucher un registre terrestre (Saintes Femmes) et un céleste (Ange).

[340] Aujourd'hui conservé dans le trésor de la cathédrale de Nancy, ivoire, Xe siècle. Le net rétrécissement de la partie supérieure du tombeau et le portique supportant le couvrement évoquent une silhouette générale proche de celles du massif occidental de Centula Saint-Riquier. Marianne BARRUCAND, « Le trésor de saint Gauzelin à la cathédrale de Nancy », dans : *Le pays Lorrain*, 1982 n°2, p. 102–105.

Un autre type de figuration, reprenant les codes de la représentation liturgique, apparaît à la fin du IXe siècle et trouve les prémices de son expression dans une plaque d'ivoire conservée au Bargello de Florence[341]. Intégralement centrée sur la scène de la Résurrection, le tombeau est figuré dans le registre inférieur, encadré par deux soldats, tandis que la rencontre des Femmes et de l'Ange est située au registre supérieur sur une ligne de terre factice. Constitué d'une tour centrale à trois niveaux d'élévation en retrait les uns par rapport aux autres, il est de plus cantonné de deux tourelles plus petites. L'adjonction de ces deux tourelles de chaque côté de l'élément principal dénote une ouverture du modèle architectural de la *Turris* isolée comme métonymie d'un ensemble vers l'intégration de ce même élément dans un complexe architectural.

Cette utilisation d'un complexe entier pour figurer le seul tombeau est, directement, une reprise des modèles architecturaux contemporains carolingiens à deux pôles, et, plus indirectement, une réminiscence de l'ensemble du complexe hiérosolymitain. Deux plats de reliures, conservés pour le premier à la Bibliothèque nationale[342] et pour le second au musée municipal de Gannat (Allier)[343], tous deux datés de la fin du IXe siècle ou des premières décennies du Xe, intègrent une scène identique de visite au Tombeau dans le registre inférieur. La rencontre entre les Femmes et l'Ange occupe la partie droite de la composition, ce dernier désignant aux visiteuses le sarcophage vide à l'intérieur du sépulcre. Celui-ci est intégré dans un ensemble architectural plus vaste comprenant la rotonde de façade ouverte et à l'arrière un bâtiment barlong et deux tours dont seuls les niveaux supérieurs sont visibles. Cette double figuration, d'un côté d'un évènement biblique et de l'autre d'un modèle architectural contemporain permet de renforcer le principe de réactualisation de l'épisode en le replaçant dans un contexte connu des fidèles et des spectateurs de l'œuvre et ainsi accroître son caractère atemporel.

---

[341] Museo Nazionale del Bargello, IXe siècle. Carol Heitz, « *Sepulchrum Domini* : le sépulcre visité par les Saintes Femmes (IXe–XIe siècles) », dans : Claude Lepelley, Michel Sot (éd.), *Haut Moyen Âge : culture, éducation et société. Études offertes à Pierre Riché*, édition Publidix – éditions européennes, Nanterre 1990, p. 389–400 ; Verdier, « Deux plaque d'ivoire de la Résurrection avec la représentation d'un *Westwerk* », *op. cit.*, p. 3–9.

[342] B.N.F., ms. lat. 9453, vers 860–870. Heitz, *Recherche sur les rapports…*, p. 214–215 ; Sepière, *L'image d'un Dieu souffrant…*, p. 197–200.

[343] Provenant de l'église Sainte-Croix. Musée municipal de Gannat, fin du IXe ou début du Xe siècle. Heitz, *Recherche sur les rapports…*, p. 214–215 ; Sepière, *L'image d'un Dieu souffrant…*, p. 197–200.

Le principe de l'intégration du tombeau comme segment d'une architecture plus ample atteint un autre degré dans la plaque d'ivoire du Bargello[344]. Ici la *Turris* du Sépulcre, de plan circulaire, s'élève sur quatre niveau et devance une série de bâtiments reliés les uns aux autres. Si l'on s'en tient à l'interprétation classique d'un complexe ecclésial carolingien à *Westwerk*, on est étonné de ne pas voir, à l'arrière-plan, de tour achevant la composition ou tout du moins une abside marquant l'axe oriental en contrepoint. Datée du Xe siècle, cette plaque traduit peut-être une évolution des formes architecturales et des aménagements liturgiques. Au lieu de se trouver confronté à un édifice à double orientation carolingien, on serait face à une représentation précoce de complexe ecclésial à rotonde orientale du type de Reichenau Mittelzell (vers 925), Saint-Bénigne de Dijon (fondation en 1001)[345] ou Saint-Pierre de Genève[346]. Même si ces derniers exemples ont une datation plus tardive (début du XIe siècle), l'interprétation de la plaque du Bargello comme un *Ostwerk* indépendant montrerait une réorientation de la liturgie au profit du pôle oriental. Enfin, la localisation du tombeau (visible à travers les *linteamina*) dans la partie inférieure de la *Turris* serait à rapprocher de la fonction funéraire souvent attribuée à ces cryptes en rotonde[347].

Parmi le corpus retenu pour cette étude, un cas particulier retient plus particulièrement l'attention. Le fragment de reliure de Dôle[348] présente, au registre inférieur, un sépulcre architecturé se démarquant des autres types de figurations par une asso-

---

[344] Collection Carrand, Bargello (Florence), inv. 36C, Nord de la France, Xe siècle (XIIe siècle?). GABORIT-CHOPIN, *Ivoires du Moyen Âge…*, p. 148–149 ; HEITZ, *Recherche sur les rapports…*, p. 215–216 ; ID., *L'architecture carolingienne…*, p. 217 ; STIEGEMANN, *Canossa 1077…*, p. 346–348, n°452.

[345] Christian SAPIN, « Saint-Bénigne de Dijon et les cryptes à rotonde au Haut Moyen Âge », dans : Monique JANNET, Christian SAPIN (éd.), *Guillaumes de Volpiano et l'architecture des Rotondes*, édition de l'université de Dijon, Dijon 1996, p. 257–274 ; Carolyn MALONE, « The Rotunda of Sancta Maria in Dijon as 'Ostwerk' », dans : *Speculum*, 75 n°2 (2000), p. 285–317.

[346] Charles BONNET, « La rotonde Saint-Pierre de Genève. Développement architectural d'un chœur des XIe et XIIe siècles », dans : JANNET & SAPIN (éd.), *Guillaumes de Volpiano…*, p. 135–144.

[347] Ce type de construction (crypte ou rotonde orientale) ne revendique pas obligatoirement, comme nous le verrons plus loin, un lien direct avec le Saint-Sépulcre. Il existe cependant une filiation symbolique plus ou moins forte que la fonction funéraire de ces espaces tend à mettre en valeur.

[348] Musée des beaux-arts de Dôle (Jura), inv. 34 ; première moitié du XIe siècle. François AVRIL, Jean-René GABORIT (éd.), *La France romane au temps des premiers capétiens (987–1152)*, Musée du Louvre – Hazan, Paris 2005, p. 57–58 ; GABORIT-CHOPIN, *Ivoires du Moyen Âge…*, p. 93–94 ; Élisabeth RUCHAUD, « Iconographie de l'architecture et architecture en image », dans Jérôme BASCHET, Pierre-Olivier DITTMAR (éds.), *Les images dans l'occident médiéval*, Brepols, Turnhout 2015.

ciation et une superposition de couvrements permettant de déterminer l'agencement d'un complexe ecclésial complet. Le détail de la succession des couvertures, depuis la coupole de la rotonde jusqu'aux tours de l'arrière-plan, permet de placer cette représentation dans le type des figurations à caractère liturgique.

Cette réactualisation permanente des évènements bibliques qu'est la liturgie trouve donc une expression particulière dans l'iconographie. L'emploi de formes architecturales contemporaines, et identifiables comme telles, non seulement permet de souligner l'atemporalité de cette liturgie mais influence aussi la perception occidentale du Saint-Sépulcre. À travers l'analyse des architectures présentes sur les ivoires médiévaux, principal support où se développe ce type iconographique, l'objectif était de démontrer, dans un premier temps, qu'elles sont un miroir de l'architecture monumentale et, dans un second temps, qu'elles rendent compte d'une interprétation distante de l'Anastasis par la liturgie.

Un dernier type de figuration, en « baldaquin », est aussi largement employé pour figurer ou évoquer le Saint-Sépulcre. Cette utilisation de l'architecture réduite à une simple fonction de cadre ne fera pas l'objet d'une analyse détaillée, la forme architecturale retenue pour le Sépulcre étant alors avant tout honorifique et se détachant de son contenu formel en faveur de la scène qu'elle abrite. Ce type de constructions, caractérisées par un encadrement simple entre colonnes supportant un fronton à double rampant ou un ensemble de couvertures (dont le plus souvent une, de plan centré, est sans doute une réminiscence lointaine de l'Anastasis), est présent durant toute la période envisagée mais tend à devenir véritablement prépondérant à la fin de l'époque romane, préfigurant une schématisation de plus en plus marquée de l'architecture-cadre à l'époque gothique.

Un cas particulier reste difficile à classer. Le fragment de relief du prieuré d'Argenteuil[349] présente une image originale du Saint-Sépulcre se déployant autour d'une niche vide percée dans le relief. Trois éléments superposés en forment la structure générale. Une première coupole conique est directement placée au-dessus de la niche et symbolise l'édicule du tombeau. Elle est surmontée d'une seconde coupole conique, plus large, dominée par un haut pinacle timbré d'un fleuron qui évoque la

---

[349] Retrouvé lors de fouilles sur le site en 1952. Musée d'Argenteuil, fin du XIe début du XIIe siècle. Avril, Gaborit (éd.), *La France romane...*, p. 157 n°105.

rotonde du Saint-Sépulcre. L'ensemble de ces deux coupoles s'inscrit sous un vaste arc retombant sur de courtes colonnes à chapiteaux ioniques stylisés. L'interprétation de cet arc est plus problématique. S'agit-il d'une réminiscence de la basilique du Martyrium associée à l'Anastasis ? Ou d'une image précoce des nouveaux aménagements latins (arc de transition) ? La datation incertaine de ce relief, antérieur à 1129[350] sans autre certitude, ne permet pas d'affirmer qu'il s'agit de la dernière hypothèse. Il n'en résulte pas moins que cette figuration mêle tout à la fois image topographique de Jérusalem dans la superposition des coupoles, image liturgique dans l'utilisation du modèle hiérosolymitain pour figurer la *Visitatio* et image funéraire du tombeau vide, l'ensemble prenant place dans un cadre à baldaquin. L'exemple d'Argenteuil montre combien certains de ces éléments sont complexes à analyser et que la catégorisation des œuvres, utile au chercheur, ne doit pas en limiter l'action.

Certains traits distinctifs paraissent donc ressortir quant à l'utilisation de formes architecturales pour figurer le tombeau du Christ. Son iconographie est ainsi principalement liée à deux types de scènes : celles pouvant être définies comme renvoyant aux figurations funéraires d'un côté, et celles ayant trait à la liturgie et traduisant non seulement un épisode biblique mais aussi une pratique de la première.

Si depuis l'Antiquité tardive, les artistes semblent avoir principalement interprété l'Anastasis comme une église de plan centré dont la forme et les détails peuvent varier, certains traits communs, témoins du caractère exceptionnel de cette construction, se retrouvent d'une composition à l'autre. La pierre de l'Ange, conservée dans le sépulcre hiérosolymitain depuis l'époque constantinienne, est un élément iconographique sériel qui se retrouve dans l'ensemble des compositions évoquant la découverte du tombeau par les trois Marie au matin de Pâques. Les témoins matériels de la Résurrection que sont les *linteamina* ou le sarcophage vide (ensemble ou indépendamment), sont aussi un *topos* de la figuration du Sépulcre.

Au XIIe siècle, les artistes paraissent au contraire avoir concentré toute leur attention sur la seule Anastasis en tant que lieu où a reposé le corps du Christ, renforçant ainsi son caractère emblématique au cœur de la foi chrétienne. C'est aussi cette insistance sur l'interprétation du lieu comme Saint Tombeau et non plus comme seul

---

[350] Date du rattachement du prieuré d'Argenteuil à l'abbaye de Saint-Denis sous l'abbatiat de Suger. Le style de la sculpture suggère même une datation sans doute plus ancienne de la toute fin du Xe siècle ou des toutes premières années du XIe siècle.

reposoir de la Résurrection qui entraîne, en Occident, un glissement iconographique des représentations du Saint-Sépulcre en tant que monument vers la mise en scène de la mise au tombeau ou de la déposition du Christ mort[351].

---

[351] Elsa KARSALLAH, *Les Mises au tombeau monumentales du Christ en France (XV<sup>e</sup>–XVI<sup>e</sup> siècles) : enjeux iconographique, funéraire et dévotionnel*, thèse de Doctorat Nouveau Régime sous la direction de madame Fabienne JOUBERT, Université de Paris IV (Histoire de l'art), 2009. Dans sa thèse, madame Karsallah revient sur le développement des Mises au tombeau monumentales qu'elle analyse d'un point de vue stylistique mais aussi en tant qu'objet de dévotion traduisant une évolution des pratiques du pèlerinage à Jérusalem vers un pèlerinage intérieur passant par la méditation sur les évènements de la Passion et de la Résurrection à travers les figures entourant le corps du Christ mort.

# Transferts et Transmissions : le Saint-Sépulcre représenté

4

> « *Le Temple du Seigneur est d'après l'histoire la maison que Salomon a faite ;*
> *d'après l'allégorie le corps du Christ [...] ou son église ;*
> *d'après la tropologie chacun des fidèles [...] ;*
> *d'après l'anagogie la Joie de la Cité Céleste* »[1]

L'architecture est un système de signes qui peut être compris comme une forme de langage à part entière. Le choix d'un modèle architectural, d'un plan ou de motifs décoratifs répond à des critères significatifs devant permettre la compréhension du monument et son insertion dans un ensemble signifiant. Ainsi le choix des formes architecturales obéit-il aux mêmes règles que le langage et doit dépendre de la mise en pratique d'une certaine rhétorique pour être compris et accepté par tous. La recherche du lien entre forme et fonction, structure et sens, a fait l'objet de nombreuses études et monographies revenant sur un ou plusieurs types pour en comprendre le développement et la phénoménologie.

L'iconologie et l'iconographie de l'architecture apparaissent comme un champ de recherche nouveau après la Seconde Guerre Mondiale pour de nombreux auteurs qui voient dans les formes architectoniques un élément symbolique participant et explicitant la liturgie qui s'y déroule. La symbolique des nombres est importante pour établir les liens entre l'église en tant qu'édifice structurel terrestre et son équivalent céleste. Les colonnes et l'espace ecclésial renvoient, par exemple, aux Apôtres et à la Jérusalem Céleste. Se dessinent alors une série de modèles qui paraissent présider à la création d'un certain nombre de formes exceptionnelles, c'est-à-dire sortant du cadre de la liturgie ordinaire et répondant à d'autres impératifs que le seul aspect fonctionnel. Gunther Binding a consacré toute une étude à la figure du maître d'ouvrage comme *Sapiens Architectus*[2]. Il y a démontré comment ces grands commanditaires

---

[1] « *Templum Domini iuxta historiam domus quam fecit Salomon ; iuxta allegoriam corpus Dominicum… sive ecclesia eius… ; per tropologiam quisque fidelium… ; per anagogen supernae gaudia mansionis* » Bède le Vénérable, *De Schamtibus et tropis* II, 2, 12 dans : *CCSL* 123A, p. 168, dans : Gunther Binding, *Der früh- und hochmittelalterliche Bauherr als sapien architectus*, Wissenschaftliche Buchgesellschaft, Darmstadt 1998, p. 381.

[2] Binding, *Der früh- und hochmittelalterliche Bauherr…*

ecclésiastiques ont participé à la conception des édifices et y ont intégré un contenu symbolique, fruit de leurs réflexions et des recherches de leur temps. Dans le cadre de constructions aussi bien monumentales qu'intellectuelles, ils remploient dans leur conception des éléments issus du trivium (grammaire, rhétorique, dialectique) et du quadrivium (arithmétique, géométrie, musique et astronomie), démontrant l'importance d'un langage architectural traduisant des concepts théologiques et eschatologiques[3].

## Rotondes architecturales et constructions monumentales
## Bilan historiographique

Il est très difficile de parler en termes de « copies » pour ce qui concerne l'époque médiévale. Le terme latin même de *copia* ne recoupe pas la même interprétation que son corolaire moderne de « copie ». Le latin médiéval privilégie l'emploi, d'un côté, de deux mots « *exemplar* » ou « *forma* », et, de l'autre, d'expressions signalant un lien de parenté avec le modèle hiérosolymitain du type « *ad formam* » « *ad similitudinem* » « *in modum* »… etc. De plus, les mécanismes de reproduction mécanique des images à l'identique sont encore largement inexistants avant la fin du Moyen Age. Ce manque de précision dans le vocabulaire ne facilite pas l'interprétation de certains bâtiments revendiquant une parenté mais dont les éléments connus ne prédisposent pas à les considérer comme une imitation ou une copie de l'Anastasis. Au XIIIe siècle, Robert Grosseteste a défini la notion de *forma* comme étant « le nom donné au modèle à partir duquel les artistes travaillent et par lequel ils forment par l'imitation son travail à sa ressemblance ». Ainsi une reproduction exacte ne paraît pas être nécessaire pour se revendiquer d'un modèle illustre.

Deux études majeures sont plus particulièrement revenues sur cette problématique et sont encore aujourd'hui considérées comme fondatrices pour les études sur les architectures de plan centré. La première, de Richard Krautheimer, publiée en 1942, est centrée sur la question de l'élaboration des monuments au Moyen Age et leur lien avec les critères esthétiques de l'Antiquité. La seconde, d'André Grabar (1948), tend à

---

[3] À travers l'analyse tout d'abord de quelques grandes figures des IXe et XIe siècles, il définit l'influence de la théologie et celle de l'exégèse dans la conception de grands ensembles ecclésiastiques (Worms, Paderborn, Hildesheim…etc.). Il établit aussi les liens entre l'utilisation de figures allégoriques de l'architecture dans l'Église et les architectures monumentales dans un même discours de compréhension globale des édifices. Dans : BINDING, *Der früh- und hochmittelalterliche Bauherr…*, p. 35 et suivantes, p. 381–417.

souligner les facteurs aboutissant à la mise en place de certaines formes architecturales. Si les méthodes et les buts divergent sur de nombreux points, ces deux études ont fait date dans l'analyse des monuments de plan centré. À leur suite, d'autres historiens ont aussi tenté d'expliciter l'emploi du plan centré dans l'architecture médiévale et d'établir des liens entre ce type de construction et certains modèles prégnants, et en particulier le Saint-Sépulcre. De telles recherches doivent être menées avec précaution. Il faut en effet faire attention à la surinterprétation de certains monuments que l'on serait tenté de rapprocher d'un modèle sans pour autant en avoir de preuves.

## *Deux Théories fondatrices*
### Le Martyrium d'André Grabar

Avec son étude sur le *Martyrium*[4], André Grabar a cherché à analyser les éléments constitutifs de la mise en place de motifs iconographiques et de formes architecturales employés à partir de l'Antiquité tardive et se développant par la suite au cours du Moyen Age.

Dans une longue introduction, l'auteur tente de définir sa démarche par une étude de la relique en ce qu'elle représente une manifestation d'une dévotion médiévale particulière ayant donné lieu à de multiples expressions dépassant parfois même le cadre religieux initial[5]. La définition commune fait de la relique « une chose matérielle, corps d'un saint personnage ou objet quelconque qui avait été en contact avec le Christ ou un saint ». Ainsi la relique appartient-elle au domaine de la matière et du terrestre. Mais si l'objet relique a une nature matérielle, sa valeur intrinsèque provient du fait que « dans le passé il a été rempli pour toujours de la grâce divine, et à ce titre ce fragment de matière appartient au domaine du surnaturel et de l'intelligible ». Il en conclut que « fragment d'un monde supérieur égaré ici-bas, la relique offre au fidèle le moyen de frôler le surnaturel »[6]. Ces deux aspects de la relique dans sa matérialité presque pesante et son contenu spirituel intangible sont complémentaires et indissociables. Le premier insiste sur l'objet en tant que tel tandis que le second renvoie à

---

[4] Grabar, *Martyrium*...

[5] « [...] la croyance en la sainteté bienfaisante des reliques fut l'une des expressions les plus répandues et les plus passionnées de la foi chrétienne et l'origine d'innombrables activités, parfois inattendues et fort éloignées du fait religieux initial » Grabar, *Martyrium*...., p. 11.

[6] Grabar, *Martyrium*..., p. 11.

la piété qui l'entoure. Ainsi, selon lui, tout édifice contenant une relique matérielle[7] commémore une théophanie ce qui lui permet ainsi de le qualifier de *martyrium* en se basant sur le sens originel grec qui renvoie à la notion de « témoin »[8].

Cette ambivalence est intéressante lorsque l'on tente de l'appliquer à la rotonde de l'Anastasis et à l'édicule du tombeau. La relique vénérée est dans ce cas précis physiquement inexistante mais spirituellement fondamentale et c'est l'absence même de matérialité de la relique qui en fait toute sa valeur aux yeux des croyants. Le tombeau du Christ est cependant une relique qui très tôt fait l'objet d'une vénération particulière. L'édicule devient alors, selon la définition de Grabar, la relique « inventée » au sein du cadre monumental de l'Anastasis qui représente ici, selon sa définition, le *martyrium*. La dénomination n'est pas sans problème puisqu'il existe dès le IVe siècle un édifice à ce nom à Jérusalem. Il s'agit bien entendu de la grande basilique à cinq vaisseaux construite par Constantin à l'est du complexe. Sa dénomination renvoie au fait que les principales reliques de la Passion (reliques cette fois-ci matérielles) y étaient conservées et exposées lors de certaines cérémonies. La Rotonde de l'Anastasis serait alors, selon l'approche de Grabar, le *Martyrium* des reliques de la Résurrection. Mais comme nous l'avons déjà souligné dans un chapitre précédent, le reliquaire de l'Anastasis se démarque des autres monuments reliquaires par son absence même de relique matérielle qui en fait toute sa valeur. Il peut même sembler que cette dénomination de *martyrium* concernant l'Anastasis soit une extrapolation certaine du terme. Si le tombeau est considéré, *a posteriori*, comme « relique »[9] de la Résurrection puisqu'ayant contenu le corps du Christ et vu se réaliser la Résurrection, la rotonde de l'Anastasis ne peut alors nullement renvoyer à l'idée de sacrifice et de matérialité véhiculée par tout *martyrium*[10]. Cependant en tant que tombeau, même vidé de toute présence matérielle, le lieu peut être toujours indirectement associé à la notion de *martyrium* telle que l'auteur la définit.

---

[7] Ce qui renvoie à toutes les églises dont le rite de fondation a pour fondement une relique sainte.

[8] L'auteur emploie le terme latin de *martyrium* qui dériverait d'un mot grec *martus* ou *marturos* signifiant « témoin ». Cf. GRABAR, *Martyrium…*, p. 28–31.

[9] Nous avons déjà souligné dans un chapitre précédent combien il est difficile de pouvoir parler de relique à part entière dans ce cas précis.

[10] Dans son analyse des théories de Grabar, Claire Péquignot rejette toute interprétation de l'Anastasis comme potentiel *Martyrium*. Cf. PEQUIGNOT, *Les édifices à plan centré…*, p. 140 et ss.

Pour contourner la problématique, Grabar souligne la parenté existant selon lui entre la dévotion antique des héros et celle chrétienne des martyrs[11]. Or une véritable rupture chronologique existe entre les deux phénomènes. En effet le culte des héros s'est, sous l'Antiquité tardive, progressivement étendu à l'ensemble du culte des morts alors que celui des martyrs ne se développe que plus tard dans le monde chrétien créant un fossé chronologique de près de deux siècles entre les deux phénomènes. Même si il tente d'expliquer la naissance de ce dernier par une nouvelle attitude envers les saints[12] et en se référant à Augustin[13], son interprétation reste encore aujourd'hui sujette à caution. Il semble que, dès les premiers siècles de l'ère chrétienne, la distinction entre saint et martyr ait été envisagée. Les premiers se distinguent par leur vie exemplaire alors que les seconds ont souffert pour leur foi. Sa démonstration reste cependant probante quant à sa problématique et lui permet de réduire son champ d'investigation aux liens existant entre relique et *martyrium* d'un côté et entre *martyrium* et « héros » de l'autre.

Comme cadre de sa recherche, Grabar définit deux périodes correspondant, selon lui, à deux phases d'évolution des monuments. La première, dite « Basse Antiquité », s'étend du IIIe au VIIe siècle et se caractérise par un ensemble de constructions complexes mais cohérentes qui frappe « par la richesse de ses ressources et l'ingéniosité de ses innovations »[14]. La seconde, ou « début du Moyen Age », recouvre les VIIe et IXe siècles, et marque un resserrement des constructions autour d'un noyau initial unique et une fixation des types monumentaux[15]. Cette division chronologique est particulièrement pertinente en ce qui concerne la diffusion du modèle du Saint-Sépulcre en Occident. Ce type architectural créé au IVe siècle s'est, au cours des siècles suivants, fixée peu à peu et a été diffusée via divers media tels que les ampoules de Monza ou l'édicule de Narbonne (Ve siècle)[16] notamment. Il est par la suite réemployé et réinterprété dans différents contextes.

Après avoir évoqué dans un premier chapitre les *Martyria* qualifiés de « primitifs » et qui ont la particularité d'être souterrains et donc apparentés aux catacombes, Grabar

---

[11] GRABAR, *Martyrium...*, p. 31.
[12] GRABAR, *Martyrium...*, p. 32.
[13] GRABAR, *Martyrium...*, p. 31.
[14] GRABAR, *Martyrium...*, p. 21.
[15] GRABAR, *Martyrium...*, p. 24–26.
[16] BONNERY « L'édicule de Narbonne... », *op. cit.*.

entreprend dans un second temps de définir les constructions monumentales qui leur succèdent en les regroupant selon leurs formes[17]. Son inventaire lui permet d'arriver à la conclusion que si toutes ces formes sont déjà préexistantes dans l'architecture romaine, leurs destinations s'adaptent aux nouvelles fonctions qui leur sont dévolues. De plus, il souligne un premier particularisme oriental qui privilégie volontiers, contrairement à l'Occident, l'emploi du plan centré. Il insiste enfin sur la multiplicité formelle des *Martyria* qu'il oppose à l'unicité du plan basilical et y voit là la preuve d'une prolongation de l'utilisation des formes héroïques.

Mais c'est principalement son troisième chapitre qui retiendra notre attention. Celui-ci est entièrement consacré aux fondations constantiniennes d'Antioche, Constantinople, Jérusalem ou Rome[18]. Le complexe du Saint-Sépulcre, de la basilique du Martyrium à la rotonde de l'Anastasis, fait l'objet d'un long développement et permet à l'auteur d'expliciter son propos. Il débute son analyse par un rappel historique de la redécouverte du tombeau par sainte Hélène puis de la construction des édifices telle qu'elle est décrite par Eusèbe de Césarée dans sa *Vita Constantini*[19]. Il s'intéresse ensuite à l'emplacement du complexe au cœur de la cité et sur la mosaïque de pavement de Madaba. Si l'ensemble est situé au nord-ouest de la ville sainte à proximité du centre romain, il est figuré au centre dans la mosaïque. Selon lui, cette adaptation manifeste une nette volonté de magnifier le Saint-Sépulcre au cœur de la cité chrétienne (par opposition à la cité hébraïque et païenne).

Il rappelle aussi que les sanctuaires constantiniens appelés « Jérusalem » marquent l'endroit précis de la défaite de la Mort par le Christ. Cette centralité permet d'identifier le Sépulcre à la Jérusalem mystique, la Jérusalem Céleste décrite dans l'Apocalypse de Jean. C'est ce lien symbolique fort qui domine au cours de l'édification du complexe.

Il utilise cette image pour opérer une mise en relation entre l'Anastasis et le mausolée de Constantin à Constantinople. Comparant les constructions et leur emprise dans le réseau urbain, Grabar fait de l'Anastasis l'*héroon* d'un fondateur, dans ce cas précis le Christ fondateur de la cité Céleste. Cependant sa démonstration s'appuie principalement sur la comparaison d'un urbanisme réel, ceux de Constantinople et

---

[17] GRABAR, *Martyrium...*, p. 76–203.
[18] GRABAR, *Martyrium...*, p. 204–313.
[19] GRABAR, *Martyrium...*, p. 234–236.

du mausolée impérial, et d'une image allégorique, celle idéalisée de la mosaïque de Madaba. Si cette dernière permet effectivement de mettre en valeur le caractère central d'*umbilicus mundi* de la rotonde dans la cité sainte, son implantation réelle légèrement excentrée rend l'analyse de l'auteur moins convaincante. L'auteur réemploie les divers éléments à sa disposition pour parvenir à sa conclusion. Il souhaite démontrer que l'Anastasis est un *héroon* sans pour autant tenir compte des données historiques et archéologiques à sa disposition. Ainsi la comparaison des monuments lui permet d'établir un lien entre *Martyrium* et *héroon*. Il se base sur le récit d'Eusèbe de Césarée concernant la fondation des trois ensembles célébrant les trois grandes « théophanies » du Christianisme : la grotte de la nativité à Bethléem, la grotte de l'Ascension au Mont des Oliviers, et la grotte du Sépulcre et de la Résurrection[20]. C'est autour des deux derniers éléments que la ville chrétienne se sera structurée et c'est l'interaction entre ces divers lieux et les constructions qui vont y être entreprises qui nous intéresse.

Ayant analysé le *Martyrium* de Bethléem et comparé avec les Saints-Apôtres de Constantinople, Grabar entreprend une étude plus complète de l'ensemble des édifices du Golgotha. Contrairement à la construction de Bethléem, les différents bâtiments, quoique regroupés, restent ici indépendants les uns des autres.

Pour son étude de l'Anastasis, Grabar se fonde principalement sur les conclusions et observations d'Abel et Vincent qu'il agrémente de remarques personnelles. Il revient tout d'abord sur le plan en lui-même et l'absence de mentions de plan circulaire chez Eusèbe. Selon lui il ne fait aucun doute que le Saint-Sépulcre est dès l'origine conçu comme une rotonde, il en veut pour preuve le récit d'Égérie (385), et les fondations encore visibles aujourd'hui, datant bien de l'époque constantinienne. Il se concentre ensuite sur le récit d'Arculfe qui est le premier pèlerin à clairement signifier la forme circulaire du mausolée et à la reproduire en plan[21]. C'est aussi Arculfe qui note la séparation intérieure de la rotonde en trois parties : un espace central et deux couloirs concentriques séparés par une colonnade. Cette description n'en reste pas moins relativement sommaire et architectoniquement insuffisante. Une tribune supérieure était superposée à ces deux espaces circulaires et servait certainement de contrebutement visant à assurer la stabilité de l'édifice et à recevoir les forces de la coupole. Cet

---

[20] GRABAR, *Martyrium...*, p. 242-243.
[21] GRABAR, *Martyrium...*, p. 258-259.

agencement, comme le note Grabar, n'est en rien novateur ou original mais reprend un schéma classique de mausolée antique[22]. Cet emploi de la tribune pour contrebuter les poussées du couvrement d'un espace circulaire sous-entend par extension la présence d'un déambulatoire autour de l'espace central en partie basse. Ainsi, les mausolées romains à collatéraux concentriques multiples (généralement double) peuvent-ils être considérés, selon Grabar, comme des antécédents du Saint-Sépulcre. Cette parenté architecturale se trouverait alors justifié par le fait que l'Anastasis, en tant que mausolée de fondateur, se trouve dans la lignée symbolique des mausolées impériaux de l'Antiquité tardive. Dans cette analyse, les couloirs concentriques, ou *ambulacra*, dont il est fait ici mention, renvoient au double déambulatoire de la rotonde et à la tribune qui les surplombe.

Ce rapprochement, quoique probant, ne peut se suffire à lui-même. Comme le souligne Grabar lui-même dans son introduction, le siècle de Constantin est un vivier de formes architecturales issues du monde romain que les architectes vont remployer dans le nouveau contexte chrétien. Il semble alors logique à l'historien de voir l'utilisation d'un mausolée de plan centré pour commémorer le lieu même de la sépulture du Christ. De même l'emploi de certaines solutions architectoniques – tels que les déambulatoires multiples, la tribune et le mur intermédiaire pour recevoir le couvrement en coupole… etc. – paraît abonder dans le sens de l'auteur mais ne s'avère peut-être pas être une donnée suffisante pour en tirer des conclusions définitives. L'analyse des sources textuelles, associées aux recherches archéologiques, a permis de souligner la difficile interprétation du monument primitif et de ses possibles influences. Ainsi, si l'idée de faire de l'Anastasis une déclinaison classique de tombeau de fondateur paraît idéologiquement envisageable, les analyses architecturale et archéologique en montrent malgré tout les limites.

C'est ensuite naturellement aux dispositions internes de la rotonde qu'André Grabar s'intéresse et plus particulièrement à l'édicule central couvrant la pierre du tombeau. Soulignant l'attention dont il fut l'objet dès l'origine[23], il insiste sur le fait que

---

[22] Pour comparaison, Grabar renvoie à des constructions centrées de même type tel que le mausolée de Dioclétien à Split ou celui de Constance à Rome. GRABAR, *Martyrium*…, p. 259–260.

[23] Si Eusèbe de Césarée ne fait aucune description du plan ou de l'élévation de la Rotonde, il s'attarde en revanche sur la « relique » au cœur du complexe ; cf. GRABAR, *Martyrium*…, p. 264.

pendant longtemps ce ne fut que lui qui fit l'objet de représentations ou de copies plus symboliques et allégoriques que réellement fidèles ou conformes. Ainsi dans la figuration des Saintes Femmes au tombeau au matin de Pâques, on retrouve les mêmes caractéristiques architecturales de chaque monument. Il s'agit d'un mausolée composé d'une base carrée et surmonté d'un étage circulaire[24].

Même si cette hypothèse, aujourd'hui considérée comme ancienne, d'un lien entre relique et martyrium a, naturellement, nécessité depuis réajustements et corrections, il n'en reste pas moins que cette étude a permis de relier les évolutions architecturales des premiers siècles aux croyances et à la mise en place de la liturgie chrétienne. Grabar a aussi attiré l'attention des chercheurs sur l'importance des fondations constantiniennes (Rome, Jérusalem, Constantinople) comme vecteur d'adaptation des formes antiques aux nouveaux besoins cultuels[25]. Cependant l'existence de copies de l'Anastasis semble selon lui peu probable. Le regroupement des édifices selon leurs caractéristiques techniques, formelles ou décoratives enlève toute valeur intrinsèque au modèle et à ses imitations.

Richard Krautheimer et l'iconographie de l'architecture

Avec son étude introductive à l'iconographie de l'architecture à l'époque médiévale[26], Richard Krautheimer a quant à lui favorisé un retour à une analyse tant formelle qu'historique des éléments architecturaux et architectoniques. Regrettant la tendance de la recherche à n'envisager l'architecture que sous un jour purement fonctionnel[27], approche selon lui totalement incompatible avec les principes régissant la construction médiévale, il se propose d'esquisser une analyse formelle et historique de la question. Tenant compte du cadre pratique ou liturgique (signification religieuse) de la construction, il pense pouvoir ainsi préciser les conceptions esthétiques et fonctionnelles de l'architecture dans la pensée médiévale.

---

[24] GRABAR, *Martyrium...*, p. 271.

[25] Dans une étude récente, Allan DOIG revient sur le rôle charnière des constructions constantiniennes dans la constitution des formes architecturales médiévales et leur utilisation dans un contexte liturgique. Voir: DOIG, *Liturgy and Architecture...*, p. 21–52.

[26] Richard KRAUTHEIMER, « Introduction to an iconography... ».

[27] « ... to consider architecture as being determined by "commodity, firmness and delight" or to use a less Wottonian terminology, by function, construction and design », KRAUTHEIMER, « Introduction to an iconography... », p. 1.

De là, il tente dans un premier temps d'apporter une définition à la notion de « copie » au Moyen Age et pour cela emploie un certain nombre de monuments s'inspirant plus ou moins directement et consciemment d'un autre édifice antérieur ou contemporain. Il s'étonne ainsi du rapprochement fait par les textes médiévaux entre les chapelles de Germigny-des-Prés et d'Hereford et la chapelle palatine d'Aix présentée comme leur modèle. En effet si les trois édifices, le modèle original et ses « copies » plus ou moins bien connues aujourd'hui, présentent des caractéristiques communes dans le plan centré, le nombre de travées etc.[28], aucun des deux exemples ne reprend par exemple la forme octogonale du modèle original. Il en conclue que les critères de comparaison médiévaux diffèrent des canons envisagés aujourd'hui et qu'il existait sans doute des *tertia comparationis* permettant de rapprocher les édifices entre eux[29]. Ce sont ces facteurs de comparaison entre modèle et imitations qu'il propose alors de rechercher. Afin de définir les principes de la copie médiévale, Krautheimer décide de baser son étude sur les édifices de plan centré et plus spécifiquement sur les imitations du Saint-Sépulcre car elles sont non seulement nombreuses mais surtout le modèle original sur lequel elles sont fondées est relativement bien préservé et connu. Ainsi, si parfois la volonté de construction *ad similitudinem* est expressément mentionnée, le lien formel est plus difficilement discernable comme en témoigne la grande diversité des édifices.

Il fonde son analyse sur quatre édifices qu'il considère comme exemplaires pour son propos[30]. Le premier est la rotonde funéraire de Saint-Michel de Fulda (820–822) fondée par l'abbé Eigil aidé de Raban Maur. Ici la dédicace du maître autel au Saint-Sépulcre et la présence d'une reproduction du tombeau du Christ conique au centre ne laissent pas de doutes quant à la filiation du monument. Selon les sources, l'église de Paderborn (XIe siècle, actuelle couvent de Bußdorf) a été construite *ad similitudinem sancte Jerusalemitane ecclesie*, plus particulièrement à ses mesures. La rotonde de Lanleff dans les environs de Caen (fin du XIe siècle) lui sert de troisième exemple.

---

[28] On retrouve ainsi dans l'ensemble des exemples un module central du plan en carré, huit travées encadrant la croisée surmontée d'une tour lanterne.

[29] « The only justifiable conclusion seems to be that the medieval conception of what made one edifice comparable to another was different from our own. Medieval men must have had *tertia comparationis* utterly at variance whit those to which we are accustomed. » dans : Krautheimer, « Introduction to an iconography… », p. 3.

[30] Krautheimer, « Introduction to an iconography… », p. 3–5 et pl. 1.

Ignorant la dédicace actuelle à la Vierge, il la relie à l'Anastasis via les absidioles excentrées par rapport au noyau de l'église. Enfin le Saint-Sépulcre de Cambridge (premier quart du XII<sup>e</sup> siècle) de par sa forme et sa titulature est indubitablement lié au monument hiérosolomytain.

Ayant ainsi présenté quelques exemples et souligné les différences qui les caractérisent, Krautheimer entreprend de les comparer avec leur modèle original[31]. Se basant sur les recherches d'Abel et Vincent pour ce qui concerne le Saint-Sépulcre, il organise son étude selon des critères architectoniques précis : plan général, absidioles, élévation et supports internes. La comparaison de ces divers éléments permet de mettre en valeur de nombreuses dissemblances entre les monuments, dissemblances que les divers remaniements du monument original ne justifient pas. Au contraire, ce manque de rigueur dans l'imitation, non seulement de la forme architecturale générale (emploi du plan octogonal en lieu et place du plan circulaire) mais aussi des éléments constitutifs (nombre des supports par exemple), apparaît comme un trait marquant de la relation entre le modèle et sa copie[32]. Ainsi l'absence de précision et cette apparente indifférence à l'égard de l'exactitude de la copie vis-à-vis du schéma originel lui permet d'avancer que la reproduction au Moyen Age obéit à d'autres impératifs que la simple conformité formelle. C'est moins selon lui la forme géométrique elle-même qui importe que sa valeur symbolique intrinsèque. Il revient ensuite sur la signification symbolique accordée au cercle parfait[33] comme celle d'Augustin[34].

Comme l'auteur le souligne lui-même, considérer qu'une connotation symbolique unique préside toujours à la construction serait une surinterprétation. L'aspect fonctionnel et l'adaptation aux besoins liturgiques et aux contraintes géographiques sont aussi à prendre en compte. Finalement le lien entre le symbolisme du motif et le plan d'un édifice résulte d'un processus complexe que Krautheimer propose de résumer

---

[31] KRAUTHEIMER, « Introduction to an iconography… », p. 5–9.
[32] « This inexactness in reproducing the particular shape of a definite architectural form, in plan as well as in elevation, seems to be one of the outstanding elements in the relation of copy and original in medieval architecture. » dans : KRAUTHEIMER, « Introduction to an iconography… », p. 7.
[33] KRAUTHEIMER, « Introduction to an iconography… », p. 9.
[34] Dans la tradition d'Horace, Augustin fait du cercle un symbole de la vertu dans sa perfection. Cf. *De quantitate animae*, cap. XVI, dans *PL*, XXXII, c. 1051 f.

comme étant « un réseau de connotations réciproques partiellement distinctes »[35]. Une même forme architecturale peut ainsi véhiculer plusieurs idées symboliques parmi lesquelles le commentateur médiéval choisit celles qu'il développe laissant les autres à l'état de suggestions.

De là, il en vient à aborder la thématique de la symbolique des nombres qui intervient non seulement dans la conception du plan (mesures, formes géométriques, etc.) mais aussi dans l'élévation (supports, absides, ouvertures, etc.). L'auteur relève ainsi que dans plusieurs édifices pouvant être rapprochés du Saint-Sépulcre, l'espace central est délimité par une série de quatre, huit ou douze supports. Ce choix, qui peut répondre à une volonté symbolique, s'explique aussi par le fait qu'il est plus aisé d'avoir pour support un multiple de quatre[36]. Cependant on trouve des édifices divisés en sept, dix ou onze travées voire même, pour les églises de l'ordre du Temple, six travées.

Krautheimer poursuit en notant que, parmi les multiples de quatre, les édifices fondés sur l'Anastasis emploient les nombres huit et douze. Pour lui, ce choix s'explique par le lien avec le modèle original. En effet le monument hiérosolomytain présente vingt supports, à savoir huit piliers et douze colonnes, le visiteur retenant l'un ou l'autre type[37]. La description d'Arculfe de douze colonnes sans aucune mention de piliers, semble renforcer cette interprétation. Une autre interprétation, celle-ci entièrement fondée sur la symbolique, est avancée par l'auteur. Certains nombres seraient une référence biblique directe. Le chiffre douze est ainsi un rappel des Apôtres et des tribus d'Israël, tandis que le huit renvoie aux Béatitudes et à la Résurrection, etc. Ces significations se trouvaient déjà plus ou moins consciemment présentes dans la rotonde de Jérusalem[38]. Ainsi la récurrence de ces nombres dans l'architecture relèverait de la seule symbolique biblique en dehors de toute référence à un modèle architectural plus ou moins lointain. De là, dérive aussi une attention particulière aux dimensions de ses répliques. À diverses reprises relations de pèlerinages et descriptions du monu-

---

[35] « [...] probably the relation between pattern and symbolical meaning could be better described as being determined by a network of reciprocal half-distinct connotations » dans KRAUTHEIMER, « Introduction to an iconography... », p. 9.

[36] KRAUTHEIMER, « Introduction to an iconography... », p. 10.

[37] KRAUTHEIMER, « Introduction to an iconography... », p. 10-11.

[38] Krautheimer s'appuie ici sur une interprétation d'un passage d'Eusèbe de Césarée décrivant les douze colonnes surmontées d'urnes ornant l'abside du *Martyrium*. L'assimilation de ces éléments de la basilique comme appartenant à la rotonde a déjà été faite par plusieurs auteurs. Si l'erreur doit être relevée, elle ne remet pas en cause la théorie de l'auteur.

ment insistent sur les mesures de l'Anastasis à reproduire[39]. Comme pour le reste, les dimensions ne sont jamais comprises *in toto*, seule une ou deux mesures sont retenues comme étant exemplaires.

De ces observations, Krautheimer déduit que l'ensemble de ces copies entretenait des rapports différents avec le modèle original. Comme il le définit « l'unité première se trouve rompue au profit de ce qu'on pourrait appeler une redistribution des éléments »[40]. Reprenant l'ensemble des différences existant entre les édifices, il en vient à conclure que cet éclatement du modèle en éléments disparates isolés enrichit la réplique par l'adjonction de nouveaux éléments étrangers au modèle. Cependant, si il est indéniable que les reproductions de l'Anastasis étaient fondées sur un principe métonymique, il semble hâtif de penser que cette fragmentation du monument ait entièrement régi la création de tout ou partie des éléments. Il faut pouvoir laisser une certaine frange d'autonomie à l'architecte et son commanditaire dans ce type de construction sans pour autant négliger l'aspect symbolique.

Ayant ainsi souligné dissemblances et rapprochements entre les édifices, l'auteur est alors en mesure de proposer sa propre définition de la représentation du Saint-Sépulcre :

« ... Pour être reconnaissable, elle doit être "ronde" et contenir une reproduction du Tombeau [édicule] ou lui être dédicacé. Ces éléments essentiels peuvent être complétés par l'adjonction d'autres particularités telles quel l'ambulatoire, les chapelles, la galerie, les fenêtres hautes, la voûte, le nombre des supports et certaines mesures. »[41]

Bien qu'elle repose sur des éléments concrets propres au monde médiéval, cette définition n'en demeure pas moins relativement floue et surtout très large. L'auteur lui-même tend à penser qu'aucune limite réelle n'empêche le chroniqueur médiéval, voire même l'historien moderne, de rapprocher *a posteriori* un édifice de son potentiel modèle[42].

Ainsi se pose la question de la parenté réelle des édifices de plan centré avec la rotonde de l'Anastasis. Il serait aisé, à partir de cette définition, de conclure que tout monument de plan centré (circulaire ou octogonal) possède un lien avec le Saint-

---

[39] KRAUTHEIMER, « Introduction to an iconography... », p. 12. Krautheimer mentionne entre autre le cas de Meinwerk à Paderborn ou celui du Sépulcre de Cambrai (1063–1064).

[40] « The original unity has been disintegrated and the elements have been reshuffled, as it were » dans: KRAUTHEIMER, « Introduction to an iconography... », p. 13–14.

[41] KRAUTHEIMER, « Introduction to an iconography... », p. 15.

[42] « Apparently medieval writers feels perfectly justified in comparing buildings with one another as long as some of the outstanding elements seemed to be comparable » dans : KRAUTHEIMER, « Introduction to an iconography... », p. 15.

Sépulcre (mesure, nombre, titulature, symbolique, etc.) qui en fait *de facto* une représentation. Krautheimer contourne cependant l'écueil en précisant les possibilités de lecture de ces monuments et établit une forme de hiérarchie dans le degré d'élaboration de l'imitation[43]. Il démontre que certains édifices possèdent sans aucun doute un lien plus direct que d'autres avec le modèle hiérosolymitain. D'un côté, certaines imitations paraissent évidentes dans la reprise du plan et d'éléments décoratifs, voire même pour certains cas par la présence d'un édicule interne évoquant celui du Tombeau[44]. À l'opposé, certains bâtiments ne sont reliés au Saint-Sépulcre que par leur vocable sans aucune autre analogie formelle[45]. Cette étude lui permet de conclure que la notion d'imitation au Moyen Age est, selon les cas, *typice* ou *figuraliter*, c'est-à-dire symbolique ou figurée, voire même les deux[46].

L'étude menée par Krautheimer est d'autant plus fondamentale qu'elle permet de montrer la construction d'une esthétique médiévale divergente de celle mise en place pendant l'Antiquité. Pour les historiens contemporains, ce travail est tout aussi important par le champ des études en architecture médiévale qu'il a ouvert. Une certaine prudence doit pourtant être de mise. Si une forme d'interprétation symbolique semble avoir présidé à la construction des édifices religieux, l'historien doit faire attention à ne pas extrapoler son analyse et dépasser le message original pour en imposer un autre fonctionnant *a posteriori*. Le manque de sources sur la fondation et l'évolution de ces bâtiments, leur histoire même souvent mouvementée, exigent du chercheur une grande retenue dans ses rapprochements.

---

[43] KRAUTHEIMER, « Introduction to an iconography… », p. 16–20.

[44] Il renvoie aux exemples de Fulda, Constance, Neuvy-Saint-Sépulchre, Bologne ou Aquilée (KRAUTHEIMER, « Introduction to an iconography… », p. 15–16).

[45] Il cite le cas de l'église de Santo Sepolcro à Barletta (KRAUTHEIMER, « Introduction to an iconography… », p. 16) ou la présence de reliques provenant du Saint-Sépulcre qui justifie à lui seul le rapprochement sans pour autant avoir recours à un plan centré ou autres éléments déjà mentionnés.

[46] Krautheimer emploie les termes d'un chroniqueur du XIIe siècle décrivant l'agencement des églises de Bologne reprenant l'agencement des principales églises de Jérusalem. KRAUTHEIMER, « Introduction to an iconography… », p. 17–20 et Robert OUSTERHOUT « The church of Santo Stefano : a Jerusalem in Bologna » dans *Gesta* (1981), t. XX n°2, p. 311–321.

## Problématiques liées aux rotondes.

### Autres études

Si ces deux premières études ont été, et restent encore aujourd'hui, d'importants jalons dans la compréhension de l'utilisation du plan centré au Moyen Age, d'autres chercheurs ont depuis travaillé sur cette question et ont tenté d'apporter leurs propres éléments de réponse. L'utilisation du plan centré dans un cadre liturgique pour d'autres constructions que les seuls baptistères ou l'architecture funéraire a naturellement suscité l'intérêt de la recherche. L'emploi du plan centré paraît être, au Haut Moyen Age et à l'époque romane, plus particulièrement réservé à des constructions particulières ou exceptionnelles ne répondant pas aux mêmes exigences liturgiques que les églises de plan basilical ou cruciforme.

Dans son étude sur l'architecture médiévale comme porteuse de sens, Günter Bandmann[47] aborde la double problématique, d'un côté de la copie médiévale et en particulier du Saint-Sépulcre, et de l'autre des édifices de plan centré d'un point de vue plus général. À propos de ces derniers, son approche est basée sur l'analyse de la chapelle palatine d'Aix qui est, selon lui, le premier exemple d'église de plan centré qui ne soit ni un mausolée, ni un baptistère[48]. Il esquisse rapidement les possibles sources d'inspiration du monument, depuis le mausolée de Constantin jusqu'à l'église de Saint-Vital à Ravenne, sans oublier de mentionner une parenté plus lointaine mais malgré tout présente avec le Saint-Sépulcre. C'est cependant plus à la tradition byzantine qu'il faut, selon lui, rattacher la construction de la chapelle palatine que véritablement au Saint-Sépulcre. Elle fait en effet partie intégrante de la construction d'un discours politique visant à démontrer la légitimité du pouvoir carolingien en tant qu'héritier de l'Empire Romain. L'auteur relève qu'à la suite de la construction de Charlemagne, l'emploi du plan centré connaît une certaine faveur dans des imitations ou des reprises de la chapelle palatine (Germigny-des-Prés par exemple) voire même dans d'autres constructions du même type. Pour lui, l'utilisation de telles formes à l'époque caro-

---

[47] Günter BANDMANN, *Mittelalterliche Architektur als Bedeutungsträger*, Gebr. Mann Studio Reihe, Berlin 1998.

[48] Selon lui il n'existe aucun élément permettant de déterminer l'existence d'église de plan centré à l'époque carolingienne. De plus, les deux églises de martyrs adoptant un plan centré, la Daurade de Toulouse (disparue aujourd'hui) et Saint Géréon de Cologne, sont des reliquats de l'architecture antique. Il omet cependant de citer d'autres églises paléochrétiennes de plan centré comme, par exemple, Santo Stefano Rotundo à Rome. Voir : BANDMANN, *Mittelalterliche Architektur...*, p. 201.

lingienne correspond plus au développement d'une architecture palatiale ou en lien avec elle qu'à la seule et unique influence de la rotonde de l'Anastasis[49].

Mais ces considérations n'occupent cependant qu'une place annexe au sein de son étude. Son but est avant tout de comprendre le développement de l'architecture religieuse médiévale et de ses différentes formes en lien avec son utilisation et le discours politique ou exégétique qui peut y être rattaché. Il analyse la façon dont l'architecture et les données structurelles qui lui sont inhérentes ont été employées pour traduire non seulement des concepts spirituels et/ou politiques, mais aussi pour servir ce même discours suivant une emphase grandissante au cours du temps. Ainsi le plan centré lui apparaît-il comme un élément singulier connaissant une certaine faveur à l'époque romane et renvoyant à un certain nombre de modèles dont le plus important reste le type marial provenant de la chapelle palatine d'Aix[50].

En consacrant une étude complète à la problématique du développement des édifices de plan centré au Moyen Age, Matthias Untermann[51] est revenu sur la question de leur utilisation et de leur fonction au sein de l'architecture médiévale. Il a ainsi tenté d'établir dans un premier temps une typologie des différents monuments et de leurs éventuels modèles, puis de reprendre un état de la question et d'analyser les différentes théories concernant l'emploi et la diffusion de tels modèles architecturaux.

Il définit tout d'abord la notion de plan centré et les différentes formes que celui-ci peut adopter dans l'architecture religieuse médiévale. Comme il le souligne, l'architecture civile antique, et plus particulièrement les thermes et les palais, a largement employé le plan centré comme déclinaison architectonique dans la constitution de grands ensembles[52]. Il met aussi en avant dans ce processus l'importance des édifices à caractère religieux (temples, mausolées), en particulier la construction de la rotonde du Panthéon, construction exceptionnelle en soi, dont la conversion en église mariale et en martyrium de tous les saints dénote, selon lui, de l'intérêt porté à ce type de construction monumentale, intérêt qui se traduit aussi dans la postérité du modèle architectural. Cette première approche permet à Untermann d'esquisser l'évolution

---

[49] BANDMANN, *Mittelalterliche Architektur...*, p. 205–206.
[50] BANDMANN, *Mittelalterliche Architektur...*, p. 86–110.
[51] UNTERMANN, *Der Zentralbau im Mittelalter...*.
[52] UNTERMANN, *Der Zentralbau im Mittelalter...*, p. 7–16.

de ce type de plan et de son utilisation dans l'architecture religieuse tardo-antique et byzantine. Tout comme Grabar, il lui semble que l'emploi du plan centré dans la première architecture chrétienne relève le plus souvent d'un contexte funéraire ou affilié, tels que les mausolées ou les Martyria (Sainte-Constance à Rome ou Saint-Laurent de Milan par exemple)[53]. Cette première analyse lui permet de rappeler les formes les plus courantes de plan centré employées dans l'architecture paléochrétienne qui, pour lui, est indéniablement la période pendant laquelle les formes architecturales se mettent en place et se cristallisent petit à petit[54].

Ayant ainsi défini la notion de « *Zentralbau* » et ses différentes formes dans l'architecture romaine et byzantine, il peut alors s'intéresser aux différents emplois de ces formes dans l'architecture chrétienne médiévale et tente d'en déterminer l'origine ou tout du moins de définir les liens existant entre forme et fonction.

Il distingue cinq cas possibles d'emploi ou d'évocation du plan centré au cours du Moyen Age. Le premier, et selon lui le plus répandu et le plus symboliquement chargé, regroupe les copies des églises de Terre Sainte et de Rome ; le second est formé par les grandes fondations impériales carolingiennes et ottoniennes suivant la chapelle palatine d'Aix et les rotondes mariales ; le troisième cas regroupe les églises funéraires, mémorielles ou reliquaires ; le quatrième est formé par les églises votives ou de pèlerinage, les fondations nobiliaires ou royales, et les chapelles hospitalières ; enfin, le cinquième et dernier type renvoie à l'utilisation du plan centré à proximité d'une autre église (baptistère, cimetière, chapelle…) en tant qu'édifice secondaire. Cette catégorisation est fondée sur des critères tant formels que fonctionnels mais reste, notamment en ce qui concerne ces derniers, partielle et largement ouverte.

C'est bien entendu l'étude d'Untermann sur l'influence des églises de Terre Sainte, et, parmi elles, celle du Saint-Sépulcre[55], qui retient notre attention. La dévotion aux Lieux Saints de la Passion et de la Résurrection du Christ et le développement du pèlerinage qu'elle a entraîné, sont à l'origine de la diffusion du modèle hiérosolymitain

---

[53] UNTERMANN, *Der Zentralbau im Mittelalter…*, p. 9–10.
[54] UNTERMANN, *Der Zentralbau im Mittelalter…*, p. 16–28. Il définit quatre formes principales : les plans centré à trois ou quatre absides ; ce qu'il appelle les « Vierstützenbauten », à savoir un plan centré basé sur la présence de quatre supports centraux forts sur lesquels viennent reposer les voûtes ; les plans centrés augmentés d'un vaisseau barlong ; enfin les « Ein- oder Dreistützenden bauten » qui s'organisent autour d'un espace central à un ou trois supports principaux.
[55] UNTERMANN, *Der Zentralbau im Mittelalter…*, p. 53–77.

en Occident. Au sein de tous les monuments visités par le pèlerin, le Saint-Sépulcre est le plus important de tous, non seulement par sa taille mais surtout pour son contenu symbolique également sensible dans son plan. Évoquant rapidement la chronologie de la construction constantinienne, Untermann développe ensuite quelques exemples de « copies » de l'édifice en Occident (Fulda, Paderborn, Charroux, Aquilée…etc.) et la pérennité de ce modèle, monumental ou non, sensible jusqu'au XVI$^e$ siècle en Europe et principalement en Allemagne et en Italie.

Face à la diversité des formes et des structures de ces reproductions qui suivent plus ou moins directement l'évolution du monument original au cours du temps, il définit la copie médiévale comme un processus avant tout intellectuel voir même spirituel. La multiplicité des formes et des éléments caractérisant ces imitations favorise, selon lui, l'idée d'une interprétation symbolique du monument, au détriment d'une simple symétrie structurelle des édifices entre eux[56].

Il relève de plus, une diminution du nombre de représentations monumentales du Saint-Sépulcre en Occident à partir de la fin du XII$^e$ siècle. C'est pour lui une des conséquences de la prise de Jérusalem par Saladin et des échecs successifs des cinq croisades suivantes à reprendre la ville. L'intérêt envers la Terre Sainte en tant que tel aurait eu par la suite tendance à diminuer et la dévotion à la Passion et à la Résurrection du Christ aurait utilisé d'autres media comme la liturgie ou les arts figuratifs qui, dans la lignée de la tradition johannique, tendent à se concentrer sur les représentations du corps souffrant du Christ comme promesse de Salut[57].

Cet apparent désintérêt pour la rotonde de l'Anastasis se serait fait à l'avantage d'un nouveau modèle architectural fort : le *Templum Domini*. Selon la théorie en cours au XIX$^e$ siècle, toutes les chapelles des Templiers seraient à rapprocher du seul Saint-Sépulcre. La critique est depuis revenue sur cette interprétation et l'étude de ces monuments très spécifiques a abouti à la conclusion que le véritable modèle de ces chapelles est en réalité le plan octogonal du dôme du Rocher, identifié par les Croisés comme étant le véritable Temple de Salomon[58]. Untermann reprend à son profit

---

[56] UNTERMANN, *Der Zentralbau im Mittelalter*…, p. 76.

[57] UNTERMANN, *Der Zentralbau im Mittelalter*…, p. 77.

[58] Dans une volonté de s'approprier aussi bien la tradition évangélique que vétérotestamentaire, les Croisés transformèrent le Dôme du Rocher, considéré comme le véritable Temple de Salomon, en église qui fut placée sous l'autorité des Templiers,

cette analyse qui lui permet de déterminer une seconde phase de copies architecturales obéissant à un nouveau principe, le modèle de l'église d'ordre. Même si l'influence du Saint-Sépulcre n'est jamais loin de la pensée templière, il semble que le *Templum Domini*, église qu'il place sous l'autorité de l'Ordre[59], soit logiquement la principale référence de cette série de monuments[60]. Et avant d'être des « copies » ou des « imitations » de l'Anastasis ou du Dôme du Rocher, ces édifices sont surtout les archétypes architecturaux définissant l'Ordre des Templiers lui-même. Cette analyse est parfaitement recevable pour ce qui concerne les églises et chapelles de l'Ordre édifiées à partir de la seconde moitié du XIIe siècle et pendant le XIIIe siècle, l'Ordre étant, à cette période, bien défini et les fondamentaux régissant les constructions lui étant affiliées, largement mises en place. La filiation est plus complexe pour les édifices datés du début du XIIe siècle comme la rotonde de Lanleff[61] ou le temple de Laon. Fondé peu après le retour des premiers croisés, ce type de construction tendrait, selon lui, plus souvent à revendiquer un lien avec le Saint-Sépulcre, église majeure de la chrétienté, que déjà avec le Temple de Salomon.

La somme entreprise par Untermann est donc une importante synthèse de l'ensemble des recherches entreprises sur le thème des édifices de plan centré. Ne concentrant pas son étude à la seule analyse des copies ou représentations de modèles architecturaux majeurs, il relève les diverses utilisations de telles constructions en Occident et tente d'en comprendre la fonction dans le cadre d'une liturgie. Si son analyse des données architecturales est pertinente et semble venir renforcer les premières théories de Krautheimer sur l'iconographie de l'architecture et la notion de « copie » à l'époque médiévale, on peut tout de même déplorer que son approche des données liturgiques reste quant à elle trop sommaire pour être véritablement concluante. Il souligne ainsi

---

tandis que la mosquée d'al-Aqsa, interprétée comme le palais de Salon, devint le siège de l'ordre. Voir : OUsterhout, « The Temple, the Sepulchre… », *op. cit* ; Adrian J. Boas, *Jerusalem in the Time of the Crusades : Society, Landscape and Art in the Holy city under Frankish Rule*, Routledge, Londres – New York 2001, p. 89–93 et 109–110.

[59] Geneviève Bresc-Bautier a pourtant démontré que le *Templum Domini* n'a jamais été placé sous la garde des Templiers mais bénéficiait d'un chapitre particulier indépendant de l'Ordre.

[60] Untermann, *Der Zentralbau im Mittelalter…*, p. 77–81. Il fonde principalement son interprétation sur l'analyse de deux grandes fondations templières: le Temple de Londres (1161–1185 pour la première phase de construction) et celui de Paris (milieu du XIIe siècle, détruit en 1795).

[61] La rotonde de Lanleff, aujourd'hui ruinée, est considérée comme une église de l'ordre construite après le retour de la première croisade (début du XIIe siècle).

le caractère exceptionnel de l'emploi de ce type de construction, exceptionnel puisque non adapté à une liturgie ordinaire, mais il ne définit pas pour autant l'utilisation exacte de ces constructions et leur adaptation aux principes liturgiques.

Enfin, tout comme il le note lui-même, sa répartition des divers monuments en catégories est subjective et ne répond qu'à un certain nombre de critères adoptés par commodité. Il n'en reste pas moins que son approche synthétique de la problématique favorise une vue d'ensemble des divers usages et fonctions des édifices de plan centré et de la diversité de ces formes tout au long du Moyen Age.

*autres édifices de plan centré :*
*Baptistères et rotondes mariales*
Il serait aisé de finalement systématiser une forme architecturale avec un modèle unique. Ce fut le cas des édifices de plan centré qui furent pendant longtemps uniquement relié à une image de la Résurrection et du Saint Sépulcre. Une analyse plus fine de ce type de structures permet d'affiner l'étude. Toute construction de plan centré n'est pas un rappel direct ou conscient du Saint-Sépulcre, de même toute « copie » ou représentation du Saint-Sépulcre n'adopte pas un plan centré. En tant que modèle, les églises à placer sous la « tutelle » artistique et symbolique du modèle hiérosolymitain sont parfois difficiles à déterminer. Une analyse des différents édifices de plans centrés permet de dégager deux autres catégories de monuments qui possèdent un lien formel ou symbolique secondaire[62] avec le modèle hiérosolymitain mais forment malgré tout un ensemble cohérent indépendant de ce dernier : les baptistères et les rotondes mariales.

Baptistères et Saint-Sépulcre
Les liens symboliques entre sacrement du baptême et Résurrection ont déjà été mis en avant par les écrits apostoliques ainsi que par la Patristiques et l'exégèse médiévale. Ces liens connaissent aussi une traduction visible à travers la construction des baptistères[63]

---

[62] En tant qu'église marquant le lieu de la Résurrection, mystère central de la foi chrétienne, et, comme nous l'avons déjà montré, ouvrant sur la Jérusalem Céleste, le complexe ecclésial du Saint-Sépulcre possède intrinsèquement un lien symbolique avec toutes les formes d'églises qui sont, de par leurs formes et leurs architectures, un témoignage de la Résurrection et de l'espérance dans l'avènement de la Jérusalem Céleste.

[63] Sur les baptistères voir notamment : F. BUHLER, *Archeologie et baptême: évolution du baptême et des installations baptismales*, Centre de Culture Chrétienne, Mulhouse 1986 ; Daniela GANDOLFI, *L'edificio battesimale in Italia : aspetti e pro-*

et la rotonde de l'Anastasis. Ainsi, à cette connotation spirituelle et théologique forte, s'ajoutent d'autres éléments formels et symboliques.

En amorçant une étude sur les baptistères, Richard Krautheimer a tenté de donner une nouvelle interprétation de ces monuments dans un paysage artistique qui ne voyait dans le choix de leur forme qu'un remploi ou un rapprochement avec certains éléments provenant des thermes romains. Ces deux types de bâtiments s'organisaient autour de bassins dont l'utilité, quoique différente, semblait renvoyer à une même tradition architecturale. Cette théorie s'appuyait de plus sur le fait que certains baptistères antiques auraient été aménagés dans d'anciennes pièces de termes romains, réutilisant ainsi le système d'irrigation du bâtiment à des fins liturgiques. C'est le cas notamment du baptistère du Latran (330)[64] aménagé dans une ancienne salle thermale par Constantin lors de la fondation de la basilique Saint-Jean.

Pourtant, un inventaire de ce type de monuments permet de voir que cette hypothèse reste très relative. En effet, ce n'est qu'à partir du IV$^e$ siècle, et les grandes constructions de Constantin, que les baptistères tendent à adopter le plan centré. Auparavant, il s'agissait plus rarement de constructions véritablement indépendantes que d'aménagements internes dans des édifices plus importants. De plus, dans l'architecture thermale romaine, le plan centré n'est pas caractéristique des seules *frigidaria* et *caldaria*, seules salles destinées aux bains et agrémentées de bassins, mais se retrouve dans d'autres lieux (communications…etc.) pour adapter le plan général des thermes à l'harmonie de la distribution et à la symétrie de la construction. Enfin, le plan centré est employé dans d'autres bâtiments publics de l'architecture romaine comme certains temples ou mausolées. Ainsi, la filiation du baptistère s'inscrirait dans une tradition architecturale plus vaste que le seul modèle thermal.

---

blemi, Instituto Internazionale di Studi Liguri, 2001 ; Louis MALLE, *Les sources du baptême : Découvrir les baptistères et les fonts baptismaux*, Les Éditions de l'Atelier, Paris 1994 ; Franklin TOKER « A Baptistery below the Baptistery of Florence », dans : *The Art Bulletin*, 58 (1976), vol. 2, p. 157-167.

[64] Sur le baptistère du Latran voir notamment : Olof BRANDT, « The Lateran Baptistery and the diffusion of octagonal baptisteries from Rome to Constantinople », dans : *Acta Congressus Internationalis XIV Archaeologiae Christianae*, vol. 1, Verlag der Österreichen Akademie der Wissenschaft, Vienne 2006, p. 221–227 ; FERGUSON « Ravenna and Rome » dans : *Baptism in the Early church…*, p. 756-770 et principalement p. 769 ; Giovanni Battista PROJA, *The Lateran Baptistery*, Vatican Press, Rome 1990 ; David Tyler THAYER, *The Lateran Baptistery : Memory, Space, and Baptism*, Master's Thesis, University of Tennessee, 2012.

C'est donc vers d'autres éléments qu'il faut se tourner pour trouver l'origine des baptistères. Richard Krautheimer[65] s'est intéressé aux baptistères anciens de plan centré (circulaire ou octogonal) avec un déambulatoire, la présence de ce dernier élément architectural venant confirmer sa thèse puisque absent de l'architecture thermale. Il en vient à conclure que les seuls édifices de la période romaine où l'on retrouve ces deux éléments significatifs sont en réalité les mausolées et d'autres éléments provenant de l'architecture funéraire. Dès lors, il semble pour lui évident que l'évolution architectonique des baptistères s'inscrit pleinement dans la continuité de l'architecture funéraire antique.

S'appuyant sur l'interprétation paulienne du baptême en tant qu'ensevelissement allégorique et résurrection dans l'Esprit, Krautheimer place sur un même plan, symbolique et architectural, mausolées et baptistères. Comme nous l'avons vu la traduction architectonique des principes fondamentaux est intervenue relativement rapidement après la reconnaissance du christianisme et les liens entre mausolées et baptistères semblent déjà implicitement évoqués dans ce type de monument[66].

Le cas des constructions octogonales illustre, de manière plus évidente si il le faut, le lien existant entre baptême et Résurrection. La valeur symbolique du chiffre huit, symbole de résurrection et de renaissance, est mise en avant par Ambroise de Milan dans la dédicace du baptistère de Milan :

> « Octachorum in sanctos templos surrexit in ususOctagonus fons est munere dignus eo. Hoc numero decuit sacri baptismalis aulamSurgere, quo populis vera salus redit »[67]

Les huit pans de l'octogone, dont on trouve un écho interne dans la forme pareillement octogonale de la fontaine, sont un renvoi affirmé à la Mort et la Résurrection du Christ au huitième jour. La construction profondément intellectuelle du baptistère de

---

[65] KRAUTHEIMER, « introduction to an Iconography… », p. 20–33. Dans la seconde partie de sa recherche sur l'iconographie de l'architecture, Krautheimer revient sur le cas particulier des baptistères dont il lie le développement à celui des mausolées et non aux thermes antiques.

[66] Carol Kline revient sur la genèse des formes architecturales liées aux baptistères qu'elle met en lien avec le Saint-Sépulcre de Jérusalem. Carol KLINE *The emergence of an architectural pattern for the Baptistery: The Holy Sepulchre as its prototype*, Temple University Press, Philadelphie 1993.

[67] Repris dans UNTERMANN, *Der Zentralbau im Mittelalter…*, p. 214–215; MIRABELLA ROBERTI, « Il battistero antico di Milano », dans : *op. cit.* 1965, n. 1, p. 703–707 ; MIRABELLA ROBERTI, « I battisteri di Sant'Ambrogio », dans : *op.cit.* 1988, p. 79 et suivantes ; Sylvia A. SCHNEIDER, *St. Ambrose and the Architecture of the Churches of Northern Italy: Ecclesiastical Architecture as a Function of Liturgy*, ProQuest, Ann Arbor 2008.

Milan a une influence très nette sur les constructions du même type contemporaines et postérieures, et devient un modèle du genre tant dans la forme que dans la situation. Le baptistère en lui-même reste debout jusqu'au début du XV$^e$ siècle. Ambroise reprend le type des architectures grandioses des mausolées impériaux de Dioclétien à Split notamment. Le baptistère représente le « tombeau et les néophytes entraient dans un tombeau pour y recevoir l'eau purificatrice »[68]. La structure architecturale constitue ainsi la traduction matérielle d'une conception théologique qui devient ainsi accessible et compréhensible.

Le baptistère du Latran (Rome) est, à la même période, modifié dans son plan initial pour adopter ce plan octogonal démontrant que la réflexion existant autour de ce genre de monuments a même abouti au réaménagement de structures existantes pour s'accorder au discours théologique ambiant[69].

Ces éléments sont fondateurs. En effet, les baptistères des périodes postérieures, et en particulier ceux construits au cours des XI$^e$ et XII$^e$ siècles, reprennent les formes et le symbolisme des édifices paléochrétiens et sont ainsi à situer dans la lignée indirecte du Saint-Sépulcre. Cette filiation est encore plus flagrante si l'on se penche sur le cas particulier des grands ensembles cathédraux construits pendant cette période en Italie, par exemple à Florence, Crémone (1176) ou Parme (1196). Suivant la tradition constantinienne de Rome, ils sont formés d'un ensemble d'édifices indépendants les uns des autres et renvoyant chacun à une liturgie spécifique. Au centre, la cathédrale est le lieu de vie de la communauté autour duquel les autres monuments sont disposés. À l'ouest, le baptistère de plan centré (le plus souvent octogonal ou circulaire) et le campanile viennent compléter cet ensemble. Dans certains cas, un espace funéraire a été conservé en plus des bâtiments épiscopaux.

L'organisation des bâtiments entre eux est particulièrement éclairante si on la compare à la situation de Jérusalem. En effet, dans ce type de complexe la cathédrale de plan basilical est orientée et au centre du dispositif. Le baptistère, le plus souvent de plan octogonal mais toujours de plan centré, est situé face au massif occidental de la cathédrale. Le portail principal, à l'est, établissait un lien direct du baptistère à la basilique. Se fondant sur la tradition paulienne du baptême, le baptistère apparaît

---

[68] Mirabella Roberti, « I battisteri di Sant'Ambrogio », dans : *Agostino a Milano…*, p. 77–83.
[69] Untermann, *Der Zentralbau im Mittelalter…*, p. 215.

comme une étape préparatoire ou initiatique avant l'accès à la cathédrale et, à travers elle, à la communauté. On y voit aussi une référence au rite ancien du baptême des adultes. Une fois baptisés, les néophytes pouvaient pleinement participer à la vie liturgique de la communauté.

À Florence, cette organisation est encore renforcée par le programme iconographique de la mosaïque de la coupole. On y retrouve développé un grand ensemble composé d'une part (sud-est-nord) de quatre bandeaux reprenant des cycles de la Genèse, de la vie de Joseph, celle de Jean-Baptiste et enfin celle du Christ et de la Vierge, et de l'autre (ouest, axe principal) une scène du Jugement Dernier se déployant autour d'une grande figure du Christ dominant les morts s'éveillant à l'éternité. C'est tout particulièrement à travers cette scène que s'exprime la figure allégorique du Baptême comme Résurrection et que se comprennent les quatre cycles qui s'achèvent chacun sur une idée de mort et de renaissance[70] dans le Salut. En regardant ces personnages, fidèles et catéchumènes pénétraient dans la trame de l'histoire du peuple élu et, comme le souligne l'auteur de la Lettre aux Hébreux, participaient à la Résurrection

> « entourés d'une si grande nuée de témoins [...], les regards fixés sur celui qui est l'initiateur de la foi et qui la mène à son accomplissement, Jésus, lui qui, renonçant à la joie qui lui revenait, endura la croix au mépris de la honte et s'est assis à la droite du trône de Dieu »[71].

Une telle disposition des monuments entre eux n'est pas sans rappeler celle du complexe constantinien de Jérusalem. Le rapprochement formel serait alors aisé à entreprendre. Il faut cependant faire attention à ne pas extrapoler cette interprétation primaire. Les baptistères médiévaux sont tributaires d'une filiation directe des complexes cathédraux paléochrétiens et ne sont à relier au Saint-Sépulcre que de façon indirecte.

---

[70] Le cycle de la Genèse couvre l'histoire depuis la Création du Ciel et de la Terre, jusqu'à la colombe annonçant la fin du Déluge. Le cycle de l'histoire de Joseph est introduit par le songe de Joseph et se conclut par l'arrivée de Jacob et ses fils en Égypte. Le cycle de la vie du Christ et de celle de la Vierge commence par l'Annonciation et se finit par la visite des Femmes au Tombeau et le message angélique de la Résurrection. Enfin, l'histoire de Jean-Baptiste débute par le mutisme de Joachim et s'achève sur l'ensevelissement du Baptiste, dernier prophète de l'Ancien Testament. Voir notamment : Miklos Boskovits, *The Mosaics of the Baptistery of Florence*, Giunti 2007.

[71] Hbx, XII, 1–2.

Un ensemble particulier revendique cependant clairement son rattachement au complexe constantinien du Martyrium et de l'Anastasis[72]. Initié en 1152 sous la direction de l'architecte Deotisalvi[73], le baptistère de Pise est une véritable « *copia* » du Saint-Sépulcre[74]. De plan circulaire, il est formé d'un espace central délimité par un déambulatoire composé de douze supports : quatre piliers et huit colonnes surmontées de chapiteaux composites qui rappellent la même alternance de supports dans l'Anastasis. À l'origine, le couvrement était une coupole tronconique ouverte d'un large *opaïon* central, remplacé au XIV$^e$ siècle par l'actuelle coupole fermée[75]. Au premier niveau, le déambulatoire est scandé de piliers et les départs de voûtes font penser à un premier couvrement en ogives (aujourd'hui berceau continu). Le lien entre le baptistère et le Saint-Sépulcre n'est ici pas seulement formel, le lien symbolique et spirituel, développé à travers la riche iconographie de la coupole, permet de mettre en valeur l'interprétation du baptême et de la Résurrection.

Les rapports entre Pise et Jérusalem sont aisément définissables. Important port de départ des pèlerins voulant se rendre en Terre Sainte, il ne paraît pas illogique d'y trouver une évocation de la cité sainte dans le complexe cathédral (*Piazza dei Miracoli*). En plus d'avoir conçu le baptistère sur le modèle du Saint-Sépulcre, on sait que Pise fit venir à grand frais par bateau de la terre du Golgotha sur laquelle fut construit le Campo Santo. Ainsi, chanoines et évêques se trouvaient véritablement *ad sanctos*, au plus près du tombeau du Christ puisque enterrés dans la terre même du Golgotha[76].

La référence à Jérusalem ne se situe pas seulement au niveau du complexe cathédral mais aussi dans la construction d'une église de plan centré directement placée

---

[72] Cette filiation passe notamment par l'acheminement de tonnes de terres en provenance du Golgotha pour servir de fondation à la construction du Campo Santo, lieu de sépulture des chanoines de la cathédrale. Diane COLE AHL, « Campo Santo, Terra Santa : Picturing the Holy Land in Pisa », dans : *Artibus et Historiae*, vol. 24, n°48 (2003), p. 95–122.

[73] Une inscription, sur le premier pilastre à gauche de l'entrée principale nous donne la date de 1152 et le nom de l'architecte : *Deotisalvi Magister Huius Operis*. En 1163, les colonnes sont installées et à la fin du XII$^e$ siècle les parties extérieures sont achevées jusqu'au second niveau de fenêtres. Les travaux sont repris en 1260 sous la direction de Nicola Pisano, mais l'ensemble n'est achevé (couvrement) qu'à la fin du XIV$^e$ siècle. Piero PIEROTTI, *Deotisalvi, l'architetto pisano del secolo d'oro*, Pacini, Ospedaletto (Pisa) 2001.

[74] Urs BOECK, « Das Baptisterium zu Pisa und die Jerusalemer Anastasis », dans : *Bonner Jahrbücher*, 164 (1964), p. 146–156.

[75] La coupole originelle est encore visible sous la structure actuelle.

[76] COLE AHL, « Campo Santo, Terra Santa… », dans : *op. cit.*, p. 98.

sous le vocable du Saint-Sépulcre[77] ainsi que d'une chapelle, Santa Agata[78], située au chevet de l'église de San Paolo a Ripa d'Arno, toutes deux attribuées à l'intervention de Deotisalvi et de plan octogonal[79].

Si l'étude de Krautheimer, quoique convaincante, a montré ses limites en poussant l'interprétation de certains monuments, il n'en reste pas moins qu'elle fait date et a ouvert la voie à de nouvelles pistes de réflexions sur les liens entre l'architecture antique et les formes architecturales médiévales. L'auteur y soulève de nombreuses questions sur l'origine des monuments, les divers facteurs ayant présidé à leurs conceptions et par conséquent sur leur place au sein de l'histoire de l'architecture.

Une analyse approfondie des différents baptistères de l'Antiquité et du Haut Moyen Age, période à laquelle se cristallisent les formes architecturales, est encore à entreprendre. Les liens entre le cadre architectonique et le contenu théologique et spirituel du rite baptismal ont été soulignés dans la Patristique et par les théologiens dans l'élaboration progressive du baptême en tant que sacrement. Si le lien entre Résurrection et Baptême a ainsi largement été étudié depuis Paul, il n'est alors pas illogique de voir apparaître une filiation entre le Saint-Sépulcre et les baptistères où se développe la même symbolique de Mort et de Résurrection, mort au péché et résurrection dans la foi et l'espérance du Salut.

Il est cependant indéniable que les baptistères occupent une place très particulière au sein de l'ensemble des édifices apparemment liés au Saint-Sépulcre. Ils sont en effet plus fondés sur une imitation symbolique et spirituelle de l'Anastasis que sur une recherche de parenté purement formelle. C'est pourquoi il paraît plus raisonnable de considérer ce type de monument comme la représentation matérielle des interprétations théologiques de la Résurrection et de leur mise en pratique dans le sacrement. Les baptistères construits aux XIe et XIIe siècles sont donc plus directement les héritiers

---

[77] Fondée en 1112, il s'agirait d'une église templière au sein d'un complexe plus vaste aujourd'hui disparu. Placée sous le vocable du Saint-Sépulcre, son plan octogonal la place aussi dans la lignée de la Mosquée d'Omar considérée comme le *Templum Domini* et église mère des Templiers. Il n'existe cependant pas de sources permettant de retracer la construction et la fonction de cette église ou de définir avec certitude l'origine de son vocable.

[78] On ne possède aucune information concernant cette chapelle, sa fondation ou son lien avec l'église de San Paolo a Ripa d'Arno. L'analyse du bâti architectural permet de déterminer une première phase de construction aux environs de la seconde moitié du XIIe siècle. C'est l'étude seule de la structure qui permet un rapprochement avec l'église de San Sepolcro et le baptistère.

[79] BOECK, « Das Baptisterium zu Pisa… », dans : *op. cit.*, p. 154–155.

de ceux édifiés au IV$^e$ siècle et de diverses traditions architecturales, et n'entretiennent avec le Saint-Sépulcre lui-même que des liens formels indirects et d'autres intellectuels et spirituels autour de la notion de Résurrection. Ils ne peuvent ainsi représenter qu'un aspect connexe de cette étude.

Rotondes mariales

L'adoption du plan centré pour les édifices dédiés à la Vierge n'est pas un phénomène à caractère exceptionnel. En effet, si l'on regarde le nombre d'églises de plan centré placées sous le vocable de la Vierge, tant en Orient qu'en Occident, on s'aperçoit que cette tradition perdure de façon relativement continue depuis la fin de l'Antiquité. Retracer l'évolution de l'ensemble de ces constructions n'entre pas dans le cadre de cette étude, il semble cependant important de comprendre comment certains édifices médiévaux ont été rapprochés du Saint-Sépulcre, alors même que leur dédicace les rangeait indéniablement dans la catégorie des rotondes mariales.

Il semble que l'un des modèles ayant présidé à la diffusion d'un plan centré pour les églises mariales ait été l'église de la Dormition construite dans la vallée de Josaphat[80]. La première construction date sans doute de la première moitié du V$^e$ siècle, époque à partir de laquelle sont attestées les premières fêtes de l'Assomption (ou Dormition) le 15 août à Jérusalem[81], et ce même si la première mention la concernant n'intervient qu'à la fin du VI$^e$ siècle. Plusieurs récits de pèlerins paraissent attester qu'il s'agit dès l'origine d'une rotonde ce qui ne semblerait guère étonnant si on rapproche la fonction de cette église de celle du Saint-Sépulcre. En effet ici, tout comme pour l'Anastasis, il s'agit d'une église servant d'écrin à une absence de reliques, le corps de la Vierge étant monté en Assomption. De ces quelques mentions et des rares traces archéologiques retrouvées *in situ*, les archéologues sont arrivés à la conclusion que l'église s'ordonnait selon un plan octogonal couvert d'une coupole sans doute ouverte d'un vaste opaïon assimilable à celui du Saint-Sépulcre.

---

[80] Carol HEITZ, « *Beata Rotunda*. À propos de la rotonde occidentale de Saint-Michel de Cuxa », dans : Marie GRAU (éd.), *Études Roussillonnaises offertes à Pierre Ponsich*, Le Publicateur, Perpignan 1987, p. 273–277 ; ID. « D'Aix-la-Chapelle à Saint-Bénigne de Dijon, rotondes mariales carolingiennes et ottoniennes », dans : *Les Cahiers de Saint-Michel de Cuxa* XXV (1994), p. 5–11.

[81] LACOSTE, *Dictionnaire critique…*, « Culte des Saints », p. 854.

Les rapprochements formel et fonctionnel entre les deux édifices sont suffisamment prégnants pour que l'idée que l'Anastasis ait servi de modèle à la première rotonde mariale s'impose rapidement et demeure encore aujourd'hui d'actualité. Même si le tombeau de la Vierge n'a jamais eu la même signification ni la même visée universaliste que le Saint-Sépulcre[82], la place occupée par la mère de Dieu dans l'Église, justifie en elle-même une telle dévotion. Pour tous les chrétiens, Marie bénéficiait d'une place privilégiée parmi les saints et les apôtres, son importance dérivant essentiellement de son implication dans le mystère de l'Incarnation et de sa présence lors des évènements de la Passion et de la Pentecôte. Ainsi dès 431, le concile d'Éphèse proclame-t-il le dogme de la *Theotokos*, Marie mère de Dieu, favorisant à partir de là le développement grandissant du culte marial qui s'accompagne sans aucun doute de la construction de l'église de la Dormition[83]. Les interprétations théologiques qui ont suivi, ont très certainement participé à la multiplication des significations associées aux édifices qui lui étaient consacrés. Ce constat ne remet pas en cause le rapprochement entre les deux églises hiérosolymitaines mais permet d'en relativiser la portée à long terme en ce qui concerne la potentielle filiation indirecte des rotondes mariales médiévales au Saint-Sépulcre. Ceci implique que, le culte marial grandissant en Occident, il est difficile voire même illusoire d'assurer que les concepteurs de ces édifices aient avant tout recherché une référence primaire à l'Anastasis plutôt qu'à la Dormition et au culte de la Vierge.

La tradition des rotondes mariales ne se fixe que tardivement en Occident même si quelques exemples anciens, comme la conversion du Panthéon romain[84] ou la construction de l'église de la Daurade à Toulouse[85], sont bien connus mais restent isolés

---

[82] Si le tombeau vide du Saint-Sépulcre était considéré comme la principale relique de la Résurrection sur laquelle l'Église s'appuyait pour développer un discours se détachant du judaïsme, celui de la Vierge est avant tout lié à la dévotion de la Vierge elle-même et ainsi comme « inféodé » à l'Anastasis.

[83] À propos de la place de Marie dans l'Église et du culte mariale, voir : « Marie, mère de Dieu », dans, Cabrol, Leclercq, Marrou, *Dictionnaire d'archéologie…*, t. X, 2$^{nde}$ partie, col. 1982–2043 ; Karl Rahner, Herbert Vorgrimler (éd.), *Petit dictionnaire de théologie catholique*, Seuil, Paris 1995, les sections « Marie », p. 270–273 et « Mariologie », p. 273–274 ; Lacoste, *Dictionnaires critique…*, « Culte des Saints », p. 854.

[84] Matthias Untermann, « Sancta Maria Rotunda – Pantheon und Mariengrabkirche », dans : *Der Zentralbau…*, p. 83–85 ; Richard Krautheimer, « Sancta Maria Rotunda », dans : Edoardo Arslan, *Arte del primo millenio…*, Viglongo, Turin 1950, p. 21–27.

[85] Jacqueline Caille, Quitterie Cazes, *Sainte Marie « La Daurade » à Toulouse : du sanctuaire paléochrétien au grand prieuré clunisien médiéval*, Comité des travaux historiques et scientifiques, Paris 2006.

dans leur renommée. Ce type d'édifice connaît un fort développement à partir de l'époque carolingienne et est concomitant de l'expansion du culte marial dans la pensée occidentale. Carol Heitz a montré que, comme pour les *Westwerke* carolingiens, la construction des rotondes mariales répond à des besoins spirituels et liturgiques[86]. Parmi elles, la chapelle palatine d'Aix apparaît comme un cas particulièrement abouti de cette tendance à la reproduction et à la diffusion presque « massive » d'un modèle architectural. L'étude des rapports entre le prototype et ses reproductions a été amorcée dans un premier temps par Richard Krautheimer[87] avant d'être reprise et développées par la suite[88]. Une quinzaine d'édifices, disséminés entre le nord de l'Allemagne, la Flandre et jusqu'à l'Angleterre, sont aujourd'hui considérés comme des copies plus ou moins proches de la chapelle d'Aix. La plus ancienne, Germigny-des-Prés, est construite très peu de temps après la chapelle de Charlemagne. La plus récente, et sans doute celle présentant la plus grande fidélité formelle, est datée de la première moitié du XI$^e$ siècle (Ottmarsheim).

Construite à la fin du VIII$^e$ siècle (entre 792 et 798), la chapelle palatine d'Aix peut être analysée selon trois perspectives complémentaires. La première est centrée sur l'étude formelle et architecturale du monument (plan et élévation). N'ayant connu que peu d'altérations majeures[89], la restitution de ses dispositions d'origine est relativement simple à entreprendre. La seconde découle de l'organisation liturgique de l'édifice dédié à la Vierge et au Sauveur. Trois autels permettaient d'assurer le culte. Le plus important, placé sous le vocable de la Vierge, est situé au rez-de-chaussée, à l'entrée du chœur, auquel répond celui du Sauveur, situé à l'aplomb du premier, dans la tribune d'étage. Le dernier autel, dédié à Pierre, se trouvait dans le chœur lui-même, à l'arrière de celui de la Vierge. Il est utile de préciser ici que l'aménagement de ces tables liturgiques est profondément lié à un autre objet mobilier d'importance : le trône de l'empereur. Situé dans la tribune supérieure orientale, au-dessus du porche d'entrée,

---

[86] HEITZ, « D'Aix-la-Chapelle à Saint-Bénigne… », dans : *Les Cahiers de Saint-Michel…*

[87] KRAUTHEIMER, *Introduction to an Iconography…*, p. 2–3. Krautheimer fonde, dans un premier temps, sa définition de la notion de "copie" à l'époque carolingienne sur l'étude du modèle aixois et de deux de ses copies (Germigny-des-Prés et Hereford) avant de se concentrer sur l'Anastasis et ses répliques médiévales.

[88] W. Eugene KLEINBAUER, « Charlemagne's Palace Chapel at Aachen an its Copies », dans : *Gesta*, 7 (1965), p. 2–11.

[89] Les principales modifications de l'édifice sont l'adjonction en périphérie de chapelles et surtout l'adjonction d'un chœur rayonnant (XIII$^e$ siècle) sur le modèle de la Sainte Chapelle de Paris.

son emplacement participe au discours liturgique de la chapelle. De là, l'empereur pouvait voir chacun des trois autels. Mais surtout il témoigne d'une exégèse politique où l'empereur, situé à l'étage, est vu comme un intermédiaire entre le peuple, placé au rez-de-chaussée, et Dieu dont l'autel se trouvait au même niveau que lui et dont l'image se déployait sur la voûte. Cette tripartition de l'espace (terrestre – impérial – céleste) ouvre sur la troisième interprétation de l'édifice, l'interprétation symbolique et eschatologique. En effet, la chapelle entretient des rapports étroits avec la Jérusalem Céleste de l'Apocalypse de Jean. Le noyau central, d'une circonférence de 144 pieds, reprend la mesure exacte des murailles de la ville[90] et matérialise concrètement les croyances en l'avènement imminent de la Cité de Dieu. La référence johannique culmine enfin dans la mosaïque de la coupole figurant l'Agneau entouré des vingt-quatre vieillards[91]. Parachevant les références apocalyptiques, la chapelle adopte un plan octogonal, à huit côtés, qui suggère la Création et la Rédemption. Cette dernière n'est ainsi pas évoquée à travers l'image du Sépulcre vide, son point d'origine, mais par une référence directe à la Jérusalem Céleste, son accomplissement[92]. La rotonde d'Aix apparaît non seulement comme un modèle architectural et formel mais aussi comme un élément d'interprétation dans la compréhension de la diffusion de ce type d'architecture en Occident. On peut ainsi avancer que, dès le VIIIe siècle, la filiation envisageable entre les églises de plan centré dédiées à la Vierge et le Saint-Sépulcre est avant tout symbolique et spirituelle et se déroule avant tout à travers un modèle intermédiaire[93].

---

[90] Ap. XXI, 15–17.

[91] Restaurée au XIXe siècle, une image des dispositions originales de cette mosaïque et de son iconographie est sans doute encore visible dans le *Codex Aureus* de Saint-Emmeram (Munich, Bayerisches Staatsbibliothek, Clm. 14000, fol 5v et 6r). Voir : Dominique ALIBERT, *Les carolingiens et leurs images : iconographie et idéologie*, thèse de doctorat, université de Paris IV - Sorbonne, 1994.

[92] Ce lien direct entre la chapelle et la Cité de Dieu est encore renforcé par les vers d'Alcuin courant tout autour de la galerie supérieure et l'inscription du grand lustre offert par Frédéric Barberousse. Pour une étude de ces liens et de leurs conséquences dans la construction d'un discours politique et théologique, voir : UNTERMANN, *Das Zentralbau...*, p. 97–101.

[93] Henri PERRAULT-DESAIX, *Recherches sur Neuvy-Saint-Sépulchre et les monuments de plan ramassé*, Librairie E. Leroux, Paris 1931.

*le Saint-Sépulcre représenté*

Plusieurs édifices de plan centré, aux XIe et XIIe siècles, témoignent de la continuité de cette tradition en France. À Dijon, la rotonde orientale de Saint-Bénigne[94], édifiée sous l'abbatiat de Guillaume de Volpiano[95], est ainsi relativement complexe à analyser. Fondée en 1018 et dédiée à la Vierge[96], la rotonde est avant tout à mettre en relation avec le Panthéon romain par son vocable tout en conservant sans doute une filiation indirecte avec la représentation de l'Anastasis dans la disposition de l'espace liturgique et la présence du tombeau du saint dans la crypte. L'église paroissiale de Rieux-Minervois (Aude) est en revanche l'exemple où l'interdépendance entre théologie, liturgie et architecture est le plus sensible[97]. Organisée autour d'un espace central, la rotonde Sainte-Marie est définie par sept supports centraux supportant une coupole heptagonale. Ce noyau central, entouré d'un déambulatoire, définit un plan polygonal à quatorze côtés dont les murs gouttereaux[98] d'origine étaient pourvus d'autant d'arcs formerets retombant sur de petites colonnes adossées. Le choix du chiffre sept comme module de base de la construction est exceptionnel au niveau de la symbolique et problématique en ce qui concerne la construction. En effet le choix d'un nombre impair de supports rend impossible tout espacement régulier et toute mise en place d'un axe principal. L'orientation générale de l'église (du portail à l'autel) est suggérée par l'ouverture d'un portail dans la paroi occidentale, auquel répond une fenêtre soulignée d'un bandeau sculpté dans la

---

[94] Détruite à la Révolution, la rotonde de Saint-Bénigne est fondée en 1018 La bibliographie sur Saint-Benigne et la rotonde de Guillaume de Volpiano est importante. Voir entre autre : Abbé l. CHOMTON, *Histoire de l'église Saint-Bénigne de Dijon*, Imprimerie et Lithographie Jobard, Dijon 1900 ; HEITZ, « D'Aix-la-Chapelle à Saint-Bénigne… », dans : *Les Cahiers de Saint-Michel…* ; Monique JANNET, Christian SAPIN (éd.), *Guillaume de Volpiano et l'architecture des rotondes*, Actes du colloque de Dijon (23–26 septembre 1993), Éditions universitaires de Dijon, Dijon 1996 ; Carolyn M. MALONE, « The rotunda of Sancta Maria in Dijon as "Ostwerk" », dans : *Speculum*, vol. 75 n°2 (avril 2000), p. 285–317.

[95] Raoul GLABER, *Vita Sancti Guillelmi abbatis Divionensis*. Ed. Neithard BULST „Rodulphus Glabers Vita domni Willelmi abbatis" in *Deutsches Archiv zur Erforschung des Mittelalters*, 20e année, fascicule 2, 1974.

[96] *Annales de Sancti Benigni Monasterii Divionensis*, ms. 448 de la bibliothèque municipale de Dijon, ad annum 1018.

[97] Marcel DURLIAT, « L'église de Rieux Minervois », dans : *congrès Archéologique de France*, 131e Session tenue dans les pays de l'Aude, 1973, p. 30–43 ; Georges ESCOURROU, *Rieux-Minervois (Aude) : église Sainte-Marie*, Gabelle, Carcassonne 1995 ; Anne THIRION, « Changement de plan à Rieux-Minervois. De nouveau sur l'église romane Sainte-Marie », dans : *Carnets de la recherche*, 4 (2009), p. 9–29.

[98] Le plan général a été modifié par la suite avec l'adjonction de plusieurs chapelles qui modifient sensiblement la perception de l'ensemble et en particulier l'accès à l'édifice (le portail roman original est inclus dans la chapelle de l'orgue tandis qu'un autre accès a été aménagé sur le côté).

paroi orientale du déambulatoire. Mais la perspective reliant ces deux points est interrompue par les supports centraux. Ces derniers mettent aussi en valeur le même axe central, mais dans une perspective légèrement désaxée (vers le nord). L'emploi de quatre piles fortes (piliers cruciformes) permet d'établir un point d'ancrage dans la composition. Trois colonnes simples viennent s'insérer dans les espaces entre les piles, laissant libre un entrecolonnement dans lequel vient aujourd'hui s'enchâsser l'autel[99]. L'introduction de ce rythme septennal dans l'architecture induit une forme de mouvement qui paraît être souligné par la scansion de l'espace entre piliers et colonnes de l'espace central auquel répondent les colonnes adossées du déambulatoire et leurs larges chapiteaux sculptés. La référence à la Sagesse divine est assumée. Or, l'exégèse chrétienne l'a progressivement identifiée à Marie[100], trône de Sagesse ayant reçu les sept dons de l'Esprit. La rotonde de Rieux et son plan heptagonal viennent donc confirmer cette vision mariale qui culmine dans l'iconographie du chapiteau dit de « l'Assomption », attribué au maître de Cabestany et situé sur la paroi sud-est du déambulatoire, à hauteur du regard.

Dans le cadre de cet aperçu de la problématique des rotondes mariales, il convient de revenir dès à présent sur la question des constructions templières et de l'assertion commune selon laquelle ils auraient privilégié les édifices de plan centré pour leur ordre. Créé en 1118 par Hugues de Payens, ce nouvel ordre militaire a pour mission principale la protection des pèlerins de Jérusalem[101]. Tout d'abord nommés « pauvres chevaliers du Christ », on leur donne bientôt le nom de Templiers ou chevaliers du Temple, suite à leur installation sur l'esplanade du Temple de Salomon en 1119[102]. Le raisonnement ayant longtemps prévalu quant à l'analyse des édifices affiliés à l'ordre, repose sur la certitude que les Templiers mirent en œuvre tous les moyens à leur disposition pour entretenir le souvenir de leur soi-disant premier établissement

---

[99] L'autel fait face à une colonne libre surmontée d'un chapiteau décoré d'un « maître des lions » attribué au Maître de Cabestatny.
[100] Guylène HIDRIO, « À propos de l'église de Rieux-Minvervois. Marie et les septs colonnes de la Sagesse dans l'iconographie du XIIe siècle », dans : *Les Cahiers de Saint-Michel de Cuxa*, XXV (1994), p. 87–97.
[101] Pour une histoire de l'ordre, voir : Alain DEMURGER, *Vie et mort de l'ordre du Temple*, Seuil, « points histoire », Paris 1994.
[102] Les Templiers prennent en effet possession de la mosquée d'el-Aqsa, interprétée par les Francs comme le palais de Salomon.

hiérosolymitain identifié comme le Temple de Salomon (Dôme du Rocher)[103]. Ainsi, l'utilisation du plan centré serait-il devenu la norme des constructions Templières. Installés en réalité dans la mosquée d'al-Aqsa qui s'organise selon un plan basilical relativement classique, les Templiers n'utilisèrent que sporadiquement le plan centré pour leurs églises[104] à l'époque romane.

Les quelques cas recensés de son utilisation appartiennent aux grandes commanderies établies dans les capitales royales (Paris, Londres...) et relèvent donc de fondations particulièrement prestigieuses bénéficiant à ce titre de dispositions exceptionnelles souvent liées à une dédicace à la Vierge (Notre Dame du Temple à Paris).

L'église ronde de Lanleff (côtes d'Armor) a aussi posé certains problèmes d'identification. Une première interprétation comme temple païen est rapidement délaissée par les scientifiques qui émettent l'hypothèse d'une utilisation de l'édifice comme baptistère[105]. Cette dernière fonction ne reposant sur aucune donnée, quelques savants, dont Prosper Mérimée, voulurent y voir une copie du Saint-Sépulcre, desservie par les Templiers[106]. Or, cette affirmation ne repose que sur des traditions orales locales et il semble aujourd'hui que la rotonde de Lanleff était dédiée à la Vierge et dépendait de l'abbaye de Léhon[107]. Si la forme rappelle indéniablement celle du Saint-Sépulcre, l'absence de source et la dédicace à « Sainte-Marie » rapprochent la rotonde de Lanleff des églises mariales du type de Rieux-Minervois.

Un dernier cas, très particulier, nous permet de faire la transition entre les rotondes mariales et les représentations du Saint-Sépulcre, en illustrant les liens formels et symboliques qui lient malgré tout ces deux types de fondation.

---

[103] Geneviève Bresc-Bautier a démontré que les Templiers ne s'étaient en réalité jamais installés au Dôme du Rocher qui dès l'installation des Francs à Jérusalem est pourvu d'un chapitre canonial indépendant de l'ordre. Ce rapprochement entre le « Temple » (dôme du Rocher) et l'ordre militaire est en effet une invention des scientifiques du XIX$^e$ siècle. Geneviève BRESC-BAUTIER, « Les imitations du Saint-Sépulcre de Jérusalem (IX$^e$–XV$^e$ siècle). Archéologie d'une dévotion », dans : *Revue d'histoire de la spiritualité*, 50 (1974), p. 319–342.

[104] Lambert est largement revenu sur ces idées reçues. Élie LAMBERT, *L'architecture des templiers*, Picard, Paris 1955.

[105] Mais aucun des relevés ou fouilles entrepris sur le site n'a permis de révéler la présence d'une cuve baptismale ou d'aménagements liturgiques en lien.

[106] Prosper MÉRIMÉE, *Notes sur des voyages présentées par P.-M. Auzat*, Hachette, Paris 1971, p. 312–315.

[107] C'est en 1148 qu'a été confirmée la donation de l'église Sainte-Marie de Lamlem à l'abbaye bénédictine de Léhon (proche de Dinan). Le donateur initial est un certain Trihan, seigneur de Châtelaudren. Voir : Charles FLOQUET, *Le temple de Lanleff*, Keltia graphic édition, Gourin 1999 ; Philippe GUIGNON, « Historiographie de l'église dite le « temple » de Lanleff », dans : *Société d'Histoire et d'Archéologie de Bretagne*, t. XCI, 2013, p. 589–598.

C'est à Oliba, évêque de Ripoll et Cuxa (1008) et évêque de Vic (1017) que l'on doit, entre 1035 et 1040, la construction de l'abbaye Saint-Michel ouverte, à l'ouest, par un petit atrium précédant l'église majeure, de deux chapelles superposées dédiées à la Trinité (supérieure)[108] et à la Crèche[109] (souterraine), cette dernière étant encadrée de deux petites chapelles placées sous le vocable, à droite, de Gabriel et, à gauche, de Raphaël. Enfin, cet ensemble occidental était relié à l'abbatiale de Saint-Michel par une série de galeries souterraines[110].

La chapelle Notre-Dame est orientée selon un axe est-ouest défini, à l'est, par une petite abside semi-circulaire en cul-de-four, auquel répond, à l'ouest, une porte. L'espace central est couvert d'une voûte annulaire en berceau continu prenant appui sur un massif pilier maçonné de section circulaire au centre. La chapelle de la Trinité semble adopter un parti plus complexe. De plan légèrement ovoïde, on y accédait par un escalier débouchant à l'ouest dans l'axe de l'abside orientale. Deux autres accès se trouvaient dans l'axe nord-sud de la chapelle. Tout comme la chapelle de la Vierge, la chapelle de la Trinité s'inscrit dans un massif carré.

La dédicace à la Vierge et à la Nativité de la chapelle inférieure ne fait aucun doute et permet de l'inscrire dans la tradition des rotondes mariales et des *memorie* de l'église de la Nativité (Bethléem)[111]. C'est son association avec l'oratoire de la Trinité qui en fait un exemple unique et confère à cet ensemble une toute autre dimension. Carol Heitz a rapproché ce massif occidental des *Westwerke* carolingiens. Selon lui, les chapelles de la Crèche et de la Trinité participaient de la même volonté d'adaptation

---

[108] La chapelle de la Trinité a disparu, probablement dès la fin du XV<sup>e</sup> siècle ou au début du siècle suivant. Elle n'a été retrouvée qu'en 1952 lorsque les fouilles ont permis de dégager les parois sur près de 1 m de hauteur.

[109] Aussi appelée chapelle Notre Dame du Pessebre. Le terme de « Pessebre » correspond à la traduction en catalan de « Crèche ».

[110] La bibliographie concernant l'abbaye de Saint-Michel de Cuxa et les aménagements romans entrepris sous l'abbatiat d'Oliba est extrêmement prolixe. Citons simplement : Jean HUBERT, « L'église Saint-Michel de Cuxa et l'occidentation des églises au Moyen Age », dans : *The Journal of the Society of Architectural Historians*, vol 21 n°4 (1962), p. 163–170 ; Marcel DURLIAT, *Roussillon roman*, Zodiaque, Saint-Léger-Vauban 1975, p. 29–52 ; Marcel DURLIAT, « L'architecture du XI<sup>e</sup> siècle à Saint-Michel de Cuxa » dans : *Études d'art médiéval offertes à Louis Grodecki*, Phrys, Paris 1981, p. 49–62 ; *Le monde d'Oliba : arts et culture en Catalogne et en Occident (1008–1046). Actes des XLe journées romanes de Cuxa*, Association culturelle de Cuxa, Codalet 2009.

[111] UNTERMANN, *Des Zentralbau...*, p. 81–82.

des formes architecturales monumentales à la liturgie et sa célébration[112]. Selon la tradition locale, les moines y présentaient leurs prières à Marie et s'y réunissaient pour célébrer les fêtes de la Nativité[113]. La présence de reliques christiques (les langes du Christ[114]) et l'emploi du plan en rotonde sont sans doute, pour Oliba, membre d'une élite contemporaine et conscient des discussions et des débats théologiques en cours, une réminiscence des modèles hiérosolymitains dont les formes, en particulier celles du Saint-Sépulcre, commencent à se propager en Europe.

## Sepulchrum Domini : Formes et Fonctions

La fascination qu'a exercée la rotonde de l'Anastasis dans la pensée occidentale est allée au-delà des seules considérations matérielles. Elle a conduit à la reproduction et la diffusion d'un motif iconographique architectural reprenant les principales caractéristiques du modèle original. Le retentissement de la construction constantinienne, parfois complexe à quantifier dans les sources écrites, trouve son expression dans la multiplication de constructions monumentales se réclamant du Saint-Sépulcre.

L'analyse de ces éléments architecturaux est une tâche ardue. Le manque de sources concernant certains monuments et les divers remaniements subis par ces églises ou édicules au fil du temps, invitent à une interprétation prudente de ces ensembles.

De plus, la filiation de ces structures au Saint-Sépulcre ou à l'édicule du tombeau n'est pas toujours évidente à définir. Qu'il suffise de rappeler que dès l'origine l'Anastasis a été insérée dans un ensemble monumental où les édifices entretenaient entre eux des liens d'interdépendance rendant complexe toute tentative de dissociation du tout et de sa partie, et inversement. Cette difficile dissociation intervient aussi dans le temps,

---

[112] HEITZ, « *Beata Rotunda*. À propos de la rotonde occidentale de Saint-Michel de Cuxa », dans : Marie GRAU (éd.), *Études Roussillonnaises*..., p. 273-277 ; HEITZ. « D'Aix-la-Chapelle à Saint-Bénigne de Dijon ... », dans : *Les Cahiers de Saint-Michel de Cuxa* XXV (1994), p. 5-11. Voir aussi l'article de Jean HUBERT, « L'église Saint-Michel de Cuxa ... », où l'auteur revient sur le développement des églises à chœur occidental à l'époque carolingienne et esquisse une première interprétation du phénomène entre culte marial et *Westwerk* carolingien.

[113] Aucune source ancienne ne vient confirmer avec certitude l'emploi spécifique de la chapelle au moment de Noël (drame liturgique). On ne sait en revanche absolument rien de la fonction liturgique de la chapelle de la Trinité.

[114] On sait que Oliba, en voyage dans les alentours de Lodi (Italie) ver 1011 aurait rapporté avec lui des langes du Christ comme relique et qu'il les installa dans l'abbaye, sans autre information concernant leur localisation au sein de l'abbaye. Cependant, le vocable de la chapelle inférieur à la Crèche laisse supposer que les reliques devaient y être conservées.

les diverses modifications, destructions ou reconstructions du modèle pouvant se retrouver en écho dans les copies occidentales sans pour autant induire une forme de simultanéité temporelle dans la reprise d'un motif. Il convient donc d'examiner les monuments de notre corpus en tentant d'en redéfinir, lorsque cela est possible, leur filiation et leur fonction.

La polysémie du Saint-Sépulcre explique sans doute la diversité des formes prises par ses imitations. La forte charge symbolique contenue dans la rotonde de l'Anastasis et dont nous avons tenté de définir l'aspect protéiforme et les divers degrés de lecture, donne lieu à autant de manifestations monumentales insistant sur un ou plusieurs aspects primordiaux du modèle hiérosolymitain.

Une dernière difficulté est à prendre en considération. Certaines fondations médiévales, placées sous le vocable du Saint-Sépulcre ou de la Résurrection, ne sont plus connues que par des mentions ou des vocables sans que l'on puisse déterminer quel plan elles adoptent. L'abbaye du Saint-Sépulcre de Cambrai fut fondée par l'évêque Liébert qui, désirant se rendre en pèlerinage à Jérusalem en 1054, s'est retrouvé contraint d'interrompre son voyage à Chypres[115]. Ne pouvant entreprendre une nouvelle expédition, il mandata un pèlerin qui devait prendre la mesure des sanctuaires et noter la disposition générale des monuments. Il choisit d'installer sa fondation sur le Mont-aux-Bœufs dont la topographie présentait des similitudes avec celle de la colline de Gethsémani[116]. Il s'y trouvait déjà une chapelle du Saint-Sépulcre, dont on ignore le plan, construite en 1047 par l'évêque Gérard Ier à l'emplacement d'un ancien charnier des morts de la peste (1036). Liébert a agrandi cette première construction et, en 1064, l'abbaye est consacrée « en l'honneur de Notre Seigneur Jésus Christ et de son Saint Sépulcre et de sainte Marie mère de Dieu et de tous les saints de Dieu »[117]. Le but de Liébert était de recréer une nouvelle Jérusalem à la périphérie de Cambrai. On ne sait malheureusement rien de cette reconstruction si ce n'est qu'elle devait comporter au centre un édicule que le moine Raoul de Cambrai, rédacteur de la vie

---

[115] Louis Trénard, Michel Rouche (éd.), *Histoire de Cambrai*, Presse Universitaire de Lille, Lille 1982, p. 38. L'histoire du pèlerinage inachevé de Liébert de Cambrai se trouve résumé dans Morris *The Sepulchre of Christ...*, p. 144-146.

[116] En effet, comme à Gethsémani, un ruisseau, à l'est, coulait en contrebas d'une colline plantée d'arbres dominant légèrement la ville à proximité. Voir : Eugène Bouly, *Histoire de Cambrai et du Cambrésis*, t. 1, Hattu, Cambrai 1842, p. 477.

[117] *Vita Lietberti*, dans: M.G.H., SS, t. XXX, p. 853-858.

de Liébert, décrit comme « *ut quivis duro corde adveniens, ad effectum devotionis facillime maveretur* » et « *in modum Sancti Sepulchri* »[118]. À l'intérieur, une banquette de marbre de sept pieds de long rappelle celle sur laquelle fut déposé le corps du Christ. Ce sont malheureusement les seuls renseignements à notre disposition concernant l'organisation du Sépulcre de Cambrai. La description très succincte fournie par Raoul de Cambrai n'offre que peu d'éléments. La nouvelle abbaye de Liébert succède à une chapelle funéraire mais on ne connaît malheureusement le plan ni de l'une ni de l'autre. La présence d'un édicule *in modum* au centre de l'église témoigne malgré tout d'une volonté de conformation au modèle original. Même si l'absence de sources anciennes et/ou de données archéologiques ne permet pas de restituer cet ensemble, le Saint-Sépulcre de Cambrai reste un témoin de la faveur dont bénéficia le vocable du « Saint-Sépulcre » au XIe siècle.

En effet, d'autres fondations de la même période, conservant généralement des reliques en provenance de la Terre Sainte, sont dédiées au Saint-Sépulcre mais n'adoptent pas pour autant les principes formels de la copie architecturale. C'est notamment le cas de l'église de Beaulieu-lès-Loches fondée par Foulque Nerra[119] (consécration en 1002) et placée sous la titulature du Saint-Sépulcre. Bien qu'édifiée *in modum*, nous rapporte la chronique des Comtes d'Anjou, l'église adopte un plan en croix latine (plusieurs fois remanié) très loin du plan centré hiérosolymitain. Le même phénomène se retrouve à l'abbaye de Neufmoutiers. Légendairement fondée par Pierre l'Ermite au

---

[118] *Vita Lietberti*, dans: *M.G.H., SS*, t. XXX, p. 853–858. L'église de Liébert fut remplacée au XIIIe siècle par une église de plan en croix latine classique avant d'être presque intégralement reconstruite à la fin du XVII (édifice actuel). L'abbaye est érigée en cathédrale en 1804 et prend son nom actuel de « Notre Dame de Grâce ». Voir : Auguste PREUX, *Essai sigillographie sur l'abbaye du Saint-Sépulcre de Cambrai*, de Boucquin, Paris 1854 ; Cyrille THELLIEZ, *Contribution à l'histoire du Cambrésis. Terre et seigneurie de l'abbaye du Saint-Sépulcre et St-Hilaire en Cambrésis*, H. LEFEBVRE, Cambrai 1912 ; Gérard SIVERY, « La gestion du temporel du Saint-Sépulcre de Cambrai », dans : *Études rurales*, 68 (1972), p. 120–134 ; Michel DUSSART, *Mémoire de Cambrai*, Cambrai 2004.

[119] Comte d'Anjou, Foulque Nerra (987–1040) a entrepris plusieurs pèlerinages jusqu'à Jérusalem et a fondé, en 1005, l'abbaye de Beaulieu qu'il dédie au Saint-Sépulcre et dans lequel il se fera enterrer. Concernant les pèlerinages de Foulque Nerra voir : Bernard BACHRACH, « The Pilgrimage of Fulk Nerra, Count of the Angevins, 987–1040 » , dans : Thomas NOBLE, John J. CONTRENI (éd.), *Religion Culture and Society in the Early Middle Ages – Studies in Honour of Richard E. Sullivan*, Western Michigan University, Kalamazoo 1987, p. 205–217. Pour ce qui concerne la fondation de Beaulieu-lès-Loches, voir : Bernard BACHRACH « Pope Sergius and the foundation of the Monastery at Beaulieu-lès-Loches », dans : *RB*, 95 (1985), p. 240–265.

début du XIIe siècle (1101), l'abbaye aurait pris le vocable du Saint-Sépulcre et aurait même été placée sous l'autorité directe du patriarche de Jérusalem[120].

Il faut ainsi distinguer l'utilisation du vocable (du Saint-Sépulcre, Sainte-Croix, Saint-Sauveur etc.)[121] et la reprise d'une forme architecturale ou d'éléments architectoniques et iconographiques renvoyant à l'édifice hiérosolymitain. Les mentions de « *ad formam* » « *in modum* » « *in similitudinem* »… que l'on trouve dans les chroniques ne s'avèrent pas suffisantes pour qualifier un monument de « représentation » ou « imitation » du Saint-Sépulcre. Ces expressions renvoient tout autant à la forme architecturale qu'au contenu symbolique et ne seraient ainsi pas tant formelles qu'intellectuelles[122]. Privilégiant la permanence d'un plan basilical ou en croix latine adapté à la liturgie, la parenté revendiquée entre le Saint-Sépulcre et ces « copies » appartiendrait donc au domaine de l'allégorie et du spirituel. Dans ce cas ce n'est pas tant la rotonde ou ses variations qui sont porteuses de sens, mais la fonction et le message véhiculé à travers cette filiation qui est mis en avant.

### *Le Saint-Sépulcre comme reliquaire*
### *Fondations en lien avec le pèlerinage*

L'objectif premier des imitations du Saint-Sépulcre est surtout d'évoquer aux fidèles le monument de Jérusalem. Ces *memorie* sont autant des « ersatz » du tombeau du Christ que l'image d'un pèlerinage offert à la dévotion générale et plus particulièrement destinée à l'édification de ceux ne pouvant se rendre ou ne s'étant pas rendus sur place. En 1100, l'archevêque de Milan, procédant à la dédicace de l'église de *San Sepolcro* contenant une *memoria* du tombeau, accorde la rémission du tiers des péchés à ceux

---

[120] L'histoire de la fondation de Neufmoutier (Huy, province de Liège) par Pierre l'Ermite au retour de la première croisade trouve son origine chez Jacques de Vitry dans son exhortation pour la croisade contre les albigeois à Liège. L'église (plusieurs fois remaniée et entièrement reconstruite au XVIIe siècle) a une double titulature au Saint-Sépulcre et Saint-Jean-Baptiste sans que l'on ne sache rien de son plan sans doute basilical ou en croix latine. Voir : Frédéric GORRISSEN, *Histoire de la Ville et du château de Huy*, Delhaise, Huy 1839, p. 76.

[121] D'autres fondations reprennent le même principe : Beaugency, Villers-Saint-Sépulcre, Neufmoutiers… C. MOULIN, « Les églises et chapelles Sainte-Croix en France », dans *Revue d'histoire de l'Église de France*, vol LXII n°169 (1976), p. 349–360.

[122] Jean HUBERT, « Le Saint-Sépulcre de Neuvy et les pèlerinages de Terre Sainte au XIe siècle », dans : *Bulletin monumental*, 90 (1931), p. 91–99.

qui, empêchés de se rendre à Jérusalem, viendront se recueillir dans son imitation[123]. Le même principe se retrouve à l'église de Neuvy-Saint-Sépulchre qui est même placée, dès sa fondation, sous la protection de l'Église de Jérusalem.

Tout autant qu'un lieu permettant à chacun de faire son propre pèlerinage sur place, ces imitations sont aussi des souvenirs pour ceux qui s'étaient rendus à Jérusalem. La fondation pieuse, et en particulier celle d'un Saint-Sépulcre, répond aux même principes que ceux de la relation de pèlerinage. Elle se situe dans la continuité de la démarche initiale, mettant un terme à la pérégrination terrestre mais prolongeant la quête spirituelle et introduisant de nouvelles pérégrinations à travers les reliques qu'elle conserve et qui en font à son tour un but de pèlerinage.

La rotonde Saint-Maurice, ou chapelle du Saint-Sépulcre[124], est une chapelle circulaire située à l'est de la cathédrale de Constance à laquelle elle est reliée par un petit cloître. C'est l'évêque Conrad, évêque de Constance de 934 à sa mort en 975, qui a fondé cette chapelle dans le cimetière jouxtant la cathédrale entre le retour de son deuxième pèlerinage à Jérusalem en 940 et le départ pour son troisième en 960[125]. Bien que placée sous le vocable de saint Maurice, la chapelle est un « *Sepulchrum Domini in similitudine illius Jerusalimitani* »[126] à l'intérieur de laquelle il place un « *Sepulchrum Domini competens ordinans* ». Elle se veut être une interprétation de la rotonde hiérosolymitaine telle qu'elle existait avant sa destruction par le calife al-Hakim (1009). Située à l'arrière du chevet oriental de la cathédrale dont elle est séparée par le cloître, elle reprend l'implantation physique du complexe constantinien. C'est une construction de plan circulaire, augmentée de quatre exèdres ou absides carrées. À l'intérieur, on

---

[123] « *In hoc sepulchrum ad ajus veram similitudinem factum* », dans : Giovanni Pietro PURICELLI, *Ambrosianae Mediolani Basilicae, ac Monasterii, Hodie Cisterciensis Monumentorum singularis descriptio.... - ...quo continentur Optimi quique Scriptores, qui Regions Transpandae et Alpibus Vicinae...*, Milan 1645, p. 481–485 ; BRESC-BAUTIER, « Les imitations du Saint-Sépulcre... », p. 322 et ss.

[124] Gustav DALMAN, *Das Grab Christi in Deutschland*, Dieterich Verlagsbuchhandlung, Leipzig 1922, p. 30–34 ; Wolfgang ERDMANN, Alfons ZETTLER, *Zur Archäologie des Konstanzer Münsterhügels*, Schriften des Vereins für Geschichte des Bodensees und seiner Umgebung, 95. Hefte, Selbstverlag, Friedrichshafen 1977.

[125] Conrad a effectué pas moins de trois pèlerinages en Terre Sainte. À la même période, au retour de son deuxième pèlerinage, on lui attribue la fondation de deux autres chapelles de plan centré interprétées comme peut-être des réminiscences de second degré du Saint-Sépulcre à Recheinau Mittelzell et Saint-Gall, dans : ERDMANN, ZETTLER, *Zur Archäologie des Konstanzer...*, p. 66–76.

[126] Wolfgang GÖTZ, *Zentralbau und Zentralbeutendenz in der gotischen Architektur*, Gebr. Mann, Berlin 1968, p. 226.

relève l'absence de colonnade laissant un espace entièrement libre. Cette fondation s'accompagne aussi de la translation des reliques de saint Maurice depuis Reichenau. Celles-ci sont placées, ainsi que des fragments provenant de Terre Sainte, dans une copie de l'édicule de Jérusalem au centre de l'édifice. Il ne reste malheureusement rien de cette première construction qui a été remplacé vers 1260 par une construction dodécagonale en grès de style gothique.

La rotonde de Constance est une construction mixte. Tout à la fois objet de dévotion construit au retour d'un pèlerinage au Saint-Sépulcre pour servir de *Memoria*, elle est aussi située dans le cimetière de l'enclos canonial et a servi de lieu de sépulture à Conrad lui-même. Celui-ci est en effet enterré à l'extérieur de la rotonde, *ad sanctos*, entre les absides est et sud. Enfin la fondation de Conrad s'intègre dans le cadre de la liturgie stationnale de Constance.

Les circonstances entourant la fondation du Saint-Sépulcre de Paderborn[127], au XIe siècle, sont particulièrement bien documentées. Dans une charte datée du 25 mai 1036, l'évêque Meinwerk précise qu'il a entrepris la construction d'une église « *in similitudinem Sanctae Iherosolimitanae ecclesiae* »[128] afin de créer sur terre, à travers une image de la Jérusalem terrestre, celle de la Jérusalem céleste. Cette fondation fait suite à l'envoi à Jérusalem de l'abbé Wino von Helmarshausen qui devait, selon les recommandations de Meinwerk, prendre les mesures de l'Anastasis et de l'édicule du tombeau. C'est une rotonde encore ruinée par les destructions d'al-Hakim (1009) que Wino a visitée. On peut s'étonner de constater que la construction de Paderborn paraisse n'entretenir qu'une lointaine ressemblance formelle avec le Saint-Sépulcre de Jérusalem alors même que les mesures exactes en avaient été prises. Elle est en réalité moins une interprétation du monument ruiné vu par Wino von Helmarshausen que la reprise du schéma structurel de la chapelle Saint-Maurice de Constance avec laquelle elle partage une vocation commune au Saint-Sépulcre[129]. Selon la conception contemporaine « d'imitation », les « mesures » (*mesurae*) relevées par l'abbé allemand

---

[127] Hans Jürgen BRANDT (éd.), *Die Busdorfkirche in Paderborn (1036–1986)*, Verl. Bonifatios-Dr., Paderborn 1986. Cet ouvrage, publié à l'occasion du 950e anniversaire de la fondation, a fait le point concernant les connaissances sur l'histoire de l'église.

[128] DALMAN, *Das Grab Christi* …, p. 36.

[129] ERDMANN, ZETTLER, *Zur Archäologie des Konstanzer*…, p. 59–61.

*le Saint-Sépulcre représenté*

ne sont pas tant des informations pratiques concernant l'Anastasis qu'une relique mémorielle de même valeur que les reliques matérielles (pierre du Sépulcre) qu'il a rapportées avec lui. À travers elles, c'est une toute autre construction mentale de la Jérusalem Céleste qui est entreprise.

Il est significatif de relever que l'église de Meinwerk a généré une copie indirecte du monument hiérosolymitain : l'église de Saint-Jean-Baptiste à Krukenburg, à proximité du village de Helmarshausen. Elle se compose d'un corps central cylindrique auquel viennent se greffer quatre corps de plan carré apparemment voûtés en berceau. À l'ouest, un massif d'entrée permet de définir l'axe de la chapelle.

La fondation du Saint-Sépulcre de Villeneuve d'Aveyron est relativement bien documentée. En 1053, Odile de Morlhon rentre d'un pèlerinage à Jérusalem où il s'était rendu pour « prier et voir les lieux saints où notre seigneur Jésus Christ est né, a souffert sa passion, est mort, et ressuscité et est monté au ciel » et fonde un monastère dédié au Saint-Sépulcre qu'il place sous l'autorité directe de l'Église de Jérusalem en la personne du patriarche Sophronius[130]. Un second texte, légèrement postérieur (1070), confirme la donation d'Odile et signale que le monastère est placé sous la dépendance de l'abbaye Saint-Pierre de Moissac. La construction originale, partiellement détruite par l'adjonction d'un chœur gothique à l'est (XIIIe siècle)[131], est par la suite laissée à l'abandon et connaît de nombreux délabrements.

Le plan du Saint-Sépulcre de Villeneuve n'est pas sans rappeler ceux de Paderborn et Constance et, dans des proportions moindres, celui de Sainte-Croix de Quimperlé. La perte de l'abside orientale dont on ne peut que supposer l'agencement réel[132], modifie la perception globale de l'ensemble de l'édifice. L'église s'organise autour d'un noyau

---

[130] « *Ego Odilus filius Rodulfi de Comitatu Rudense perrexi Jherosolimem causa orationis, et videre sancta loca, ubi dominus noster Jesu-Christus dignatus est nasci, pati, mori, et resurgere et ascendere in coelum compunctus suo corde, et posuit Deus in animo meo, ut de meis haereditatibus facerem monasterium ad honorem domini Jesu-Christi qui positus est in Sancto Sepulchro id est in illa parrochia de Mauriag volo illum aedificare, taliter quod* dispono ». Collection DOAT (B.N.F.), registre 129, fol 58). Publié par Jacques Bousquet, « La fondation de Villeneuve d'Aveyron (1053) et l'expansion de l'abbaye de Moissac en Rouergue », dans *Moissac et l'occident au XIe siècle. Actes du colloque international de Moissac du 3 au 5 mai 1963*, 1964, p 216–217.

[131] Claire Péquignot, « L'église de Villeneuve d'Aveyron. Une église bâtie à l'image du Saint-Sépulcre », dans : *Cahiers de Saint-Michel de Cuxa*, t. 26 (1995), p. 205–206.

[132] Aucune fouille archéologique n'a été jusqu'à aujourd'hui entreprise dans l'église gothique. L'analyse des éléments subsistants de la construction permet cependant de supposer que l'abside orientale disparue reprenait la même structure générale que celle des autres absides encore existantes.

central à peu près carré, délimité par quatre piliers massifs plaqués de demi-colonnes supportant, d'un côté, les hauts arcs doubleaux ouvrant sur le déambulatoire, et de l'autre, la coupole en arc-de-cloître. Seules les travées occidentales du déambulatoire subsistent intactes et montrent un espace de circulation relativement étroit. Chaque abside est formée d'une travée carrée devançant une abside semi-circulaire. La chapelle nord présente aujourd'hui un décor de fresques datées du XIV$^e$ siècle sur le thème du pèlerinage à Saint-Jacques et de son histoire. Il ne semble pas avoir existé à Villeneuve de reproduction de l'édicule, il n'en est en tout cas pas fait de mention claire dans les sources. De même, fondée par un pèlerin, l'église ne semble pourtant pas bénéficier de reliques en provenance de Terre Sainte. L'éloignement et l'isolement de Villeneuve rendent difficile la maintenance d'un pouvoir temporel hiérosolymitain sur l'église. C'est donc assez naturellement que l'abbaye, et la sauveté dans laquelle elle se situe, se trouvent rattachées à la puissante abbaye de Moissac.

Un schéma formel semble se dessiner parmi ces copies du Saint-Sépulcre érigées par des pèlerins. L'adoption d'un plan plus ou moins en croix grecque autour d'un noyau de plan centré (octogonal, circulaire...) pourrait, dans un premier temps, paraître relativement éloignée des dispositions générales du modèle hiérosolymitain. Les liens s'éclaircissent en revanche si on rapproche ces différentes variations architecturales des plans du Saint-Sépulcre et du Martyrium conservés dans les manuscrits d'Arculfe. On y retrouve un même dispositif de noyau central circulaire augmenté d'absides carrées (circulaires pour un exemplaire). Il serait sans doute hasardeux d'avancer un lien direct reliant l'ensemble de ces bâtiments et la diffusion du récit de l'abbé Franc. On peut en revanche supposer qu'un même mode d'interprétation du modèle associé à la diffusion d'archétypes architecturaux concernant ce même modèle a sans doute contribué à la diffusion de ce schéma structurel.

L'église de Neuvy-Saint-Sépulchre, la Jérusalem française, est sans doute l'une des copies les plus significatives de l'Anastasis issues d'un pèlerinage à Jérusalem. L'histoire de son édification s'étend sur près de deux siècles et débute au début du XI$^e$ siècle par la construction d'une petite église de plan basilical composée d'un vaisseau principal couvert en charpente et de deux étroits collatéraux voûtés en berceau. Une abside venait sans doute prolonger ces trois vaisseaux à l'est mais n'existe plus aujourd'hui.

L'église était alors placée sous le vocable de Saint-Jacques-le-Majeur et assurait principalement le service des pèlerins en route vers Compostelle.

Les transformations de ce bâtiment primitif interviennent entre 1042 et 1045 et nous sont connues à travers des chroniques contemporaines ou légèrement plus tardives[133]. Elles sont liées au pèlerinage à Jérusalem entrepris par Eude de Déols en 1027. C'est sans doute à lui que l'on doit la fondation d'une nouvelle construction qu'il voulut, rapporte la chronique de Guillaume Godet, « *ad formam Sancti Sepulchri Ierosolimitani* » et qui était destinée à remplacer l'église primitive. Implantée à l'ouest de cette dernière, à l'emplacement de la façade, elle adopte un plan circulaire, flanquée d'une tourelle d'escalier permettant d'accéder à la galerie. À l'intérieur, l'espace central est délimité par une colonnade circulaire composée de onze colonnes ouvrant sur un déambulatoire couvert en berceau. Au-dessus de cette colonnade, la tribune voûtée en plein cintre est délimitée par une série de quatorze colonnes. L'ensemble est couvert d'une coupole reposant sur un tambour percé de huit baies. L'analogie avec la rotonde constantinienne est sensible dans le parti général de l'édifice et dans l'élévation. On peut cependant s'interroger sur le choix des onze colonnes du niveau inférieur[134] auxquelles répondent les quatorze du niveau supérieur[135].

La construction de cet édifice impliquait vraisemblablement la destruction de l'ancienne basilique Saint-Jacques pour ne conserver que la rotonde[136]. À la même période, à Jérusalem, les Croisés entreprennent la restauration de la rotonde de l'Anastasis à laquelle ils adjoignent une église à trois vaisseaux. Il est possible que l'information soit

---

[133] La charte de fondation elle-même a disparu, sans doute lors du sac de l'église par les Huguenots en 1524. Les circonstances entourant les fondations sont cependant connues grâce à la chronique de Guillaume Godet, identifié à un moine berrichon de Saint-Martial de Limoges (mort vers 1173). Voir : *Chronique de Guillaume Godet*, collection Historiens de France, t. XI, p. 282.

[134] De nombreuses interprétations fondées sur la symbolique des nombres ont été proposées. La plus récurrente est sans doute une référence aux évènements de Pâques. Il s'agirait d'une référence aux Apôtres présents du jeudi saint au matin de Pâques, Judas exclu en raison de sa trahison.

[135] Ici encore les interprétations sont multiples. En écho aux colonnes du niveau inférieur, celles-ci seraient un renvoi aux évènements post Résurrection. Les quatorze colonnes seraient ainsi une représentation allégorique de la Pentecôte : les douze Apôtres, la Vierge et la Trinité (Père, Fils et Esprit). La Trinité serait identifiée au seul chapiteau sculpté de cette série et qui de plus marque l'est.

[136] La jonction entre les deux édifices n'était visiblement pas prévue à l'origine et s'effectue via de petits espaces percés dans la paroi de la rotonde sans être pour autant dans l'axe de la basilique.

parvenue depuis Jérusalem jusqu'à Neuvy où il est alors décider de maintenir l'ancienne église et de la relier à la rotonde. L'ensemble de la construction présentent alors un schéma concordant à celui de Jérusalem et une même orientation que le Sépulcre repris par les Croisés. Durant les siècles suivants, on apporte d'autres aménagements et modifications mais la structure générale reste la même encore jusqu'à aujourd'hui.

Afin de signifier la ressemblance et pour consacrer la destination de la rotonde, on édifia, au centre, un petit édicule[137] rappelant le tombeau du Christ. On ne sait malheureusement pas quelle forme il adoptait (*tegurium* ou édicule complet ?) mais il acquit sa totale signification au XIIIe siècle lorsqu'il reçut, en plus des reliques des lieux saints offert par Eude de Déols, les reliques de la Passion (en particulier le Saint-Sang), cadeau de Eudes de Châteauroux (1257), enfant du pays et légat pontifical en France où il était chargé de prêcher la septième croisade.

Le cas du Saint-Sépulcre aujourd'hui conservé dans l'église des capucins (Kapuzinerkirche) d'Eichstätt est un peu particulier. Fondé avant 1166 par l'évêque d'Eichstätt, Walbrun von Rieshofen, il se trouvait, à l'origine, intégré à l'abbaye bénédictine de Sainte-Croix (consécration en 1194 par Otto). C'est sans doute à son retour de la seconde croisade (1147–1149) que Walbrun a décidé de financer la construction, « *in honorem Sancti Crucis et Sancti Sepulchri* »[138], de cette copie du Saint-Sépulcre qui devait conserver des reliques de la Croix acquises à Jérusalem, à laquelle s'ajoute ensuite celle d'un hôpital. Un récit de pèlerinage plus tardif (XVe siècle), relatant la pérégrination de deux pèlerins de Nuremberg[139], relève que l'édicule du tombeau du Christ de Jérusalem est de même forme et dessin que celui d'Eichstätt et que tous deux reprennent les mêmes dimensions. Au début du XVIIe siècle (1625), l'église Sainte-Croix est définitivement abandonnée et le Saint-Sépulcre est démonté puis remonté dans la chapelle latérale prévue à cet effet de la toute nouvelle église des capucins où l'on peut encore le voir aujourd'hui.

---

[137] Il fut conservé jusqu'en 1806 et remplacé par un autel modifiant la perception de la Rotonde.
[138] Barbara DIETRICH, « Anastasis-Rotunde und Heiliges Grab in Jerusalem », dans : *Georges-Bloch Jahrbuch*, 11–12 (2004–2005), p. 20.
[139] Il s'agit du récit de Sebald Rieter et Hans Tucher, deux pèlerins originaires de Nuremberg et présent à Jérusalem en 1479. Voir : DALMAN, *Das Grab Christi* …, p. 56–57.

*le Saint-Sépulcre représenté*

Cette petite construction est donc une image fidèle de l'édicule du tombeau tel qu'il avait été reconstruit et remis en état par les Francs après la première croisade[140]. Elle est formée de deux éléments accolés, une construction légèrement ovoïde (ou tout du moins pas parfaitement circulaire) servant de chambre funéraire à laquelle on accède par une antichambre de plan quadrangulaire percé de trois portes. La chambre funéraire est enfin surmontée d'une rambarde délimitant une forme de terrasse sur laquelle est placé un ciborium à six fines colonnettes abritant un crucifix moderne. Cet aménagement supérieur est plus tardif (XIXe siècle). Une succession d'arcatures aveugles définit une élévation à deux niveaux de la paroi externe. À l'intérieur, la chambre sépulcrale de plan rectangulaire est très étroite et muni aujourd'hui d'une banquette (sur laquelle a été déposée une représentation du Christ Mort datable du milieu du XVIIe siècle) et d'un coffret dans lequel a été conservé les reliques et qui a aussi servi, par la suite, de reposoir eucharistique.

Eichstätt est un cas véritablement particulier et ce même si il s'agit d'une fondation correspondant à un retour de Jérusalem, en l'occurrence ici un retour de croisade, et que des reliques du Saint-Sépulcre et de la Passion y étaient enfermées. Au-delà de la *Memoria* de pèlerinage, l'édicule d'Eichstätt est en réalité de ce que l'on pourrait qualifier de premier exemple de « copie conforme » du modèle hiérosolymitain, jusque dans ses dimensions.

Une autre fondation du même type, datée des années 1119–1120[141], existait au Weinmarkt d'Augsbourg. Aujourd'hui entièrement disparu (détruit en 1611), ce petit édicule de marbre blanc « *in honore sancti Sepulchri* », si l'on en croit certaines descriptions, s'élevait dans une chapelle à l'arrière du chœur de l'église Saint-Augustin[142] et était sans doute une *Memoria* offerte par un ancien croisé[143]. On ne peut que regretter le manque d'informations concernant cette construction qui devait plus ou moins adopter le schéma structurel comparable à celui d'Eichstätt.

---

[140] Restauration franque qui tient aussi compte des restaurations byzantines antérieures.

[141] Dalmann, *Das Grab Christi*…, p. 44–56.

[142] La première mention directe de la construction apparaît dans les archives de l'Empire, le 13 mars 1129. Dalmann, *Das Grab Christi*…, p. 45.

[143] Il semble que l'on puisse encore en trouver un écho dans l'édicule situé dans une chapelle latérale de Sainte-Anne (1515) et qui reprend la forme du tombeau tel qu'il a été modifié par les Franciscains.

Une autre construction sans doute plus tardive mais dont la datation reste aujourd'hui encore problématique est à rapprocher de ce type de fondation. L'édicule central de l'église troglodyte Saint-Jean à Aubeterre-sur-Dronne est probablement une fondation liée au retour de la seconde Croisade du seigneur local Pierre II de Castillon (1145–1149)[144]. Ce dernier serait revenu avec des reliques de la Passion et aurait à cet effet fait construire l'édicule pour les conserver dans l'église Saint-Jean-Baptiste, à proximité du baptistère excavé créant un lien formel fort entre les reliques conservées et la liturgie baptismale par immersion. Ce reliquaire monumental monolithique, se présente comme une structure de plan centré formé d'une superposition de deux corps hexagonaux superposés, scandés, dans la partie basse, d'arcatures aveugles reposant sur de fines colonnes. L'absence de sources écrites concernant sa fondation rend l'interprétation difficile mais l'emploi du plan centré et la présence de reliques, sans doute liées à Jérusalem et à la Passion[145], place cet édicule dans la lignée des représentations du Saint-Sépulcre du même type que celui d'Eichstätt.

Le pèlerinage occupe une place fondamentale dans la dévotion liée au Saint-Sépulcre. Tout comme le récit de la pérégrination appartient au terme de la démarche du pèlerin, les fondations pieuses et plus encore les constructions se voulant être un souvenir du Saint-Sépulcre de Jérusalem appartiennent à la même démarche spirituelle. Elles bénéficient de plus d'une aura particulière en raison du lien symbolique qu'elles possèdent avec leur modèle hiérosolymitain. À travers elles, et les reliques qu'elles conservent, ces fondations rendent véritablement présente la rotonde hiérosolymitaine dont les formes et les aménagements sont transmis et se diffusent en Occident, et dont le contenu eschatologique et allégorique paraît lui aussi avoir été transféré par le biais des reliques et du témoignage des pèlerins.

---

[144] Charles DARAS, « Le mausolée de la Boulonie et le reliquaire d'Aubeterre » dans : *Mémoire de la société archéologique et historique de la Charente*, Angoulême 1957, p. 69–77 ; Edmond GAILLARDON, « L'église souterrain de Saint-Jean d'Aubeterre », dans : *Mémoire de la société archéologique de la Charente*, Angoulême 1911, p. 97–131 ; Maryse HERBERT, Francis MOULIA, Église souterraine Saint-Jean-Baptiste d'Aubeterre-sur-Dronne. De la source antique au Saint-Sépulcre, Angoulême 1992 ; Jan PIEPER, « Jerusalemskirchen » dans : *Bauwelt*, 1989 80 Jahrgang, p. 82–101.

[145] L'importance de l'édicule dans l'espace intérieur de l'église est encore soulignée par la présence d'une nécropole orientée vers l'édicule des reliques témoignant d'une tradition de sépulture *ad sanctos*. Voir : PIEPER, « Jerusalemskirche », p. 94.

## Le Saint-Sépulcre comme élément de la liturgie
### les représentation intégrées dans un complexe

Certains monuments ont une interprétation plus complexe. Le plan, la titulature ou un certain nombre de détails induisent l'existence d'un lien symbolique ou formel avec le modèle hiérosolymitain. Cependant, leur interprétation est plus difficile à entreprendre souvent en raison du contexte dans lequel il se situe.

Fondée à la fin du VIII$^e$ siècle, l'abbaye de Charroux a légendairement été attribuée à la piété de Charlemagne. Plusieurs légendes naquirent rapidement autour d'une protection de l'empereur carolingien qui se serait traduite par le don de reliques extraordinaires du Christ[146] et d'une importante bibliothèque. Il est désormais acquis que l'empereur n'intervint à aucun moment et que le véritable fondateur était Roger comte de Limoges qui obtint rapidement l'immunité civile pour son établissement. Mais dès le règne de Louis le Pieux, Charroux bénéficie d'une protection impériale et de l'octroi de nombreux privilèges mais cette rapide ascension est malheureusement interrompue par les invasions normandes (820–930). Les moines sont contraints de quitter l'abbaye, emmenant avec eux leurs précieuses reliques, pour s'installer tout d'abord en Auvergne puis à Angoulême. À leur retour, en 908, ils entreprennent la première reconstruction de l'abbaye[147] marquée par plusieurs incendies et interruptions. Elle aboutit à une première dédicace en 1028 en présence du duc d'Aquitaine Guillaume V. Suites à des dommages divers, notamment quelques incendies, l'abbatiale subit des réaménagements entraînant d'autres consécrations en 1048 (ou 1047), 1082 et 1096. L'abbaye connaît sa grande phase de déclin à partir du XIII$^e$ siècle mais surtout au XIV$^e$ siècle. Les guerres de religion paraissent achever ce lent processus, l'abbaye étant à plusieurs reprises ravagée par les troupes huguenotes et catholiques. Vendue comme

---

[146] Une relique de la vraie Croix (IX$^e$ siècle) et celle de la Sainte Vertu (XI$^e$ siècle), sans doute le Saint Prépuce. La provenance de ces reliques est obscure. Elles sont néanmoins déjà citées dans l'inventaire et la description du trésor de Charroux en 1045. Voir : Gisela SCHWERING-ILLERT, *L'ancienne église abbatiale Saint-Sauveur de Charroux. Sa reconstruction et son importance dans l'histoire de l'art*, Selbstverlag, Cologne 1991, p. 4 ; à propos du Prépuce, voir Robert PALAZZO, « The Veneration of the Sacred Foreskin(s) of Baby Jesus. A Documented Analysis », dans : James HELFERS (éd.), *Multicultural Europe and Cultural Exchange in the Middle Ages and Renaissance*, Brepols, Thurnout 2005, p. 155–176.

[147] Pour la chronologie de l'histoire de l'abbatiale de sa fondation jusqu'au XII$^e$ siècle principalement voir : Martie-Thérèse CAMUS, « À propos de la rotonde de Charroux », dans : SAPIN (éd.), *Guillaume de Volpiano et l'architecture des rotondes...*, p. 118–133.

Bien National à la Révolution, elle est divisée en cinq parcelles et presque entièrement démantelée (carrière de pierre).

Le plan de Charroux superpose deux tracés, un cruciforme et l'autre circulaire. La rotonde, l'espace qui nous intéresse, se situe à l'intersection de la nef et du transept. Le plan de Charroux se distingue par un emploi des supports permettant d'individualiser les trois déambulatoires de la rotonde sans pour autant déranger la perspective transversale ou longitudinale du plan basilical. L'espace central de la rotonde, surélevé par un podium d'une double volée de marches, est délimité par huit piliers plaqués de quatre demi-colonnes (support quadrilobé). Le périmètre externe du déambulatoire est formé de huit colonnes et trois piles tréflées (axe est-ouest) auxquelles succèdent, pour les déambulatoires intermédiaires, vingt supports de trois types différents. Tout d'abord quatre piliers doubles à colonnes engagées marquent la jonction avec chacun des bras de la croix latine et soulignent les axes est-ouest et nord-sud. Ensuite quatre doubles demi-colonnes accolées et six colonnes simples viennent terminer l'alternance des supports entre les piliers doubles. Le déambulatoire externe est individualisé par quatre portions de mur en quart de rond entre lesquelles viennent s'insérer les bras du transept, du chœur et de la nef. Enfin huit piliers forment, deux à deux, la jonction entre le plan circulaire et les bras de la croix latine.

Proposer une restitution de l'élévation intérieure est plus délicat. Au vu de la variété des supports employés (piliers, piles fasciculées, demi-colonnes, colonnes, etc.) il est probable que le parti original jouait sur quelques hauteurs de voûtes dissociées dans un ensemble homogène et élancé où l'espace central, individualisé en hauteur, devait ressortir et attirer le regard. La tour lanterne que l'on voit aujourd'hui et qui renforce encore l'autonomie de l'espace central par rapport au reste de la construction, est un aménagement légèrement postérieur (fin du XIe siècle) pour stabiliser la construction rendue mouvante par les marécages sur lesquels elle est bâtie et assurer la tenue du couvrement de pierre. Cette tour-lanterne semble littéralement traverser la construction délimitant une forme d'espace sacré au cœur de l'église.

Le mauvais état de conservation de l'abbatiale de Charroux et l'absence d'une partie de la documentation concernant son fonctionnement liturgique, en particulier pour ce qui concerne les reliques christiques, rend plus aléatoire une éventuelle comparaison avec l'Anastasis. Un lien existe bien entre les deux églises à travers la dédicace au Sauveur, déclinaison du thème de la Résurrection. À cela s'ajoute une référence symbolique dans la combinaison admirablement réussie et originale des plans cruciforme et circulaire. Cet agencement atypique des deux plans parfaitement associés et totalement individualisés, trouve vraisemblablement son origine dans celui du Saint-Sépulcre, ce qui permet de renforcer l'orientation christologique de l'abbaye jusque dans la structure.

Suivant un schéma liturgique différent et répondant à une autre symbolique de la rotonde hiérosolymitaine, l'abbatiale Sainte-Croix de Quimperlé appartient à un complexe monastique véritablement ancien. La datation approximative de sa fondation est connue par une série de textes qui la situent dans le courant de la première moitié du XI$^e$ siècle[148]. Le cartulaire de l'abbaye revient quant à lui sur les circonstances de sa fondation. Elle serait l'œuvre de Alain Canhiart, comte de Cornouaille, qui, gravement malade, vit en songe une croix d'or lui descendre dans la bouche. Le rêve fut ensuite interprété comme un signe divin réclamant la fondation d'une abbaye dédiée à la Sainte-Croix sur les terres du Comte. Ce dernier s'exécuta et consacra, le 14 septembre 1029[149], la nouvelle abbaye de Quimperlé en remerciement de sa guérison. Selon le cartulaire, l'église a été restaurée en 1083[150], par l'abbé Benoît fils du fondateur, et c'est au cours de cette phase de travaux qu'elle adopte le parti qu'on lui connaît encore aujourd'hui.

Ici la connexion avec les Lieux Saints paraît beaucoup plus lointaine. Si un rapprochement peut être fait entre le songe du comte de Cornouaille et celui de Constantin[151], c'est surtout la dimension apotropaïque de la Croix, sensible dans les deux récits, qu'il faut souligner. La fondation de Sainte-Croix aurait moins à voir avec les constructions hiérosolymitaines elles-mêmes qu'avec leur fondateur, Constantin, figure du bon gouvernant alliant soutien à l'Église et gestion du temporel. Ainsi l'église de Sainte-Croix ne se distingue-t-elle pas par l'adoption d'une liturgie spécifique mais interroge par l'ampleur de sa réalisation.

---

[148] La date de fondation se situe dans une fourchette large allant de 1008 à 1046.
[149] Paul de BERTHOU, Léon MAÎTRE, *Cartulaire de Quimperlé*, Honoré Champion, Paris 2$^{nde}$ édition augmentée 1904, p. 40.
[150] *Cartulaire de Quimperlé...*, p. 67.
[151] Tous deux rêvent de l'apparition d'une grande croix d'or, et tous deux ont besoin d'une interprétation extérieure pour en comprendre la portée. Pour Constantin, la croix est le symbole de sa victoire sur Maxence et ouvre la voie à la reconnaissance officielle du Christianisme. Pour le comte de Cornouaille, elle symbolise la guérison.

Le plan de Quimperlé s'organise autour d'un noyau central délimité par quatre piles fasciculées plus ou moins triangulaires. Un déambulatoire entoure ce premier espace et ouvre sur deux absidioles semi-circulaires à travée unique (nord et sud) et deux bras plus longs à l'est (couverts en berceau continu) et à l'ouest (servant de façade). Le tracé cruciforme – suggéré dans la structure en plus du plan centré circulaire, mais sans doute plus difficilement identifiable dans l'élévation – est souligné par l'utilisation de différents modes de couvrement pour individualiser les espaces entre eux. La présence d'une crypte a entraîné l'aménagement d'une plateforme, au niveau de l'abside orientale et de l'espace central, qui modifie la perception de l'élévation intérieure de l'église. L'abbatiale présente enfin un décor architectonique riche et important. Influençant la perception des volumes et participant à la construction des lignes de force pour conduire le regard, la sculpture joue un rôle non négligeable dans la conception et la vision de l'édifice[152].

Le plan de Quimperlé, cruciforme inscrit dans un cercle, se retrouve à une échelle plus petite et dans une exécution beaucoup moins raffinée, à Villeneuve-d'Aveyron (fondation à peu près contemporaine, milieu du XI$^e$ siècle) mais aussi dans les cas de Paderborn voire même Saint-Maurice de Constance. Il s'agit d'un écho lointain de l'Anastasis antérieure aux destructions d'al-Hakim, correspondant au récit d'Arculfe et dont le plan circulaire s'ouvrait, aux quatre points cardinaux, sur des absides.

Le Saint-Sépulcre de Parthenay, aujourd'hui entièrement disparu et remplacé par un parking, n'est connu que via quelques mentions tardives évoquant la titulature du Saint-Sépulcre et par les fouilles archéologiques qui ont permis d'en dégager le plan. Le Saint-Sépulcre de Parthenay adoptait un plan circulaire simple mais vaste (près de 28 m de diamètre) sans doute agrémenté d'une colonnade et d'un déambulatoire. La découverte à l'intérieur de neuf bases cruciformes, laisse supposer l'existence de cette colonnade individualisant l'espace central, isolé sur une marche, relativement large. Les fouilles ont aussi révélé l'existence de fondations au centre de l'église pouvant désigner l'emplacement d'un autel primitif ou celui d'une hypothétique copie de l'édicule.

---

[152] Suite à l'effondrement du clocher sur l'église à la fin du XIX$^e$, un grand nombre de sculptures ne sont plus d'époque et datent de la reconstruction. Il subsiste cependant suffisamment d'éléments originaux pour se faire une idée du type des sculptures, géométriques ou végétales principalement, employées dans l'abbatiale à la fin du XI$^e$ siècle.

L'édicule de l'église troglodyte de Saint-Jean d'Aubeterre-sur-Dronne est un cas très particulier dans lequel se trouvent associées la représentation du Saint-Sépulcre reliquaire de la Résurrection et la liturgie baptismale. Aucunes sources directes ne permettent d'établir une chronologie précise concernant la construction, ou plutôt l'excavation, de l'église ainsi que son usage. Creusée dans la falaise, l'église Saint-Jean[153] semble être une fondation du VI$^e$ siècle de saint Maur, disciple de saint Benoît, qui dès l'origine a été utilisée comme baptistère comme en témoigne la présence d'une vaste cuve creusée à la jonction de la nef et de l'abside. Au centre de l'abside, s'élève aujourd'hui un édicule hexagonal à deux niveaux[154] taillé dans le roc contenant à l'arrière une caché à reliques. En l'absence de sources permettant de retracer sa fondation, seule son analyse stylistique permet de relier cette petite architecture au style roman de la fin du XII$^e$ siècle. Par recoupement des données historiques, il a été mis en lien avec la figure de Pierre de Castillon, seigneur d'Aubeterre qui participa à la seconde croisade à Jérusalem (1145–1149) et qui y aurait peut-être aussi fait un pèlerinage d'où il serait revenu avec des reliques. Reliquaire monumental, l'édicule d'Aubeterre réuni ainsi dans l'espace de l'église l'image présente du Saint-Sépulcre de Jérusalem

---

[153] L'église Saint-Jean est un vaste édifice souterrain orienté nord-sud, haute de 17 à 20 m et couverte d'une voûte en berceau surbaissé taillée dans la roche. Elle est formée d'une large nef principale scandée de deux massives colonnes octogonales et deux demi-colonnes engagées. Sur la paroi nord, une galerie haute ouvre au-dessus de l'abside. Au centre de la travée, une cuve circulaire taillée dans le bloc rocheux (avec dans le fond une large croix réservée) servait de cuve pour les baptêmes par immersion. La falaise dans laquelle l'église a été excavée était dominée par la forteresse et le donjon des seigneurs d'Aubeterre daté du XI$^e$ siècle (ruine) qui possédait un accès direct dans l'église. Voir : Charles DARAS, « Le mausolée de la Boulonie et le reliquaire d'Aubeterre », dans : *Mémoire de la Société archéologique et historique de la Charente*, Angoulême 1957, p. 69–77 ; Pierre DUBOURG-NOVES, « Le groupe souterrain de Saint-Jean d'Aubeterre », dans : *Congrès archéologie de France*, 153$^e$ session, Charente 1995. Société française d'Archéologie, Paris 1999, p. 83–92 ; Edmond GAILLARDON, « L'église souterraine de Saint-Jean d'Aubeterre », dans : *Mémoire de la Société archéologique et historique de la Charente*, Angoulême 1911, p. 97–131 ; Maryse HERBERT, Francis MOULIA, Église souterraine Saint-Jean-Baptiste d'Aubeterre-sur-Drone (Charente). De la source antique au Saint-Sépulcre, Angoulême 1992 ; Jan PIEPER, « Jerusalemskirchen. Mittelalterlichen Kleinarchitekturen nach dem Modell des Heiligen Grabes », dans : *Bauwelt*, 80. Jahrgang, 1989, p. 82–101 en particulier p. 94–97.

[154] L'édicule se présente comme une superposition de deux corps hexagonaux, le niveau supérieur étant en retrait. Le niveau bas est décoré sur chaque face d'arcades aveugles en plein cintre retombant sur un groupe de trois colonnes à chapiteaux nus amortissant les angles de l'hexagone. À l'arrière, un caveau originellement fermé contenait plusieurs châsses en plomb de différentes tailles (reliques non identifiées). Le niveau supérieur est lui aussi réservé dans la roche. Ajouré, il est ouvert sur les six faces par une petite arcade en plein cintre reposant sur deux colonnettes engagées se faisant face à la retombée de l'intrados. Les angles de l'hexagone sont marqués par de fines colonnette. L'ensemble est couvert d'une coupole plate.

par la forme et par les reliques, mais aussi par l'association symbolique avec la liturgie baptismale. Le lien exégétique entre Résurrection du Christ et résurrection par le baptême se trouvait parfaitement lisible au moment de l'immersion des catéchumènes, qui, alors même qu'ils étaient immergés par trois fois, voyait une représentation du reliquaire de la Résurrection promise.

## Le Saint-Sépulcre comme symbole de la Résurrection
### Les monuments à connotation funéraire

Ces édifices, reprenant le vocable du Saint-Sépulcre, en en reproduisant les formes et certaines des dispositions, ont une véritable fonction de remplacement et abritent des reliques rendant leur interprétation relativement aisée et leur signification claire. Il en va différemment en ce qui concerne une autre catégorie de monuments, pourtant aussi intimement liée au modèle hiérosolymitain. Les chapelles funéraires médiévales forment un champ d'étude à part entière. Héritières de traditions antiques et découlant de la reprise d'archétypes architecturaux anciens, elles entretiennent des liens patents mais non revendiqués avec le Saint-Sépulcre, lui-même issu des antiques mausolées impériaux. Si cette parenté est réelle, mettre l'accent sur cette seule relation d'un passé formel commun, reviendrait à élargir de façon démesurée le cadre de cette étude. Cependant, l'adoption du vocable du Saint-Sépulcre ou affilié pour certaines de ses fondations permet de placer ses constructions sous le signe de la Résurrection du Christ promesse de vie éternelle et de résurrection des morts.

Malheureusement, les sources concernant ce type d'édifice sont lacunaires. Lorsqu'elles existent, ce sont généralement des récits tardifs venant conforter une tradition orale dont il est difficile de vérifier la véracité historique. Leur analyse archéologique et monumentale apparaît comme la seule alternative pour avancer une datation et tenter de dégager certains traits communs (plan, localisation...etc.). Enfin, il ne faut pas oublier qu'il s'agit aussi d'une interprétation *a posteriori* de ces édifices dont les circonstances exactes de fondation sont difficilement identifiables.

La chapelle Saint-Michel de l'abbaye de Fulda est considérée comme la plus ancienne copie avérée du Saint-Sépulcre en occident. Chapelle funéraire des abbés de la grande abbaye de Fulda, elle est édifiée dans le cimetière de l'abbaye en 820 et dédicacée en 822 par Eigil. De plan circulaire, elle contenait au niveau principal un *tu-*

*mulus Christi*, image de l'édicule du tombeau, dont on ne connaît malheureusement pas la forme exacte. Il semble qu'il adoptait la forme d'une tour s'élevant au centre de la rotonde. À l'aplomb de ce *tumulus*, un pilier central soutient la voûte annulaire de la crypte qui servait de lieu de sépulture aux abbés. Le rapport allégorique entre la chapelle et le Saint-Sépulcre se trouve réellement affirmé dans les vers que Raban Maur a écrit à l'occasion de sa dédicace :

> « Hoc altare Deo dedicatum est maxime Christo
> Cujus hic tumulus nostra sepulcra juvat.
> Pars montis Sinai, Moysi et memoratio digna
> Hic Christi domini est et genitale solum »[155]

Avec ses vers, Raban Maur établit un lien spirituel fort entre la chapelle funéraire de Fulda et le tombeau du Christ. L'insistance est mise sur le mystère de la Résurrection et l'espérance qu'elle comporte. Joignant dans un même ensemble la sépulture des hommes et celle du Christ « qui réjouit nos tombes », il insiste sur la signification salvatrice de l'Anastasis qui devient l'archétype à travers lequel tous les édifices à vocation funéraire trouvent leur justification. C'est dans la Mort et la Résurrection du Christ que repose l'espérance de l'au-delà[156].

Représentation de l'Anastasis dans sa composante eschatologique, cette interprétation est encore renforcée par la présence de deux reliques provenant de Terre Sainte. Auparavant conservées dans le *tumulus Christi*, ces éclats de pierre du Mont Sinaï et de la grotte de la Nativité unissent dans une même compréhension – la Résurrection du Christ – l'Ancienne et la Nouvelle Alliance, l'incarnation du Christ représentant l'aboutissement de la loi de Moïse.

Deux petites chapelles de Provence, à Peyrolles[157] et Graveson sont elles aussi placées sous le vocable direct du Saint-Sépulcre. Mal connues dans les sources qui n'en font que peu ou pas mention et n'ayant jusqu'à présent pas fait l'objet d'une étude monographique ou de fouilles archéologiques, les circonstances de leur fondation restent floues. Adoptant toutes deux un même plan centré quadrilobé, elles sont à placer

---

[155] *MGH Poetae Lat. 2*, p. 209.
[156] Gustav DALMAN, *Das Grab Christi in Deutschland*, Dieterich Verlagsbuchhandlung, Leipzig 1922, p. 30.
[157] XII<sup>e</sup> siècle, classée aux Monuments Historiques en 1932. La chapelle du Saint-Sépulcre est située sur un petit promontoire rocheux à l'extérieur des remparts de la ville.

dans la continuité de la construction de la chapelle Sainte-Croix de Montmajour[158]. Située à peu de distance de l'abbaye de Montmajour dont elle dépend directement, la chapelle Sainte-Croix se dresse au centre d'un cimetière rupestre. Elle adopte un plan centré à quatre feuilles formant un plan en croix grecque quadrilobé et est précédée à l'ouest d'un petit vestibule formant un narthex. La superposition des volumes les uns par rapport aux autres est sensible à l'extérieur dans l'étagement des formes autour du noyau central. Chapelle funéraire, Sainte-Croix, parfois même appelé Sainte-Croix de Jérusalem, met l'accent sur l'instrument du martyre du Christ. Il semble que les deux chapelles de Peyrolles et Graveson, suivant le même schéma d'un plan en croix grecque quadrilobée, relèvent de cette même tradition. Le vocable du Saint-Sépulcre ne serait alors pas tant une volonté d'établir un lien formel ou structurel avec la rotonde hiérosolymitaine, qu'une variation autour du thème de la Croix qui trouve, pour ces deux chapelles, son origine à Montmajour[159].

Adoptant un module de base octogonale, les dispositions originales de la prieurale Saint-Jean de Trizay sont aujourd'hui connues grâce aux fouilles archéologiques entreprises sur le site[160]. Son volume principal se définit comme un octogone prolongé à l'est par une abside relativement profonde, et augmenté dans ses axes diagonaux de quatre absidioles. Ainsi les dispositions générales, en plan, de l'église Saint-Jean se subdivisent-elles en trois espaces concentriques : le noyau circulaire délimité par huit supports, puis les deux déambulatoires successifs dont les supports (seize au total) dessinent un octogone interne.

Un certain nombre d'édifices adoptant un tracé de base octogonale à l'époque romane, comme Trizay ou la petite église de Saint-Martin l'Astier, ont ou ont eu une fonction funéraire plus ou moins affirmée. La répétition de ces schémas tend à démontrer qu'il existe vraiment un rapport de cause à effet dans l'emploi de telles formes. L'identification de ce lien passe aussi par l'interprétation symbolique de l'octogone que Krautheimer a analysé à travers son étude sur les baptistères médiévaux[161].

---

[158] Société française d'archéologie, *Congrès Archéologique de France, 134ᵉ session, 1976, Pays d'Arles*, p. 182–239 ; Jean-Maurice ROUQUETTE, *L'abbaye de Montmajour*, édition du Patrimoine, Paris 2007, p. 34–35.

[159] Il est à noter que la chapelle de Graveson en particulier, se trouvait sous la dépendance de Montmajour ce qui expliquerait sans doute la diffusion du modèle depuis l'abbaye arlésienne.

[160] Entreprises en 1994 et en 2003.

[161] KRAUTHEIMER, « Introduction to an iconography… », *op. cit*, p. 20–33.

Adoptant un plan basé sur la récurrence du chiffre huit, ces constructions participent à l'évocation de la Résurrection et acquièrent, à travers elle, certaines significations véhiculées par l'évènement. Elles matérialisent, dans une certaine mesure, la croyance en l'avènement de la Jérusalem céleste. Cette dimension eschatologique se traduit, à Trizay, par l'adoption d'une dédicace à saint Jean.

C'est sans doute la même signification que l'on retrouve dans la chapelle cémétériale de Chambon-sur-Lac (Puy-de-Dôme), elle aussi placée sous le vocable de saint Jean. Les informations sont peu nombreuses concernant la fondation et la construction de ce petit édifice de plan circulaire qui n'apparaît dans les sources qu'à l'époque moderne. Mais les fouilles et les restaurations entreprises dans les années 1840 sous la direction des Monuments Historiques ont permis d'avancer l'hypothèse selon la-quelle la chapelle a très tôt abrité des sépultures. Et c'est cette fonction funéraire initiale qui a sans doute entraîné le développement postérieur d'un cimetière à proximité de la chapelle. Seule une massive cuve de sarcophage, datée du XII$^e$ siècle, témoigne de l'implantation sans doute ancienne d'une tradition cémétériale autour de la chapelle Saint-Jean. De plan parfaitement circulaire, elle est seulement augmentée d'une abside barlongue peu saillante marquant l'axe oriental de l'édifice.

La petite chapelle Sainte-Luce (XI$^e$ siècle) de Saint-Léonard de Noblat[162] présente un plan circulaire avec un déambulatoire à huit colonnes (symbole de Résurrection), augmenté de quatre petites absidioles semi-circulaires disposées en croix autour de la rotonde. Les circonstances mal connues de la fondation de cette petite chapelle, associées à la qualité de la construction et la préciosité du plan à déambulatoire, ont largement alimenté les suppositions entourant une éventuelle première dédicace de l'édifice au Saint-Sépulcre. Cette hypothèse s'est nourrie de la découverte, sous le clocher-porche, d'une dalle funéraire portant l'inscription « *Hic requi…sit… Oncerad / Qui hoc edificavit Sepulchrum / et obiit VIII. K. Juli* »[163]. Le rapprochement entre cet Oncerad et le fondateur de la chapelle était tentant et fut rapidement fait alors même qu'aucun

---

[162] Le vocable de Sainte-Luce, aujourd'hui attaché à la chapelle, n'est qu'une adjonction relativement récente (époque moderne) dont on ne doit pas tenir compte pour déterminer la fonction de ce petit édifice.

[163] La dalle a malheureusement aujourd'hui disparu mais elle est datée de la fin du XI$^e$ ou du tout début du XII$^e$ siècle tout comme la chapelle. Voir : René FAGE, « L'église Saint-Léonard et la chapelle du Saint-Sépulcre », dans : *Bulletin Monumental*, LXXVII (1913), p. 69.

autre élément ne venait renforcer cette hypothèse. Le caractère funéraire de la chapelle semble établi mais on peut malgré tout s'interroger sur la validité de ce rapprochement. Si effectivement Oncerad a été le commanditaire de la chapelle qu'il a voulu concevoir comme un mausolée accolé à une église sur le modèle par exemple des grands mausolées romains (Sainte Constance), il est étonnant que la dalle funéraire ait été retrouvée sous le porche et non dans la chapelle elle-même. Si effectivment Oncerad se trouve être le fondateur de la chapelle, placée à l'extérieur de la construction, la dalle funéraire reprendrait le même schéma que la sépulture de Conrad « *ad sanctos* » à Constance. Ainsi, la chapelle Sainte-Luce pourrait être comprise comme une représentation d'un mausolée de saint voire même d'une évocation du Saint-Sépulcre. Malgré tout, cette interprétation ne pourrait être envisageable que dans le cas où de précieuses reliques auraient été conservées dans la chapelle (reliques christiques, fragments provenant de Terre Sainte, etc.) et justifierait d'une inhumation à l'extérieur. Or les sources ne font jamais mention d'une telle utilisation de la chapelle qui est même déjà menacée de destruction dès la fin du XIIe siècle.

La restauration, presque une reconstruction, de la chapelle au début du XXe siècle, n'a pas été accompagnée de fouilles archéologiques approfondies du sol. Peut-être auraient-elles apporté des réponses quant à cette probable vocation funéraire et permis ensuite d'expliciter les liens structuraux existant entre la chapelle, le porche et la basilique.

L'identification du monument dédié au Saint-Sépulcre, en tant que fondation de pèlerinage, est bien plus contestable. Même si la qualité du plan à déambulatoire semble plaider en faveur de cette interprétation, le très rapide désintérêt des autorités ecclésiastiques envers le monument tend à prouver le contraire. Dès 1191, l'évêque de Limoges envisage sa destruction, au moment même où la troisième croisade se forme suite à la perte de Jérusalem aux mains de Saladin (1187). Dans un tel contexte, il est peu probable, voire même impensable, d'envisager la destruction d'une chapelle dédiée au Saint-Sépulcre et fondée à son image. La disparition d'un tel monument, dont la dédicace et la fondation auraient pu contribuer à légitimer la croisade, n'aurait même pas été prise en considération. De même il est difficile de croire qu'une dédicace ancienne au Saint-Sépulcre ait pu entièrement disparaître au profit, dans un premier temps du double vocable des Saints Pierre et Paul et, de nos jours, de la seule sainte Luce.

*le Saint-Sépulcre représenté*

La plus grande prudence est donc de mise quant aux rapprochements à faire entre quelques exemples d'édifices paraissant revendiquer une dévotion particulière au Saint-Sépulcre et la masse des chapelles funéraires de plan centré. Celles-ci résultent, d'un point de vue formel, de la pérennité ou de la reprise du type antique des mausolées de plan centré (circulaire comme le mausolée de Sainte Constance à Rome ou octogonal comme celui de Dioclétien à Split), auquel vient se greffer, à travers le Saint-Sépulcre, une dimension allégorique renvoyant à la Résurrection.

La multiplication des fondations « *ad formam* » ou « *ad similitudinem* » du Saint-Sépulcre en Occident au cours du XI<sup>e</sup> siècle est intrigante. Comme nous avons tenté de le montrer, la majeure partie des constructions se réclamant ou relevant du modèle hiérosolymitain est à dater du XI<sup>e</sup> siècle alors même que le monument original visité par les pèlerins est entièrement ruiné (début du XI<sup>e</sup> siècle) ou en cours de reconstruction dans des proportions moindres (seconde moitié du siècle). La destruction de ce que l'on pourrait finalement considérer comme « l'archétype » paléochrétien original semble inciter les pèlerins à multiplier les *Memorie* en Occident, établissant une forme de transfert depuis le modèle ruiné jusqu'aux fondations nouvelles. Placées sous l'autorité et la protection de l'Église de Jérusalem, ces nouvelles constructions témoignent d'un transfert matériel et spirituel de l'Orient vers l'Occident. Le pèlerinage à Jérusalem, long et particulièrement dangereux, ne peut pas être entrepris par tous. La translation de reliques en provenance de Terre Sainte et la construction de répliques du tombeau du Christ devaient permettre de le rendre présent auprès des fidèles qui pouvaient s'y recueillir comme sur les lieux de la Passion et de la Résurrection et d'en ressentir la pleine et entière présence.

Un dernier cas, plus tardif et traduisant une transition formelle et iconographique s'opérant à propos du monument hiérosolymitain, est à prendre en considération. Le Saint-Sépulcre de Gernrode[164], situé dans les deux travées orientales du collatéral sud de la collégiale Saint-Cyriaque, n'est pas une véritable copie ni de la rotonde ni de l'édicule. De plan rectangulaire, il est formé de deux chambres communicantes, une antichambre et une chambre funéraire. Il se distingue surtout par l'ensemble de son décor sculpté (stuc), véritable manifeste de l'iconographie de la Passion et de la Ré-

---

[164] Une publication récente a fait le point sur ce monument; Hans Joachim KRAUSE, Gothard VOB, *Das Heilige Grab in Gernrode. Bestandsdokumentation und Bestandsforschung*, Deutscher Verlag für Kunstwissenschaft, Berlin, 2007.

surrection[165]. Ne reprenant la forme ni de l'Anastasis ni de l'édicule du tombeau, le Saint-Sépulcre de Gernrode marque par la profusion de son décor qui se développe en deux temps. À l'intérieur du tombeau, dans la chambre funéraire, un ensemble sculpté « rejoue » le drame de Pâques[166]. Accueilli par un Ange, le fidèle qui pénètre dans la chambre sépulcrale est invité à assister à la découverte du tombeau vide avec les trois Marie. Celles-ci, placées contre la paroi nord, se dirigent vers l'ouest où un ange (très fragmentaire) leur désigne la niche occidentale. Une partie de la spécificité de Gernrode réside dans l'utilisation et l'aménagement de cette niche occidentale qui, symboliquement, correspond au tombeau (banquette funéraire). Elle abrite en effet une statue en pied d'évêque, revêtu de ses habits sacerdotaux, tenant ce qui devait être une crosse (aujourd'hui disparue). L'interprétation de cette sculpture relativement énigmatique a donné lieu à de nombreuses conjectures. Au-delà de la seule iconographie épiscopale, il semble qu'il faille y voir une image du Christ ressuscité. En recevant l'onction sacerdotale, le prêtre, et à travers lui l'évêque aussi, est une image du Christ prophète, grand prêtre et roi, « fondateur » du ministère ecclésiastique par l'institution de l'Eucharistie qui trouve sa valeur et son contenu symbolique dans la Résurrection et le tombeau vide. À cette scène interne, fait écho à l'extérieur, celle du *noli me tangere* (façade nord), ou la première apparition du Christ ressuscité dans l'évangile de Jean (évangile du jour de Pâques). Au-delà de la multiplication des scènes de la Résurrection provenant des évangiles synoptiques (intérieur) et de celui de Jean (extérieur), une dernière clé de lecture, non seulement de l'épisode biblique mais aussi du monument lui-même (celui de Gernrode et à travers lui celui de Jérusalem), est à voir sur la façade occidentale. C'est à travers la figure de l'orante, symboliquement placée au revers de l'image du Christ ressuscité auquel donc semble s'adresser sa prière, qu'est transmis le message de la Résurrection, de la victoire sur la Mort et de l'accomplissement des

---

[165] L'intégralité de ce programme iconographique n'est pas évidente à entreprendre, en particulier en ce qui concerne les groupes sculptés à l'intérieur du Saint-Sépulcre. Leur emplacement a en effet été à plusieurs reprises modifié rendant plus difficile toute interprétation globale de l'iconographie et l'interaction des groupes sculptés entre eux. Voir : Rainer KAHSNITZ, « Das figürlichen Darstellungen » et « Das ikonographische Programm », dans : KRAUSE & VOB (éd.), *Das Heilige Grab in Gernrode...*, p. 311–331 et 338–339.

[166] Il est probable que la fonction première du Saint-Sépulcre de Gernrode ait été de servir à l'occasion de la liturgie pascale. Un manuscrit du XV$^e$ siècle retranscrit le drame liturgique joué à Gernrode au XII$^e$ siècle. Voir : LIPPHARDT, « Die *Visitatio Sepulchri*... », dans : *Daphnis*, vol 1 (1972), p. 1–14.

visions prophétiques. C'est donc maintenant aux fidèles et aux croyants, au-delà des Apôtres, d'annoncer la Résurrection.

Le Saint-Sépulcre de Gernrode apparaît comme une transition entre les imitations architecturales du monument hiérosolymitain et la mise en place d'une iconographie autour des thèmes de la Passion et de la Résurrection. Les différentes modifications subies par le monument, et en particulier l'absence d'informations concernant la disposition primitive des groupes sculptés à l'intérieur de l'édicule[167], rend sa lecture globale plus complexe à entreprendre.

Cette évolution qui se met en place dès la fin du XIe siècle à Gernrode trouve une nouvelle expression au XIIIe siècle, avec l'installation, dans la chapelle Saint-Maurice à Constance, d'un nouvel édicule gothique qui modifie la perception et la fonction de l'édifice originel, et ouvre la voie à une nouvelle forme d'interprétation de ce type de monument[168]. Le programme sculpté s'y développant est centré sur deux moments de la vie du Christ. À l'extérieur, des scènes de l'Enfance font le tour du registre inférieur (Annonciation, Visitation, Nativité, Annonce aux bergers et Adoration des mages). Les douze Apôtres sont aussi visibles au registre supérieur, au niveau des gâbles et des pignons. À l'intérieur, au revers des scènes de l'Enfance, des personnages isolés ou en groupes figurent des scènes de la Résurrection (Femmes achetant les onguents à l'apothicaire, les gardes endormis, la rencontre des Femmes et de l'Ange, le tombeau vide). Un crochet suspendu à la voûte désigne, dans cet édicule, l'emplacement où devait être suspendue une colombe eucharistique. La fonction liturgique de ce petit monument est rendue sensible par son iconographie. L'association des scènes de l'Enfance et de la Résurrection, mais aucune de la Passion, fait des Apôtres les témoins privilégiés de l'institution de l'eucharistie et de la réalisation des promesses du Salut. Le Saint-Sépulcre devient donc un réceptacle de l'Eucharistie. On note de plus que le programme sculpté ne comporte aucune représentation imagée du Christ que ce soit à l'extérieur ou à l'intérieur du monument. L'utilisation de l'espace comme reposoir eucharistique, à savoir la présence permanente d'une hostie consacrée à l'intérieur du Sépulcre, rend inutile toute forme imagée du Christ réellement présent et permet de

---

[167] À l'exception notable de la figure du Christ-évêque qui paraît ne pas avoir été déplacée.

[168] L'analyse de l'édicule, quoique chronologiquement n'appartenant pas directement à notre étude, est cependant entreprise dans le cadre de l'étude sur la chapelle Saint-Maurice de Constance.

renforcer la valeur du sacrement de l'eucharistie dans la lignée du concile de Latran IV (1215).

Le cycle sculpté de Constance est précurseur des saints tombeaux du XV$^e$ siècle et des Mises au Tombeau monumentales. Il synthétise en un seul lieu les scènes de la Passion et de la Résurrection, invitant le pèlerin au recueillement et à la méditation par l'image et la participation au sacrement, réactualisation liturgique de l'évènement biblique.

L'édicule gothique de Constance est une œuvre de transition, relevant tout d'abord de la tradition ancienne des représentations architecturales du Saint-Sépulcre et ensuite des nouvelles recherches de figuration de l'épisode évangélique. Compris comme la synthèse de l'histoire du Salut, il invite au pèlerinage intérieur vers la Jérusalem céleste.

# Conclusion

5

Les différents types de reproductions et de représentations du Saint-Sépulcre, qu'il s'agisse de constructions monumentales, de figurations symboliques ou encore d'éléments propres à la liturgie, sont avant tout des *Memorie* de l'église de Jérusalem et non de simples variations stylistiques ou esthétiques d'un modèle architectural. À travers seulement quelques éléments jugés significatifs, bien que parfois extrêmement limités, ces imitations traduisent l'établissement d'un lien tangible avec les monuments de la Jérusalem terrestre et, par leur entremise, avec les évènements de la Passion et de la Résurrection du Christ ouvrant les portes de la Jérusalem céleste.

Signe développé dans l'espace et destiné à accueillir et faire vivre une communauté, ces *imitationes* architecturales et figuratives du Saint-Sépulcre ont donc de multiples niveaux de lecture qui s'étendent en de nombreuses ramifications depuis le point de départ unique, commun à l'ensemble de ces variations : la rotonde constantinienne de Jérusalem. Si, en effet, le principe unifiant l'ensemble des cas présentés ici reste l'Anastasis, tant dans son aspect topographique que dans son contenu symbolique et eschatologique, les solutions d'adaptation du modèle montrent en revanche une infinité de possibilités reprenant un ou plusieurs des éléments constitutifs du modèle original, auquel s'ajoute un certain nombre de facteurs externes tels que la perception personnel des monuments, les évolutions théologiques et eschatologiques, les mutations du goût etc.

Le Saint-Sépulcre, et par conséquent ses copies monumentales, devient le lieu de rencontre, de confrontation et de compénétration des diverses liturgies. L'église originelle de Jérusalem a mis en place ses propres canons et ordinaires que les diverses églises locales et « nationales » ont repris et adaptés à leurs besoins. De plus, la diffusion de ce modèle, aussi bien architectural que liturgique, allégorique, tropologique ou anagogique, emprunte une composante que l'on pourrait qualifier de « populaire ». C'est en effet et avant tout à travers les récits de pèlerins et de croisés, possédant un regard naturellement subjectif et partial, qu'est transmise une partie des connaissances des Lieux Saints et de leurs liturgies. Le caractère ouvert et fortement émotionnel de ces liturgies, auquel s'ajoute l'expérience vécue du pèlerin lui-même, a favorisé les

*Conclusion*

changements et les mutations de certaines formes matérielles (architectures) et immatérielles (liturgie) en Occident. Ainsi s'explique la diversité des imitations et représentations qui varient selon leurs emplois et le trait architectural ou liturgique que l'on a voulu mettre en avant.

Enfin, le cas des églises à rotonde orientale est particulier et parfois difficile à cerner. Si, dans le cas Reichenau-Mittelzell, l'érection de la rotonde, au milieu du X$^e$ siècle, correspond à peu près l'arrivée dans l'abbaye d'une relique du Précieux Sang, l'utilisation et le développement de ces rotondes orientales ne semblent pas relever du même phénomène que les cas que nous avons pu analyser.

La perte de Jérusalem en 1187 semble mettre un frein aux imitations du Saint-Sépulcre et les édifices de plan centré établissant un lien symbolique et/ou formel avec le monument hiérosolymitain se raréfient. Le nombre d'église dédiée au Saint-Sépulcre ou à la Sainte Croix traduit cette évolution. De 49 dédicaces entre 1110 et 1187 (période qui correspond au retour des croisés de Terre Sainte et au Royaume de Jérusalem), on n'en trouve plus que 14 entre 1187 et 1291 (fin du royaume latin) et seulement 11 entre 1291 et 1400[169].

Les copies de l'édicule perdurent quant à elle plus longtemps. La concentration de la dévotion sur le corps souffrant du Christ s'est d'abord développée autour et dans de petites constructions architecturées qui devait non seulement servir de cadre (baldaquin) à la composition d'un groupe sculpté, mais faisait aussi office de *Memorie* du tombeau.

La dévotion du Haut Moyen Age, sensible au vestige matériel et signifiant de la Résurrection qu'est l'Anastasis, a préféré la reproduction architecturale, souvent monumentale, d'une relique certes indirecte, mais d'une relique témoignant tout de même d'une réalité tant historique que spirituelle de la Résurrection.

Le recentrement postérieur de la dévotion sur les évènements de la Passion et la méditation du corps souffrant du Christ, témoigne d'une évolution qui voit le passage d'un questionnement de la Résurrection comme absence où se concrétise le Salut, à celui de la Passion comme présence qui guide et unit vers le Salut. L'utilisation postérieure de certaines imitations comme reposoir eucharistique témoigne de cette évolution qui accompagne le développement de la dévotion eucharistique et de celle de la Croix. L'installation à Eichstätt par exemple d'une statue du Christ mort dans la

---

[169] MOULIN, « Les églises et chapelles Sainte-Croix… », *op. cit.*, p. 249–360.

chambre funéraire (sans doute pas avant la fin du Moyen Age) témoigne de la perte de contenu symbolique de l'édicule. Si il reste lié à l'idée de la croisade et du pèlerinage, son contenu exégétique propre (représentation) semble s'être peu à peu effacé au profit de la simple imitation (ou simulacre) du tombeau du Christ.

Les termes de « imitation » ou de « représentation » restent à manipuler avec précaution. Contrairement à ce qui semble avoir été une tendance de l'historiographie du Saint-Sépulcre, tout monument de plan centré, plus ou moins circulaire, n'est pas une évocation en soi de la rotonde hiérosolymitaine. Cette extrapolation facile ne repose généralement que sur une analyse rapide des monuments et une simplification du discours architectural et symbolique. D'autres édifices, tel que les baptistères ou les rotondes mariales, adoptent un plan similaire et n'entretiennent avec l'Anastasis que des liens annexes, ou tout du moins secondaires, qu'il ne faut ni minimiser ni omettre mais qui ne doivent pas pour autant tout supplanter. Il est évident que le Saint-Sépulcre occupe une place privilégiée au sein de la pensée occidentale et que sa construction a donc pu bénéficier d'une véritable influence dans la conception de formes et de modèles architecturaux. On ne peut cependant pas réduire à sa seule ascendance le développement des plans centrés qui répondent aussi à des besoins liturgiques spécifiques sans lien direct avec l'Anastasis.

# Bibliographie
Sources

6

[Abréviations courantes dans la bibliographie]

**[CCSL]** *Corpus Christianorum seu nova Patrum, Series Latina*,
Brepols, Turnhout (1953– )

**[CCCM]** *Corpus Christianorum, Continuatio mediaevalis*,
Brepols, Turnhout (1966– )

**[CSEL]** *Corpus Scriptorum Ecclesiasticorum Latinorum*
Vindobonae, Vienne (1866– )

**[MGH]** *Monumenta Germaniae Historiae*

**[PL]** *Patrologia cursus completus, Series Latina*
Édité par J.-P. MIGNE, 221 volumes, Paris (1844–1864)

**[PG]** *Patrologia cursus completus, Series Greca*
Édité par J.-P. MIGNE

ADAMNAN. *Adamnan's De locis sanctis.* Édité par Denis Meehan. [Reprinted]. Dublin : Dublin Institute for Advanced Studies, 1983.

ADÉMAR DE CHABANNES. *Chronique.* Édité par Jules Chavanon. Paris : A. Picard, 1897.

ADEMARUS CABANNENSIS, Pascale. *Ademari Cabannensis Opera omnia.* Turnhout : Brepols, 1999.

AMBROISE DE MILAN. *Des sacrements des mystères : explication du symbole.* Édité par Bernard Botte. Paris : Cerf, 1994.

ANTIOCHOS STRATEGIOS. *La Prise de Jérusalem par les Perses en 614 : [par Strategius]. Edité [et traduit] par Gérard Garitte.* Édité par Gérard Garitte. Corpus Scriptorum Christianorum Orientalium 2003. Louvain : Peeters Publishers, 1960.

ARISTOTE. *La poétique.* Traduit par Roselyne Dupont-Roc et Jean Lallot. Paris : Seuil, 1980.

ARMENIAN CHURCH. « Le Codex Arménien Jérusalem 121. », 1971.

AUGUSTIN D'HIPPONE. « De quantitate animae ». *Patrologie Latine.* col. 1051, s. d.

———. *La cité de Dieu.* Points Sagesses 75–77. Paris : Seuil, 1994.

BÈDE. « De Locis Sanctis ». In *Itineraria et allia geographica*, 249-80. CCSL 175. Turnhout : Brepols, 1965.

BÉRENGER DE TOURS. *Rescriptum contra Lanfrannum.* Édité par R.C.B. Huygens. 84. Turnhout : Brepols, 1988.

BERNARD LE MOINE. « Itinerarium Bernardi, monachi franci ». dans : *Descriptiones Terrae Sanctae ex saeculo VIII., IX., XII. et XV.*, édité par Titus Tobler, 85-99. Leipzig : J.C. Hinrichs, 1874.

CANDIDUS, BRUUN. *Vita Aegil abbatis Fuldensis< : ein Opus geminum des IX. Jahrhunderts.* Traduit par Gereon Becht-Jördens. G. Becht-Jördens, 1994.

*Collection des historiens de France.* Vol. XI, s. d.

CORNELIUS, NEPOS. *Cornelius Nepos, Quinte-Curce, Justin, Valère Maxime, Julius Obsequens, œuvres complètes.* Paris< : Firmin-Didot, 1871.

CYRILLE DE JÉRUSALEM. *Catéchèses mystagogiques*. Édité par Auguste Piédagnel. Traduit par Pierre Paris. Sources Chrétiennes, 126 bis. Paris: Cerf, 2004.

*Dei gesta per Francos*. Aldershot [u.a.]: Ashgate, 2001.

DURANTIS, Guilielmus. *Guillelmi Duranti Rationale divinorum officiorum I–VIII*. Édité par Timothy M. Thibodeau et D. Avril. Turnhout : Brepols, 1995.

ÉGÉRIE. *Journal de voyage : (Itinéraire)*. Édité par Pierre Maraval. Reimpression de la 1. éd., rev. et corr. Sources Chrétiennes 296. Paris : Cerf, 2002.

EGINHARD, et Louis Halphen. *Vie de Charlemagne*. Paris: Belles Lettres, 1947.

*Epistulæ et chartæ ad historiam primi belli sacri spectantes*. Hildesheim [u.a.] : Olms, 1973.

EUSÈBE DE CÉSARÉE. *De vita Constantini = Über das Leben Konstantins*. Édité par Bruno Bleckmann et Horst Schneider. Fontes Christiani 83. Turnhout : Brepols, 2007.

———. *Histoire Ecclésiastique - Livres I–IV*. Édité par Gustave Bardy. Sources chrétiennes 31. Paris : Cerf, 1978.

FOUCHER DE CHARTRES. *Histoire des croisades 1095 – 1127*. Édité par François Guizot et Nathalie Desgrugillers-Billard. Clermont-Ferrand : Paléo Éditions, 2004.

FRANCESCHINI, Ezio [éd.]. *Itineraria et alia geographica*. Corpus Christianorum Series Latina 175–176. Turnhout : Brepols, 1965.

GLABER, Rodulfus. *Histoires*. Édité par Mathieu Arnoux. Turnhout : Brepols, 1996.

GRÉGOIRE LE GRAND. « Homeliarum in Evangelica ». *Patrologie Latine*. col. 1294, s. d.

GROSSETESTE, Robert. *Roberti Grosseteste Episcopi Quondam Lincolniensis Epistolae*. Édité par H.R. Luard. Cambridge : Cambridge University Press, 2012.

GUIBERT DE NOGENT. *Geste de Dieu par les Francs*. Édité par Monique-Cécile Garand. Turnhout : Brepols, 1998.

GUIBERTUS. *Dei gesta per Francos et cinq autres textes*. Turnhout : Brepols, 2002.

Guillaume de Tyr. *Historia rerum in partibus trnasmarinis gestarum*. Vol. 2. Recueil des historiens des croisades. Paris : Académies des Inscriptions et Belles-Lettres, s. d.

Hugues de Flavigny (1065–1140 ?), et Ekkehard d'Aura (10. .–1126?). *Patrologiae cursus completus. Series secunda. t. 154, Hugonis Abbatis Flavinicensis, Ekkehardi Uraugiensis Chronica / prodeunt ex collectione praestantissima v. cl. Pertzii fideliter expressa. Accedunt B. Wolphelmi Abbatis Brunwillerensis opuscula duo. Tomum claudunt Gesta Episcoporum Trevirensium, et Andaginensis Monasterii Chronicon ; auctoris anonymis ; accurante J.-P. Migne*. Édité par Jacques-Paul (1800–1875). Éditeur scientifique Migne et Georg Heinrich (1795–1876). Éditeur scientifique Pertz. J.-P. Migne (Petit-Montrouge), 1853.

Huneberc. « Peregrinatio sive Hodoeporicon ad Terram Sanctam s. Willibaldi ». Dans : *Itinera Hierosolymitana et descriptiones terrae sanctae bellis sacris anteriora et Latina lingua exarata*, édité par Titus Tobler, Réimpr. de l'éd. 1879 u. 1885., 239-81. Osnabrück : Zeller, 1966.

Maraval, Pierre [éd.]. *Récits des premiers pèlerins chrétiens au proche-orient : (IVe–VIIe siècle)*. Sagesses chrétiennes. Paris : Cerf, 1996.

Nāsir ibn Khusrau, 'Alawī. *Diary of a journey through Syria and Palestine*. Édité par Guy Le Strange. Vol. 4. Palestine Pilgrims' Text Society. Londres : Palestine Pilgrims' Text Society, 1895.

Origène. « Commentaire sur Matthieu ». *Patrologie Grecque*. col.1777, s. d.

———. *Homélies sur Ezéchiel*. Édité par Marcel Borret. Sources chrétiennes 352. Paris : Cerf, 1989.

Paschase Radbert. *De corpore et sanguine Domini*. CCCM 16. Turnhout : Brepols, 1969.

Ratramne de Corbie. *Ratramnus de corpore et sanguine domini : texte original et notice bibliographique*. Édité par Jan Nicolaas Bakhuizen van den Brink. Amsterdam : North-Holland Publ.Comp, 1974.

Raymond d'Aiguilhe. *Histoire des Francs qui prirent Jérusalem : chronique de la première croisade, 1095–1099*. Traduit par François Guizot. Rennes : Les Perséides, 2006.

Renoux, Athanase [éd.]. *Le codex arménien Jérusalem 121*. Patrologia Orientalis 36.2. Turnhout : Brepols, 1971.

―――. , éd. *Le Codex Arménien Jérusalem 121. Introduction aux origines de la liturgie hiérosolymitaine*. Patrologia Orientalis 35. Turnhout : Brepols, 1969.

SAEWULF. *Peregrinatio*. Corpus Christianorum Continuatio Medievalis 139. Turnhout : Brepols, 1994.

SAINT-VICTOR (de), Hugues. *De Archa Noe Libellus de formatione arche*. Édité par Sicard. Corpus Cristianorum Continuatio mediaevalis 176 – 176A. Turnhout : Brepols, 2001.

SICARD, Patrice. *Diagrammes médiévaux et exégèse visuelle : le Libellus de formatione arche de Hughes de Saint-Victor*. Bibliotheca Victorina 4. Paris : Brepols, 1993.

TERTULLIEN. *Le baptême : Le premier traité chrétien*. Trésor du christianisme. Paris : Cerf, 2008.

*The library of the Palestine Pilgrims Text Society*. [Repr.]. New York: AMS Press, 1971.

*Thietmari Merseburgensis episcopi Chronicon*. Monumenta Germaniae historica : inde ab anno Christi quingentesimo usque an annum millesimum et quingentesimum / ed. Societas Aperiendis Fontibus Rerum Germanicarum Medii Aevi quingentesimum. Scriptores, Hannover : Hahn, 1889.

TOBLER, Titus. *Descriptiones Terrae Sanctae ex saeculo VIII., IX., XII. et XV.* Leipzig : J.C. Hinrichs, 1874.

―――. [éd.]. *Itinera Hierosolymitana et descriptiones terrae sanctae bellis sacris anteriora et Latina lingua exarata*. Réimpr. de l'éd. 1879 u. 1885. Osnabrück : Zeller, 1966.

WALAFRID STRABON. « De subversione Jerusalem ». *Patrologie Latine*. col. 973, s. d.

―――. « Liber Isaiae prophetae ». *Patrologie Latine*. col. 1267, s. d.

WILKINSON, John [éd.]. *Egeria's Travels. Newly translated with supporting documents and notes*. 3rd éd. Aris & Phillips, 1999.

―――. *Jerusalem pilgrims before the crusades*. [2. ed.]. Warminster : Aris & Phillips, 2002.

WILLIBALD. *Descriptiones Terrae Sanctae : ex saeculo VIII, IX, XII et XV*. Hildesheim - New York : G. Olms Verlag, 1974.

*Bibliographie*

## Chambon

Archives départementales du Puy-de-Dôme : Série 2O, 77 carton 2 Série T

Archives des Monuments Historiques : n°2328, affaires générales du Puy-de-Dôme (1er dossier, chapelle de 1840 à 1923)

n°2336, Le Chambon, restaurations entre 1841 et 1924

## Charroux

Bibliothèque Nationale, ms. lat. 5448, *Cartulaire de Charroux*

Archives des Monuments Historiques : n°3127, Charroux : - Dossier de 1935 à 1924 - Dossier de 1943 à 1968

ADHÉMAR DE CHABANNES, *Chroniques*, édition Jules CHAVANON, Picard, Paris 1897, p. 137, 172–173, 184, 194 et 206

MONSABERT (Dom Pierre), *Liber des constitutione, institutione et consecratione karrofensis caenobi* – Chartes et documents pour servir à l'histoire de l'abbaye de Charroux», dans : *Archives historiques du Poitou*, t. XXXIX (1910), p. VIII–IX, 1–9, 20, 25–27, 29–33, 41–45, 55, 96, 271, 376–379, 401, 409–413, 424–428 et 467–470

## Constance

UDALSCALC VON MAISACH, *Vita sancti Chuonradi Constantiensis Episcopi*, Georg Henrich PERTZ (éd), *MGH SS*, 4. *Annales, Chronica et Historiae Aevi Carolini et Saxonici*, Hannovre 1841, p. 429–445

*Regesta episcoporum Constantiensium. Regesten zur Geschichte der Bischöfe von Konstanz (von Bubulcus bis Thomas Berlower, 517–1496)*, herausgegeben von der Badischen Historischen Commission. T.1 (517–1293), Innsbruck 1895

## Parthenay

Fonds LEDAIN, *notes prises dans le catalogue des Chartes de Dom Housseau*, Bibliothèque municipale de Parthenay

## Quimperlé

Archives Nationales – Série F. 19, n°4923 : dossier 21, 1801, 1865–1866 et 1869–1871

## Neuvy-Saint-Sépulchre

*Annales de Saint-Aubin d'Angers*, collection Historiens de France, t. XI, p. 169

*Chronique de Guillaume Godet*, collection Historiens de France, t. XI, p. 282

*Chronologie de Robert d'Auxerre*, collection Historiens de France, t. XI, p. 308

*Chronique de Saint-Martin de Tours*, collection Historiens de France, t. XI, p. 347

MARTÈNE (Dom Edmond), *Veterum scriptorum et monumentorum historicum, dogmaticorum, moralium, amplissima collectio*, Lutecia Parisiorum, 1724–1733, t. V, p. 1009

MORTET (Victor), *Recueil des textes relatifs à l'histoire de l'architecture et à la condition des architectes en France au Moyen Age, XI$^e$–XII$^e$ siècles*, Picard, Paris 1913, p. 123–125

## Saint-Léonard-de-Noblat

*Archives nationales*

Série F 19 :   4750, dossier 37, 1883

4754, dossier 13, 1903

*Archives des Monuments Historiques*

Saint-Léonard-de-Noblat, n°3180 :   chapelle Sainte-Luce, Dossier 1 (1857–1898)

Dossier 3 (1929–…)

OROUX (Abbé) *Histoire de la vie et du culte de Saint-Léonard du Limousin*, Paris, J. Barbou, 1760, LXI-250 pages

Villeneuve d'Aveyron

Bibliothèque Nationale,  Collection DOAT :  registre 129, fol 48 et 71

registre 131, fol 287 et 288

Série F. 19 :  n°4775, dossier 30, 1857

n°4731, dossier 12, 1882

Archives des Monuments Historiques : Villeneuve, n°319 (restauration de 1930-1969)

## Bibliographie Générale

ABALLÉA, Sylvie. *Les Saints Sépulcres Monumentaux Du Rhin Supérieur Et De La Souabe : 1340-1400*. Strasbourg : Presses universitaires de Strasbourg, 2003.

ABEL, Félix-Marie. *La Carte mosaïque de Madaba, découverte importante 1897*. Paris : maison de la Bonne Presse, 1897.

ABEL, Félix-Marie, et VINCENT, Hugues. *Jérusalem : recherches de topographie, d'archéologie et d'histoire*. Vol. 1 et 2. 4 vol. J. Gabalda, 1912.

ABGRALL, Abbé J.-M. *Le vieux Quimperlé*. Quimperlé : Cotonnec Leprince, 1903.

ABOU-KHALEF, Marmon. « Particularités archéologiques et culturelles de la vieille ville de Jérusalem ». Dans : *Dossiers Archéologiques*, n° 240 (février 1999) : p. 26-37.

ADHÉMAR, Jean. *Influences antiques dans l'art du moyen âge français : recherches sur les sources et les thèmes d'inspiration*. Paris : Edition du CTHS, 1996.

AEBISCHER, Paul. *Le voyage de Charlemagne à Jérusalem et à Constantinople. Texte publié avec une introduction, des notes et un glossaire*. Genève : Droz, 1965.

AHL, Diane Cole. « Camposanto, Terra Santa : Picturing the Holy Land in Pisa ». Dans : *Artibus et Historiae* 24, n° 48 (1 janvier 2003), p. 95-122.

AIST, Rodney. *The Christian Topography of Early Islamic Jerusalem. The Evidence of Willibald of Eichstätt (700–787 CE)*. Turnhout : Brepols, 2009.

ALEXANDER, Jonathan J.G. « "Jerusalem the Golden": Image and Myth in the Middle Ages in Western Europe ». Dans : KÜHNEL, Bianca [éd.]. *The Real and Ideal Jerusalem in Jewish, Christian, and Islamic Art. Studies in Honor of Bezalel Narkiss on the occasion of his seventieth birthday*. Journal of Jewish Art 23–24. Jérusalem : Center for Jewish Art Hebrew University of Jerusalem, 1998, p. 254-264.

ALIBERT, Dominique. *Les Carolingiens et leurs images : iconographie et idéologie*. Paris : Université Paris IV - Sorbonne, 1994.

ALLIATA, Eugenio, et Michele Piccirillo [éd.]. *The Madaba map centenary 1897–1997 : travelling through the Byzantine Umayyad period : proceedings of the International conference held in Amman, 7–9 April 1997*. Collectio maior (Studium Biblicum Franciscanum) 40. Jérusalem : Franciscan Printing Press, 1999.

ALPHANDÉRY, Paul et DUPRONT, Alphonse. *La Chrétienté et l'idée de Croisade*. Bibliothèque de l'évolution de l'humanité. Paris : Albin Michel, 1995.

ALTHOFF, Gerd. *Medieval concepts of the past : ritual, memory, historiography*. Washington D.C. – Cambridge : German Historical Institute - Cambridge University Press, 2002.

AMAYA, Shane et D'ANGELO, Bruno [éd.]. *Horns of Hattin*. Santa Barbara CA : Terra Major, 2004.

AMICO, Bernardino. *Trattato delle piante et imagini dei sacri edificii di Terra Santa disegnate in Gierusalemme secondo le regole della prosettiva, & vera misura della lor grandezza. ...Stampate in Roma e di nuouo*. Florence, 1620.

———. *Trattato delle piante & immagini de sacri edifizi di Terra Santa, disegnate in Ierusalemme secondo le regole della prospettiua, & uera misura della lor grandezza dal r.p.f. Bernardino Amic stampate*. Édité par Jacques Callot. Florence : P. Cecconcelli, 1620.

ANDALORO, Maria. *Römisches Mittelalter : Kunst und Kultur in Rom von der Spätantike bis Giotto*. Lizenzausg. Regensburg : Schnell + Steiner, 2002.

ANDRAULT, Claude [éd.]. *Saint-Léonard de Noblat*. Limoges : PULIM, 1995.

ANDREWS, Richard, SCHELLENBERGER, Paul et BAUDOIN, Annick. *La montagne sacrée*. Paris : Pygmalion, 1997.

ANDRIEU, Michel [éd.]. *Les ordines romani du haut moyen age*. Louvain : Spicilegium sacrum lovaniense, 1948.

ANFRAY, Marcel. *L'Architecture normande, son influence dans le Nord de la France aux XIe et XIIe siècles...* Paris : Picard, 1939.

ANGENENDT, Arnold. *Heilige und Reliquien. Die Geschichte ihre Kultes vom frühen Christentum bis zur Gegenwart*. Munich : Beck, 1994.

ANGENENDT, Arnold, FLAMMER, Thomas et MEYER, Daniel. *Liturgie im Mittelalter : ausgewählte Aufsätze zum 70. Geburtstag*. Münster : LIT, 2005.

ARAD, Lily. « The Holy Land Ampulla of Sant Pere de Cassares 6 A Liturgical and Art-historical Interpretation ». Dans : *Miscel·lània Litúrgica Catalana* 15 (2007), p. 59-86.

ARBELLOT, François. *Notice historique et archéologique sur l'église de Saint-Léonard de Noblac*. Limoges : M. Barbou, 1897.

———. *Vie de saint Léonard : solitaire en Limousin : ses miracles et son culte*. Paris : J. Lecoffre, 1863.

ARNULF, Arwed. *Architektur- und Kunstbeschreibungen von der Antike biz zum 16. Jahrhundert*. Munich : Deutscher Kunstverlag, 2004.

———. *Mittelalterliche Beschreibungen der Grabeskirche in Jerusalem : Ein Herrscherbild zwischen Forscherdrang und Hybris*. Stuttgart : Franz Steiner Verlag, 1998.

ARSLAN, Edoardo [éd.]. *Arte del primo millenio : atti del 2. Convegno per lo Studio dell'Arte dell'Alto Medio Evo tenuto presso l'Università di Pavia nel Settembre 1950*. Turin : Viglongo, 1950.

AUBERT, Marcel. *L'église de Saint-Benoît-sur-Loire*. Paris : Société générale d'imprimerie et d'édition, 1931.

AUFFARTH, Christoph. *Irdische Wege und himmlischer Lohn: Kreuzzug, Jerusalem und Fegefeuer in religionswissenschaftlicher Perspektive*. Göttingen : Vandenhoeck & Ruprecht, 2002.

*Aux sources de l'art roman convergences, permanences, mutations. Actes des XXIVes Journées Romanes de Cuxa, 10–16 juillet 1991*. Les Cahiers de Saint-Michel de Cuxa 24. Codalet : Association Culturelle de Cuxa, 1993.

AVI-YONAH, Michael. *The Madaba Mosaic Map*. Jérusalem : Israel Exploration Society, 1954.

AVRIL, François, BARRAL I ALTET, Xavier et GABORIT-CHOPIN, Danielle. *Le temps des Croisades*. L'Univers des formes 29. Paris : Gallimard, 1982.

AVRIL, François et GABORIT, Jean-René [éd.]. *La France romane au temps des premiers Capétiens (987–1152)*. Paris : Musée du Louvre - Hazan, 2005.

———. « L'itinerarium Bernardi Monachi et les pélerinages d'Italie du sud pendant le Haut-Moyen-âge ». Dans : *Mélanges d'archéologie et d'histoire* 79, n° 1 (1967), p. 269-298.

AVRIL, François et HOFMANN, Mara [éd.]. *Quand la peinture était dans les livres : mélanges en l'honneur de François Avril à l'occasion de la remise du titre de Docteur Honoris causa de la Freie Universität Berlin*. Ars Nova : Studies in Late Medieval and Renaissance Northern Painting and Illumination 15. Turnhout – Paris : Brepols - Bibliothèque nationale de France, 2007.

BACHRACH, Bernard S. « Pope Sergius and the foundation of the Monastery at Beaulieu-lès-Loches ». Dans : *RB* 95 (1985), p. 240–265.

———. « The Pilgrimage of Fulk Nerra, Count of the Angevins, 987–1040 ». Dans : NOBLE, Thomas et CONTRENI, John J. [éd.]. *Religion, Culture and Society in the Early Middle Ages – Studies in Honour of Richard E. Sullivan*. Kalamazoo : Western Michigan University, 1987, p. 205-217

BALARD, Michel [éd.]. *Autour de la Première Croisade : actes du Colloque de la Society for the Study of the Crusades and the Latin East : Clermont-Ferrand, 22–25 juin 1995*. Paris : Publications de la Sorbonne, 1996.

———. *Croisades et Orient latin (XIe–XIVe siècles)*. Paris : A. Colin, 2001.

———. [éd.]. *Dei gesta per Francos : études sur les croisades dédiées à Jean Richard.* Aldershot : Ashgate, 2001.

———. *La Méditerranée médiévale : espaces, itinéraires, comptoirs.* Paris : Picard, 2006.

BALARD, Michel et DUCELLIER, Alain. *Le partage du monde : échanges et colonisation dans la Méditerranée médiévale.* Paris : Publications de la Sorbonne, 1998.

BALDI, Donato [éd.]. *Il Santo Sepolcro Di Gerusalemme : Splendori, Miserie, Speranze.* Bergame : Istituto italiano d'arti grafiche, 1949.

BALDOVIN, John. *Liturgy in Ancient Jerusalem.* Bramcote Nottingham : Grove Books, 1989.

———. *The urban character of Christian worship : the origins, development, and meaning of stational liturgy.* Orientalia Christiana Analecta 228. Rome : Pont. Institutum Studiorum Orientalium, 1987.

BALOUP, Daniel et JOSSERAND, Philippe [éd.]. *Regards croisés sur la guerre sainte : guerre, idéologie et religion dans l'espace méditerranéen latin, XIe–XIIIe siècle. Actes du colloque international tenu à la Casa de Velasquez,* Toulouse : CNRS-Université de Toulouse II-Le Mirail, 2006.

BANDMANN, Günther. *Ikonologie der Architektur.* (2., unveränd. Aufl.) Darmstadt : Wissenschaftliche Buchgesellschaft, 1969.

BANDMANN, Günther. *Mittelalterliche Architektur als Bedeutungsträger.* Berlin : Gebr. Mann studio Reihe, 1998.

BARAG, Dan. *The Monza - Bobbio flasks and the holy sepulchre.* Jérusalem : British School of Archaeology, 1974.

BARAG, Dan et WILKINSON ,John. « The Monza - Bobbio flasks and the Holy Sepulchre ». Dans : *Levant* VI (1974), p. 179-187.

BARBER, Malcolm. *The two cities : medieval Europe, 1050–1320.* Londres - New York : Routledge, 1992.

BARNES, Timothy. *Constantine and Eusebius.* Cambridge : Harvard University Press, 1981.

BARNET, Peter et WU, Nancy. *The Cloisters. Medieval Art and Architecture*. New York : The Metropolitan Museum of Art, 2007.

BARRAL I ALTET, Xavier. *Contre l'art roman ? : essai sur un passé réinventé*. Paris : Fayard, 2006.

———. *Le haut Moyen Age : de l'Antiquité tardive à l'an mil*. Nouv. éd. Berlin : Taschen, 1997.

———. *Le monde roman : villes, cathédrales, et monastères*. Cologne : Taschen, 1998.

BARRAL I ALTET, Xavier, Colloque International Hugues Capet 987 – 1987, la France de l'An Mil. 1987, Auxerre u.a.&gt;. *Le paysage monumental de la France autour de l'an mil : colloque internat. CNRS, Hugues Capet 987 – 1987 la France de l'an mil, juin – sept. 1987. Avec un appendice Catalogne. Sous la dir. de Xavier*. Paris : Picard, 1987.

BARRIOS-DELGADO, Dominique [éd.]. *Dictionnaire culturel de la Bible*. Nouvelle éd. /. Paris : Perrin, 2010.

BARRUCAND, Marianne. « Le trésor de saint Gauzelin à la cathédrale de Nancy ». Dans : *Le pays Lorrain*, n° 2 (1982), p. 102-105.

BARTHÉLEMY, Dominique. *L'ordre seigneurial : XIe–XIIe siècle*. Nouvelle histoire de la France médiévale 3. Paris : Seuil, 1990.

BASCHET, Jérôme, BONNE, Jean-Claude et DITTMAR, Pierre-Olivier. « Bibliographie ». Dans : *Images Re-vues. Histoire, anthropologie et théorie de l'art*, n° Hors-série 3 (23 octobre 2012). http://imagesrevues.revues.org/1811.

———. « Chapitre III - Saint-Nectaire : déploiements figuratifs et auto-glorification de l'Ecclesia ». Dans : *Images Re-vues. Histoire, anthropologie et théorie de l'art*, n° Hors-série 3 (21 novembre 2012). http://imagesrevues.revues.org/1611.

———. « Chapitre II - Saint-Pierre de Mozat : entre dignité du monde terrestre et harmonies cosmologiques ». Dans : *Images Re-vues. Histoire, anthropologie et théorie de l'art*, n° Hors-série 3 (21 novembre 2012). http://imagesrevues.revues.org/1664.

———. « Chapitre I - Lieu ecclésial et agencement du décor sculpté ». Dans : *Images Re-vues. Histoire, anthropologie et théorie de l'art*, n° Hors-série 3 (24 novembre 2012). http://imagesrevues.revues.org/1608.

———. « Chapitre IV – Notre-Dame-du-Port : un puissant végétalisme et sa relève architecturale ». Dans : *Images Re-vues*. *Histoire, anthropologie et théorie de l'art*, n° Hors-série 3 (21 novembre 2012). http://imagesrevues.revues.org/1865.

———. « Chapitre VI - Une économie générale du décor ecclésial ». Dans : *Images Re-vues*. *Histoire, anthropologie et théorie de l'art*, n° Hors-série 3 (21 novembre 2012). http://imagesrevues.revues.org/1789.

———. « Chapitre V – Saint-Marcellin de Chanteuges : une singulière évocation du monde créé ». Dans : *Images Re-vues*. *Histoire, anthropologie et théorie de l'art*, n° Hors-série 3 (21 novembre 2012). http://imagesrevues.revues.org/1810.

———. « Introduction ». Dans : *Images Re-vues*. *Histoire, anthropologie et théorie de l'art*, n° Hors-série 3 (21 novembre 2012). http://imagesrevues.revues.org/1605.

———. « Remarques finales : retour sur l'agencement ». Dans : *Images Re-vues*. *Histoire, anthropologie et théorie de l'art*, n° Hors-série 3 (24 novembre 2012). http://imagesrevues.revues.org/1806.

———. *Le monde roman par-delà le Bien et le Mal : une iconographie du lieu sacré*. Paris : les Éd. Arkhê, 2012.

BASLEZ, Marie-Françoise. *Saint Paul : artisan d'un monde chrétien*. Paris : Fayard, 2008.

BAUCH, Andreas. « Pilgerreise Willibalds ins Heilige Land ». Dans : FISCHER, Wolfdietrich et SCHNEIDER, Jürgen [éd.]. *Das Heilige Land im Mittelalter: Begegnungsraum zwischen Orient und Okzident*. Schriften des Zentralinstituts für Fränkische Landeskunde und Allgemeine Regionalforschung an der Universität Erlangen-Nürnberg. Neustadt an der Aisch : Degener, 1982, p. 13-18

BAUD, Anne, [éd.]. *Espace ecclésial et liturgie au Moyen Âge*. Travaux de la Maison de l'Orient 53. Lyon : Maison de l'Orient et de la Méditerranée-Jean Pouilloux, 2010.

Baudry, Gérard-Henry. *Le baptême et ses symbole s: aux sources du salut*. Paris : Editions Beauchesne, 2001.

BAUER, Dieter R., HERBERS, Klaus, ROCKELEIN, Hedwig et SCHMIEDER, Felicitas. *Heilige - Liturgie - Raum*. Stuttgart : Steiner, 2010.

BAUMSTARK, Anton. *Die Modestianischen und die Konstantinischen Bauten am Heiligen Grabe zu Jerusalem*. Paderborn : F. Schöningh, 1915.

BEAUCHET-FILLEAU, Henri. *Pouillé du diocèse de Poitiers*. Niort : Clouzot, 1868.

BECHT-JÖRDENS, Gereon. *Die Vita Aegil abbatis Fuldensis des Brun Candidus : ein Opus gemium aus dem Zeitalter der anianischen Reform in biblisch-figuralem Hintergrundstil*. 1. Aufl. Frankfurt am Main : J. Knecht, 1992.

———. « Text, Bild und Architektur als Träger einer ekklesiologischen Konzeption von Klostergeschichte. Die karolingische Vita Aegil des Brun Candidus von Fulda (ca. 840) ». Dans : KERSCHER, Gottfried [éd.]. *Hagiographie und Kunst : der Heiligenkult in Schrift, Bild und Architektur*. Berlin : D. Reimer, 1993, p. 75-106

———. *Vita Aegil abbatis Fuldensis a Candido ad modestum edita prosa et versibus ein Opus geminum des IX. Jahrhunderts. Einleitung und kritische Studien*. Marburg : Selbstverlag, 1994.

———. *Vita Aegil abbatis Fuldensis : ein Opus geminum des IX. Jahrhunderts*. Marburg : Selbstverlag, 1994.

BECKWITH, John. *Early Christian and Byzantine art*. Harmondsworth : Penguin, 1970.

BEKEMEIER, Anemone [éd.]. *Reisen nach Jerusalem : das Heilige Land in Karten und Ansichten aus fünf Jahrhunderten : Sammlung Loewenhardt : Bestandskatalog*. Wiesbaden : Reichert, 1993.

BELLANCOURT, Yves. *L'abbaye bénédictine Sainte-Croix de Quimperlé*. Quimperlé : Société Historique du Pays Kemperlé, 1983.

BELTING, Hans. *Bild-Anthropologie : Entwürfe für eine Bildwissenschaft*. Munich : W. Fink, 2001.

———. *Bild und Kult : eine Geschichte des Bildes vor dem Zeitalter der Kunst*. Munich : C.H. Beck, 1990.

———. *Das Bild und sein Publikum im Mittelalter : Form und Funktion früher Bildtafeln der Passion*. Berlin : Mann, 1981.

———. *Das echte Bild : Bildfragen als Glaubensfragen*. Munich : Beck, 2005.

BEN-PECHAT, Malca. *L'architecture baptismale de la terre sainte du IVème au VIIème siècle : étude historique, archéologique et liturgique*. Lille, 1986.

———. « The Paleochristian Baptismal Fonts in the Holy sepulchre : Formal and Functional Study ». Dans : *Liber Annuus*, n° 39 (1989), p. 165-188.

BERGER, Blandine-Dominique. *Le drame liturgique de Pâques du Xe au XIIIe siècle : liturgie et théâtre*. Paris : Beauchesne, 1976.

BERGMAN, Robert et DEGRAZIA, Diane [éd.]. *Vatican Treasures : Early Christian, Renaissance and Baroque Art from the Papal Collections. An Exhibition in Honor of the Sesquicentenary of the Diocese of Cleveland*. Cleveland : Cleveland Museum of Art, 1998.

BERNARD, J.H. *The churches of Constantine at Jerusalem : being translations from Eusebius and the early pilgrims*. Palestine Pilgrim's Text Society 1. New York : AMS Press, 1971.

BERTHOU, Paul (de) et MAÎTRE, Léon. *Cartulaire de l'abbaye de Sainte-Croix de Quimperlé*. 2. éd. rev., corr. et augm. Paris : Honoré Champion, 1904.

BEUCKERS, Klaus Gereon, CRAMER, Johannes et IMHOF, Michael [éd.]. *Die Ottonen. Kunst - Architektur - Geschichte*. 2. Aufl. Petersberg : Michael Imhof Verlag, 2006.

BIDDLE, Martin. *Das Grab Christi. Neutestamentliche Quellen, historische und archäologische Forschungen, überraschende Erkenntnisse*. Biblische Archäologie und Zeitgeschichte 5. Gießen : Brunnen-Verl., 1998.

———. *The Church of the Holy Sepulchre*. American ed. New York : Rizzoli, 2000.

———. *The tomb of Christ*. Stroud : Sutton Pub., 1999.

BINDING, Günther. *Baubetrieb im Mittelalter*. Darmstadt : Wissenschaftliche Buchgesellschaft, 1993.

———. *Bauen im Mittelalter*. Gekürzte und überarb. Fassung. Darmstadt : Primus-Verl., 2010.

———. *Der früh- und hochmittelalterliche Bauherr als sapiens architectus*. Wissenschaftliche Buchgesellschaft, s. d.

———. *Der mittelalterliche Baubetrieb in zeitgenössischen Abbildungen*. Stuttgart : Theiss, Konrad, 2001.

———. *Deutsche Königspfalzen : von Karl dem Grossen bis Friedrich II. (765–1240)*. Darmstadt : Wissenschaftliche Buchgesellschaft, 1996.

———. *Die Bedeutung von Licht und Farbe für den mittelalterlichen Kirchenbau*. Stuttgart : Steiner (Franz), s. d.

BINDING, Günther et LINSCHEID-BURDICH, Susanne. *Planen und Bauen im frühen und hohen Mittelalter*. Darmstadt : Wissenschaftliche Buchgesellschaft, 2002.

BINDING, Günther et WIEDEMANN, Herbert. *Köln - Aachen – Reichenau : Bemerkungen zum St. Galler Klosterplan 817–819*. Köln : Univ., 1981.

BISOGNO, Armando. *Il metodo carolingio : identità culturale e dibattito teologico nel secolo nono*. Nutrix 3. Turnhout : Brepols, 2008.

BITTON-ASHKELONY, Bruria. *Encountering the Sacred : The Debate on Christian Pilgrimage in Late Antiquity*. Berkeley : University of California Press, 2005.

BLAUUW de, Sible. « Architecture and Liturgy in Late Antiquity and the Middle Ages ». Dans : *Archiv für Liturgiewissenschaft* 33 (1991), p. 1-34.

BLONDEL, Louis. *Le martyrium de St-Maurice d'Agaune*. [S.l.]: [s.n.], 1957.

———. « Les basiliques d'Agaune ». Dans : *Vallesia*, 1948, 57.

BOAS, Adrian. *Crusader archaeology : the material culture of the Latin East*. Londres : Routledge, 1999.

———. *Jerusalem in the time of the crusades : society, landscape, and art in the Holy City under Frankish rule*. Londres - New York : Routledge, 2001.

BOCK, Nicolas. *Kunst und Liturgie im Mittelalter: Akten des internationalen Kongresses der Bibliotheca Hertziana und des Nederlands Instituut te Rome, Rom, 28.–30. September 1997*. édité par Max-Planck-Institut Bibliotheca Hertziana et Nederlands Instituut te Rome. Munich: Hirmer, 2000.

BOECK, Urs. « Das Baptisterium zu Pisa und die Jerusalemer Anastasis ». Dans : *Bonner Jahrbücher* 164 (1964), p. 146-156.

BOEREN, Petrus. *Rorgo Fretellus de Nazareth et sa Description de la Terre Sainte : histoire et édition du texte*. Amsterdam - New York : North-Holland Pub. Co., 1980.

BOKER, Hans. « The Bishop's Chapel of Hereford Cathedral and the Question of Architectural Copies in the Middle Ages ». Dans : *Gesta*. 37, n° 1 (1998), p. 44–54.

BONFILS, Félix. *Saint Sepulcre, Jerusalem*, 1867.

BONNELL, John. « The Easter Sepulchrum in its relation to the architecture of the high altar ». Dans : *Publication on the Modern Language Association of America* XXXI, n° 4 (1916), p. 664-712.

BONNERY, André. « L'édicule du Saint-Sépulcre de Narbonne ». Dans : *Cahiers de Saint-Michel de Cuxa*, n° 22 (1991), p. 7–42.

———. *Le maître de Cabestany*. Saint-Léger-Vauban : Zodiaque, 2000.

BONNERY, André, et Abbaye Saint-Michel de Cuxa. *L'abbaye Saint-Michel de Cuixà*. Vic-en-Bigorre : MSM, 2005.

BONNERY, André, HIDRIO, Guylène et MENTRÉ, Mireille. *Jérusalem : symboles et représentations dans l'Occident médiéval*. Paris : Grancher, 1998.

BORG, Alan. « Observations on the Historiated Lintel of the Holy Sepulchre, Jerusalem ». Dans : *Journal of the Warburg and Courtauld Institutes* 32 (1969), p. 25–40.

———. « The Holy Sepulchre Lintel ». Dans : *Journal of the Warburg and Courtauld Institutes* 35 (1972), p. 389–390.

BORGOLTE, Michael. *Der Gesandtenaustausch der Karolinger mit den Abbasiden und mit den Patriarchen von Jerusalem*. Munich : Arbeo-Gesellschaft, 1976.

———. [éd.]. *Mittelalter im Labor : die Mediävistik testet Wege zu einer transkulturellen Europawissenschaft*. Berlin : Akademie Verlag, 2008.

BORGOLTE, Michael, FONSECA, Cosimo-Damiano et HOUBEN, Hubert [éd.]. *Memoria : ricordare e dimenticare nella cultura del Medioevo*. Annali dell'Istituto storico italo-germanico in Trento 15. Bologne – Berlin : Il Mulino - Duncker & Humblot, 2005.

BOSKOVITS, Miklós. *The Mosaics of the Baptistery of Florence*. Giunti, 2007.

BOUGARD, François. *Le christianisme en Occident : du début du VIIe siècle au milieu du XIe siècle*. Paris : SEDES, 1997.

BOUILLET, Jean-Baptiste. *Description archéologique des monuments celtiques, romains et du moyen-âge du département du Puy-de-Dôme, classés par arrondissements, cantons et communes*. Clermont-Ferrand : Thibaud, 1877.

———. *Statistique monumentale du département du Puy-de-Dôme*. Clermont-Ferrand : imp. de Pérol, 1846.

BOULNOIS, Olivier et CAPELLE, Philippe [éd.]. *Philosophie et théologie au Moyen Âge anthologie*. Paris : Cerf, 2009.

BOULY, Eugène. *Histoire de Cambrai et du Cambrésis*. Hattu, 1842.

BOURIN, Monique. *Temps d'équilibres, temps de ruptures : XIIIe siècle*. Nouvelle histoire de la France médiévale 4. Paris : Seuil, 1990.

BOUSQUET, Jacques. « La fondation de Villeneuve d'Aveyron (1053) et l'expansion de l'bbaye de Moissac en Rouergue ». Dans : *Moissac et l'occident au XIe siècle actes du Colloque.*, LXXV:517–42. Toulouse : E. Privat, 1964.

BOVINI, Giuseppe. *Mosaici paleocristiani di Roma. (Secoli III–VI)*. Bologne : R. Pàtron, 1971.

BOVON, François et GEOLTRAIN, Pierre [éd.]. *Écrits apocryphes chrétiens*. Bibliothèque de la Pléiade. Paris : Gallimard, 1997.

BOZÓKY, Edina et HELVÉTIUS, Anne-Marie [éd.]. *Les reliques : objets, cultes, symboles*. Turnhout : Brepols, 1999.

BRAND, Benjamin. *Holy Treasure and Sacred Song : Relic Cults and Their Liturgies in Medieval Tuscany*. Oxford : Oxford University Press, 2014.

BRANDENBURG, Hugo. *Ancient churches of Rome from the fourth to the seventh century : the dawn of Christian architecture in the West*. Turnhout : Brepols, 2005.

———. *Die Kirche S. Stefano Rotondo in Rom : Bautypologie und Architektursymbolik in der spätantiken und frühchristlichen Architektur*. Berlin : De Gruyter, 1998.

———. *Rom Sanctus Stephanus in Coelio Monte Santo Stefano Rotondo*. 1. Aufl. Regensburg : Schnell + Steiner, 2010.

———. *Santo Stefano Rotondo in Roma : Archeologia, storia dell'arte e restauro = Archäologie, Bauforschung, Geschichte : atti del convegno internazionale Roma 10 – 13 ottobre 1996 = Akten der*. Wiesbaden : Reichert, 2000.

BRANDMÜLLER, Walter [éd.]. *L'idea di Gerusalemme nella Spiritualità Cristiana del Medioevo*. Cité du Vatican : Libreria editrice vaticana, 2003.

BRANDT, Hans Jürgen. *Die Busdorfkirche in Paderborn : 1036 – 1986*. Paderborn : Verl. Bonifatius-Dr., 1986.

BRANDT, Olof. « The Lateran Baptistery and the Diffusion of Octagonal Baptisteries from Rome to Constantinople. » Dans : *Acta Congressus Internationalis XIV Archaeologiae Christianae*, Verlag der Österreichen Akademie der Wissenschaft., 1. Vienne, 2006, p. 221–227.

BREDERO, Adrian Hendrick. *Christenheit und Christentum im Mittelalter : über das Verhältnis von Religion, Kirche und Gesellschaft*. Stuttgart : Franz Steiner, 1998.

———. « Jérusalem dans l'occident médiéval ». Dans : GALLAIS, Pierre et RIOU, Jean-Yves [éd.]. *Mélanges offerts à René Crozet à l'occasion de son soixante-dizième anniversaire*. Poitiers : Société d'Etudes Médiévales, 1966, p. 259–271.

BRÉHIER, Louis. « Charlemagne et la Palestine ». Dans : *Revue Historique*, n° 157 (1928), p. 277–291.

———. « La situation des Chrétiens de Palestine à la fin du VIIIe siècle et l'établissement du protectorat de Charlemagne ». Dans : *Le Moyen Age*, n° 21 (1919), p. 67–75.

BRESC-BAUTIER, Geneviève. « L'envoi de la relique de la vraie croix à Notre-Dame de Paris en 1120 ». Dans : *Bibliothèque de l'école des Chartes*, n° 129 (1971), p. 387–397.

———. « Les imitations du Saint-Sépulcre de Jérusalem (IXe-XVe siècles) : archéologie d'une dévotion ». Dans : *Revue d'histoire de la spiritualité*, n° 50 (1974), p. 319–342.

―――. *Le Cartulaire Du Chapitre Du Saint-Sépulcre De Jérusalem*. Paris : P. Geuthner, 1984.

BRESC-BAUTIER, Geneviève et GABORIT, Jean-René [éd.]. *La sculpture en occident : études offertes à Jean-René Gaborit*. Dijon : Faton, 2007.

BRISSAUD, Joseph. *Une visite à l'église de Saint Chef*. Grenoble : Imp. L. Aubert, 1913.

BROER, Ingo. *Die Urgemeinde und das Grab Jesu eine Analyse der Grablegungsgeschichte im Neuen Testament*. Munich: Kösel-Verlag, 1972.

BROOKS, Neil. *The sepulchre of Christ in art and liturgy with special reference to the liturgic drama*. Vol. VII. 2. Urbana : University of Illinois, 1921.

BROWE, Peter. *Die Verehrung der Eucharistie im Mittelalter*. Rom : Herder, 1967.

BROWE, Peter, LUTTERBACH, Hubertus et FLAMMER, Thomas. *Die Eucharistie im Mittelalter : liturgiehistorische Forschungen in kulturwissenschaftlicher Absicht*, Münster : Lit, 2003.

BROWN, Peter. *The cult of the saints : its rise and function in Latin Christianity*. Chicago : University of Chicago Press, 1981.

BRUNEL, Ghislain et LALOU, Elisabeth. *Sources d'histoire médiévale : IXe – milieu du XIVe siècle*. Paris : Larousse, 1992.

BRUN, Gabriel. « La rotonde de l'église de Neuvy-Saint-Sépulcre ». *Die Eucharistie im Mittelalter : liturgiehistorische Forschungen in kulturwissenschaftlicher Absicht Monuments Historiques* 3 (1938), p. 75–85.

BRUYNE, Edgar. *Études d'esthétique médiévale*. 2 vol. Paris : Albin Michel, 1998.

BRYANT, Simon. « ACTUALITE - III. - Indre. Neuvy-Saint-Sepulchre. Une récente étude de la rotonde et de la nef de l'ancienne collégiale (actuelle église Saint-Étienne) ». Dans : *Die Eucharistie im Mittelalter : liturgiehistorische Forschungen in kulturwissenschaftlicher Absicht Bulletin monumental* 162, n° 4 (2004), p. 205–208.

―――. « La collégiale Saint-Etienne de Neuvy-Saint-Sépulchre (Indre). Une étude de la rotonde et de la nef ». Dans : *Revue Archéologique du Centre de la France* 43 (2004), p. 171–207.

BUCKTON, David. *Byzantium : treasures of Byzantine art and culture from British collections*. Trustees of the British Museum. Londres : British Museum Press, 1994.

BUHLER, F. *Archeologie et baptême : évolution du baptême et des installations baptismales*. Mulhouse : Centre de culture chrétienne, 1986.

BULL, Marcus et EDBURY, Peter W. *The experience of crusading - 2. Defining the crusader kingdom*. 1. publ. 2 vol. Cambridge : Cambridge Univ. Press, 2003.

BULL, Marcus Graham. *Knightly piety and the lay response to the First Crusade*. Oxford : Clarendon Press, 1993.

BURKARDT, Johannes. « Fulda, Michaelsberg ». Dans : JÜRGENSMEIER, Friedhelm [éd.]. *Die Benediktinischen Mönchs- und Nonnenklöster in Hessen*. St. Ottilien : EOS, 2004, p. 456–464.

BUR, Michel. « À propos de la chronique de Mouzon. Architecture et liturgie à Reims au temps d'Adalbéron (vers 976) ». Dans : *Cahiers de Civilisation Médiévale*, n° 27 (1984), p. 297–302.

CABANOT, Jean. « Trésor des reliques de Saint-Sauveur de Charroux, centre et reflet de la vie spirituelle de l'abbaye ». Dans : *Bulletin de la Société des Antiquaires de l'Ouest* XVI (1981), p. 103–126.

CABROL, Fernand, LECLERCQ, Henri et MARROU, Henri [éd.]. *Dictionnaire d'archéologie chrétienne et de liturgie*. Paris : Letouzey et Ané, 1920.

CAHEN, Claude. *Orient et occident au temps des croisades*. Paris : Aubier Montaigne, 1983.

CAHN, Walter. « Architectural Draftsmanship in Twelfth-Century Paris : The Illustrations of Richard of Saint-Victor's Commentary on Ezekiel's Temple Vision ». Dans : *Gesta* 15, n° 1/2 (1 janvier 1976), p. 247–254.

———. « Architecture and Exegesis : Richard of St.-Victor's Ezekiel Commentary and Its Illustrations ». Dans : *The Art Bulletin* 76, n° 1 (März 1994), p. 53–68.

CAILLAUD, Jean-François-Xavier. *Notice historique et archéologique sur l'église de Neuvy-Saint-Sépulcre (Indre)*. Paris : Impr. impériale, 1866.

———. *Notice sur le précieux sang de Neuvy-Saint-Sépulchre*. Bourges : Pigelet, 1865.

CAILLE, Jacqueline et CAZES, Quitterie. *Sainte-Marie « La Daurade » à Toulouse : du sanctuaire paléochrétien au grand prieuré clunisien médiéval*. Archéologie et histoire de l'art 18. Paris : Comité des travaux historiques et scientifiques, 2006.

CAILLET, Jean-Pierre. *L'Image cultuelle sur l'autel et le positionnement du célébrant (IXe–XIVe siècles)*. Motovun : International Research Center for Late Antiquity and Middle Ages, 2005.

CAILLET, Jean-Pierre et LAFFITTE, Marie-Pierre. *Les manuscrits carolingiens : actes du colloque de Paris, Bibliothèque nationale de France, le 4 mai 2007*. Turnhout : Brepols, 2009.

CAMUS, Marie-Thérèse. « À propos de la rotonde de Charroux ». Dans : JANNET-VALLAT, Monique et SAPIN, Christian [éd.]. *Guillaume de Volpiano et l'architecture des rotondes*. Dijon : Ed. de l'Université de Dijon, 1996, p. 118–133.

CANARD, Marius. « La destruction de l'Église de la Resurrection par le Calife Hakim et l'histoire de la descente du feu sacré ». Dans : *Byzantion*, n° 35 (1965), p. 16–43.

CANY, Germain et JUNON, H. *Le mystérieux chapiteau du Chambon-sur-Lac*. Clermont-Ferrand : Imprimerie générale de Bussac, 1934.

CARBONELL I ESTELLER, Eduard, CASSANELLI, Roberto et ARASSE, Daniel [éd.]. *De Mahomet à Charlemagne : la Méditerranée et l'art*. Paris : Citadelles & Mazenod, 2001.

CARDINI, Franco. *Il pellegrinaggio una dimensione della vita medievale*. Storie di una città, Sutri 4. Manziana (Roma) : Vecchiarelli, 1994.

———. « La devozioneal Santo Sepolcro, le sue riproduzioni occidentali e il complesso stefaniano ». Dans : BOCCHI, Francesca et Museo Civico Archeologico (Bologna). *7 colonne e 7 chiese : la vicenda ultramillenaria del complesso di Santo Stefano in Bologna*. Casalecchio di Reno : Grafis Ed., 1987, p. 18–49.

CARGILL, Oscar. *Drama & liturgy*. [S.l.]: [s.n.], 1992.

CARLEN, Louis. « Der Ritterschlag am Heiligen Grab zu Jerusalem ». Dans : *Forschungen zur Rechtsarchäologie und rechtlichen Volkskunde* 6 (1984), p. 5–27.

CARRUTHERS, Mary. *Machina memorialis : méditation, rhétorique et fabrication des images au Moyen Âge*. Paris : Gallimard, 2002.

———. *The Book of Memory : A Study of Memory in Medieval Culture.* 2ᵉ éd. Cambridge : Cambridge University Press, 2008.

CARRUTHERS, Mary et ZIOLKOWSKI, Jan M.. *The medieval craft of memory an anthology of texts and pictures.* Philadelphia Pa. : University of Pennsylvania Press, 2002.

CASEAU, Béatrice, CHEYNET, Jean-Claude et DÉROCHE, Vincent [éd.]. *Pèlerinages et lieux saints dans l'Antiquité et le Moyen Age. Mélanges offerts à Pierre Maraval.* Monographies // Centre de Recherche d'Histoire et Civilisation de Byzance. Paris : Assoc. des Amis du Centre d'Histoire et Civilisation de Byzance, 2006.

CASSANELLI, Roberto [éd.]. *Die Zeit der Kreuzzüge : Geschichte und Kunst.* Stuttgart : Theiss, 2000.

———. [éd.]. *La Méditerranée des Croisades.* Paris : Citadelles & Mazenod, 2000.

CASSIDY, Brendan. *Iconography at the crossroads : papers from the colloquium sponsored by the Index of Christian Art, Princeton University, 23–24 March 1990.* Princeton N.J. : Index of Christian Art Dept. of Art and Archaeology Princeton University, 1993.

CASSIN, Barbara [éd.]. *Vocabulaire européen des philosophies : Dictionnaire des intraduisibles.* Paris : Seuil, 2004.

CAUCCI VON SAUCKEN, Paolo [éd.]. *Santiago, Roma, Jerusalén.* Saint-Jacques-de-Compostelle : Xunta de Galicia, 1999.

CENTRO ITALIANO DI STUDI sull'alto Medioevo [éd.] *Segni e riti nella chiesa altomedievale occidentale.* Spolète : Presso La Sede del Centro, 1987.

CHAMBERS, Edmund. *The medieval stage.* Oxford : Clarendon, 1903.

CHAPEAU, Georges. « Comment dater l'octogone de Charroux ». Dans : *Bulletin de la Société des Antiquaires de l'Ouest* IX (1932), p. 468–482.

———. « Église abbatiale de Charroux ». Dans : *Bulletin de la Société des Antiquaires de l'Ouest* VIII (1929), p. 503–533.

———. « Fondation de l'abbaye de Charroux. Étude sur les textes ». Dans : *Bulletin de la Société des Antiquaires de l'Ouest* VII (1926), p. 571–508.

CHAZAN, Robert. « Jerusalem as Christian Symbol during the First Crusade : Jewish Awarness and Response ». Dans : LEVINE, Lee. *Jerusalem : its sanctity and centrality to Judaism, Christianity, and Islam*. New York : Continuum, 1999, p. 382–392.

CHAZELLE, Celia et EDWARDS, Burton van Name [éd.]. *The Study of the Bible in the Carolingian Era*. Turnhout : Brepols, 2003.

CHÉLINI, Jean. *Histoire religieuse de l'Occident médiéval*. Pluriel 8570. Paris : Hachette, 1991.

CHÉLINI, Jean et BRANTHOMME, Henry. *Histoire des pèlerinages non chrétiens : entre magique et sacré, le chemin des dieux*. Collection Pluriel 8725. Paris : Hachette, 1982.

CHERGÉ, Charles (de). *Notice sur l'Abbaye de Charroux*. Poitiers : Saurin, 1835.

CHOMTON, Louis. *Histoire de l'église Saint-Bénigne de Dijon*. Dijon : Jobard, 1900.

———. *Saint-Bénigne De Dijon : les cinq basiliques*. [S.l.] : [s.n.], 1923.

CHRISTE, Yves. *L'Apocalypse de Jean : sens et développements de ses visions synthétiques*. Paris : Picard, 1996.

———. « Sainte-Marie de Compiègne et le Temple d'Ezéchiel ». Dans : ROQUES, René. *Jean Scot Érigène et l'histoire de la philosophie : Actes du colloque international no. 561 sur Jean Scot Érigène*. Paris : Centre National de la Recherche Scientifique, 1977, p. 477–481.

CHRISTE, Yves et PETRAGLIO, Renzo [éd.]. *L'Apocalypse de Jean : traditions exégétiques et iconographiques, IIIe–XIIIe siècle*. Genève : Droz, 1979.

CIGGAAR, Krijna Nelly et TEULE HERMAN, G.B. [éd.]. *East and West in the Crusader states : context, contacts, confrontations*. Orientalia Lovaniensa Analecta 125. Leuven : Peeters Publishers, 2003.

CLAPHAN, Alfred W. « The Latin monastic buildings of the church of the Holy Sepulchre at Jerusalem ». Dans : *The Antiquaries Journal*, n° 1 (1921), p. 1–18.

CLARK, Gregory, et Bibliothèque municipale de Tours. *Le manuscrit 219 de la Bibliothèque municipale de tours : un guide pour la visite de l'église du Saint Sépulcre à Jérusalem*. Dijon : Faton, 2009.

Cohen, Gustave. *Anthologie du drame liturgique en France au Moyen-Âge*. Paris : Cerf, 1955.

Conant, Kenneth. « The Holy Sites at Jerusalem in the First and Fourth Centuries A. D. ». Dans : *Proceedings of the American Philosophical Society* 102, n° 1 (1958), p. 14–24.

———. « The Original Buildings at the Holy Sepulchre in Jerusalem ». Dans : *Speculum: A Journal of Mediaeval Studies* 31, n° 1 (1956), p. 1–48.

*Congrès archéologique de France, 134e session 1976, pays d'Arles*. Paris : Société Française d'Archéologie, 1979.

Connolly, Daniel K. « Imagined Pilgrimage in the Itinerary Maps of Matthew Paris ». Dans : *The Art Bulletin* 81, n° 4 (Dezember 1999), p. 598–622.

Connolly, Daniel K. *The Maps of Matthew Paris : Medieval Journeys through Space, Time and Liturgy*. Woodbridge, Suffolk, UK; Rochester, NY : Boydell Press, 2009.

Constable, Giles. *Crusaders and Crusading in the Twelfth Century*. Farnham, England; Burlington, VT : Ashgate, 2008.

———. *Monks, Hermits, and Crusaders in Medieval Europe*. London : Variorum Reprints, 1988.

Conybeare, Frederick Cornwallis. « Antiochus Strategos, the Capture of Jerusalem by the Persians in 614 ». Dans : *The English historical review*, n° 25 (1910), p. 502–517.

Corbin, Solange. *La déposition liturgique du Christ au vendredi saint, sa place dans l'histoire des rites et du théâtre religieux (analyse de documents portugais)*. Paris : Société d'éditions « Les Belles Lettres », 1960.

———. « L'Office portugais de la "Sepultura Christi" ». Dans : *Revue De Musicologie* 29, n° 84 (1947), p. 63–71.

Corbo, Virgilio. *Gli edifici della Santa Anastasis a Gerusalemme*. Liber annuus 12. Jérusalem : Studium Biblicum Franciscanum, 1980.

———. *Il Santo Sepolcro Di Gerusalemme : Aspetti Archeologici Dalle Origini Al Periodo Crociato*. 3 vol. Jérusalem : Franciscan Print. Press, 1981.

———. *Il Santo Sepolcro di Gerusalemme Nova et Vetera*. Liber annuus 38. Jérusalem : Studium Biblicum Franciscanum, 1988.

———. *La basilica del Santo Sepolcro a Gerusalemme. Rassegna archeologica delle strutture degli edifici nel 1969*. Liber annuus 19. Jérusalem : Studium Biblicum Franciscanum, 1969.

———. *La basilica del S. Sepolcro : una rassegna archeologica del 1969 ed un esame d'insieme degli edifici della basilica*. La Terra Santa. Jérusalem : Franciscan Print. Press, 1969.

———. « La sainte Anastasis. Le résultat des dernières fouilles effectuées dans la basilique du Saint-Sépulcre ». Dans : *Bible et Terre Sainte*, n° 55 (avril 1963), p. 16–22.

Coüasnon, Charles. « Restauration du Saint-Sépulcre ». Dans : *Bible et Terre Sainte*, n° 140 (1972), p. 8–17.

———. *The Church of the Holy Sepulchre in Jerusalem*. Londres : Oxford University Press for the British Academy, 1974.

Couret, Alphonse. *Notice Historique Sur l'Ordre Du Saint-Sépulcre De Jerusalem Depuis Son Origine Jusqu'à Nos Jours, 1099–1905*. Paris : Au bureau des œuvres d'Orient, 1905.

Cowdrey, Herbert E.J. « Canon Law and the First Crusade ». Dans : Amaya, Shane et d'Angelo, Bruno. *Horns of Hattin*. Santa Barbara CA : Terra Major, 2004, p. 41–48.

———. *Lanfranc : Scholar, Monk and Archbishop*. Oxford : Oxford University Press, 2003.

———. *Popes, monks and crusaders*. Londres : The Hambledon Press, 1984.

———. « Pope Urbain II and the Idea of Crusade ». Dans : *Studi Medievali* 36, n° 3 (1995), p. 721–742.

———. *The Cluniacs and the Gregorian reform*. Oxford : Clarendon Press, 1970.

———. *The crusades and Latin monasticism, 11th–12 th centuries*. Aldershot : Ashgate, 1999.

CRAMER, Valmar. *Der Ritterorden vom Hl. Grabe von den Kreuzzügen bis zur Gegenwart : Ein geschichtlicher Abriss mit 77 Abb.* 2., erweiterte Aufl. Cologne : Bachem, 1983.

CRAPLET, Bernard. *Auvergne romane*. 3. éd. La nuit des temps. La Pierre-qui-Vire : Zodiaque, 1992.

CROSS, Frank Leslie et LIVINGSTONE, Elizabeth A. [éd.]. *The Oxford dictionary of the Christian Church*. Oxford : Oxford University Press, 2005.

CROSSLEY, Paul. « Medieval Architecture and Meaning: The Limits of Iconography ». Dans : *The Burlington Magazine* 130, n° 1019 (1 février 1988), p. 116–121.

CROZET, René. « L'ancien portail gothique de l'abbaye de Charroux ». Dans : *Gazette des Beaux Arts* 40 (1952), p. 149–162.

CRUZ, Joan Carroll. *Eucharistic Miracles*. Illustrated edition. Rockford : St. Benedict Press & TAN Books, 1987.

———. *Relics*. Huntington : Our Sunday Visitor Publishing, 1984.

CUTLER, Anthony et SPIESER, J.-M. *Byzance médiévale : 700–1204*. L'Univers des formes 41. Paris : Gallimard, 1996.

DACHEUX, Léon. *Sainte-Foy de Schlestadt Son Saint-Sépulcre et Ses Tombes*. Strasbourg : R. Schultz & Cie, 1893.

DALARUN, Jacques, BOESPFLUG, François et LEBIGUE, Jean-Baptiste (éd.). *Le Moyen Âge en lumière : manuscrits enluminés des bibliothèques de France*. Paris : Fayard, 2002.

DALMAN, Gustaf. *Das Grab Christi in Deutschland. Studien über christliche Denkmäler* 14. Leipzig : Dieterich Verlagsbuchhandlung, 1922.

———. *Das Heilige Grab in Görlitz und sein Verhältnis zum Original in Jerusalem*. Reprintausg. des Sonderdr. aus dem Neuen Lausitzischen Magazin, Bd. 91, (1915). Görlitz : Viadukt-Verl., 1991.

———. « Die Modelle der Grabeskirche und Grabeskapelle in Jerusalem als Quelle ihrer älteren Gestalt ». Dans : *Palästinatjahrbuch*, n° 16 (1921 1920), p. 23–30.

DANIÉLOU, Jean. *Bible et liturgie : la théologie biblique des Sacrements et des fêtes d'apres les Pères de l'Église*. 2e éd. rev. Lex Orandi 11. Paris : Cerf, 1958.

———. *La Résurrection*. Paris : Seuil, 1969.

———. *L'Église des premiers temps : des origines à la fin du IIIe siècle*. Paris : Seuil, 1985.

———. « Terre et Paradis chez les pères de l'église ». Dans : *Eranos-Jahrbuch*, n° 22 (1953), p. 433–472.

DAOUST, Joseph. « Les ampoules de Monza ». *Bible et Terre Sainte*, n° 170 (1975): 2–8.

DARAS, Charles. « Le mausolée de la Boulonie et le reliquaire d'Aubeterre ». Dans : *Mémoire de la société archéologique et historique de la Charente*. Angoulême, 1957, p. 69–77

DAVID, Massimiliano. « Das Heilige Grab von Jerusalem : Entwicklung und Umwandlung eines Modells ». Dans : CASSANELLI, Roberto [éd.]. *Die Zeit der Kreuzzüge : Geschichte und Kunst*. Stuttgart : Theiss, 2000, p. 85–93.

DAVY, Christian et GIRAUD, Patrice. *La peinture murale romane dans les Pays de la Loire : L'indicible et le ruban*. Laval : Société d'Archéologie et d'Histoire de la Mayenne, 1999.

DE CLERCK, Paul et PALAZZO, Eric [éd.]. *Rituels : mélanges offerts à Pierre-Marie Gy, o.p.* Paris : Cerf, 1990.

DELORT, Robert, et IOGNA-PRAT, Dominique. *La France de l'an mil*. Paris : Seuil, 1990.

DELUZ, Christiane. « Prier à Jérusalem. Permanence et évolution d'après quelques récits de pèlerins occidentaux du Ve au XVe siècle ». Dans : *La prière au Moyen-Age: littérature et civilisation*, édité par CUER MA Centre: Aix-en-Provence, 187-210. Sénéfiance 10. Paris : Honoré Champion, 1981, p. 187–210.

DEL VALLE, Carmelo Garcia. *Jerusalen. Un siglo de oro de vida liturgica*. Madrid : Studium, 1968.

DEMURGER, Alain. *Chevaliers du Christ : les ordres religieux-militaires au Moyen Âge (XIe-XVIe siècle)*. Paris : Seuil, 2002.

——. *Croisades et croisés au Moyen Âge*. Paris : Flammarion, 2006.

——. *Vie et mort de l'Ordre du Temple, 1120–1314*. Paris : Seuil, 1994.

DEMUS, Otto et HIRMER, Max. *La peinture murale romane*. Paris : Flammarion, 1970.

DESCHAMPS, Paul. *Terre Sainte romane*. La Nuit des Temps 21. La Pierre-qui-Vire : Zodiaque, 1964.

DESCHAMPS, Paul et THIBOUT, Marc. *La peinture murale en France : le haut Moyen Age et l'époque romane,*. Ars et Historia. Paris : Plon, 1951.

DESHOULIÈRES, François. *Au début de l'art roman. Les églises de l'XIe siècle en France. (A travers l'art français)*. Paris : Renaissance du Livre, 1929.

——. « La date de construction de l'église de Neuvy-Saint-Sépulchre ». Dans : *Bulletin de la Société Nationale des Antiquaires de France*, 1910, p. 190–199.

——. *Les cryptes en France et l'influence du culte des reliques sur l'architecture religieuse*. Paris : [s.n.], 1940.

DESLANDRES, Yvonne. *La décoration des manuscrits dans la région parisienne du IXe au début du XIIIe siècle*. Paris, 1950.

DIETERICH, Barbara. « Anastasis-Rotunde und Heiliges Grab in Jerusalem ». Dans : *Geoerges-Bloch Jahrbuch*, n° 11-12 (2005 2004), p. 7–29.

DILLER, Hans-Jurgen. *The Middle English Mystery Play : A Study in Dramatic Speech and Form*. Cambridge : Cambridge University Press, 2005.

*Dimensioni drammatiche della liturgia medioevale. Atti del I Convegno di Studio, Viterbo 1976*. Rome : Bulzoni, 1977.

DOHMEN, Christoph. *Das neue Jerusalem : der Ezechiel-Zyklus von Schwarzrheindorf*. Bonn : Bouvier Verlag, 1994.

DOIG, Allan. *Liturgy and Architecture: From Early Church to the Middle Ages*. Illustrated edition. Aldershot: Ashgate, 2008.

DONDI, Cristina. *The liturgy of the Canons regular of the Holy Sepulchre of Jerusalem : a study and a catalogue of the manuscript sources*. Bibliotheca Victorina 16. Turnhout : Brepols, 2004.

———. *The liturgy of the Holy Sepulchre of Jerusalem (XII–XVI century) : with special reference to the practice of the orders of the Temple and St John of Jerusalem*. Londres : University of London, 2000.

DONKIN, Lucy et VORHOLT, Hanna [éd.]. *Imagining Jerusalem in the Medieval West*. Proceedings of the British Academy 175. Oxford : Oxford University Press, 2012.

DONNER, Herbert. *Pilgerfahrt ins Heilige Land : die ältesten Berichte christicher Palästinapilger (4.–7. Jh.)*. Stuttgart : Verlag Katholisches Bibelwerk, 1979.

DOUMATO, Lamia. *Church of the Holy Sepulchre, Jerusalem*. Monticello Ill. : Vance Bibliographies, 1981.

DOVAL, Alexis. « The Location and Structure of the Baptistery on the Mystagogic catecheses of Cyril of Jerusalem ». Dans : *Studia Patristica*, n° 26 (1993), p. 1–13.

DUBOURG-NOVES, Pierre. « Le groupe ecclésiale souterrain de Saint-Jean d'Aubeterre ». Dans : *Congrès Archéologique de France. 153e session, Charente 1995*. Paris : Société française d'archéologie, 1999, p. 83–92.

DUBY, Georges. *Le Temps des cathédrales. L'art et la société, 980-1420*. Bibliothèque des histoires. Paris : Gallimard, 1976.

DUCHESNE, Louis. *Origines du culte chrétien, étude sur la liturgie latine avant Charlemagne*. Paris : A. Fontemoing, 1898.

DUCHET-SUCHAUX, Gaston. *L'iconographie : études sur les rapports entre textes et images dans l'Occident médiéval*. Édité par l'Institut de recherche et d'histoire des textes (France). Paris : Léopard d'or, 2001.

DUCKWORTH, Henry. *The Church of the Holy Sepulchre*. Nachdr. d. Ausg. London 1922. New York : AMS Pr., 1980.

DUPRONT, Alphonse. *Du sacré : croisades et pèlerinages, images et langages*. Paris : Gallimard, 1987.

———. *Le mythe de croisade*. Paris : Gallimard, 1997.

DURAND, Janic. « Les reliques de saint Césaire d'Arles. Objet d'art de la saison n°46 », Musée du Louvre, s. d.

DURLIAT, Marcel. *Des barbares à l'an mil*. Paris : Editions Citadelles, 1985.

———. « L'architecture du XIe siècle à Saint-Michel de Cuxa ». Dans : CROSBY, Sumner. *Etudes d'art médiéval offertes à louis Grodecki Etudes d'art médiéval offertes à Louis Grodecki*. Paris: Ophrys, 1981, p. 49–62.

———. *L'art roman*. Paris : Editions d'art L. Mazenod, 1982.

———. « L'église de Rieux-Minervois ». Dans : *Congrès archéologique de France*, 131e session, Pays de l'aude, 1973, p. 30–43.

———. *Roussillon roman*. 3. éd. Saint Léger-Vauban : Zodiaque, 1975.

DUSSART, Michel. *Mémoire de Cambrai*. Cambrai, 2004.

EBERSOLT, Jean. *Orient et Occident : recherches sur les influences byzantines et orientales en France avant et pendant les Croisades*. Paris : Éditions G. van Oest, 1928.

———. *Orient et occident : recherches sur les influences byzantines et orientales en France avant et pendant les croisades*. 2. éd. Paris : Boccard, 1954.

ECKSTEIN, Hans. *Die romanische Architektur : der Stil und seine Formen*. Köln : DuMont Schauberg, 1975.

EDBURY, Peter. *Crusade and settlement : presented to R. C. Smail*. Society for the Study of the Crusades and the Latin East. Cardiff : Univ. College Cardiff Pr., 1985.

EDSON, Evelyn. *Mapping Time and Space : How Medieval Mapmakers Viewed Their World*. Londres : British Library, 1997.

EIDELBERG, Shlomo. *The Jews and the Crusaders : the Hebrew chronicles of the First and Second Crusades*. Madison : University of Wisconsin Press, 1977.

ELBERN, Victor H. « Das heilige Grab in der Bildlichen und liturgischen Kunst ». Dans : ELM, Kaspar et FONSECA, Cosimo-Damiano [éd.]. *Militia Sancti Sepulcri : idea e istituzioni*. Atti del colloquio internazionale tenuto presso la Pontificia Università del Laterano, 10 – 12 aprile 1996. Acta et Monumenta. Città del Vaticano: Commissio Scientifica pro Historia Ordinis, 1998, p. 161–177.

ELLGER, Otfried. *Die Michaelskirche zu Fulda als Zeugnis der Totensorge : zur Konzeption einer Friedhofs- und Grabkirche im karolingischen Kloster Fulda*. Fulda : Parzeller, 1989.

ELM, Kaspar. « La liturgie de l'église latine de Jérusalem au temps des croisades ». Dans : REY-DELQUÉ, Monique [éd.]. *Les croisades : l'Orient et l'Occident d'Urbain II à Saint Louis, 1096–1270*. Milan: Electa, 1997, p. 243–245.

———. *L'ordre des chanoines réguliers du Saint-Sépulcre de Jérusalem*. Basel : Helbing & Lichtenhahn, 1996.

———. *Umbilicus Mundi : Beiträge zur Geschichte Jerusalems, der Kreuzzüge, des Kapitels vom Hlg. Grab in Jerusalem und der Ritterorden*. Instrumenta Canonissarum Regularium Sancti Sepulcri 6. Sint-Trudo-Abdij, 1998.

ELM, Kaspar et FONSECA, Cosimo-Damiano [éd.]. *Militia Sancti Sepulcri : idea e istituzioni. Atti del colloquio internazionale tenuto presso la Pontificia Università del Laterano, 10 – 12 aprile 1996*. Acta et Monumenta. Cité du Vatican : Commissio Scientifica pro Historia Ordinis, 1998.

EMMERSON, Richard Kenneth et MCGINN, Bernard [éd.]. *The Apocalypse in the Middle Ages*. Cornell : Cornell University Press, 1992.

ENDMANN, Philipp. « Die Entstehung des Ablasses für den Ersten Kreuzzug ». Dans : *Concilium Medii Aevi*, n° 6 (2003), p. 163–194.

ENGEMANN, Josef. « Das Jerusalem der Pilger. Kurzauffindung und Wallfahrt ». Dans : *Akten des XII. Internationel Kongresses für christliche Archäologie, Bonn 1991*. Münster, 1995, p. 24–35.

ENLART, Camille. *Les monuments des croisés dans le royaume de Jérusalem - architecture religieuse et civile*. Paris : P. Geuthner, 1925.

EPP, Verena. *Fulcher von Chartres : Studien zur Geschichtsschreibung des ersten Kreuzzuges*. Düsseldorf : Droste Verlag, 1990.

ERDMANN, Carl. *The Origin of the Idea of Crusade*. Princeton N.J. : Princeton University Press, 1977.

ERDMANN, Wolfgang. *Neue Untersuchungen an der Stiftskirche zu Gernrode*. Sonderdr. Göttingen : Goltze, 1988.

ERDMANN, Wolfgang et ZETTLER Alfons. *Zur Archäologie des Konstanzer Münsterhügels*. Schriften des Vereins für Geschichte des Bodensees und seiner Umgebung 95. Friedrichshafen : Selbstverlag, 1977.

ESCOURROU, Georges. *Rieux-en-Minervois : l'eglise Sainte-Marie*. Carcassone : Gabelle, 1995.

*Études de civilisation médiévale (IXe–XIIe siècles) : mélanges offerts à Edmond-René Labande...* Poitiers: C.E.S.C.M., 1974.

EVANS, Gillian Rosemary. *The medieval theologians*. Oxford : Wiley-Blackwell, 2001.

EYGUN, François. « L'abbaye de Charroux. Les grandes lignes de son histoire et de ses constructions ». Dans : *Bulletin de la Société des Antiquaires de l'Ouest* X (1969), p. 11–23.

FAGE, René. *L'Église de Saint-Léonard et la Chapelle du Sépulcre*. Caen : H. Delesques, 1913.

———. « L'Église de Saint-Léonard et la chapelle du Sépulcre ». Dans : *Bulletin Monumental* LXXVII (1913), p. 41–72.

FALLA CASTELFRANCHI, Marina. « Battisteri e pelligrinaggi ». Dans : REXIN, Gerhard et SCHRENK, Sabine (éd.). *Akten des XII. Internationalen Kongresses für Christliche Archäologie : Bonn, 22.–28. September 1991 : register*. Münster : Aschendorffsche Verlagsbuchhandlung, 1997, p. 234–248.

FAVIER, Jean et GUYOT JEANNIN, Olivier [éd.]. *Archives de l'Occident*. Vol. 1. Le Moyen Age, Ve-XVe siècle. Paris : Fayard, 1992.

FAVREAU, Robert et CAMUS, Marie-Thérèse. *Charroux*. Poitiers : P. Oudin, 1989.

FERGUSON, Everett. *Baptism in the Early Church : History, Theology, and Liturgy in the First Five Centuries*. Wm. B. Grand Rapids : Eerdmans Publishing, 2009.

FERGUSSON, James. *The Holy Sepulchre and the Temple at Jerusalem*. Londres : Murray, 1865.

FÉVRIER, Paul-Albert. « Baptistères, Martyrs et Reliques ». Dans : *Rivista di Archeologia Cristiana* 62, n° 1–2 (1986), p. 109–138.

FILTEAU, Jean-Claude. *Le Saint Sépulcre*. Lac Beauport Québec : Éditions A. Sigier, 1981.

FISCHER, Wolfdietrich et SCHNEIDER, Jürgen [éd.]. *Das Heilige Land im Mittelalter : Begegnungsraum zwischen Orient und Okzident*. Schriften des Zentralinstituts für Fränkische Landeskunde und Allgemeine Regionalforschung an der Universität Erlangen-Nürnberg. Neustadt an der Aisch : Degener, 1982.

FLEISCHHAUER, Carsten. « Die Vita Eigilis des Brun Candidus und die Michaelskirche in Fulda ». Dans : *Fulader Geschichtblätter* 68 (1992), p. 85–103.

FLICHE, Augustin et MARTIN, Victor. *Histoire de l'église depuis les origines jusq'à nos jours*. Vol. 7. L'Eglise au pouvoir des laïques (888–1057). Paris : Bloud & Gay, 1939.

———. *Histoire de l'église depuis les origines jusq'à nos jours*. Vol. 8. La réforme grégorienne et la reconquête chrétienne (1057–1125). Paris : Bloud & Gay, 1946.

FLOQUET, Charles. *Le Temple de Lanleff*. Gourin : Keltia graphic éditions, 1999.

FLORI, Jean. *Croisade et chevalerie. XIe–XIIe siècles*. Le Moyen âge. Bibliothèque, Paris : De Boeck Univ., 1998.

———. « De Clermont à Jérusalem. La première Croisade dans l'historiographie récente (1995–1999) ». Dans : *Le Moyen-Age*, n° 2 (1999), p. 438-55.

———. *La guerre sainte*. Paris : Aubier, 2001.

———. *Pierre l'Ermite et la première croisade*. Paris : Fayard, 1999.

———. « Pour une redéfinition de la croisade ». Dans : *Cahiers de civilisation médiévale : Xe–XIIe siècles* 42 (2004), p. 329-349.

———. « Réforme, Reconquista, Croisade : l'idée de reconquête dans la correspondance pontifical d'Alexandre II à Urbain II ». Dans : *Cahiers de Civilisation Médiévale* 40 (1997), p. 317–335.

FLUSIN, Bernard. « La prise de Jérusalem par les Perses ». Dans : *Le monde de la Bible*, n° 185 (2008), p. 36–37.

FOLDA, Jaroslav. *Crusader art : the art of the Crusaders in the Holy Land, 1099–1291*. Aldershot : Lund Humphries, 2008.

———. « Jerusalem and the Holy Sepulchre trough the eyes of Crusaders pilgrims ». Dans : KÜHNEL, Bianca [éd.]. *The Real and Ideal Jerusalem in Jewish, Christian and Muslim art. Studies in honour of Bezalel Narkiss*. Jérusalem : Center for Jewish Art of the Hebrew University, 1998, p. 158-164.

———. *The art of the crusaders in the Holy Land. 1098-1187*. Cambridge - New York : Cambridge University Press, 1995.

———. « The South Transept Façade of the church of the Holy Sepulchre in Jerusalem ». Dans : FRANCE, John et ZAJAC, William G. [éd.]. *The Crusades and their Sources. Essays presented to the Bernard Hamilton*. Aldershot : Ashgate, 1998, p. 239–257.

FOREVILLE, Raymonde. *Latran I, II, III et Latran IV. 1123, 1139, 1179 et 1215*. Vol. 6. Histoire des conciles oecuméniques. Paris : Fayard, 2007.

FORMIGÉ, Jules. *L'abbaye royale de Saint-Denis*. Paris : PUF, 1960.

———. « Un plan du Saint-Sépulcre découvert à la basilique de Saint-Denis ». *Monuments et Mémoires Piot* XLVIII, n° 1 (1954) : 107–30.

FOSSIER, Robert. *Les relations des pays d'Islam avec le monde latin*. Paris : Marseille, 2000.

FOURTEAU-BARDAJI, Anne-Marie. « L'église du Saint-Sépulcre ». Dans : *Images de Parthenay*, 1987, p. 35–40.

———. « L'église du Saint-Sépulcre à Parthenay : premiers résultats des fouilles archéologiques ». Dans : *Le Bulletin de la Société Historique et Scientifique des Deux-Sèvres*, 2nde série, XIX (1986), p. 13–18.

FRANCE, John. « The Election and Title of Godfrey of Bouillon ». Dans : *Canadian Journal of History* 18 (1983), p. 321–329.

———. « War and Christendom in the Thougts of Rodulfus Glaber ». *Studia Monastica* XXX (1988), p. 105–120.

———. « Rodulfus Glaber and French politics in the early eleventh century ». Dans : *Francia* 16/1 (1989), p. 101–112.

———. « The destruction of Jerusalem and the first crusade ». Dans : *The Journal of ecclesiastical history*. 47, n° 1 (1996), p. 1–17.

———. « The capture of Jerusalem ». Dans : *History today*. 47 (avril 1997), p. 37.

———. « Le rôle de Jérusalem dans la piété du XIe siècle ». Dans : BALARD, Michel et DUCELLIER, Alain [éd.]. *Le partage du monde : échanges et colonisation dans la Méditerranée médiévale*. Paris : Publication de la Sorbonne, 1998, p. 151–161.

———. « The anonymous "gesta francorum" and the "historia francorum qui ceperunt iherusalem" of Raymond of Aguilers and the "historia de hierosolymitano itinere" of Peter Tudebode : an analysis of the textual ». Dans : FRANCE, John et ZAJAC, William G. [éd.]. *The Crusades and their Sources. Essays presented to Bernard Hamilton*. Aldershot : Ashgate, 1998, p. 39–70.

———. *The Crusades and the expansion of Catholic Christendom, 1000–1714*. New York : Routledge, 2005.

FRANCE, John et ZAJAC, William G. [éd.]. *The crusades and their sources : essays presented to Bernard Hamilton*. Aldershot : Ashgate, 1998.

FRANZÉ, Barbara. *La pierre et l'image : étude monographique de l'église de Saint-Chef en Dauphiné*. Paris : Picard, 2011.

FRASER, Michael. *The feast of the Encaenia in the fourth century and in the ancient liturgical sources of Jerusalem*. University of Durham, 1995.

FREEDBERG, David. *The power of images : studies in the history and theory of response*. Chicago : University of Chicago Press, 1989.

FREEMAN-GRENVILLE, G.S.P. *The Basilica of the Holy Sepulchre in Jerusalem*. Jérusalem : Cana - Carta, 1993.

FRESE, Tobias. *Aktual- und Realpräsenz: das eucharistische Christusbild von der Spätantike bis ins Mittelalter*. Berlin : Gebr. Mann, 2013.

FRIESE, Meta. « Die Doppelkapelle von Schwarzrheindorf ». Abt. Architekturgeschichte, 2006.

FROIDEVEAUX, Yves M. « Église abbatiale de Charroux, contribution à l'étude du monument ». Dans : *Congrès archéologique de France - Poitiers*, 1952, p. 356–368.

GABORIT-CHOPIN, Danielle. *Ivoires du Moyen Age*. Fribourg : Office du livre, 1978.

———. *Ivoires medievaux : Ve–XVe siècle*. Paris : RMN, 2003.

GABORIT, Jean-René. *La sculpture romane*. Paris : Éditions Hazan, 2010.

GABRIELI, Francesco. *Arab Historians of the Crusades*. The Islamic World Series. Berkeley : University of California Press, 1969.

GAILLARDON, Edmond. « L'église souterraine de Saint-Jean d'Aubeterre ». Dans : *Mémoire de la société archéologique et historique de la Charente*. Angoulême, 1911, p. 97–131.

GAIN, Benoît. « Nous cheminons sur la terre" : l'exégèse de 2Co V, 6 chez quelques Pères ». Dans : CASEAU, Béatrice, CHEYNET, Jean-Claude et DÉROCHE, Vincent [éd.]. *Pèlerinages et lieux saints dans l'Antiquité et le Moyen Age. Mélanges offerts à Pierre Maraval.*. Monographies // Centre de Recherche d'Histoire et Civilisation de Byzance. Paris : Assoc. des Amis du Centre d'Histoire et Civilisation de Byzance, 2006, p. 223–234

GALLAIS, Pierre et RIOU, Yves-Jean [éd.]. *Mélanges offerts à René Crozet à l'occasion de son soixante-dizième anniversaire*. Poitiers : Société d'études médiévales, 1966.

GALLETTI, Anna Imelde. « Gerusalemme o la città desiderata ». Dans : MIQUEL, André (éd.). *Images et mythes de la ville médiévale.*. Mélanges de l'École française de Rome 91. Rome : Ecole française de Rome, 1984, p. 459–487.

GALTIER MARTÍ, Fernando. *La iconografía arquitectónica en el arte cristiano del primer milenio*. Saragosse : Mira Editores, 2001.

GANDOLFI, Daniela. *L'edificio battesimale in Italia : aspetti e problemi*. Istituto Internazionale di Studi Liguri, 2001.

GARITTE, Gérard [éd.]. *La prise de Jérusalem par les Perses en 614*. Corpus Scriptorum Christianorum Orientalium 203. Leuven : Peeters Publishers, 1960.

GARNIER, François. « Les chapiteaux de la rotonde de Neuvy-Saint-Sépulchre ». Dans : *Art Sacré*, n°16 (2002), p. 21–32.

GATTI PERER, Maria-Luisa [éd.]. « *La Dimora di Dio con gli uomini* » *(Ap 21,3)* : *immagini della Gerusalemme celeste dal III al XIV secolo*. Milan : Vita e pensiero, 1983.

GAUTHIER, Marie-Madeleine. *Émaux du moyen âge occidental*. 2ᵉ éd. Fribourg : Office du livre, 1972.

———. *Les routes de la foi*. Paris : Bibliothèque des Arts, 1983.

GAUTHIER, Marie-Madeleine et FRANÇOIS, Geneviève. *Émaux méridionaux : catalogue international de l'œuvre de Limoges. T.1, l'époque romane*. Paris : Éditions du CNRS, 1987.

GAUTIER-DALCHÉ, Patrick. « Cartes de Terre Sainte, cartes de Pèlerins ». Dans : OLDONI, Massimo [éd.]. *Fra Roma e Gerusalemme nel Medioevo : paesaggi umani ed ambientali del pellegrinaggio meridionale*. Schola Salertina 11. Salerne: Laveglia, 2005, p. 573–612.

GAUVARD, Claude, ZINCK, Michel et LIBERA, Alain de [éd.]. *Dictionnaire du Moyen Age*. Paris : PUF, 2002.

GÉNICOT, Léopold. *Typologie des sources du Moyen Age occidental. L'architecture : considérations générales*. Turnhout : Brepols, 1978.

GERCHOW, Jan et SCHILP, Thomas [éd.]. *Essen und die sächsischen Frauenstifte im Frühmittelalter*. 1. Aufl. Essen : Klartext-Verlag, 2003.

GERGEN, Thomas. *Pratique juridique de la paix et trêve de Dieu à partir du concile de Charroux (989 – 1250)*. Rechtshistorische Reihe. Frankfurt am Main : Lang, 2004.

GIBSON, Shimon. *Beneath the Church of the Holy Sepulchre, Jerusalem : The Archaeology and Early History of Traditional Golgotha*. Londres : Palestine Exploration Fund, 1994.

GILCHRIST, John. « The Erdmann Thesis and the Canon Law 1083-1141 ». Dans : EDBURY, Peter W. [éd.]. *Crusade and settlement: presented to R. C. Smail*. Cardiff: University College Cardiff Press, 1985, p. 37–45.

GINZBURG, Carlo. « Représentation : le mot, l'idée, la chose ». Dans : *Annales. Économies, Sociétés, Civilisations* 46, n° 6 (1991), p. 1219–1234.

GOCKERELL, Nina et NEUMEISTER, Werner. *Ostern in Jerusalem : Karwoche und Auferstehungsfeiern der christlichen Kirchen in der Heiligen Stadt*. Munich – Regensbourg : Chr. Kaiser - F. Pustet, 1987.

GOEMAERE, Pierre. *Les Chevaliers du Tombeau Vide*. Bruxelles : C. Dessart, 1967.

GOLDSCHMIDT, Adolph. *Die Elfenbeinskulpturen aus der Zeit der karolingischen und sächsischen Kaiser, 8.–11. Jh*. Nachdruck. Vol. 1–2. Berlin [-West] : Deutscher Verlag für Kunstwissenschaft, 1969.

———. *Die Elfenbeinskulpturen aus der romanischen Zeit, 11.–13. Jh*. Nachdruck. Vol. 3–4. Berlin [-West] : Deutscher Verlag für Kunstwissenschaft, 1972.

GOLDSCHMIDT, Adolph et WEITZMANN, Kurt. *Die byzantinischen Elfenbeinskulpturen de X.–XIII. Jahrhunderts*. Édité par Deutscher Verein für Kunstwissenschaft (GERMANY). Berlin : Deutscher Verlag für Kunstwissenschaft, 1979.

GOMES, João. « L'Exégèse monastique au XIIe siècle : tropologie, intériorité et subjectivité chez Guibert de Nogent ». Édité par Christian Sapin. *Bulletin du centre d'études médiévales d'Auxerre | BUCEMA*, Varia, n° 9 (15 août 2005).

GORRISSEN, Frédéric. *Histoire de la ville et du chateau de Huy, d'après Laurent Mélart*. Huy : Delhaise, 1839.

Goss, Vladimir P. et VERZÀR BORNSTEIN, Christine [éd.]. *The meeting of two worlds*. Kalamazoo : Medieval Institute Publications, 1986.

GÖTZ, Wolfgang. *Zentralbau und Zentralbautendenz in der gotischen Architektur*. Berlin : Gebr. Mann, 1968.

GOUNELLE, Rémi. « Évangile de Nicodème et Évangiles canoniques ». Dans : MARGUERAT, Daniel [éd.]. *La Bible en récits : l'exégèse biblique à l'heure du lecteur : Colloque international d'analyse narrative des textes de la Bible, Lausanne (mars 2002)*. Genève : Labor et Fides, 2003, p. 420–430.

———. « Pourquoi, selon l'Évangile de Nicodème, le Christ est-il descendu aux enfers? » Dans : KAESTLI, Jean-Daniel et MARGUERAT, Daniel [éd.]. *Le mystère apocryphe : introduction à une littérature méconnue*. Genève : Labor et Fides, 2007, p. 95–112.

GOUNELLE, Rémi et IZYDORCYK, Z.. *L'Évangile de Nicodème ou les Actes faits sous Ponce Pilate (recension latine A), suivie de La lettre de Pilate à l'empereur Claude*. Turnhout : Brepols (Apocryphes, 9), 1997.

GOUSSET, Marie-Thérèse. *Iconographie de la "Jérusalem céleste" dans l'art médiéval occidental du IX$^e$ siècle à fin du XII$^e$ siècle*. Paris IV, 1978.

———. « La représentation de la Jérusalem céleste à l'époque carolingienne ». Dans : *Cahiers Archéologiques*, n° 23 (1974), p. 47–60.

GRABAR, André. *Ampoules de Terre Sainte (Monza, Bobbio)*. Paris : C. Klincksieck, 1958.

———. « La fresque des Saintes Femmes au Tombeau a Doura ». Dans : *Cahiers Archéologiques* VIII (1956), p. 9-26.

———. *La peinture romane du onzième au treizième siècle : Peintures murales par André Grabar. L'enluminure par Carl Nordenfalk*. Les Grands siècles de la peinture. Genève : Skira, 1958.

———. *L'art du Moyen Age en Occident : influences byzantines et orientales*. Londres : Variorum Reprints, 1980.

———. *Les voies de la création en iconographie chrétienne : Antiquité et Moyen Âge*. Paris : Champs Flammarion, 1994.

———. *Martyrium : recherches sur le culte des reliques et l'art chrétien antique*. Variorum reprint, 2. Londres : Variorum Reprints, 1972.

GRABINER, Esther. « L'ordre du saint-Sépulcre ». Dans : *Bulletin monumental*, n° 151 (1993), p. 169–180.

GRABOÏS, Aryeh. « Charlemagne, Rome and Jerusalem ». Dans : *Revue Belge de Philologie et d'Histoire*, n° 59 (1981), p. 792–809.

———. « Le pèlerin occidental en Terre Sainte à l'époque des croisades et ses réalités ». Dans : *Études de civilisation médiévale (IXe–XIIe siècle). Mélanges offerts à E.-R. Labande*. Poitiers : C.E.S.M., 1974, p. 367–376.

———. *Le pèlerin occidental en Terre sainte au Moyen Âge*. Bibliothèque du Moyen Age 13. Paris – Bruxelles : De Boeck, 1998.

———. « Les pèlerianges du XIe siècle en Terre Sainte dans l'historiographie occidentale de l'époque ». Dans : *Revue d'histoire ecclésiastique* 101, n° 2 (2006), 531–546.

———. « Medieval Pilgrims, the Holy Land and Its images in European Civilisation ». Dans : SHARON, Moshe et BULL, Marcus Graham [éd.]. *The Holy Land in history and thought : papers submitted to the International Conference on the Relations between the Holy Land and the World Outside It, Johannesburg, 1986*. Leiden; New York : E.J. Brill, 1988, p. 65–95.

GRODECKI, Louis. *L'architecture ottonienne au seuil de l'art roman*. Paris : A. Colin, 1958.

GRODECKI, Louis, MÜTHERICH, Florentine et TARDON, Jean. *Le Siècle de l'an mil (950–1050)*. L'Univers des formes 20. Paris : Gallimard, 1987.

GROUSSET, René. *Histoire des croisades et du royaume franc de Jérusalem. I. 1095 – 1130 : l'anarchie musulmane*. Vol. 1. 3 vol. Tempus 151. Paris : Perrin, 2006.

GUIETTE, Robert. « Réflexion sur le drame liturgique ». Dans : GALLAIS, Pierre et RIOU, Yves-Jean [éd.]. *Mélanges offerts à René Crozet... à l'occasion de son soixante-dixième anniversaire*, Poitiers : Société d'études médiévales, 1966, p. 197–202.

GUILLAUME, Gérard. *La basilique de Neuvy-Saint-Sépulchre. Ancienne collégiale Saint-Jacques (XIe–XIIe siècles)*. Argenton-sur-Creuse : Gaussé, 2004.

GÜNTHER, Christian et BRÜDERN, Jutta. *Stiftskirche Gernrode*. 5. Aufl. Strasse der Romanik 404. Munich : Dt. Kunstverl., 1994.

Günther, Christian, et Jànos Stekovics. *Das Heilige Grab in der Stiftskirche Gernrode*. Halle - Zürich: Ed. Stekofoto, 1995.

GUTH, Klaus. « Die Pilgerfahrt Willibalds ins Heilige Lan (723–727/29). Analyse eines frühmittelalterlichen Reiseberichts ». Dans : *Sammelblatt des historischen Vereins Eichstätt*, n° 75 (1982), p. 13–28.

———. *Guibert von Nogent und die hochmittelalterliche Kritik an der Reliquienverehrung*. Studien und Mitteilungen zur Geschichte des Benediktinerordens und seiner Zweige / hrsg. von der Historischen Sektion der Bayerischen Benediktinerakademie. Augsburg : Winfried-Werk, 1970.

———. « Heiliglandfahrt in Frühislamischer Zeit. Willibald von Eichstädt zum Gedenken († 787) ». Dans : *Recherches de Théologie et Philosophie Médiévales* 56 (janvier 1989), p. 5–18.

GUYER, Samuel. *Grundlagen mittelalterlicher abendländischer Baukunst - Beiträge zu der vom antiken Tempel zur Kreuzförmigen Basilika des abendländischen mittelalters führenden Entwicklung*. Einsiedeln : Benziger Verlag, 1950.

HAEFELE, Hans F., REINLE, Adolf, SCHMUGGE, Ludwig et STOTZ, Peter [éd.]. *Variorum Munera Florum. Latinität als prägende Kraft mittelalterlicher Kultur*. Sigmaringen : Thorbecke, 1985.

HAGENMEYER, Heinrich. *Chronologie de la première croisade, 1094–1100*. Hildesheim : Olms, 1973.

———. *Chronologie de l'histoire du royaume de Jérusalem, règne de Baudouin I (1101–1118)*. Cleveland Ohio : Bell and Howell, 1967.

HALPHEN, Louis. *Le Comté d'Anjou au XIe siècle*. Paris : Picard, 1906.

HAMILTON, Bernard. *Crusaders, Cathars, and the holy places*. Aldershot : Ashgate, 1999.

———. « The Impact of Crusader Jerusalem on Western Christendom ». Dans : *Catholic Historical Review* 80, n° 4 (1994), p. 695–713.

———. « The Way to Rome and Jerusalem : Pilgrim Routes from France and Germany at the Time of the Crusades ». Dans : *Santiago, Roma, Jerusalén*, Xunte de Galicia.. Actas del Congreso Internacional de Estudios Jacobeos 3. Santiago de Compostela, 1999, p. 135–144.

HAMILTON, Sarah et SPICER, Andrew. *Defining the holy : sacred space in medieval and early modern Europe*. Aldershot : Ashgate, 2005.

HANSMANN, Wilfried et HOHMANN, Jürgen. *Die Gewölbe- und Wandmalereien in der Kirche zu Schwarzrheindorf: Konservierung - Restaurierung - neue Erkenntnisse*. Arbeitsheft der rheinischen Denkmalpflege 55. Worms : Wernersche, 2002.

HARDISON, Osborne Bennett. *Christian rite and Christian Drama in the Middle Ages*. Baltimore : Johns Hopkins Press, 1965.

HARLEY, J.B. et WOODWARD, David. *The History of Cartography*. *1. Cartography in Prehistoric, Ancient and Medieval Europe*. Vol. 1. Chicago : University of Chicago Press, 1987.

HARVEY, P.D.A. *The history of topographical maps : symbols, pictures and surveys*. Londres : Thames and Hudson, 1980.

HAUTECŒUR, Louis. *Mystique et architecture : symbolisme du cercle et de la coupole*. Paris : Picard, 1954.

HEALY, Patrick. *The Chronicle of Hugh of Flavigny : Reform and the Investidure Contest in the Late Eleventh Century*. Aldershot : Ashgate, 2006.

HEERS, Jacques. *La première croisade : libérer Jérusalem, 1095–1107*. Tempus 12. Paris : Perrin, 2002.

HEFELE, Karl Joseph. *Histoire des conciles d'après les documents originaux*. Paris : Letouzey et Ané, 1907.

HEISENBERG, August. *Die Grabeskirche in Jerusalem*. Leipzig : Hinrichs, 1908.

HEITZ, Carol. « Architecture et liturgie processionnelle à l'époque romane ». Dans : *Revue de l'art* 24 (1974), p. 30–47.

———. « Beata Rotunda. À propos de la rotonde occidentale de Saint-Michel de Cuxa ». Dans : GRAU, Marie [éd.]. *Études roussillonnaises offertes à Pierre Ponsich : mélanges d'archéologie, d'histoire et d'histoire de l'art du Rossillon et de la Cerdagne = Estudis rossellonesos dedicats a en Pere Ponsich*. Perpignan: Le Publicateur, 1987, p. 273–277.

———. « D'Aix-la-Chapelle à Saint-Bénigne de Dijon, rotondes mariales carolingiennes et ottoniennes ». Dans : *Les Cahiers de Saint-Michel de Cuxa*, n° XXV (1994), p. 5–11.

———. « De la liturgie carolingienne au drame liturgique médiéval: répercussions sur l'architecture religieuse du Haut Moyen Age ». Dans : *Bolletino del Centro internazionale di Studi di Architettura Andrea Palladio* XVI (1974), p. 73–92.

———. *La France pré-romane*. Paris : Errance, 1991.

———. *L'Apocalypse au Moyen âge*. Université libre de Saint-Germain-en-Laye et sa région, 1991.

———. *L'Architecture religieuse carolingienne : Les formes et leurs fonctions*. Paris : Picard, 1980.

———. *Recherches sur les rapports entre architecture et liturgie à l'époque carolingienne*. Paris : S.E.V.P.E.N., 1963.

———. « Renouveau de l'architecture, guidé par une nouvelle liturgie ». Dans : *Dossiers Archéologiques* 30 (1978), p. 24–39.

———. « Sepulcrum Domini: le sépulcre visité par les saintes Femmes (IX$^e$–XI$^e$ siècle) ». Dans : LEPELLEY, Claude, SOT, Michel et RICHÉ, Pierre [éd.]. *Haut Moyen-Age : culture, éducation et société : études offertes à Pierre Riché*. [Nanterre] La Garenne-Colombes : Editions Publidix - Editions européennes Erasme, 1990, p. 389–400.

HEITZ, Carol et BAUDRY, Jean. *La Peinture préromane et romane en Europe*. Paris : F. Beauval, 1981.

HEITZ, Carol et HÉBER-SUFFRIN, François. *Édifices monastiques et culte en Lorraine et en Bourgogne : Recueil d'études*. Nanterre : Université de Paris X, 1977.

———. *Églises de Metz dans le haut Moyen âge : Recueil d'études*. Nanterre : Cente de recherches sur l'Antiquité tardive et le haut Moyen âge, 1982.

HEITZ, Carol et ROUBIER, Jean. *Gallia praeromanica : die Kunst der merowingischen, karolingischen und frühromanischen Epoche in Frankreich*. Vienne : Schroll, 1982.

HELVÉTIUS, Anne-Marie, MATZ, Jean-Michel et BALARD, Michel. *Église et société au Moyen âge : V$^e$-XV$^e$ siècle*. Paris : Hachette supérieur, 2008.

HEN, Yitzhak et Linder, AMNON [éd.]. *De Sion exibit lex et verbum domini de Hierusalem : essays on medieval law, liturgy, and literature in honour of Amnon Linder*. Turnhout : Brepols, 2001.

HERBERT, Maryse et MOULIA, Francis. *Église souterraine Saint-Jean-Baptiste d'Aubeterre-sur-Dronne (Charente) : de la source antique au Saint-Sépulcre*. Angoulême : QWERTY Impressions, 1992.

HEYMAN, Avital. « The Represantation of the Holy Sepulchre in Auvergnat Romanesque Sculpture : a Reflection of Crusader Patrons ». Dans : BALARD, Michel [éd.]. *Autour de la Première Croisade : actes du Colloque de la Society for the Study of the Crusades and the Latin East : Clermont-Ferrand, 22–25 juin 1995*. Paris : Publications de la Sorbonne, 1996, p. 633–642.

HIDRIO, Guylène. « À propos de l'église de Rieux-Minvervois. Marie et les septs colonnes de la Sagesse dans l'iconographie du XII$^e$ siècle ». Dans : *Les Cahiers de Saint-Michel de Cuxa*, n° XXV (1994), p. 87–97.

HISCOCK, Nigel [éd.]. *The white mantle of churches : architecture, liturgy, and art around the millennium*. Turnhout : Brepols, 2003.

HODY, Alexis. *Description des Tombeaux de Godefroid de Bouillon et des Rois Latins de Jérusalem, Jadis Existant dans L'église du Saint-Sépulcre ou de la Résurrection*. Bruxelles, 1855.

HOUSLEY, Norman. *Knighthoods of Christ : essays on the history of the Crusades and the Knights Templar, presented to Malcolm Barber*. Aldershot : Ashgate, 2007.

HUBERT, Jean. « L'église Saint-Michel-de-Cuxa et l'occidentation des églises au Moyen Âge ». Dans : *The Journal of the Society of Architectural Historians* 21, n° 4 (1962), p. 163–170.

———. « Le Saint-Sépulcre de Neuvy et les pèlerinages de Terre Sainte au XI$^e$ siècle ». Dans : *Bulletin monumental* 90 (1931), p. 91–100.

HUBERT, Jean, PORCHER, Jean et VOLBACH, Wolfgang Fritz. *L'Empire carolingien*. L'Univers des formes 13. Paris: Gallimard, 1968.

HUMMEL, Thomas, HINTLIAN, Kevork et CARMESUND, Ulf. *Patterns of the past, prospects for the future : the Christian heritage in the holy land*. Londres : Melisende, 1999.

HUNYADI, Zsolt et LASZLOVSZKY, Jòzsef [éd.]. *The crusades and the military orders. Expanding the frontiers of Medieval Latin Christianity*. Department of Medieval Studies, Central European University. Budapest : Képìrò Ltd., 2001.

INEICHEN-EDER, Christine. « Künstlerische und literarische Tätigkeit des Candidus-Brun von Fulda ». Dans : *Fulader Geschichtblätter* 56 (1980), p. 201–217.

IOGNA-PRAT, Dominique. *La maison Dieu : une histoire monumentale de l'Église au Moyen-Âge (v. 800 –v. 1200)*. L'univers historique. Paris : Seuil, 2006.

———. « Le lieu de culte dans l'Occident medieval entre saintete et sacralite (IX$^e$– XIII$^e$ siecles) ». Dans : *Revue de l'histoire des religions*. 222, n° 4 (2005), p. 463–480.

———. « Lieux de Culte et Exégèse à L'époque Carolingienne ». Dans : CHAZELLE, Celia et BURTON, Edwards [éd.]. *The Study of the Bible in the Carolingian Era*. Turnhout : Brepols, 2003, p. 215–244.

IOGNA-PRAT, Dominique. *Ordonner et exclure : Cluny et la société chrétienne face à l'hérésie, au judaïsme et à l'islam, 1000–1150*. Collection historique. Paris : Aubier, 1998.

IOGNA-PRAT, Dominique, JEUDY, Colette et LOBRICHON, Guy [éd.]. *L'école carolingienne d'Auxerre : de Murethach à Rémi, 830–908 : entretiens d'Auxerre 1989*. L'Histoire dans l'actualite. Paris : Beauchesne, 1991.

IOGNA-PRAT, Dominique et PICARD, Jean-Charles [éd.]. *Religion et culture autour de l'an mil : royaume capétien et Lotharingie : actes du colloque Hugues Capet 987–1987, la France de l'an mil, Auxerre, 26 et 27 juin 1987, Metz, 11 et 12 septembre 1987*. Paris : Picard, 1990.

Istituto della Enciclopedia italiana. *Enciclopedia dell'arte medievale*. Roma : Istituto della Enciclopedia italiana, 1991.

JACOBSEN, Werner. « Die Stiftskirche von Gernrode und ihre liturgische Ausstattung ». Dans : GERCHOW, Jan et SCHILP, Thomas [éd.]. *Essen und die sächsischen Frauenstifte im Frühmittelalter*. 1. Aufl. Essen : Klartext-Verlag, 2003, p. 219–246.

JACOBSEN, Werner, KOSCH, Clemens et ERDMANN, Wolfgang. « Neue Untersuchungen an der Stiftskirche zu Gernrode ». Dans : *Winterfeld, Dethard von : Meisterwerke mittelalterlicher Architektur*, s. d., p. 120–160.

JANERAS, Sebatià. *Le vendredi saint dans la tradition liturgique byzantine. Structure et histoire de ses offices*. Vol. 99. Rome : Pontificio ateneos anselmo, 1988.

JANNET-VALLAT, Monique et SAPIN, Christian [éd.]. *Guillaume de Volpiano et l'architecture des rotondes*. Dijon : Ed. de l'Université de Dijon, 1996.

JASPERT, Nikolas. *Die Kreuzzüge*. Darmstadt : Wissenschaftliche Buchgesellschaft, 2004.

———. « Die Ritterorden und der Orden vom Heiligen Grab auf der Iberischen Halbinsel ». Dans : ELM, Kaspar et FONSECA, Cosimo-Damiano [éd.]. *Militia Sancti Sepulcri : idea e istituzioni*. Atti del colloquio internazionale tenuto presso la Pontificia Università del Laterano, 10 –12 aprile 1996. Acta et Monumenta. Cité du Vatican : Commissio Scientifica pro Historia Ordinis, 1998, p. 381– 410.

JEANNIN, Emmanuelle. *Abbaye de Saint-Savin-sur-Gartempe*. Monuments et histoires. Moisenay : Editions Gaud, 2001.

JEANROY, Alfred. *Le Théâtre Religieux En France Du XI$^e$ Au XIII$^e$ Siècles*. Paris : E. de Boccard, 1924.

JEFFERY, George. *A Brief Description of the Holy Sepulchre Jerusalem and Other Christian Churches in the Holy City: With Some Account of the Mediaeval Copies of the Holy Sepulchre Surviving in Europe*. Cambridge :Cambridge University Press, 2010.

JEZLER, Peter. « Gab es in Konstanz ein ottonisches Osterspiel? ». Dans : *Variorvm mvnera florvm*, 1985, p. 91–128.

JOIN-LAMBERT, Michel. « Anastasis et Saint-Sépulcre ». Dans : *Bible et Terre Sainte*, n° 140 (avril 1972).

JORANSON, Eric. « The Great German Pilgrimage of 1064-1065 ». Dans : PAETOW, Louis John. *The Crusades and Other Historical Essays: presented to Dana. C. Munro by his former students*. Freeport N.Y. : Books for Libraries Press, 1968, p. 3–43.

JÜSTEN, Margrit, BINDING, Günther et MECHMANN, Ute. *Romanischer Baubetrieb in zeitgenössischen Darstellungen*. Cologne : Kunsthistorisches Institut der Universität Köln, 1972.

KAESTLI, Jean-Daniel, et MARGUERAT, Daniel [éd.]. *Le mystère apocryphe : introduction à une littérature méconnue*. Genève : Labor et Fides, 2007.

KAPPLER, Anke, PIEPER, Jan et NAUJOKAT, Anke. *Jerusalemskirchen : mittelalterliche Kleinarchitekturen nach dem Modell des Heiligen Grabes : Katalog zur Ausstellung*. 1. Aufl. Wissenschaftliche Schriften an der Fakultät für Architektur der RWTH Aachen 3. Aix-la-Chapelle : FdR, 2003.

KARSALLAH, Elsa. *Les Mises au tombeau monumentales du Christ en France (XV$^e$–XVI$^e$ siècles) : enjeux iconographique, funéraire et dévotionnel*. Thèse de Doctorat, Sorbonne - Paris IV - Histoire de l'art (Moyen Age), 2009.

KARTSONIS, Anna. *Anastasis : the making of an image*. Princeton : Princeton University Press, 1986.

KEDAR, Benjamin Z. [éd.]. *The Horns of Hattin : proceedings of the 2nd Conference of the Society for the study of the Crusades and the Latin East, Jerusalem and Haifa, 2–6 July, 1987*. Jérusalem : Yad Izhak Ben-Zvi Israel Exploration Society, 1992.

KENAAN-KEDAR, Nurith. « A neglected series of Crusader Sculpture : the 96 corbels of the church of the Holy Sepulchre ». Dans : *IEJ*, n° 42 (1992), p. 130–144.

———. « Les deux linteaux de l'église du Saint-Sépulcre ». In *Les croisades : l'Orient et l'Occident d'Urbain II à Saint Louis, 1096–1270*, édité par Monique Rey-Delqué, 286–90. Milan : Electa, 1997.

———. « Symbolic Meaning in Crusader Architecture ». Dans : *Cahiers Archéologiques* XXXIV (1986), p. 109–117.

———. « The Figurative Western Lintel of the Church of the Holy Sepulchre in Jerusalem ». Dans : GOSS, Vladimir P. et VERZÀR BORNSTEIN, Christine [éd.]. *The meeting of two worlds*. Kalamazoo: Medieval Institute Publications, 1986, p. 123–132.

KENDALL, Calvin. *The Allegory of the Church : Romanesque Portals and their Verse Inscriptions*. Toronto – Buffalo : University of Toronto Press, 1998.

KERSCHER, Gottfried [éd.]. *Hagiographie und Kunst : der Heiligenkult in Schrift, Bild und Architektur*. Berlin : D. Reimer, 1993.

KHATCHATRIAN, A. *Les baptistères paléochrétiens : plans, notices et bibliographie*. Collection chrétienne et byzantine. Paris : Impr. nationale, 1962.

KINZLER, Catherine. « La copie et l'original ». Dans : *DEMéter*, décembre 2003, p. 1–14.

KLEENER, J. « La croisade, le monde juif et les royaumes latin de Jérusalem ». Dans : *Le temps des croisades. Exposition présentée dans l'église Saint-Mengold à Huy (Belgique) du 15 juin au 29 septembre 1996*, 45–55. Bruxelles : Crédit Communal, 1996.

KLEINBAUER, W. Eugene. « Charlemagne's Palace Chapel at Aachen and Its Copies ». Dans : *Gesta* 4 (1965), p. 2–11.

KLEINCLAUSZ, Arthur. « La légende du Protectorat de Charlemagne sur la Terre Sainte ». Dans : *Syria* 7, n° 3 (1926), p. 211–233.

KLEIN, Peter K. [éd.]. *Der mittelalterliche Kreuzgang*. Regensburg : Schnell Steiner, 2004.

KLINE, Carol. *The emergence of an architectural pattern for the baptistery : The Holy Sepulchre as its prototype*. Temple University, 1993.

KOHLSCHEIN, Franz, et Peter Wünsche [éd.]. *Heiliger Raum : Architektur, Kunst und Liturgie im mittelalterlichen Kathedralen und Stiftskirchen*. Vol. 82. Liturgiewissenschaftliche Quellen und Forschungen. Münster : Aschendorff, 1998.

KOLDAU, Linda Maria. *Frauen-Musik-Kultur : ein Handbuch zum deutschen Sprachgebiet der Frühen Neuzeit*. Cologne-Weimar : Böhlau Verlag, 2005.

KÖNIGS, Karl. *St. Maria und St. Clemens Schwarzrheindorf : ein Kirchenführer*. Schwarzrheindorf : Kath. Pfarrgemeinde, 2000.

KONRAD, Robert. « Das himmlische und das irdische Jerusalem im mittelalterlichen Denken ». Dans : BAUER, Clemens. *Speculum historiale. Geschichte im Spiegel von Geschichtsschreibung und Geschichtsdeutung*. Freiburg ; München: Alber, 1965, p. 523–540.

KOSCH, Clemens. *Paderborns mittelalterliche Kirchen*. Große Kunstführer : Monographien über Kunstwerke, Städte und Landschaften. Regensburg : Schnell & Steiner, 2006.

———. *Paderborns mittelalterliche Kirchen Architektur und Liturgie um 1300*. 1. Aufl. Regensburg : Schnell und Steiner, 2006.

KOSTICK, Conor [éd.] *The Crusades and the Near East: Cultural Histories*. New York – Oxon : Routledge, 2010.

KÖTTING, Bernhard. « Gregor von Nyssas Wallfahrtskritik ». Dans : *Studia Patristica*, n° 5 (1962), p. 360–367.

KÖTZSCHE, Dietrich, KÜFFNER, Hatto, MÖRSCHE, Georg et BRAUNFELS, Wolfgang [éd.] *Charlemagne : oeuvre, rayonnement et survivances : catalogue*. Aix-la-Chapelle, 1965.

KÖTZSCHE, Dietrich, LAMBACHER, Lothar et Kunstgewerbemuseum (Staatliche Museen zu Berlin) [éd.]. *Höhepunkte romanischer Schatzkunst : die Kuppelreliquiare in London und Berlin und ihr Umkreis*. Berlin : Staatliche Museen zu Berlin Preussischer Kulturbesitz, 2006.

KÖTZSCHE, Liselotte. « Zwei Jerusalemer Pilgerampullen aus der Kreuzfahrerzeit ». Dans : *Zeitschrift für Kunstgeschichte* 51, n° 1 (1 janvier 1988), p. 13–32.

———. « Das heilige Grab in Jerusalem und seine Nachfolger ». Dans : *Münster* 20, s. d. p. 272–290.

KOTZUR, Hans-Jürgen, KLEIN, Brigitte, et WILHELMY, Winfried [éd.]. *Die Kreuzzüge : kein Krieg ist heilig.* 2 vol. Mayence : von Zabern, 2004.

KOWALSKI, Thomas. *Les témoins de la résurrection de Jésus, du tombeau vide à l'ascension.* Saint-Maur : Parole et Silence, 2002.

KRAUSE, Hans-Joachim et Voss, Gothard. *Das Heilige Grab in Gernrode : Bestandsdokumentation und Bestandsforschung.* 3 vol. Berlin : Deutsche Verlag für Kunstwissenschaft, 2007.

KRAUTHEIMER, Richard. *Early Christian and byzantine architecture.* 4th ed. /. New Haven – Londres : Yale University Press, 1986.

———. « Introduction to an "Iconography of Mediaeval Architecture" ». Dans : *Journal of the Warburg and Courtauld Institutes* 5 (1942), p. 1–33.

———. « Sancta Maria Rotunda ». Dans : ARSLAN, Edoardo. *Arte del primo millenio : atti del 2. Convegno per lo Studio dell'Arte dell'Alto Medio Evo tenuto presso l'Università di Pavia nel Settembre 1950.* Turin : Viglongo, 1950, p.21–27.

——— [éd.]. *Studies in early Christian, Medieval, and Renaissance art.* New York : New York University Press, 1969.

———. « The Carolingian Revival of Early Christian Architecture ». Dans : KRAUTHEIMER, Richard. *Studies in early Christian, Medieval, and Renaissance art.* New York : New York University Press, 1969, p. 203–256.

———. « The Constantinian Basilica ». Dans : *Dumbarton Oaks Papers* 21 (1967), p. 115–140.

KROESEN, Justin. « Heiliges Grab und Tabernakel. Ihr Zusammenhang im mittelalterlichen Kirchenraum ». Dans : *Das Münster* 53, n° 4 (2000), p. 290–300.

———. *The Sepulchrum Domini Through the Ages: Its Form and Function*. Leuven : Peeters Publishers, 2000.

KRÜGER, Jürgen. « Die Grabeskirche in Jerusalem und ihre Nachbauten im 11. und 12. Jahrhundert ». Dans : STIEGEMANN, Christoph. *Canossa 1077 - Erschütterung der Welt Geschichte, Kunst und Kultur am Aufgang der Romanik auf dem Weg nach Canossa Ausstellung in Paderborn, 21.7. bis 5.11.2006*. Paderborn : Ausstellunges. Paderborn, 2006, p. 498–511.

KRÜGER, Jürgen., Dinu. Mendrea, et Garo. Nalbandian. *Die Grabeskirche zu Jerusalem : Geschichte, Gestalt, Bedeutung*. Regensburg : Schnell + Steiner, 2000.

KÜHNEL, Bianca. *Crusader art of the twelfth century: a geographical, an historical, or an art historical notion?* Berlin : Gebr. Mann, 1994.

———. *From the earthly to the heavenly Jerusalem*. Römische Quartalschrift für christliche Altertumskunde und Kirchengeschichte. Supplementheft. Rome : Herder, 1987.

———. « Geography and Geometry of Jerusalem ». Dans : ROSOVSKY, Nitza. *City of the great king : Jerusalem from David to the present*. Cambridge : Harvard University Press, 1996, p. 288–332.

———. « Jewish symbolism of the Temple and the Tabernacle and Christian symbolism of the Holy Sepulchre and the Heavenly Tabernacle. » Dans : *Jewish Art* 12–13 (1987 1986):, p.146–68.

———. « Likeness and vision : Loca Sancta tradition and Apocalyptic inspiration in Christian medieval imagery. » Dans : *Israel Museum Journal*, n° 5 (1986), p. 57–66.

———. « Loca sancta and the Representational Arts": A Reconsideration ». In *L'idea di Gerusalemme nella Spiritualità Cristiana del Medioevo*, édité par Walter Brandmüller, 77–87. Cité du Vatican : Libreria editrice vaticana, 2003.

———. *The end of time in the order of things : science and eschatology in early medieval art*. Regensburg : Schnell & Steiner, 2003.

——— [éd.]. *The Real and Ideal Jerusalem in Jewish, Christian and Islamic Art. Studies in Honor of Bezalel Narkiss on the Occasion of his Seventhieth Birthday*. Journal of Jewish art 23-24. Jérusalem : Center for Jewish Art of the Hebrew University, 1998.

―――― [éd.]. *The Real and Ideal Jerusalem in Jewish, Christian, and Islamic Art: Studies in Honor of Bezalel Narkiss on the Occasion of His Seventieth Birthday*. Jérusalem : Center for Jewish Art, Hebrew University of Jerusalem, 1998.

KÜHNEL, Bianca et REICH, Mira. « Crusader Sculpture at the Ascension Church on the Mount of Olives in Jerusalem ». Dans : *Gesta* 16, n° 2 (1977), p. 41–50.

KURMANN, Peter. « Das Heilige Grab in Konstanz, Gestalt und Funktion ». Dans : *Tagung der Dombaumeister, Münsterbaumeister, Hüttenmeister. Dokumentation 10.–14. Sept. 1985 in Konstanz*. Konstanz : Staatliches Hochbau- und Universitätsbauamt, 1985, p. 71–79

LABANDE, Edmond-René. « Ad limina, le pèlerin médiéval au terme de sa démarche ». Dans : GALLAIS, Pierre et RIOU, Yves-Jean. *Mélanges offerts à René Crozet... à l'occasion de son soixante-dizième anniversaire*. Poitiers : Société d'études médiévales, 1966, p. 283–291.

――――. « Recherches sur les pèlerins dans l'Europe des XIe et XIIe siècles ». Dans : *Cahiers de Civilisation Médiévale*, n° 2 (juin 1958), p. 159–169.

――――. « Recherches sur les pèlerins dans l'Europe des XIe et XIIe siècles ». Dans : *Cahiers de Civilisation Médiévale*, n° 3 (septembre 1958), p. 339–347.

LACOSTE, Jean-Yves [éd.]. *Dictionnaire critique de théologie*. Quadrige. Paris : PUF, 2007.

LACROIX, Benoît. « Deus le volt ! La théologie d'un cri ». Dans : *Études de civilisation médiévale (IXe–XIIe siècles) : mélanges offerts à Edmond-René Labande...,*. Poitiers : C.E.S.C.M., 1974, p 461–470

LAFFITTE, Marie-Pierre et DENOËL, Charlotte [éd.]. *Trésors carolingiens : livres manuscrits de Charlemagne à Charles le Chauve : [catalogue de l'exposition présentée à la Bibliothèque nationale de France site Richelieu, 20 mars – 24 juin 2007]*. Paris : Bibliothèque nationale de France, 2007.

LAMBERT, Élie. *L'architecture des templiers*. Paris : Picard, 1955.

LAMPL, Paul. « Schemes of Architectural Representation in Early Medieval Art ». Dans : *Marsyas. Studies in the History of Art* IX (1961), p. 6–13.

LANDES, Richard. *Relics, apocalypse, and the deceits of history : Ademar of Chabannes, 989–1034*. Cambridge : Harvard University Press, 1995.

LANDRY, Jean-Marie. *Godefroi De Bouillon, Avoué Du Saint-Sépulcre, Ou, La Première Croisade*. [s.l.] : [s.n.], 1971.

*La prière au moyen âge*. Senefiance 10. Aix-en-Provence : Publ. du CUERMA, 1981.

LA QUERIÈRE, E. *Notice Sur L'ancienne Église Collégiale Du Saint-Sépulcre De Rouen Dite La Chapelle Saint-Georges*. Rouen : H. Boissel, 1861.

LAUBE-ROSENPFLANZER, Annett et ROSENPFLANZER, Lutz [éd.]. *Kirchen, Klöster, Königshöfe : vorromanische Architektur zwischen Weser und Elbe*. Halle : Mitteldeutscher Verlag, 2007.

LAURIOUX, Bruno, LE JAN, Régine, LE MENÉ, Michel et BALARD, Michel [éd.]. *Dictionnaire de la France médiévale*. Les dictionnaires historiques. Paris : Hachette, 2003.

LEBEAU, Bryan, et MOR, Menahem [éd.] *Pilgrims & travellers to the Holy Land*. Omaha Neb : Creighton University Press, 1996.

LEBECQ, Stéphane. *Les origines franques : $V^e$–$IX^e$ siècle*. Nouvelle histoire de la France médiévale 1. Paris : Seuil, 1990.

LECLERC, André (chanoine). « Pouillé historique du diocèse de Limoges. Manuscrit de l'abbé J. Nadaud (1775) ». Dans : *Bulletin de la Société Archéolgoqie et Historique du Limousin* LIII (1903).

*Le concile de Clermont de 1095 et l'appel à la croisade*. Collection de l'Ecole Française de Rome 236. Rome : Publications de l'École Française de Rome, 1997.

LECOQ, Danielle. « La "mappemonde" du De Arca noe mystica de hugues de Saint-Victoire (1128–1129) ». Dans : PELLETIER, Monique. *Géographie du monde au Moyen Âge et à la Renaissance*. Mémoire de la Section de géographie 15. Paris : Éditions du C.T.H.S., 1979, p. 9–31.

*Le culte des saints à l'époque préromane et romane : actes des $XXX^e$ Journées romanes de Cuixà, 7–16 juillet 1997*. Les Cahiers de Saint-Michel de Cuxa 29\*. Codalet : Association Culturelle de Cuxa, 1998.

LEDAIN, Bélisaire. *Histoire de la ville de Parthenay. De ses anciens seigneurs et de la Gatine du Poitou depuis les temps les plus reculés jusqu'à la révolution*. Paris : A. Durand, 1858.

———. *La Gatine historique et monumentale*. Paris : J. de Claye, 1876.

LEDUC, Dom Placide. *Histoire de l'abbaye de Sainte-Croix de Quimperlé*. Quimperlé : R.F. Le Menn - T. Clairet, 1863.

LEGNER, Anton [éd.]. *Ornamenta ecclesiae. Kunst und Künstler der Romanik. Katalog zur Ausstellung des Schmütgen-Museums in der Josef-Haubrich-Kunsthalle*. 3 vol. Cologne : A. Legner, 1985.

LE GOFF, Jacques. *La civilisation de l'Occident médiéval*. Paris : Flammarion, 2008.

LEMAIRE, André. *Histoire du peuple hébreu, 4ᵉ édition*. Paris : PUF, 1995.

*Le monde d'Oliba : arts et culture en Catalogne et en Occident (1008-1046) : actes des XLes journées romanes de Cuxa, 9–16 juillet 2008*. Codalet : Association Culturelle de Cuxa, 2009.

LEPELLEY, Claude, SOT, Michel et RICHÉ, Pierre [éd.]. *Haut Moyen-Age : culture, éducation et société : études offertes à Pierre Riché*. La Garenne-Colombes : Editions Publidix - Editions européennes Erasme, 1990.

*Le rayonnement spirituel et culturel de l'abbaye de Saint-Gall*. Nanterre : Université de Paris X-Nanterre, 2000.

*Le Saint-Sépulcre l'apport de l'histoire et de l'archéologie*. Le monde de la Bible 33. Paris : Bayard Presse, 1984.

*Les pèlerinages à travers l'art et la société à l'époque préromane et romane : actes des XXXIIᵉ journées romanes de Cuxa, 8–15 juillet 1999*. Les Cahiers de Saint-Michel de Cuxa 31. Codalet : Association Culturelle de Cuxa, 2000.

*Le Temps des croisades. Exposition présentée dans l'église Saint-Mengold à Huy (Belgique) du 15 juin au 29 septembre 1996*. Bruxelles : Crédit communal, 1996.

LEVINE, Lee [éd.]. *Jerusalem : its sanctity and centrality to Judaism, Christianity, and Islam*. New York : Continuum, 1999.

LEVY-RUBIN, Milka. « The Crusader Maps of Jerusalem ». Dans : ROZENBERG, Silvia. *Knights of the Holy Land : the Crusader Kingdom of Jerusalem*. Jérusalem : Israel Museum, 1999, p. 230–237.

———. « The rediscovery of the Uppsala map of Crusader Jerusalem ». Dans : *Zeitschrift des Deutschen Palästina-Vereins* 111, n° 2 (1995), p. 162–167.

LEWIS, Bernard [éd.]. *Historians of the Middle East*. Londres : Oxford Univ. Press, 1962.

LIBERA, Alain (de). *La philosophie au Moyen Âge*. Paris : PUF, 2004.

LINDER, Amnon. « The liturgy of the liberation Jerusalem ». Dans : MARTINI, Carlo-Maria. *Verso Gerusalemme*. Milan : Feltrinelli, 2002.

LIPPHARDT, Walter. « Die Visitatio sepulchri (III. Stufe) von Gernrode ». Dans : *Daphnis: Zeitschrift für mittlere deutsche Literatur* Bd. 1, n° 1 (1972), p. 1–14.

*Liturgie, arts et architecture à l'époque romane : actes des XXXV<sup>e</sup> Journées romanes de Cuxa, 5–12 juillet 2002*. Les cahiers de Saint-Michel de Cuxa 34. Codalet : Association Culturelle de Cuxa, 2003.

LOBRICHON, Guy. *La Bible au Moyen Age*. Les médiévistes francais. Paris : Picard, 2003.

LUBAC, Henri de. *Corpus mysticum : l'eucharistie et l'église au Moyen Âge : étude historique*. Paris : Cerf, 2009.

———. *Exégèse médiévale : les quatre sens de l'Ecriture*. Paris : Aubier-Ed. Montaigne, 1959.

———. *Histoire et Esprit : l'intelligence de l'Ecriture d'après Origène*. Paris : Cerf, 2002.

LUCAS, Charles. *Les Églises Circulaires d'Angleterre: Précédé De Notes Sur Les Temples Ronds De La Grèce Et De l'Italie Et Sur l'Église Du Saint-Sépulcre De Jérusalem Et Suivi Des Églises*. 2. éd rev. et augm. Paris : Ducher, 1882.

MACGINN, Bernard. *Visions of the end apocalyptic traditions in the Middle Ages*. New York : Columbia University Press, 1979.

MACPHERSON, J.R. « The Church of the Resurrection, or of the Holy Sepulchre ». Dans : *English Historical Review* 7, n° 27 (1892), p. 417–436.

———. « The Church of the Resurrection, or of the Holy Sepulchre. III, the Building of the Emperor Constantine Monomachus, 1008–1030 ». Dans : *English Historical Review* 7, n° 28 (1892), p. 669–684.

MACY, Gary. « The Dogma of Tansubstantiation in the Middle Ages ». Dans : *Journal of Ecclesiastical History* 45, n° 1 (1994), p. 11–41.

———. *The theologies of the Eucharist in the early scholastic period : a study of the salvific function of the sacrament according to the theologians, 1080–1220*. Oxford : Clarendon Press, 1984.

MAître, Christelle. *Le Sépulcre De Chaumont*. Chaumont : Le Pythagore Editions, 1997.

MALLAY, Armand G. *Essai sur les églises romanes et romano-byzantines du departement du Puy-de-Dome*. Moulins : P.-A. Desrosiers, 1841.

MALLE, Louis. *Les sources du baptême : Découvrir les baptistères et les fonts baptismaux*. Paris : Les Ed. de l'Atelier, 1994.

MALONE, Carolyn. *Saint-Bénigne de Dijon en l'an mil, totius Galliae basilicis mirabilior : interpretation politique, liturgique et theologique*. Turnhout : Brepols, 2009.

———. *Saint-Bénigne et sa rotonde : archéologie d'une église bourguignonne de l'an mil*. Dijon : Éditions universitaires de Dijon, 2008.

———. « The Rotunda of Sancta Maria in Dijon as "Ostwerk" ». Dans : *Speculum* 75, n° 2 (2000), p 285–317.

MANDALA, Giuseppe. « Roma e il labirinto nella tradizione arabo-islamica ». Dans : *MEFRM* 121, n° 1 (2009), p. 219–238.

MARAVAL, Pierre. « Les catéchèses baptismales (et mystagogiques) de Cyrille de Jérusalem et le témoignage d'Égérie = Baptismal (and mystagogic) catecheses of Cyril of Jerusalem and the Egeria's testimony ». Dans : *Connaissance des Pères de l'Eglise*, n° 91 (2003), p. 29–35.

MARGUERAT, Daniel [éd.]. *Introduction au Nouveau Testament : son histoire, son écriture, sa théologie*. Paris : Labor et Fides, 2008.

——— [éd.]. *La Bible en récits : l'exégèse biblique à l'heure du lecteur : Colloque international d'analyse narrative des textes de la Bible, Lausanne (mars 2002)*. Paris : Labor et Fides, 2003.

Marie, l'art et la société, des origines du culte au XIII<sup>e</sup> siècle actes des XXV<sup>e</sup> Journées Romanes de Cuixà, 9–16 juillet 1993. Les Cahiers de Saint-Michel de Cuxa 25. Codalet : Association Culturelle de Cuxa, 1994.

MARIN, Louis. « Les femmes au tombeau. Essai d'analyse structurale d'un texte évangélique ». Dans : *Langages* 22 (1971), p. 39–50.

MARROU, Henri. *L'église de l'antiquité tardive (303–604)*. Paris : Seuil, 1985.

MARTINI, Carlo-Maria [éd.]. *Verso Gerusalemme*. Milano : Feltrinelli, 2002.

MASSEREAU, J.-T. *Étude géographique, historique et légendaire, avec cartes, dessins et notes à l'appui, sur Neuvy-Saint-Sépulcre (Indre)*. La Châtre : Impr. de L. Montu, 1899.

MATTHIAE, Guglielmo. *Mosaici medioevali delle chiese di Roma*. Rome : Istituto poligrafico dello Stato, Libreria dello Stato, 1967.

MAYER, Hans Eberhard. *Bistümer, Klöster und Stifte im Königreich Jerusalem*. Monumenta Germaniae historica / Monumenta Germaniae Historica. Schriften der Monumenta Germaniae historica, ISSN 0080-6951. Stuttgart : Hiersemann, 1977.

———. *Geschichte der Kreuzzüge*. Kohlhammer-Urban-Taschenbücher. Stuttgart : Kohlhammer, 2000.

———. *Idee und Wirklichkeit der Kreuzzüge*. Germering : Stahlmann, 1965.

MAZOUER, Charles. « Les indications de mise en scène dans les drames liturgiques de Pâques ». Dans : *Cahiers de Civilisation Médiévale*, n° 23 (1980), p. 361–368.

MENTRÉ, Mireille. « L'image de la Jérusalem céleste dans l'iconographie des XI<sup>e</sup> et XII<sup>e</sup> siècles ». Dans : POIRION, Daniel [éd.]. *Jerusalem, Rome, Constantinople : l'image et le mythe de la ville au Moyen Age : colloque du Département d'études médiévales de l'Université de Paris-Sorbonne (Paris IV)*. Paris : Presses de l'Université de Paris-Sorbonne, 1986, p. 13–31.

MÉRIMÉE, Prosper. *Notes sur des voyages présentées par P.-M. Auzat*. Paris : Hachette, 1971.

MEUWESE, Martine. « The Representations of Jerusalem on Medieval Maps and Miniatures ». Dans : *ECA*, n° 2 (2005), p. 139–148.

MICHEAU, Françoise. « Les itinéraires maritimes et continentaux des pèlerinages vers Jérusalem ». Dans : *Occident et Orient IXe - XVe siècles*. Amiens : Centre d'Archéologie et d'Histoire Médiévales des Établissements Religieux, 2000, p. 79–111.

MICHEL, Anne [éd.]. *Les églises d'époque byzantine et umayyade de Jordanie (provinces d'Arabie et de Palestine) V$^e$–VIII$^e$ siècle : typologie architecturale et aménagements liturgiques*. Turnhout : Brepols, 2001.

MICHEL-DANSAC, R. « Neuvy-Saint-Sépulchre ». Dans : *Congrès archéologique de France, Bourges* 38 (1931), p. 523–555.

MIETKE, Gabriele. *Die Bautätigkeit Bischof Meinwerks von Paderborn und die frühchristliche und byzantinische Architektur*. Paderborn : F. Schöningh, 1991.

MILLIAT, Robert. *Le Saint-Sépulcre en France : sculptures en Charente et en Poitou*. Angoulême : Editions Coquemard, 1960.

MIQUEL, André. *Images et mythes de la ville médiévale*. Rome : École francaise de Rome, 1984.

MIRABELLA ROBERTI, Mario. *Agostino e Milano. Il battesimo, Agostino nelle terre d'Ambrogio*. Milan : Augustinus, 1988.

———. « I Battisteri di sant'Ambrogio ». Dans : *Agostino a Milano : il battesimo : [atti della 2a sessione del colloquio internazionale] « Agostino nelle terre di Ambrogio », 22–24 aprile 1987*, 1988, p. 77–83.

———. *Il battistero ambrosiano di San Giovanni alle Fonti*. Milan : Veneranda Fabbrica del Duomo di Milano, 1974.

MOMMERT, Carl. « Die Grabeskirche ces Modestus nach Arkulfs Bericht ». Dans : *Deutscher Verein zur Erforschung Palästinas - Zeitschrift* 20 (1897), p. 34–53.

*Monde roman et chrétientés d'orient : Actes des XXXVIII$^e$ journées romanes de Cuxa, 5–12 juillet 2006*. Les cahiers de Saint-Michel de Cuxa 38. Codalet : Association Culturelle de Cuxa, 2007.

MONTCLOS, Jean de. *Lanfranc et Bérenger. La controverse eucharistique du XI$^e$ Siècle*. Leuven : Spicilegium sacrum Lovaniense Justus Lipsiusstr. 18, 1971.

Morey, Charles-Rufus. « Painted Panel from the Sancta Sanctorum ». Dans : *Festschrift zum Sechzigsten Geburtstag von Paul Clemen*. Bonn-Düsseldorf : Cohen, 1926, p. 150–157.

Morris, Colin. *The Sepulchre of Christ and the Medieval West : From the Beginning to 1600*. Oxford : Oxford University Press, 2005.

Mortet, Victor. *Recueil de textes relatifs à l'histoire de l'architecture et à la condition des architectes en France au moyen âge, XI$^e$–XII$^e$ siècles*. Paris : Picard, 1911.

Moulin, C. « Les églises et chapelle Sainte-Croix en France ». Dans : *Revue d'histoire de l Église de France* LXII, n° 169 (1976), p. 349–360.

Munro, Dana C. « The Speech of Pope Urbain II at Clermont, 1095 ». Dans : *American Historical Review* XI (1905), p. 231–242.

Munteanu, Voichita. « A Romanesque Copy of the Anastasis : The Chapel of St. Jean of Le Liget ». Dans : *Gesta* 16, n° 2 (1977), p. 27–40.

———. *The cycle of frescoes of the Chapel of Le Liget*. New York – Londres : Garland, 1978.

Mütherich, Florentine et Gaehde, Joachim E.. *La Peinture carolingienne*. Paris : Chêne, 1977.

Nardone, Jean-Luc. *La représentation de Jérusalem et de la Terre Sainte dans les récits de pèlerins européens au XVI$^e$ siècle*. Etudes et essais sur la Renaissance. Paris: Champion, 2007.

Nef, Annliese, Picard, Christophe et Jansen, Philippe. *La Méditerranée entre pays d'Islam et monde latin*. Regards sur l'histoire. Paris : Sedes, 2000.

Neirynck, Jacques. *Le Manuscrit Du Saint-Sépulcre*. 3$^e$ éd. Saint-Laurent – Québec : Fidès, 1995.

Neri, Damiano. *Il Santo Sepolcro riprodotto in Occidente*. Quaderni de la Terra Santa. Jérusalem : Franciscan Print. Press, 1971.

NEU, Heinrich, HELFMEYER, Franz-Josef [éd.]. *825 Jahre Doppelkirche Schwarzrheindorf, 1151–1976*. Schwarzrheindorf : Katholische Kirchengemeinde zum Heiligen Klemens, 1976.

NEUSS, Wilhelm. *Das buch Ezechiel in Theologie und Kunst bis zum Ende des XII. Jahrhunderts*. Beiträge zur Geschichte des alten mönchtums und des Benediktinerordens 01–02. Münster in Westf : Aschendorff, 1912.

NIEHOFF, Franz. « Umbilicus Mundi - Der Nabel der Welt. Jerusalem und das Heilige Grab im Spiegel von Pilgerberichten und -karten, Kreuzzüge und Reliquiaren ». Dans : *Ornamenta Ecclesiae - Text und Bildbegleiter durch die Ausstellung*, III:53. Cologne : Schnütgen-Museum, 1985.

NOBLE, Thomas et CONTRENI, John J. [éd.]. *Religion, Culture and Society in the Early Middle Ages – Studies in Honour of Richard E. Sullivan*. Kalamazoo : Western Michigan University, 1987.

NOTHOFF, Dirk. *Abbatiale d'Ottmarsheim*. 2. tirage. Lindenberg : Kunstverl. Fink, 2000.

NOWAK, Zenon. *Die Spiritualität der Ritterorden im Mittelalter*. Wyd. 1. Ordines Militares - Colloquia Torunensia Historica 7. Toruń : Universitas Nicolai Copernici, 1993.

OBERLINNER, Lorenz. « Die Verkündigung der Auferweckung Jesu im geöffneten und leeren Grab. Zu einem vernachlässigten Aspekt in der Diskussion um das Grab Jesu ». Dans : *Zeitschrift für die neutestamentliche Wissenschaft und die Kunde der älteren Kirche* 73 (1982), p. 159–182.

*Occident et Orient IX$^e$ – XV$^e$ siècles*. Amiens : Centre d'Archéologie et d'Histoire Médiévales des Établissements Religieux, 2000.

OGDEN, Dunbar H. *The staging of drama in the medieval church*. University of Delaware Press, 2002.

OHLER, Norbert. *Die Kathedrale*. Düsseldorf: Artemis & Winkler, 2002.

OLDONI, Massimo [éd.]. *Fra Roma e Gerusalemme nel Medioevo : paesaggi umani ed ambientali del pellegrinaggio meridionale*. Schola Salertina 11. Salerne : Laveglia, 2005.

O'LOUGHLIN, Thomas. *Adomnán and the holy places : the perceptions of an insular monk on the locations of the biblical drama*. Londres : T-&-T-Clark, 2007.

———. « The Diffusion of Adomnán's "De Locis Sanctis" in the Medieval Period ». Dans : *Ériu* 51 (2000), p. 93–106.

O'MAHONY, Anthony, GUNNER, Göran et HINTLIAN, Kevork. *The Christian heritage in the Holy Land*. Scorpion Cavendish, 1995.

OROUX, Abbé. *Histoire de la vie et du culte de saint Léonard du Limosin*. Paris : J. Barbou, 1760.

ORTIZ DE URBINA, Ignacio. *Les conciles de Nicée et de Constantinople : 324 et 381*. Traduit par Xavier ORTIZ MONASTERIO et Gervais DUMEIGE (1913–1996). (Histoire des conciles oecuméniques ; tome I). Paris : Fayard, 2006.

OUSTERHOUT, Robert. « Architecture as Relic and the Construction of Sanctity: The Stones of the Holy Sepulchre ». Dans : *The Journal of the Society of Architectural Historians* 62, n° 1 (2003), p. 4–23.

———. « Loca Sancta and the Architectural Response to Pilgrimage ». Dans : OUSTERHOUT, Robert. The Blessings of pilgrimage. Urbana : University of Illinois Press, 1990, p. 108–138.

———. « Rebuilding the Temple: Constantine Monomachus and the Holy Sepulchre ». Dans : *The Journal of the Society of Architectural Historians* 48, n° 1 (1989), p. 66–78.

———. [éd.]. *The Blessings of pilgrimage*. Urbana : University of Illinois Press, 1990.

———. « The church of Santo Stefano : a Jerusalem in Bologna ». Dans : *Gesta* 20, n° 2 (1981), p. 311–321.

———. « The Temple, the Sepulchre, and the Martyrion of the Savior ». Dans : *Gesta* 29, n° 1 (1990), p. 44–53.

PÄCHT, Otto [éd.] *Essais en l'honneur de Jean Porcher. Etudes sur les manuscrits à peintures*. Paris : PUF, 1963.

———. *L'enluminure médiévale : une introduction*. Paris : Macula, 1997.

PÄCHT, Otto, LACOSTE, Jean et DEMUS, Otto. *Questions de méthode en histoire de l'art*. Paris : Macula, 1994.

PAETOW, Louis John et CARLETON MUNRO, Dana [éd.]. *The Crusades : and other historical essays : presented to Dana C. Munro by his former students.* Freeport N.Y. : Books for Libraries Press, 1968.

PALAZZO, Eric. « Iconographie et liturgie ans les études médiévales aujourd'hui : un éclairage méthodologique ». Dans : *Cahiers de civilisation médiévale*, n° 41 (1998), p. 65–69.

———. *L'espace rituel et le sacré dans le Christianisme : la liturgie de l'autel portatif dans l'Antiquité et au Moyen Âge.* Turnhout : Brepols, 2008.

———. *Liturgie et société au Moyen Age.* Paris : Aubier Montaigne, 2000.

PALAZZO, Robert P. « The Veneration of the Sacred Foreskin(s) of Baby Jesus. A Documented Analysis ». Dans : HELFERS, James [éd.]. *Multicultural Europe and cultural exchange in the Middle Ages and Renaissance.* Turnhout : Brepols, 2005, p. 155–176.

PANOFSKY, Erwin. *La renaissance et ses avant-courriers dans l'art d'occident.* Paris : Flammarion, 1976.

PAPARELLA, Francesco D. *Imago e verbum : filosofia dell'immagine nell'alto Medioevo.* Filofie 119. Milano: Mimesis, 2011.

PARENTE, Fausto. « La conoscenza della Terra Santa come esperienza religiosa dell'Occidente cristiano dal IV secolo alle crociate », I:231–326. Settimane di Studio del Centro italiano di Studi sull'Alto Medioevo, n°29. Spolète : Centro Italiano di Studi sull'Alto Medioevo, 1983.

PARROT, André. *Golgotha et Saint-Sépulcre.* Neuchâtel : Delachaux & Niestlé, 1955.

———. « Golgotha et Saint-Sépulcre ». Dans : *Cahiers archéologiques bibliques*, n° 6 (1955), p. 42–47.

PAUL, André. *La bible.* Repères pratiques 35. Paris : Nathan, 2008.

———. *Le monde des Juifs à l'heure de Jésus : histoire politique.* Paris : Desclée de Brouwer, 1981.

PELIKAN, Jaroslav. *The Christian tradition : a history of the development of doctrine.* Chicago : University of Chicago Press, 1978.

*Pellegrinaggi e culto dei santi in Europa fino alla prima crociata*. Convegni del Centro di Studi sulla Spiritualità Medievale 4. Todi : Accad. Tudertina, 1963.

PELLETIER, Monique [éd.]. *Géographie du monde au Moyen Age et à la Renaissance*. Mémoires de la Section de géographie 15. Paris : Editions du C.T.H.S., 1989.

PÉQUIGNOT, Claire. « L'église de Villeneuve d'Aveyron : une église bâtie à l'image du Saint-Sépulcre ». Cahiers de Saint-Michel de Cuxa, no 26 (1995), p. 147–153.

———. *Les édifices à plan centre des XI$^e$ et XII$^e$ siècles dans le royaume de France*. Université de Toulouse, 2000.

———. « Vraies ou fausses imitations de l'Anastasis de Jérusalem aux XI$^e$ et XII$^e$ siècles ». Dans : Cahiers de Saint-Michel de Cuxa 31 (2000), p. 119–133.

PERONA, Matthieu. *L'abbaye royale des bénédictins de Mozat au Moyen Age (histoire, vie monastique et architecture de 533 à 1516)*. Mozac : Club historique Mozacois, 2004.

PERONI, Adriano. « Archittetura raffigurata ». Dans : *Enciclopedia dell'arte medievale*., 2:406-9. Rome : Istituto della Enciclopedia italiana, 1991.

PÉROUSE DE MONTCLOS, Jean-Marie [éd.]. *Centre Val de Loire. Le guide du Patrimoine*. Paris : Hachette - Direction du Patrimoine C.N.M.H.S., 1995.

———. *Principes d'analyse scientifique : architecture vocabulaire*. Paris : Imprimerie Nationale, 1993.

PERRAULT-DESAIX, Henri. *Recherches sur Neuvy-Saint-Sépulcre et les monuments de plan ramassé*. Paris: Ernest Leroux, 1931.

PETERS, Francis E. *Jerusalem : the holy city in the eyes of chroniclers, visitors, pilgrims, and prophets, from the days of Abraham to the beginnings of modern times*. Princeton : Princeton University Press, 1985.

———. *The distant shrine : the Islamic centuries in Jerusalem*. New York : AMS Press, 1993.

PETKOWIĆ, Wladimir. *Ein frühchristliches Elfenbeinrelief im Nationalmuseum zu München*. Halle a. S : Kaemmerer, 1905.

PETRAGLIO, Renzo, et allii. *L'Apocalypse de Jean. Traditions exégétiques et iconographiques. III<sup>e</sup>–XIII<sup>e</sup> siècles*. Genève : Librairie Droz, 1979.

PHILLIPS, Jonathan. *The first crusade : origins and impact*. Manchester - New York : Manchester University Press, 1997.

PICCIRILLO, Michele. *Chiese e mosaici di Madaba*. Jérusalem : Franciscan Print. Press, 1989.

———. « Jérusalem et la basilique du Saint-Sépulcre ». Dans : REY-DELQUÉ, Monique [éd.]. *Les croisades : l'Orient et l'Occident d'Urbain II à Saint Louis, 1096–1270*. Milan : Electa, 1997, p 233–242.

———. « Les mosaïques d'époque omeyyade des églises de la Jordanie ». Dans : *Syria* 75 (1998), p. 263–278.

———. *Madaba : le chiese e i mosaici*. Cinisello Balsamo : Ed. Paoline, 1989.

PIEPER, Jan. « Jerusalemskirchen. Mittelalterliche Kleinarchitekturen nach dem Modell des Heiligen Grabes ». Dans : *Bauwelt*, 1989, 82–101.

PIEROTTI, Piero. *Deotisalvi : l'architetto pisano del secolo d'oro*. Ospedaletto : Pacini, 2001.

PIEROTTI, Piero, TOSCO, Carlo et ZANNELLA, Caterina [éd.]. *Le rotonde del Santo Sepolcro : una itinerario europeo*. Bari : Edipuglia, 2005.

PIÉTU, Abbé A. *Neuvy-Saint-Sépulcre. Les gloires de son passé, la basilique, le cardinal Eudes, la relique du Précieux-Sang*. Bourges : Tardy-Pigelet, 1920.

PIGMAN III, G. W. « Versions of Imitation in the Renaissance ». Dans : *Renaissance Quarterly* 33, n° 1 (1980), p. 1–32.

PIVA, Paolo [éd.]. *Art médiéval : les voies de l'espace liturgique*. Paris – Milan : Picard - Jaca book, 2010.

———. « Die "Kopien" der Grabeskirche im romanischen Abendland ». Dans : CASSANELLI, Roberto [éd.]. *Die Zeit der Kreuzzüge : Geschichte und Kunst*. Stuttgart : Theiss, 2000, p. 97–117.

PIVA, Paolo et CADEI, Antonio. *L'Arte medievale nel contesto : 300–1300 : funzioni, iconografia, tecniche*. Milan : Editoriale Jaca Book, 2006.

PLAULT, Michel. *Les lanternes des morts : inventaire, histoire et liturgie*. Collection Art et Patrimoine 4. Poitiers : Brissaud, 1988.

POILPRÉ, Anne-Orange. *Maiestas Domini : une image de l'Église en Occident, Ve-IXe siècle*. Paris : Cerf, 2005.

POIRION, Daniel [éd.]. *Jérusalem, Rome, Constantinople : l'image et le mythe de la ville au Moyen Age : colloque du Département d'études médiévales de l'Université de Paris-Sorbonne (Paris IV)*. Paris : Presses de l'Université de Paris-Sorbonne, 1986.

PONTAL, Odette. *Les conciles de la France capétienne jusqu'en 1215*. Paris : I.R.H.T. (CNRS), 1995.

PORCHER, Jean. *Les manuscrits à peinture en France*. Édité par Bibliothèque nationale (France). 2e éd., revue et corrigée. Paris : Bibliothèque nationale de France, 1954.

PRATSCH, Thomas [éd.]. *Konflikt und Bewältigung : die Zerstörung der Grabeskirche zu Jerusalem im Jahre 1009*. Berlin : Walter de Gruyter, 2011.

PRAWER, Joshua, et BEN-SHAMMAI [éd.]. *The history of Jerusalem : the early Muslim period, 638–1099*. Jerusalem - New York : Yad Izhak Ben-Zvi - New York University Press, 1996.

PREUX, Auguste. *Essai sigillographique sur l'abbaye du Saint-Sépulcre de Cambrai*. Paris : Imr. de Boucquin, 1854.

PROJA, Giovanni Battista. *The Lateran Baptistry*. Vatican City : Vatican Press, 1990.

PURICELLI, Giovanni Pietro [éd.]. *Ambrosianae Mediolani Basilicae, ac Monasterii, Hodie Cisterciensis Monumentorum singularis descriptio.... - ...quo continentur Optimi quique Scriptores, qui Regions Transpandae et Alpibus Vicinae...* Milan : 1645.

PURKIS, William J. *Crusading spirituality in the Holy Land and Iberia, c.1095–c.1187*. Woodbridge : Boydell & Brewer Ltd, 2008.

QUÉNARD, Gervais. « La basilique du Saint-Sépulcre ». Dans : *Échos d'Orient* 6, n° 43 (1903), p. 354–366.

QUÉRÉ, France. *Evangiles apocryphes*. Point Sagesse 34. Paris : Seuil, 1983.

QUESNEL, Michel et GRUSON, Philippe [éd.]. *La Bible et sa culture*. Paris : Desclée de Brouwer, 2011.

RACINE, Pierre [éd.]. *Il Concilio di Piacenza e le Crociate*. Convegno internazionale di studi « Il Concilio di Piacenza e le Crociate ». Piacenza : TipLeCo, 1996.

RAHNER, Karl, et Herbert Vorgrimler [éd.]. *Petit dictionnaire de théologie catholique*. Livre de Vie. Paris : Seuil, 1995.

RANKIN, Susan K. « The Mary Magdalene Scene in the Visitation Sepulchri ceremonies ». Dans : Early Music History 1 (1981), p. 227–255.

RÉGNIER-BOHLER, Danielle. *Croisades et pelerinages : recits, chroniques et voyages en Terre Sainte, XII$^e$–XVI$^e$ siecle*. Paris : R. Laffont, 1997.

REICHEL, Suse. *Das Klaren-Antependium in Aachen*. Munich : 1976.

RENNA, Thomas. *Jerusalem in medieval thought, 400–1300*. Mediaeval studies. Lewiston, New-York : E. Mellen Press, c2002.

RENOUX, Athanase [éd.]. *Le Codex Arménien Jérusalem 121. Introduction aux origines de la liturgie hiérosolymitaine*. Patrologia Orientalis 35. Turnhout : Brepols, 1969.

———. « Un manuscrit du vieux lectionnaire arménien de Jérusalem (cod. Jérusalem 121) ». Dans : Museon LXXIV, no 3–4 (1961), p. 361–385.

RENOUX, Charles. « Le Casoc, typicon-lectionnaire : origines et évolutions ». Dans : *Revue des études arméniennes* 20 (1987 1986), p. 123–152.

REVEL, Jean-Philippe. *Traité des sacrements. I. Baptême et sacramentalité, 1. Origine et signification du baptême*. Paris : Cerf, 2004.

———. *Traité des sacrements. I. Baptême et sacramentalité, 2. Don et réception de la grâce baptismale*. Paris : Cerf, 2005.

REXIN, Gerhard et SCHRENK, Sabine [éd.]. *Akten des XII. Internationalen Kongresses fur Christliche Archäologie : Bonn, 22.–28. September 1991 : register*. Münster : Aschendorffsche Verlagsbuchhandlung, 1997.

REY-DELQUÉ, Monique [éd.]. *Les croisades : l'Orient et l'Occident d'Urbain II à Saint Louis, 1096–1270*. Milan : Electa, 1997.

RICHARD, Jean. *Croisades et états latins d'Orient*. Variorum collected studies series : CS. Aldershot : Variorum, 1992.

———. *Francs et orientaux dans le monde des croisades*. Variorum collected studies series : CS. Aldershot : Ashgate, 2003.

———. *La relation de pélerinage à Jérusalem instrument de dévotion*. Cité du Vatican : Libreria editrice vaticana, 2003.

———. « La relation de pèlerinage à Jérusalem. Instrument de dévotion ». Dans : BRANDMÜLLER, Walter [éd.]. *L'idea di Gerusalemme nella Spiritualità Cristiana del Medioevo*. Cité du Vatican : Libreria editrice vaticana, 2003, p. 20–28.

———. « Les croisades et les sources occidentales ». Dans : REY-DELQUÉ, Monique [éd.]. *Les croisades : l'Orient et l'Occident d'Urbain II à Saint Louis, 1096–1270*. Milan : Electa, 1997, p. 39–47.

———. *Les récits de voyages et de pèlerinages*. Typologie des sources du moyen âge occidental 38. Turnhout : Brepols, 1981.

———. *Les relations entre l'Orient et l'Occident au Moyen Age*. Variorum collected studies series : CS. Londres : Variorum Reprints, 1977.

———. « L'indulgence de croisade et le pèlerinage en Terre Sainte ». Dans : RACINE, Pierre [éd.]. *Il Concilio di Piacenza e le Crociate*, Convegno internazionale di studi « Il Concilio di Piacenza e le Crociate ». Piacenza : TipLeCo, 1996, p. 213–223.

———. « Urbain II, la prédication de la croisade et la définition de l'indulgence ». Dans : *Devs qvi mvtat tempora*, 1987, p. 129–135.

RICHÉ, Pierre, CAILLET, Jean-Pierre, GABORIT-CHOPIN, Danielle et PALAZZO, Eric [éd.]. *L'Europe de l'an mil*. Saint-Léger-Vauban : Zodiaque, 2001.

RICHÉ, Pierre, HEITZ, Carol et HÉBER-SUFFRIN, François. *$X^{ème}$ siècle, recherches nouvelles : contribution au Colloque Hugues Capet 987–1987, la France de l'an mil*. Paris : Le Centre, 1987.

RICHÉ, Pierre, et LOBRICHON, Guy. *Le Moyen Age et la Bible*. Paris : Beauchesne, 1984.

RILEY-SMITH, Jonathan. *The first crusaders, 1095–1131*. Londres : The Athlone Press, 1986.

———. « The Title of Godfrey of Bouillon ». Dans : *BIHR* 52 (1979), p. 83–86.

ROCHE, G. E. « Une iconologie architecturale des apocalypses du IX$^e$ au XI$^e$ siècle ». Dans : *Texte et image : actes du Colloque international de Chantilly, 13–15 octobre 1982. – Paris*. Paris : Belles-Lettres, 1984, p. 19–30.

ROCHIAS, G. *Les Chapiteaux de l'église de Saint-Nectaire. Étude iconographique*. Caen : H. Delesques, 1910.

RÖHRICHT, Reinhold. *Deutsche Pilgerreisen nach dem Heiligen Lande*. Aalen : Scientia-Verl., 1967.

———. *Die Deutschen im Heiligen Lande*. Aalen : Scientia Verl., 1968.

ROSENTHAL, Earl. « A Renaissance "Copy" of the Holy Sepulchre ». Dans : *Journal of the Society of Architectural Historians* 17, n° 1 (März 1958), p. 2–11.

ROSOVSKY, Nitza [éd.]. *City of the great king : Jerusalem from David to the present*. Cambridge : Harvard University Press, 1996.

ROUQUETTE, Jean-Maurice. *L'abbaye de Montmajour : Provence*. Paris : éditions du patrimoine, 2007.

ROY, Lucien. « Église Saint-Léonard (Haute-Vienne) : chapelle Sainte-Luce ». Dans : *Bulletin* Monumental LXXXVII (1927), p. 113–122.

ROZENBERG, Silvia. *Knights of the Holy Land : the Crusader Kingdom of Jerusalem*. Jérusalem : Israel Museum, 1999.

ROZIÈRE, Eugène, et Church of the Holy Sepulchre (Jerusalem). *Cartulaire De L'église Du Saint Sépulcre De Jérusalem Publié D'après Les Manuscrits Du Vatican*. Paris : Imprimerie Nationale, 1849.

ROZIERE, Eugene [éd.]. *Cartulaire de l'eglise du Saint-Sepulcre de Jerusalem : Texte et appendice*. Paris : Imprimerie Nationale, 1849.

RUBIN, Rehav. *Image and Reality : Jerusalem in Maps and Views*. Jérusalem : The Hebrew University Magness Press, 1999.

RUCHAUD, Elisabeth. « L'architecture dans le Psautier d'Utrecht ». Mémoire de maîtrise, Institut Catholique de Paris, 2004.

*Saint-Léonard-de-Noblat : histoire et visite de la ville et de la collégiale*. Saint-Léonard : Connaissance et sauvegarde de Saint-Léonard, 1990.

*Saint-Leonard-de-Noblat : un culte, une ville, un canton*. Cahiers de l'inventaire 13. Paris : Inventaire général SPADEM, 1988.

SALIES, Alexandre. *Histoire De Foulques-Nerra Comte d'Anjou D'après Les Chartes Contemporaines Et Les Anciennes Chroniques Suivie De L'office Du Saint-Sepulcre De L'abbaye De Beaulieu*. Paris: Dumoulin, 1874.

SALVARANI, Renata. *La fortuna del Santo Sepolcro nel Medioevo*. 1. ed. italiana. Milan : Jaca book, 2008.

SANCHEZ, Jean-Michel, et François-Xavier Emery. *Reliques et reliquaires : Jérusalem, Rome, Compostelle et la Provence*. Méolans-Revel : Editions grégoriennes, 2009.

SANDOLI (De), Sabino. *Corpus inscriptionum crucesignatorum Terrae Sanctae (1099–1291)*. Jérusalem : Pubblicazioni dello studium Biblicum Franciscanum, 21, 1974.

SAPIN, Christian. *La Bourgogne préromane : construction, décor et fonction des édifices religieux*. Paris : Picard, 1986.

SAUER, Joseph. *Symbolik des Kirchengebäudes und seiner Ausstattung in der Auffassung des Mittelalters : Nachträge zur 2. Auflage*. Fribourg : Herder, 1924.

SAVOYAT, Joseph. *Saint-Chef, visite de l'abbaye et de la cité médiévale*. Saint-Chef : Mairie de Saint-Chef, 1992.

SAXER, Victor. *Les rites de l'initiation chrétienne du IIe au VIe siècle : esquisse historique et signification d'après leurs principaux témoins*. Spoleto : Centro Italiano di Studi sull'Alto Medioevo, 1988.

SAXON, Elizabeth. *The Eucharist in Romanesque France : iconography and theology*. Woodbridge : Boydell Press, 2006.

SCHEINGORN, Pamela. « The Sepulchrum Domini, a Study in Art and Liturgy ». Dans : *Studies in Iconography* 4 (1978), p. 37–60.

SCHEIN, Sylvia. « Between Mount Moriah and the Holy Sepulcchre : the Changing Traditions of the Temple Mount in the Central Middle Ages ». Dans : Traditio, no 40 (1984), p. 175–195.

———. *Gateway to the heavenly city : crusader Jerusalem and the Catholic West (1099–1187)*. Aldershot : Ashgate, 2005.

———. « Jérusalem, objectif originel de la Première Croisade ? » Dans : BALARD, Michel [éd.]. *Autour de la Première Croisade : actes du Colloque de la Society for the Study of the Crusades and the Latin East : Clermont-Ferrand, 22–25 juin 1995*. Paris : Publications de la Sorbonne, 1996, p. 119–126.

SCHILLER, Gertrud, et SELIGMAN, Janet. *Iconography of Christian Art. The Passion of Jesus Christ*. Iconography of Christian Art 2. Londres : Lund Humphries, 1972.

SCHLATTER, Fredric W. « Interpreting the Mosaic of Santa Pudenziana ». Dans : *Vigiliae Christianae* 46, no 3 (1992), p. 276–295.

SCHMALTZ, Karl. *Mater ecclesiarum, die Grabeskirche in Jerusalem : Studien zur Geschichte der kirchlichen Baukunst und Ikonographie in Antike und Mittelalter*. Zur Kunstgeschichte des Auslandes, Heft 120. Strasbourg : J.H.E. Heitz, 1918.

SCHMITT, Jean-Claude. *Le corps des images : essais sur la culture visuelle au Moyen Age*. Le temps des images. Paris : Gallimard, 2002.

SCHMITT, Jean-Claude, et BASCHET, Jérôme. *L'image : fonctions et usages des images dans l'Occident medieval*. Cahiers du Léopard d'or 5. Paris : Le Leopard d'or, 1996.

SCHNEIDER, Sylvia A. *St. Ambrose and the Architecture of the Churches of Northern Italy : Ecclesiastical Architecture as a Function of Liturgy*. ProQuest, 2008.

SCHULZE, Hans Kurt. *Das Stift Gernrode*. Mitteldeutsche Forschungen , ISSN 0544-5957. Cologne : Böhlau, 1965.

SCHWARZWEBER, Annemarie. *Das heilige Grab in der deutschen Bildnerei des Mittelalters*. Freiburg in Brigsau : Albert, 1940.

SCHWERING-ILLERT, Gisela. *Die Ehemalige französische Abteikirche Saint-Sauveur in Charroux (Vienne) im 11 und 12. Jh. Ein Vorschlag zur Rekonstruktion und Deutung der romanischen Bauteile*. Düsseldorf : Zentral. Verlag für Dissertationen Triltsch Düsseldorf, 1963.

———. *L'ancienne église abbatiale Saint-Sauveur de Charroux [Vienne]. Sa reconstruction et son importance dans l'histoire de l'art*. Cologne : Selbstverlag, 1991.

SEDLMAYR, Hans. *Architektur als abbildende Kunst*. Vienne : R. M. Rohrer (Druck von A. Holzhausens Nfg.), 1948.

SEPIÈRE, Marie-Christine. *L'image d'un Dieu souffrant, IX–X$^e$ siècle : aux origines du crucifix*. Paris : Cerf, 1994.

SHAPCOTE, Emily Mary. *Legends of the blessed sacrament, gathered from the history of the Church and the lives of the saints*. Burns and Oates, 1877.

SHARON, Moshe et BULL, Marcus Graham [éd.]. *The Holy Land in history and thought : papers submitted to the International Conference on the Relations between the Holy Land and the World Outside It, Johannesburg, 1986*. Leiden - New York : Brill, 1988.

SHEPARD, Jonathan. *The Cambridge history of the Byzantine Empire c. 500–1492*. Cambridge - New York : Cambridge University Press, 2008.

SHIMAHARA, Sumi (éd.]. *Études d'exégèse carolingienne : autour d'Haymon d'Auxerre*. Turnhout : Brepols, 2007.

SIEW, Tsafra. *Representations of Jerusalem in Christian European maps from the 6th to the 16th centuries : a comparative tool for reading the message of a map in its cultural context*. Édité par Universita ha-ivrit birushalayim.;Forum Eropa ba-Universita ha-ivrit.;Universita ha-ivrit birushalayim.;Corinaldi Fund. Working Paper (ha-Universita ha-ivrit birushalayim, ha-Merkaz lelimmude Eropa al shem Helmut Kohl 60. Jérusalem : European Forum at the Hebrew University ; Center for the Study of Italian Culture ; Corinaldi Fund, 2008.

SIGAL, Pierre-André [éd.]. *L'image du pèlerin au Moyen Age et sous l'Ancien Régime*. Gramat : Association des Amis de Rocamadour, 1994.

SILVESTRE, Hubert. « La controverse Bérenger de Tours – Lanfranc du Bec. À propos d'un livre récent ». Dans : Revue Belge de Philologie et d'Histoire 51, no 4 (1973), p. 840–847.

SIMEK, Rudolf. *Altnordische Kosmographie : Studien und Quellen zu Weltbild und Weltbeschreibung in Norwegen und Island vom 12. bis zum 14. Jahrhundert*. Berlin : Walter de Gruyter, 1990.

——. « Der Plan von Jerusalem ». Dans : *Altnordische Kosmographie : Studien Und Quellen Zu Weltbild Und Weltbeschreibung in Norwegen Und Island Vom 12. Bis Zum 14. Jahrhundert*, Berlin : Walter de Gruyter, 1990, p. 297–316.

SIMONS, Andreas. *Die Doppelkirche zu Schwarzrheindorf*. Bonn, 1846.

SIVÉRY, Gérard. « La gestion du temporel du Saint-Sépulcre de Cambrai (1298–1360) ». Dans : Études rurales, no 48 (1972), p. 120–134.

SMITH, Jonathan. *To Take Place : Toward Theory in Ritual*. Chicago : University of Chicago Press, 1987.

SNOEK, Godefridus J. *Medieval piety from relics to the eucharist : a process of mutual interaction*. Leiden - New York – Cologne : Brill, 1995.

SOURDEL, Dominique, et SOURDEL-THOMINE, Janine [éd.]. *Certificats de Pèlerinage d'époque Ayyoubide*. Documents relatifs à l'histoire des croisades / publ. par. l'Académie des Inscriptions et Belles-Lettres. Paris : Académie des Inscriptions et Belles-Lettres, 2006.

SOUTHERN, Richard William. *Western views of Islam in the Middle Ages*. 2ᵉ éd. Cambridge : Harvard University Press, 1978.

SPINKS, Bryan. *Early and medieval rituals and theologies of baptism : from the New Testament to the Council of Trent*. Aldershot : Ashgate, 2006.

STEINHAUSER, Kenneth. « Narrative and Illumination in the Beatus Apocalypse ». Dans : *Catholic Historical Review* 81, n° 2 (1995), p. 185–210.

STICCA, Sandro. *The Medieval drama*. State University of New York at Binghamton. Center for Medieval and Early Renaissance Studies Press, 1972.

STIEGEMANN, Christoph, [éd.] *Canossa 1077 - Erschütterung der Welt Geschichte, Kunst und Kultur am Aufgang der Romanik - auf dem Weg nach Canossa - Ausstellung in Paderborn, 21.7. bis 5.11.2006*. Paderborn, 2006.

STIEGEMANN, Christoph et WEMHOFF, Matthias [éd.]. *799 - Kunst und Kultur der Karolingerzeit : Karl der Grosse und Papst Leo III*. Paderborn : Katalog der Ausstellung Paderborn 1999, Beiträge zum Katalog. Mayence : P. von Zabern, 1999.

STOOKEY, Laurence Hull. « The Gothic Cathedral as the Heavenly Jerusalem : Liturgical and Theological Sources ». Dans : *Gesta* 8, n° 1 (1 janvier 1969), p. 35–41.

STRATFORD, Neil et ATSMA, Hartmut. *Cluny, 910–2010 : onze siècles de rayonnement*. Paris : Éditions du Patrimoine Centre des monuments nationaux, 2010.

STURM, Erwin. *Die Michaelskirche zu Fulda*. Fulda : Parzeller, 1986.

SUBES, Marie-Pasquine. « Art et liturgie : le flabellum et l'ostension de la patène dans le cérémonial de la messe ». Dans : *Bibliothèque de l'école des Chartes* 127, n° 2 (juin 2004), p. 97–118.

SUMPTION, Jonathan. *Pilgrimage : an image of mediaeval religion*. Totowa : Rowman and Littlefield, 1975.

SUNTRUP, Rudolf et MEYER, Heinz. *Lexikon der mittelalterlichen Zahlenbedeutungen*. Münstersche Mittelalter-Schriften : MMS. Munich : Fink, 1987.

SWANSON, R [éd.]. *The Holy Land, holy lands, and Christian history : papers read at the 1998 Summer Meeting and the 1999 Winter Meeting of the Ecclesiastical History Society*. Studies in Church History 36. Woodbridge – Rochester : Published for the Ecclesiastical History Society by the Boydell Press, 2000.

SWIECHOWSKI, Zygmunt. « La formation de l'œuvre architecturale au cours du haut moyen âge ». Dans : Cahiers de civilisation médiévale 1, no 3 (1958), p. 371–378.

ŚWIECHOWSKI, Zygmunt. *Sculpture romane d'Auvergne*. Clermont-Ferrand : G. de Bussac, 1973.

TALLEY, Thomas. *The origins of the liturgical year*. New York : Pueblo Pub. Co., 1986.

TARDIEU, André-Ambroise. *Grand dictionnaire historique du département du Puy-de-Dôme, comprenant l'histoire complète des villes, bourgs, hameaux, paroisses, abbayes, prieurés, monastères... églises, chapelles... de l'ancienne Basse-Auvergne*. Moulins : C. Desrosiers, 1877.

TARDIF, Adolphe. « Cartulaire de l'église du Saint-Sépulcre de Jérusalem », Dans : *Bibliothèque* de l'école des Chartes, 1852, p. 513-532.

*Texte et image : actes du Colloque international de Chantilly (13 au 15 octobre 1982)*. Paris : Les Belles lettres, 1984.

THAYER, David Taylor. « The Lateran Baptistery: Memory, Space, and Baptisme ». Master's Thesis, University of Tennessee, 2012. http://trace.tennessee.edu/utk_gradthes/1213.

THEIS, Laurent. *L'héritage des Charles : (de la mort de Charlemagne aux environs de l'an mil)*. Nouvelle histoire de la France médiévale 2. Paris : Seuil, 1990.

THELLIEZ, Cyrille. *Contribution à l'histoire du Cambrésis. Terre et seigneurie de l'abbaye de Saint-Sépulcre à St-Hilaire-en Cambrésis*. Cambrai : impr. de H. Lefebvre, 1912.

THIBAUT, Jean. *Ordre des offices de la Semaine Sainte à Jérusalem du IV$^e$ au X$^e$ siècle : (études de liturgie et de topographie palestiniennes)*. Paris : Bonne Presse, 1926.

THIBOUT, Marc. « La chapelle Saint-Jean du Liget et ses peintures murales ». Dans : Congrès archéologique de France 106 (1948), p. 173-194.

THIRION, Anna. « Changement de plan à Rieux-Minervois : du nouveau sur l'église romane Sainte-Marie ». Dans : *Carnets de la Recherche* 4 (2009), p. 9-29.

THUNØ, Erik. *Image and Relic : Mediating the Sacred in Early Medieval Rome*. L'Erma di Bretschneider, 2002.

TINELLI, Carlo. « Il battistero del Santo Sepolcro in Gerusalemme ». Dans : *Liber Annuus*, n° 23 (1973), p. 95-104.

TISHBY, Ariel [éd.]. *Holy Land in Maps*. Jerusalem - New York : Israel Museum - Rizzoli - St. Martin's Press, 2001.

TITE, Colin. *The Manuscript library of Sir Robert Cotton*. Londres : the British Library, 1994.

TOKER, Franklin. « A Baptistery below the Baptistery of Florence ». Dans : *The Art Bulletin* 58, n° 2 (1 juin 1976),: p. 157-167.

———. *Archaeological Campaigns below the Florence Duomo and Baptistery, 1895–1980*. Turnhout : Brepols, 2013.

TOMAN, Ralf [éd.]. *L'art roman. Architecture - Sculpture - Peinture*. Cologne : Könemann, 1997.

TONGEREN, Louis van. *Exaltation of the Cross : towards the origins of the Feast of the Cross and the meaning of the Cross in early medieval liturgy*. Leuven : Peeters Publishers, 2001.

TOUBERT, Hélène. « Iconographie et histoire de la spiritualité médiévale ». Dans : *Revue d'histoire* de la spiritualité, no 50 (1974), p. 265–284.

———. « Le renouveau paléochrétien à Rome au début du XIIe siècle ». Dans : *Cahiers Archéologiques* XX (1970), p. 99–154.

———. *Les Représentations de l'« Ecclesia » dans l'art des $X^e$–$XII^e$ siècles*. Todi : Accademia tudertina, 1973.

———. *Peintures murales romanes : Méobecq, Saint-Jacques-des Guérets, Vendôme, Le Liget, Vicq, Thevet-Saint-Martin, Sainte-Lizaigne, Plaincourault*. Édité par Inventaire général des monuments et des richesses artistiques de la France. Université de Poitiers. Vol. 15. Cahiers de l'Inventaire. Paris – Orléans : Ministère de la culture et de la communication. Inventaire général des monuments et richesses artistiques de la France. Région du Centre - Association régionale pour l'étude du patrimoine, 1988.

———. *Un art dirigé : réforme grégorienne et iconographie*. Paris : Cerf, 1990.

TRÉNARD, Louis, et ROUCHE, Michel [éd.]. *Histoire de Cambrai*. Lille : Presses universitaires de Lille, 1982.

TROCMÉ, Etienne. *Saint Paul*. QSJ 3662. Paris: PUF, 2007.

TROTTER, D. A. *Medieval French literature and the crusades (1100–1300)*. Histoire des idées et critique littéraire. Genève : Droz, 1988.

TROTZIG, Aina. « L'apparition du Christ ressuscité à Marie Madeleine et le drame liturgique : Étude iconographique ». Dans : *Revue De Musicologie* 86, n° 1 (2000), p. 83–104.

TSELOS, Dimitri. « The Influence of the Utrecht Psalter in Carolingian Art ». Dans : *Art Bulletin* 39, n° 2 (1957), p. 87–96.

TURNER, Victor, et TURNER, Edith L.B. *Image and pilgrimage in Christian culture : anthropological perspectives*. Lectures on the hitory of Religions 11. New York : Columbia University Press, 1978.

UNTERMANN, Matthias. *Der Zentralbau im Mittelalter : Form, Funktion, Verbreitung*. Darmstadt : Wissenschaftliche Buchgesellschaft, 1989.

VAN DER HORST, Koert, NOËL, William et WÜSTFELD, Wilhelmina C.M. [éd.]. *The Utrecht psalter in Medieval art : picturing the Psalms of David*. Utrecht : HES, 1996.

VAN ESS, Josef. *Chiliastische Erwartungen und die Versuchung der Göttlichkeit : d. Kalif al-Hākim (386–411 H.)*. Abhnadlungen der Heidelberger Akademie der Wissenschaft, Philosophisch- Historiche Klasse. Heidelberg : Winter, 1977.

VARILLE, Mathieu, et Eugène Loison. *L'abbaye de Saint-Chef en Dauphiné*. Lyon: P. Masson, 1929.

VARNET, Abbé. *Saint Theudère, fondateur et patron de Saint-Chef. Légende, notices historiques, archéologiques, descriptions, etc. : par un prêtre de Saint-Chef (M. l'abbé Varnet.)*. Grenoble : Baratier frères et fils, 1859.

VAUCHEZ, André. « Les composantes eschatologiques de l'idée de croisade ». Dans : *Le concile de Clermont de 1095 et l'appel à la croisade*, Collection de l'École Française de Rome 236. Rome : Publications de l'École Française de Rome, 1997, p. 233–43.

———. [éd.]. *Lieux sacrés, lieux de culte, sanctuaires : approches terminologiques, méthodologiques, historiques et monographiques*. Collection de l'École française de Rome 273. Rome : École française de Rome, 2000.

VERDIER, Philippe. « Deux plaques d'ivoire de la Résurrection avec la représentation d'un Westwerk ». Dans : *Zeitschrift für schweizerische Archäologie und Kunstgeschichte* XXII (1962), p. 3–9.

VERGNOLLE, Éliane. « La colonne à l'époque romane. Réminiscences et nouveautés ». Dans : *Cahiers* de la Civilisation Médiévale, no 41 (1998), p. 141–174.

*Vers et à travers l'art roman : la transmission des modèles artistiques : actes du XXXVIII. Journées Romanes de Cuxa, 6 – 13 juillet 2005*. Les cahiers de Saint-Michel de Cuxa 37. Codalet : Association Culturelle de Cuxa, 2006.

VIEILLARD-TROÏEKOUROFF, May, FOSSARD, Denise et DURLIAT, Marcel [éd.]. *Recueil général des monuments sculptés en France pendant le haut Moyen Age (IV<sup>e</sup>–X<sup>e</sup> siècles)*. Paris : Bibliothèque nationale, 1978.

VIVIER, Marion, et Benoît Roux. *Les fresques romanes de Saint-Chef*. Grenoble : Musée Dauphinois, 2000.

VOGEL, Cyrille. *Medieval liturgy : an introduction to the sources*. Washington : Pastoral Press, 1986.

VOGÜÉ (de), Melchior. *Les églises de la Terre Sainte. Fragments d'un voyage en Orient*. Paris : V. Didron, 1860.

VOIGTLänder, Klaus. *Die Stiftskirche St. Cyriakus zu Gernrode*. Berlin : Deutscher Kunstverlag, 1990.

VOYER, Cécile et SPARHUBERT, Éric [éd.]. *L'image medievale : fonctions dans l'espace sacré et structuration de l'espace culturel*. Culture et société médiévales. Turnhout: Brepols, 2007.

Vorholt, Hanna. « Touching the Tomb of Christ: Notes on a Twelfth-Century Map of Jerusalem from Winchcombe, Gloucestershire ». Dans : Imago Mundi 61, no 2 (2009), p. 244–255.

WACKENRODER, Ernst. *Das Heilige Grab in der Stiftskiche zu Gernrode*. Halle, 1907.

WAEBER, Louis. *La Chapelle Du Saint-Sépulcre à Saint-Nicolas*. Fribourg : Impr. Fragnière Frères, 1942.

WALKER, Greg. *Medieval drama: an anthology*. Wiley-Blackwell, 2000.

WALKER, Peter W. « Eusebius, Cyril and the Holy Places ». Dans : *Studia Patristica* 20 (1989), p. 306–314.

———. *The weekend that changed the world : the mystery of Jerusalem's empty tomb*. Londres : Marshall Pickering, 1999.

WALKER, Peter W. L. *Holy City, Holy Places? : Christian attitudes to Jerusalem and the Holy Land in the fourth century*. Oxford - New York : Clarendon Press - Oxford University Press, 1990.

Warnke, Charlotte. « Das Kanonissenstift St. Cyriacus zu Gernrode im Spannungsfeld zwischen Hochadel, Kaiser, Bischof und Papst ». Dans : Studien zum Kanonissenstift, 2001, p. 201–274.

Warton, Annabel-Jane. « The Baptistery of the Holy Sepulchre in Jerusalem and the Politics of Sacred Landscape ». Dans : Dumbarton Oaks Papers 46 (s. d.), p. 313–325.

Webb, Diana. *Pilgrims and Pilgrimage in the Medieval West*. Londres - New York : I.B. Tauris, 1999.

Wesenberg, Rudolf. « Wino von Helmarshausen und das kreuzförmige Oktogon ». Dans : *Zeitschrift fur Kunstgeschichte* 12, n° 1 (1949), p. 30–40.

Wharton, Annabel Jane. « Ritual and Reconstructed Meaning: The Neonian Baptistery in Ravenna ». Dans : The Art Bulletin 69, no 3 (1 septembre 1987), p. 358–375.

Wieczorek, Alfried, Fansa, Mamoun et Meller, Harald. *Saladin und die Kreuzfahrer : Katalog zur Ausstellung in Halle, Landesmuseum für Vorgeschichte: 20.10.2005 – 12.2.2006 und in Oldenburg, Landesmuseum ... Reiss-Engelhorn-Museum: 23.7.– 5.11.2006*. Zabern, 2005.

Wilken, Robert. *The Land Called Holy : Palestine in Christian History and Thought*. New Haven : Yale University Press, 1992.

Wilkinson, John. « Holy Places Lost but not Forgotten ». Dans : Brandmüller, Walter [éd.]. *L'idea di Gerusalemme nella Spiritualità Cristiana del Medioevo*, Cité du Vatican : Libreria editrice vaticana, 2003, p. 204–210.

———. *Jerusalem pilgrims before the crusades*. [2. ed.]. Warminster : Aris & Phillips, 2002.

———. *The Jerusalem Jesus knew : an archaeological guide to the Gospels*. Nashville : Thomas Nelson, 1983.

Williams, John. « Purpose and Imagery in the Apocalypse Commentary of Beatus of Liébana ». Dans : Emmerson, Richard Kenneth et McGinn, Bernard [éd.]. *The Apocalypse in the Middle Ages*, Cornell : Cornell University Press, 1992, p. 217–233.

Williams, John et Reeves, Marjorie, [éd.]. *Prophecy and millenarianism : essays in honour of Marjorie Reeves*. Essex : Longman, 1980.

WILLIS, Robert. *The Architectural History of the Church of the Holy Sepulchr at Jerusalem (1849)*. Kessinger Publishing, 2009.

WILLS, Garry. *Font of Life: Ambrose, Augustine, and the Mystery of Baptism*. Oxford : Oxford University Press, 2012.

WIPFLER, Esther. *« Corpus Christi » in Liturgie und Kunst der Zisterzienser im Mittelalter*. Münster : Lit, 2003.

WOLF, Beat. *Jerusalem und Rom, Mitte, Nabel - Zentrum, Haupt : die Metaphern « Umbilicus mundi » und « Caput mundi » in den Weltbildern der Antike und des Abendlands bis in die Zeit der Ebstorfer Weltkarte*. Bern - New York : Peter Lang, 2010.

WOODS, David. « Arculf's Luggage: The Sources for Adomnán's "De locis Sanctis" ». Dans : *Ériu* 52 (2002), p. 25–52.

YOUNG, Karl. *The Drama of the Medieval Church : Plays associated with the nativity. Plays upon other subjects from the Bible and from legends*. 2 vol. Oxford : Clarendon press, 1933.

———. « The Origin of the Easter Play ». Dans : *Publication of the Modern Language Association of America* 29, n° 1 (1914), p. 1–58.

ZOVATTO, Paolo Lino. *Il Santo Sepolcro di Aquileia e il dramma liturgico medievale*. Udine : Accademia di scienze, lettere e arti di Udine, 1956.

## Analyses Monumentales

7

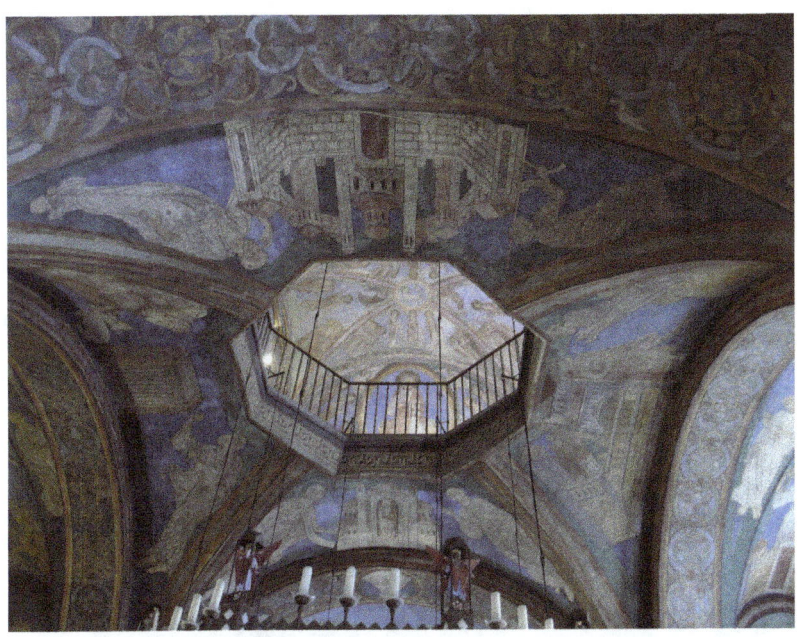

Église Sainte-Marie et Saint-Clément, Schwazrheindorf (Allemagne). Seconde moitié du XIIe siècle (1151–1173). Fresques de la chapelle basse, cycle d'Ézéchiel, le Nouveau Temple.

photos : © auteur

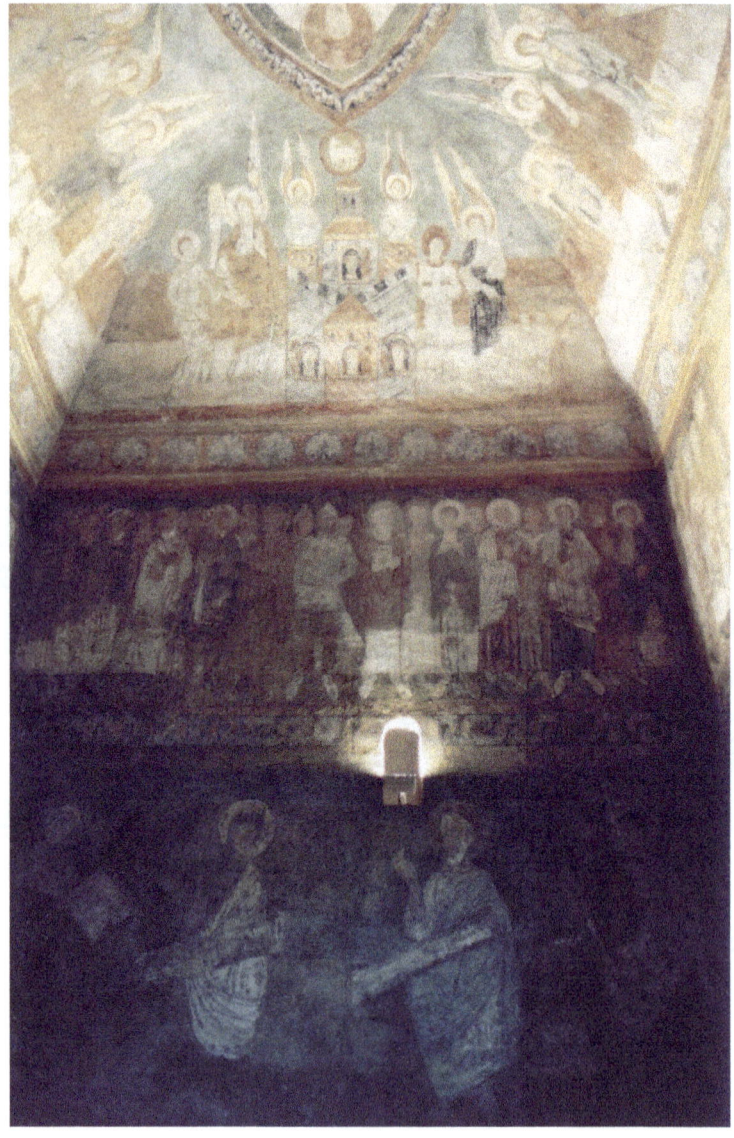

Chapelle des Anges, église abbatiale de Saint-Chef, Saint-Chef (France). Fin du XIe – début du XIIe siècle. Paroi ouest.

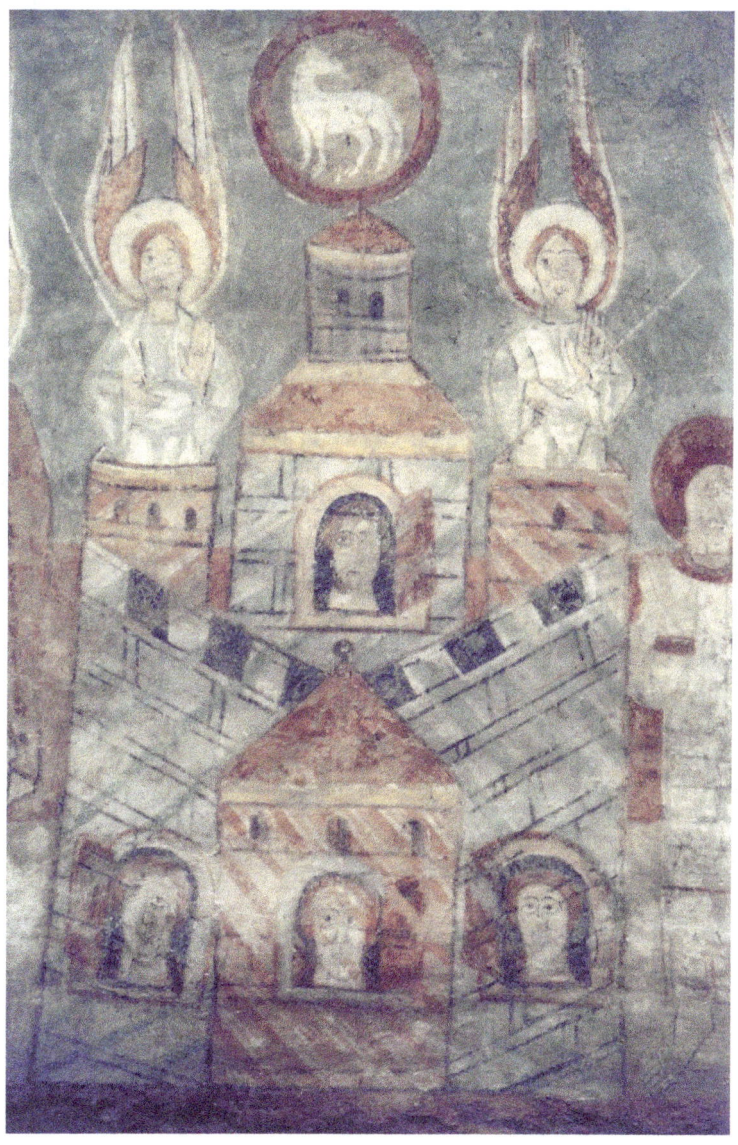

Chapelle des Anges, église abbatiale de Saint-Chef, Saint-Chef (France). Fin du XIᵉ – début du XIIᵉ siècle. Paroi ouest, détail de la Jérusalem céleste.

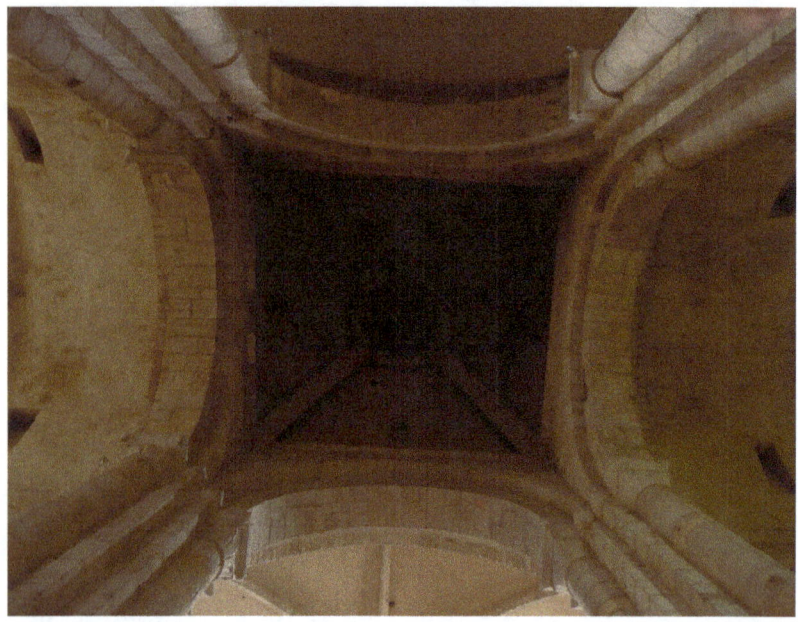

Église Saint-Pierre, Villeneuve d'Aveyron (France). Fin du XI$^e$ – début du XII$^e$ siècle. Vue intérieure de la croisée.

*Images*

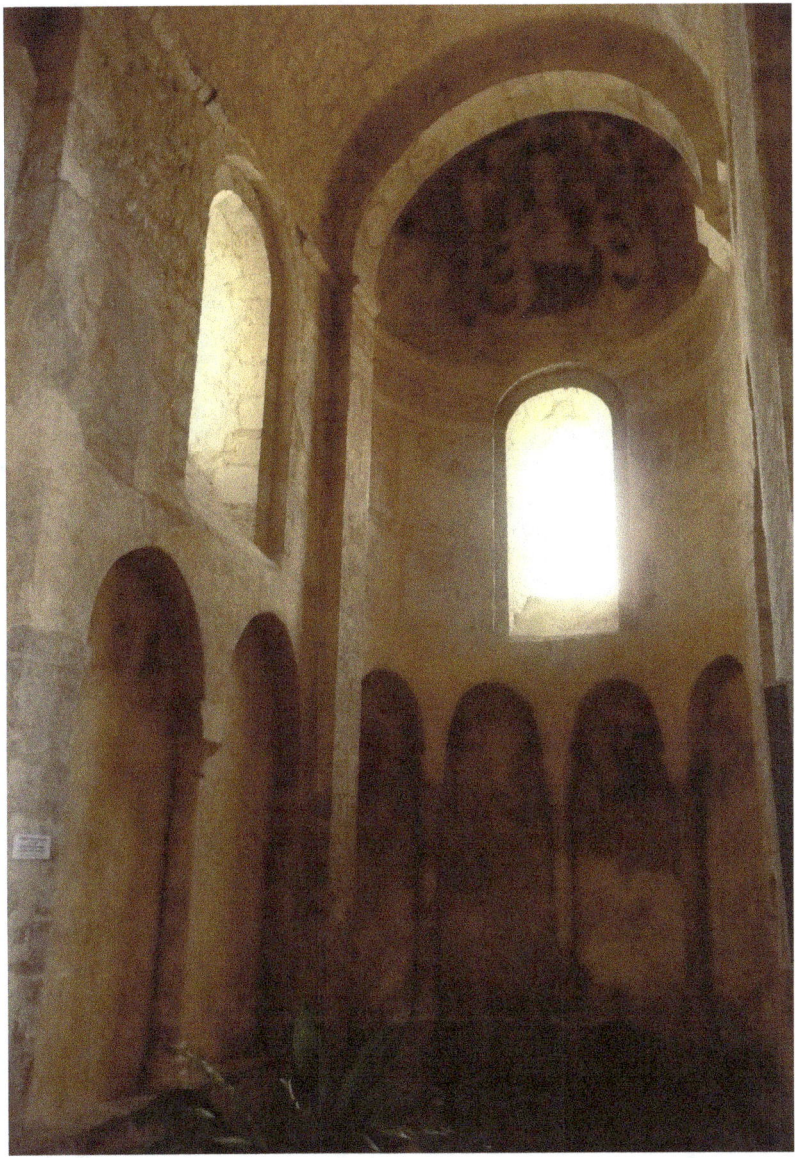

Église Saint-Pierre, Villeneuve d'Aveyron (France). Fin du XI$^e$ – début du XII$^e$ siècle.
Bras nord, fresque de l'histoire de saint Jacques et du pèlerinage à Compostelle (XIV$^e$ siècle).

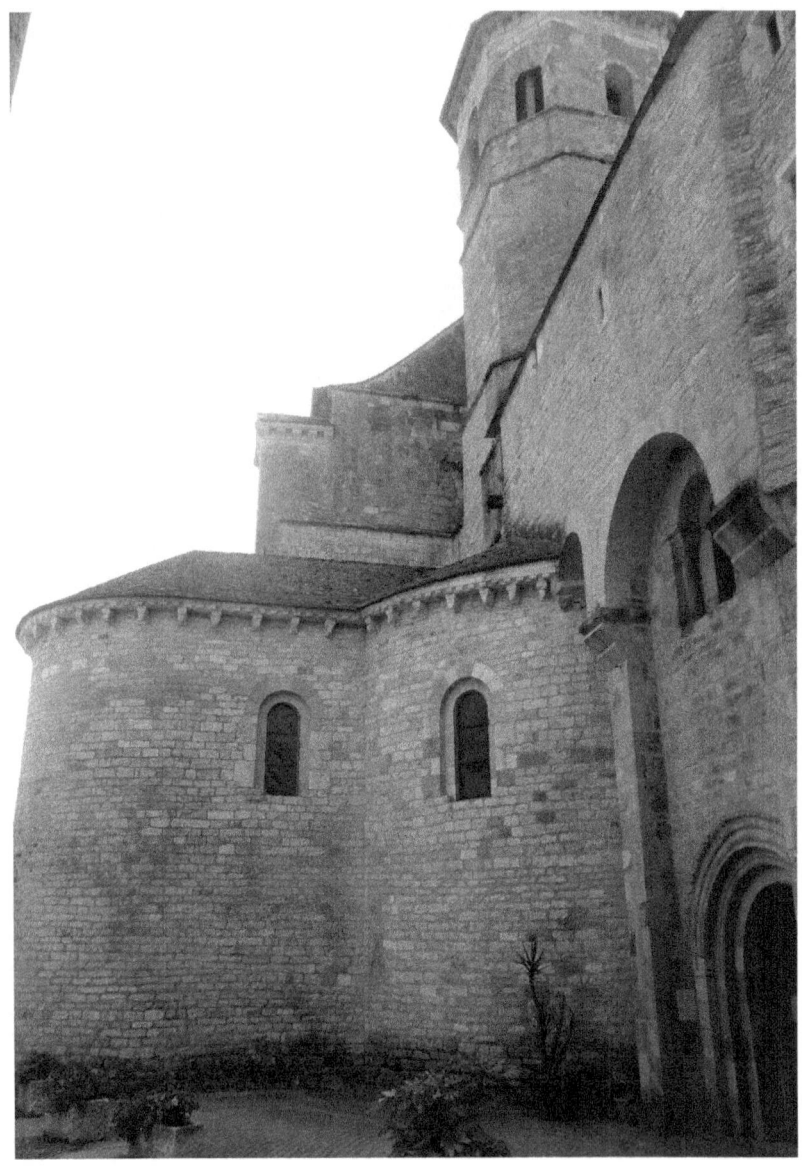

Église Saint-Pierre, Villeneuve d'Aveyron (France). Fin du XI$^e$ – début du XII$^e$ siècle. Vue extérieure, bras nord (entrée).

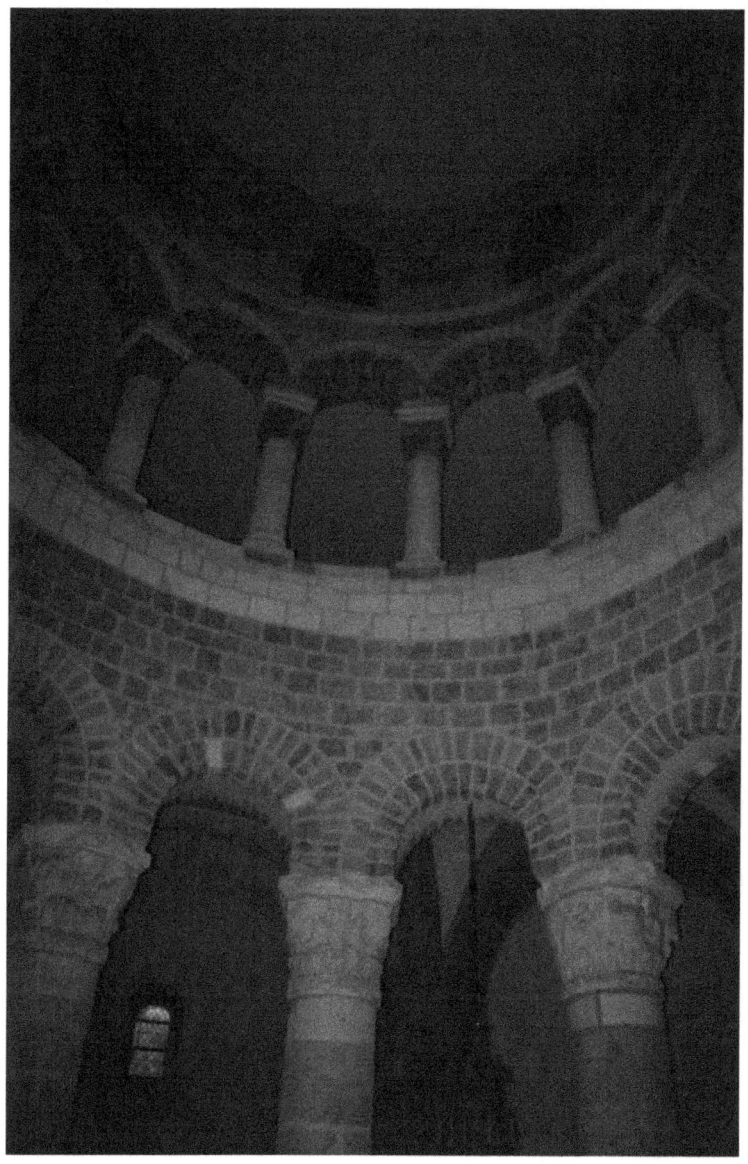

Collégiale Saint-Étienne, Neuvy-Saint-Sépulchre (France). Milieu du XIe – début du XIIe siècle. Vue intérieure sous coupole.

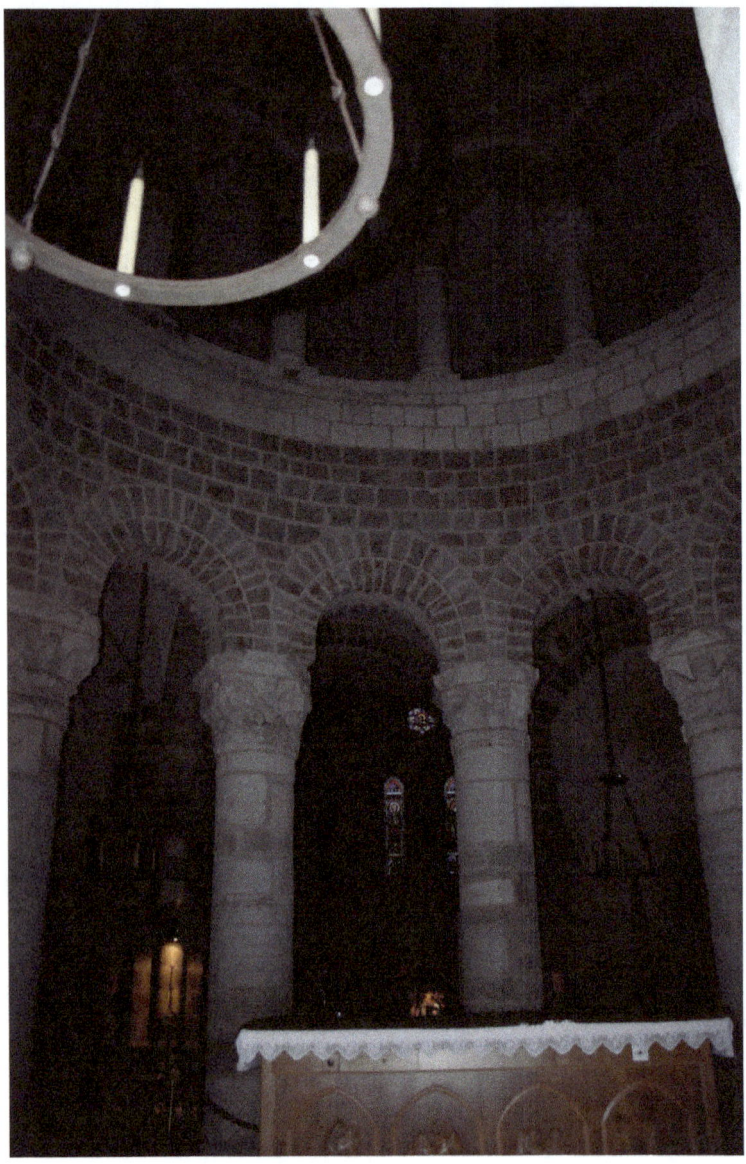

Collégiale Saint-Étienne, Neuvy-Saint-Sépulchre (France). Milieu du XIe – début du XIIe siècle. Vue intérieure sous coupole depuis l'autel.

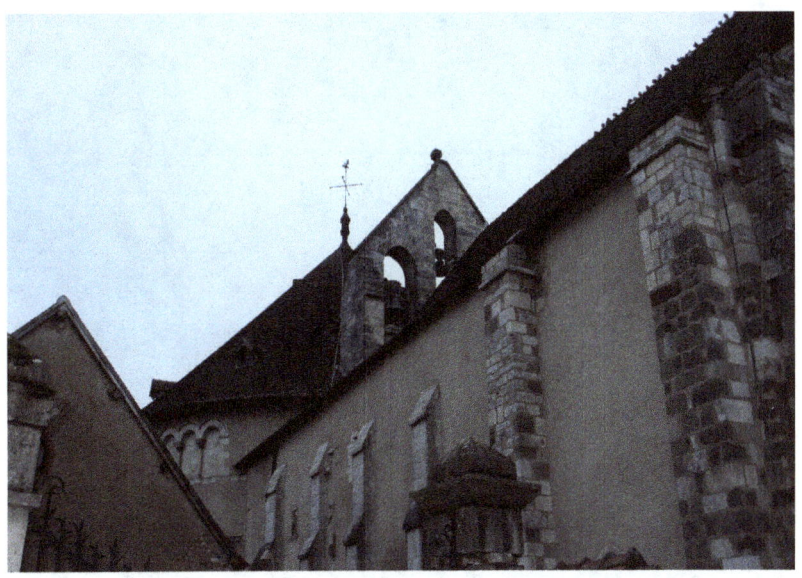

Collégiale Saint-Étienne, Neuvy-Saint-Sépulchre (France). Milieu du XIe – début du XIIe siècle. Vue extérieure de la rotonde.

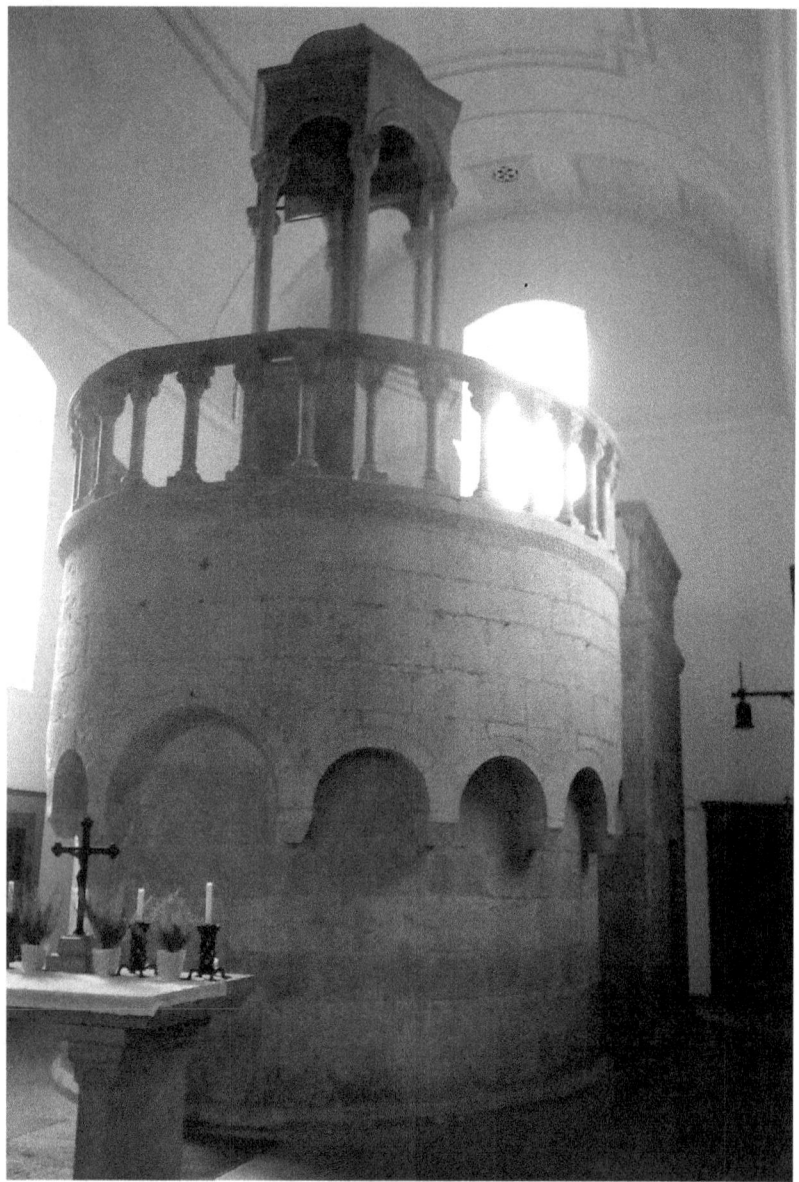

Heiliges Grab (Saint-Sépulcre), Kapuziner Kirche, Eichstätt (Allemagne). 1160–1194 (consécration).

*Images*

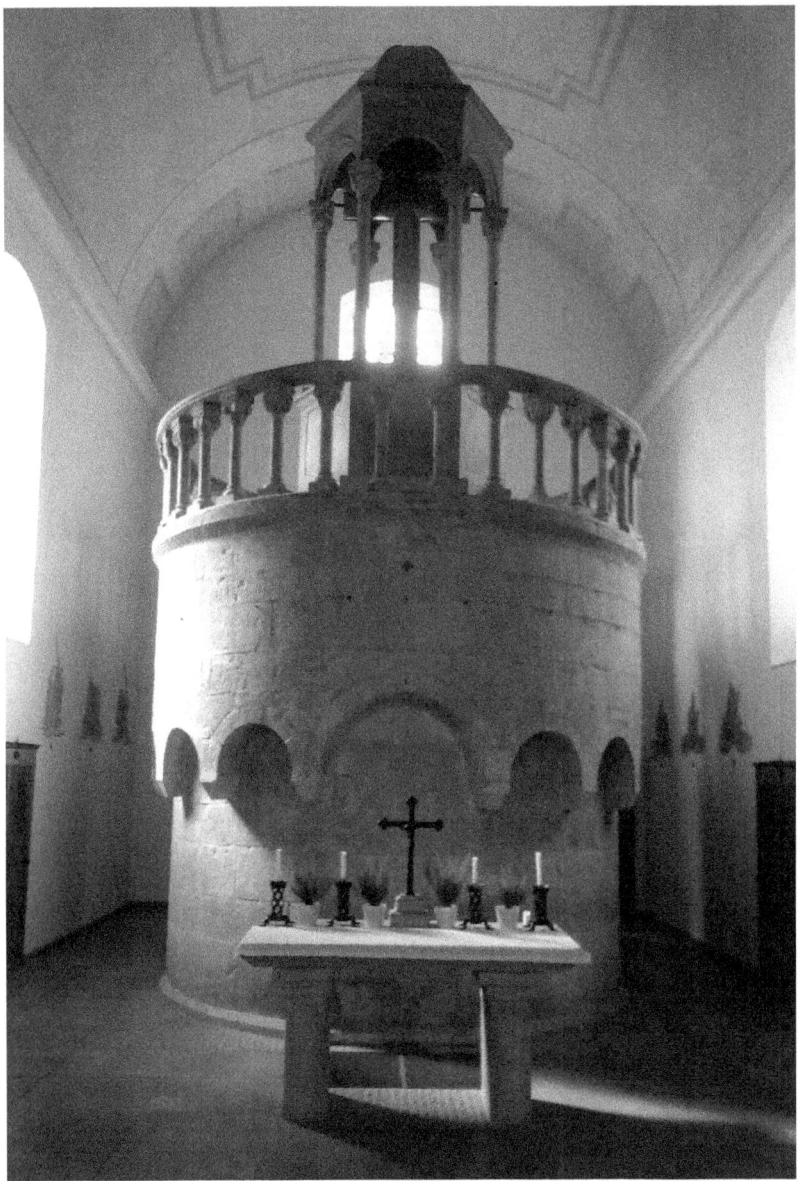

Heiliges Grab (Saint-Sépulcre), Kapuziner Kirche, Eichstätt (Allemagne). 1160–1194 (consécration).

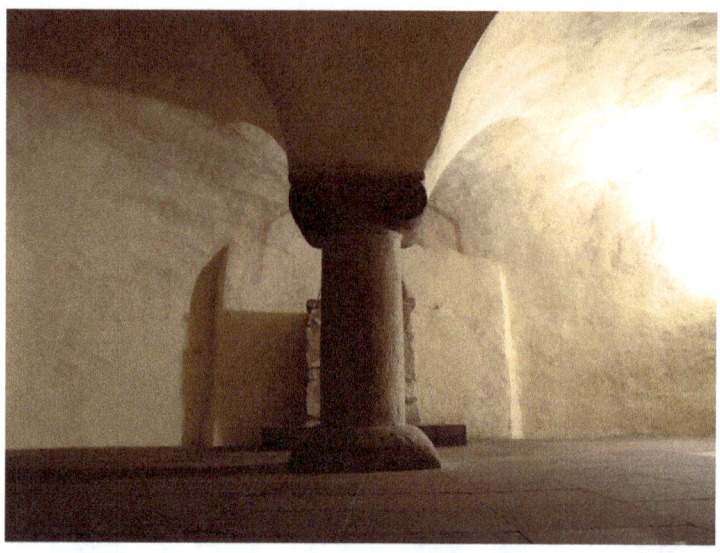

Chapelle Saint-Michel, abbaye de Fulda (Allemagne). Vers 820–822. Intérieur de la crypte.

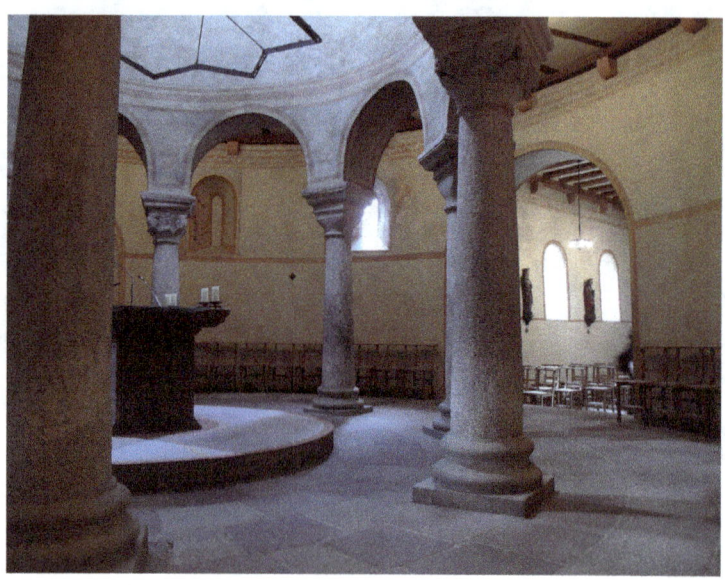

Chapelle Saint-Michel, abbaye de Fulda (Allemagne). Vers 820–822. Intérieur de la chapelle.

*Images*

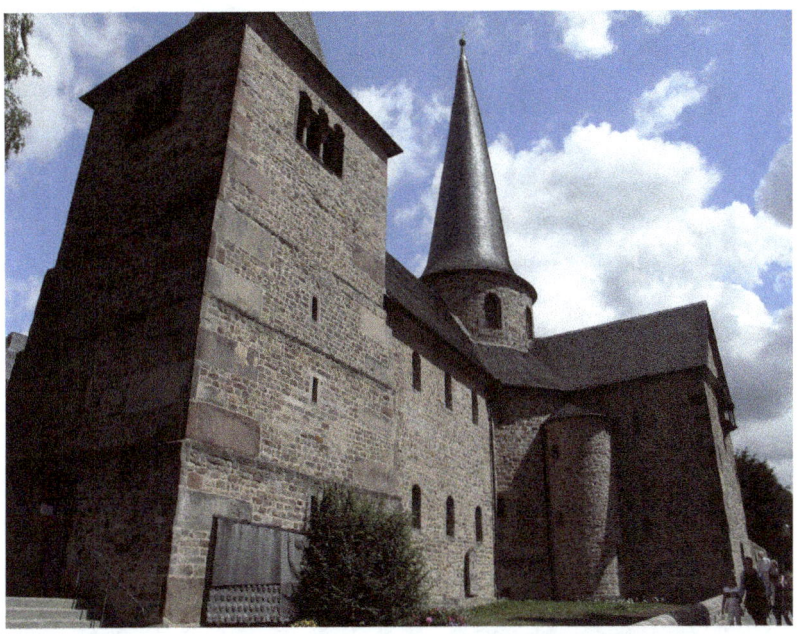

Chapelle Saint-Michel, abbaye de Fulda (Allemagne). Vers 820–822. Extérieur.

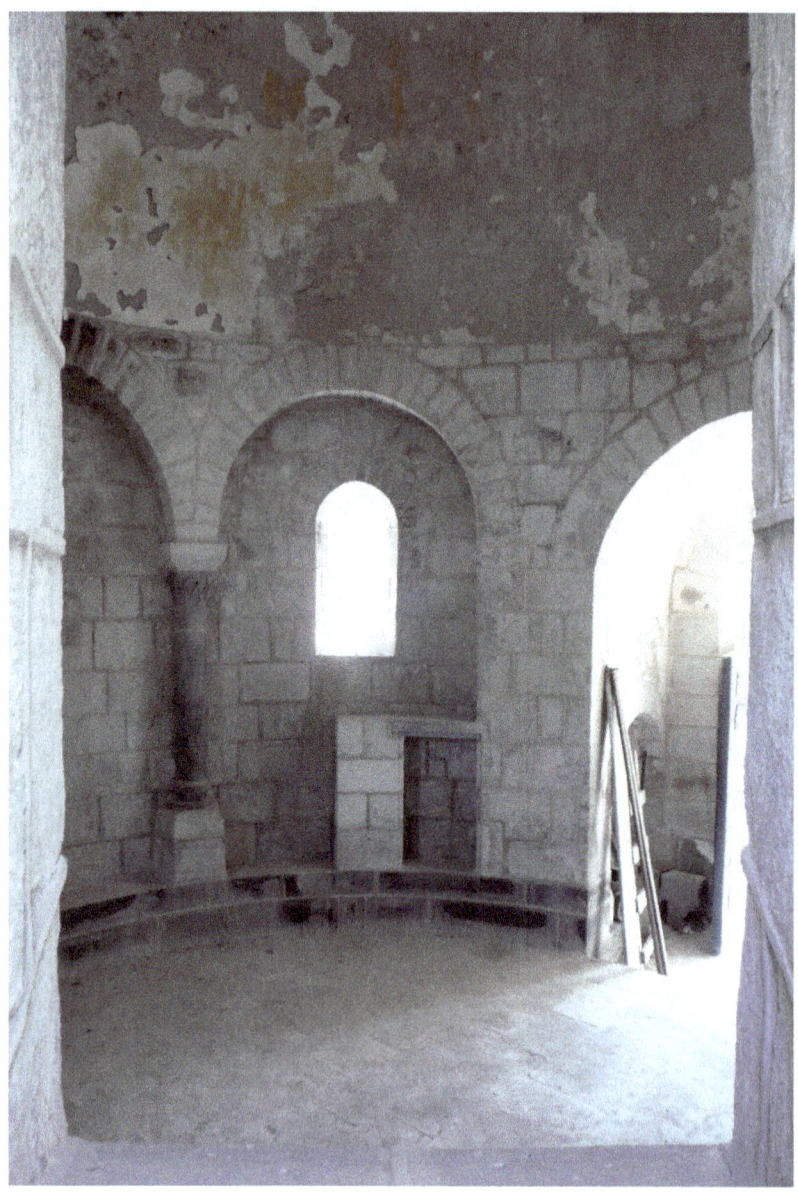

Chapelle Saint-Jean, Chambon-sur-Lac (France). Seconde moitié du XIIe siècle. Intérieur.

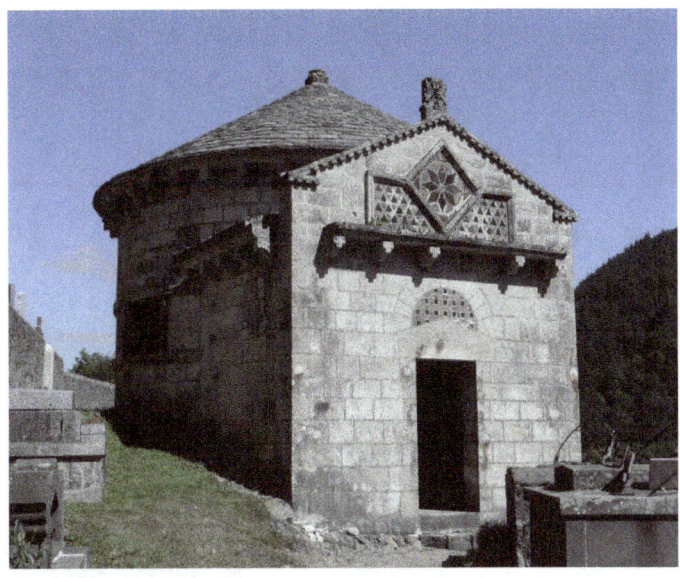

Chapelle Saint-Jean, Chambon-sur-Lac (France). Seconde moitié du XII<sup>e</sup> siècle. Extérieur.

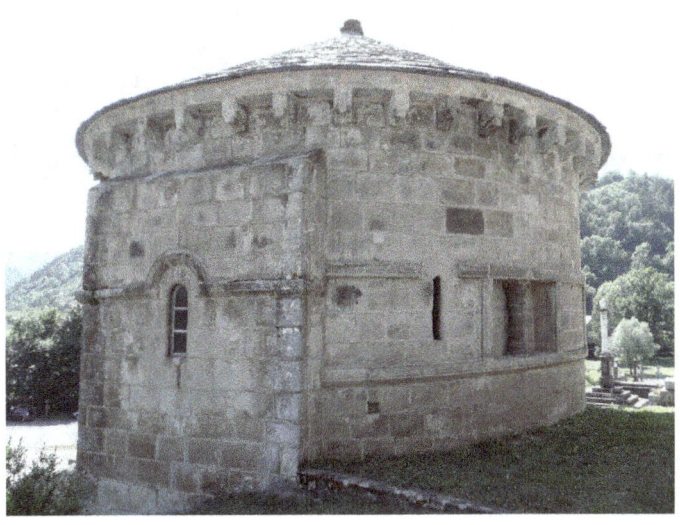

Chapelle Saint-Jean, Chambon-sur-Lac (France). Seconde moitié du XII<sup>e</sup> siècle. Extérieur.

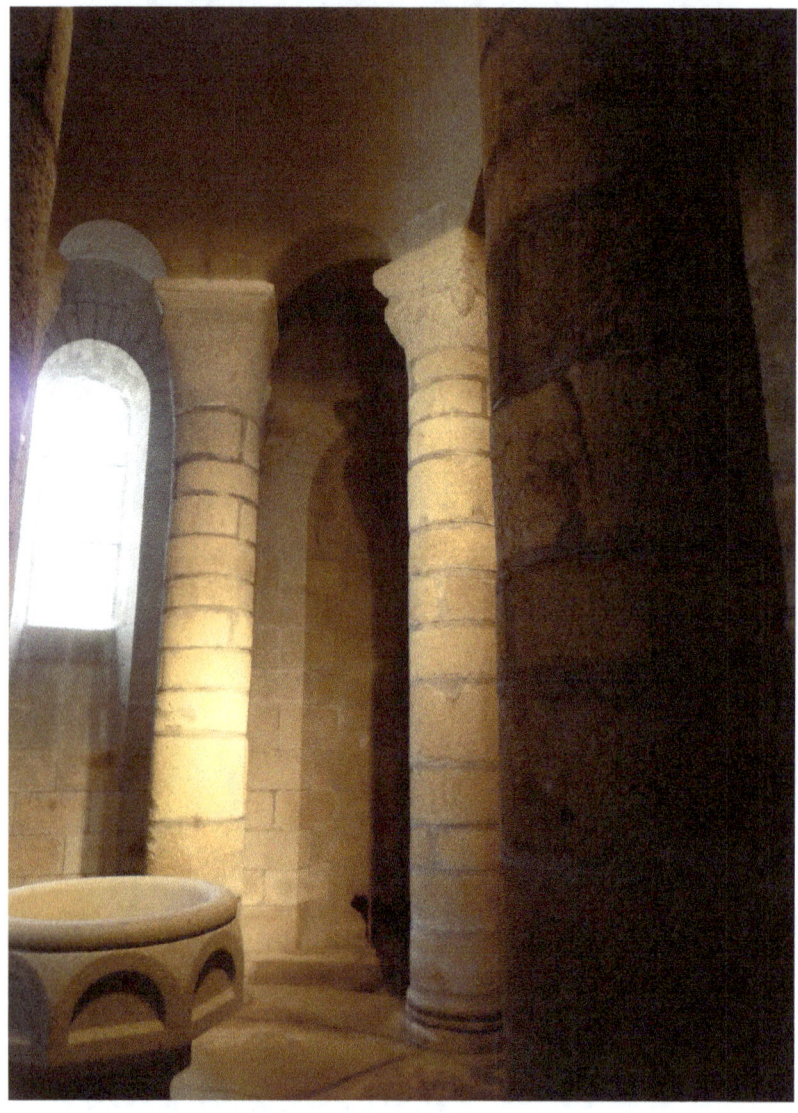

Chapelle Sainte-Luce, église Saint-Léonard, Saint-Léonard-de-Noblat (France). Seconde moitié du XIe siècle. Intérieur.

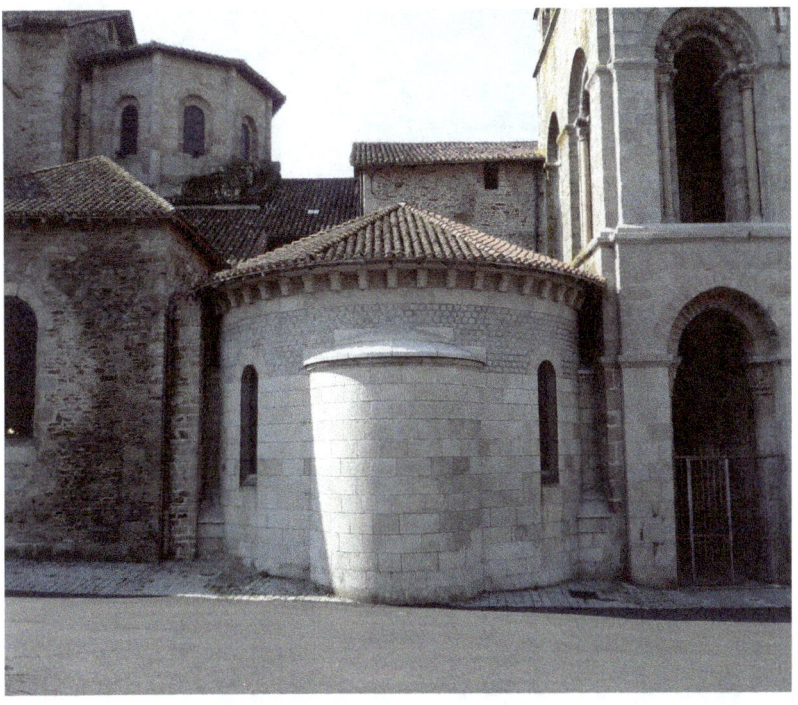

Chapelle Sainte-Luce, église Saint-Léonard, Saint-Léonard-de-Noblat (France). Seconde moitié du XIe siècle. Extérieur.

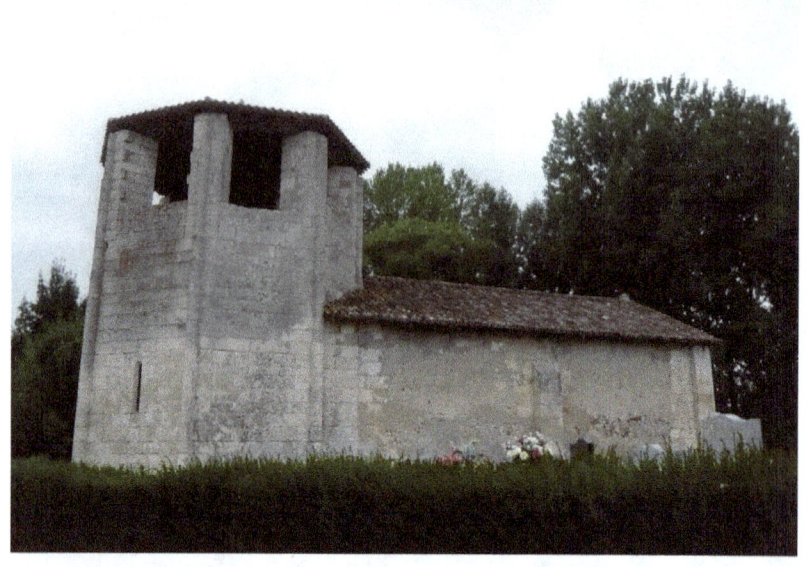

Saint-Martin, Saint-Martin-l'Astier (France). Fin du XIe – début du XIIe siècle.

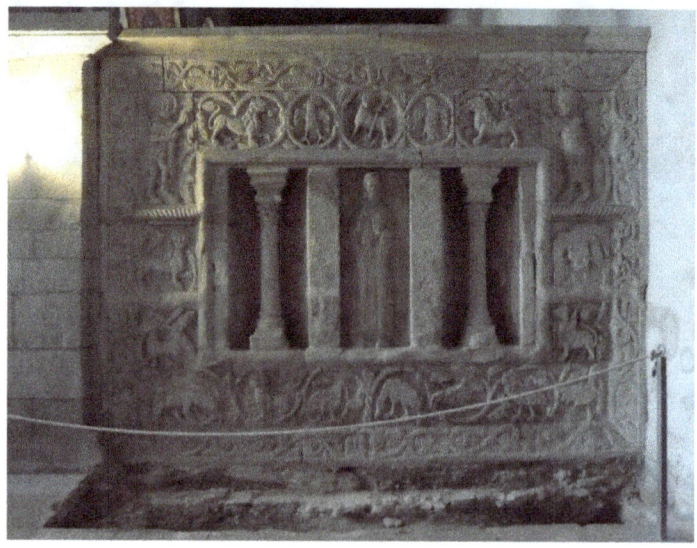

Heiliges Grab (Saint-Sépulcre), Stiftskirche Sankt Cyriakus, Gernrode (Allemagne). Fin du XIe – première moitié du XIIe siècle. Paroi occidentale, Orante.

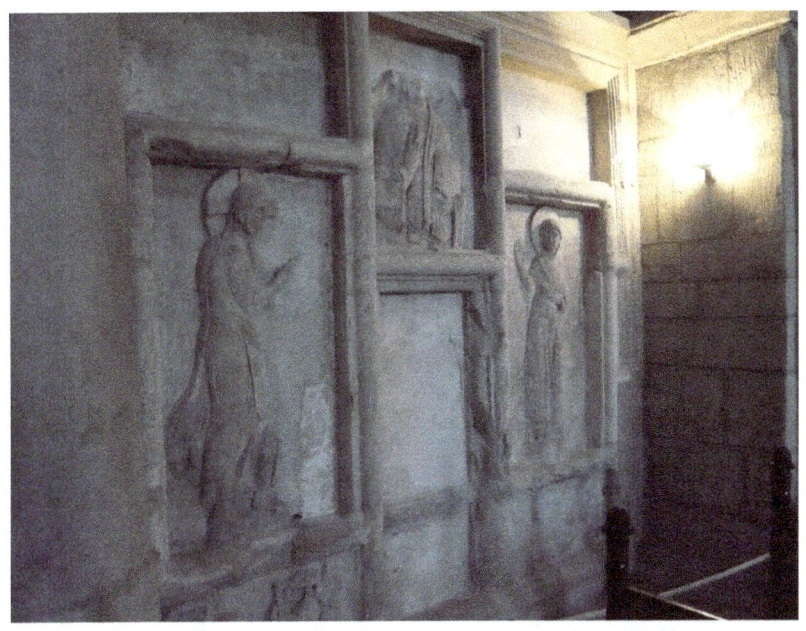

Heiliges Grab (Saint-Sépulcre), Stiftskirche Sankt Cyriakus, Gernrode (Allemagne). Fin du XIe – première moitié du XIIe siècle. Paroi nord, Noli me tangere (Christ au jardin).

# Abbatiale Saint-Sauveur de Charroux

- Vienne (86)
- Classée Monuments Historiques : 1950 (ensemble)
- XIe siècle
- Dimension du chœur : 15m50 x 16 m
- Diamètre extérieur : 44 m
- Diamètre du deuxième déambulatoire : 28 m
- Diamètre du troisième déambulatoire : 19 m
- Diamètre de la tour-lanterne : 8 m 50
- Dimension de la nef : 26m x28 m

## Historique

Aux frontières du Poitou, du Limousin et de l'Angoumois, l'abbaye de Charroux a probablement été fondée vers 785 par un comte Rotgerius (Roger) de Limoges. Il a édifié le couvent au « nom de Dieu » et l'église au « nom du Sauveur », de la « Sainte Vierge et des saints Martyrs »[1]. Le cartulaire de l'abbaye contient trois récits de fondation. L'analyse qui en a été faite par Georges Chapeau[2] démontre que leur fiabilité n'est pas totale. Rédigés entre le début du XIe siècle et le milieu du XIIe, ces récits sont imprégnés de la légende de Charlemagne et s'intègrent dans la construction d'un discours politique de l'abbaye se rattachant à une origine légendaire lui permettant de justifier de son importance et de la prééminence de ses reliques[3].

Selon une première « légende », Charlemagne, se trouvant en Aquitaine, aurait rencontré un pèlerin de retour de Jérusalem, transportant avec lui un éclat de la Vraie

---

[1]  Robert Favreau, Marie-Thérèse Camus, *Charroux*, P. Oudin, Poitiers 1989, p. 5–6 ; Gisela Schwering-Illert, « L' ancienne église abbatiale Saint-Sauveur de Charroux [Vienne]. Sa reconstruction et son importance dans l'histoire de l'art », Selbstverlag, Cologne 1991, p. 4.

[2]  Georges Chapeau, « Fondation de l'abbaye de Charroux. Étude sur les textes », dans : Bulletin de la société des antiquaires de l'Ouest, VII (1926), p. 571–508 ; Dom Pierre Monsabert, *Liber des constitutione, institutione et consecratione karrofensis caenobi* – Chartes et documents pour servir à l'histoire de l'abbaye de Charroux », dans : *Archives historiques du Poitou*, t. XXXIX (1910), p. 1–9.

[3]  Jean Cabanot, « Trésor des reliques de Saint-Sauveur de Charroux, centre et reflet de la vie spirituelle de l'abbaye », dans : *Bulletin de la société des antiquaires de France*, 4e série t. XVI (1981), p. 103–126.

Croix et qui avait l'intention de bâtir une grande église où conserver la précieuse relique. Le lendemain, la partie de la forêt où se trouvait l'empereur apparût totalement déboisée et prête à recevoir la construction de l'église et Charlemagne chargea alors le comte de Limoges de la conduite des travaux.

Un second texte voit le même Charlemagne ordonner au comte Roger de Limoges de bâtir une abbaye en l'honneur du Saint Sauveur. Il accompagne son ordre d'une importante donation de reliques dont un fragment de la Vraie Croix, dite le *Bellatore* qu'il conservait toujours avec lui pendant les batailles. Se rendant par la suite en pèlerinage à Jérusalem, Charlemagne reçoit miraculeusement des mains même du Christ la relique de la « Sainte Vertu » (Saint Prépuce) qu'à son retour il confie à l'abbaye de Charroux.

Confrontés aux données historiques, ces récits montrent leurs limites. Ainsi le légendaire pèlerinage de Charlemagne à Jérusalem n'apparaît qu'au XI$^e$ siècle alors même que l'on sait que Charlemagne ne s'y est, dans les faits, jamais rendu[4]. De même, les premières mentions d'une consécration de l'église par Léon III n'apparaissent qu'en 1077 et 1096, à peu près à la même période où la relique de la « Sainte Vertu » est citée pour la première fois (vers 1080). L'émergence de ces récits correspond à une époque de grands débats autour de la question de la présence réelle dans l'eucharistie. On peut donc penser que, apparus au cours du dernier quart du XI$^e$ siècle, ils ont été forgés en partie pour s'insérer dans le contexte théologique contemporain et justifier du développement d'une dévotion aux reliques, plaçant l'origine de Charroux sous l'autorité du souverain carolingien et du Pape qui le sacra empereur.

Il est cependant certain que l'abbaye a rapidement bénéficié de la protection des empereurs carolingiens. Dès 820–830, Louis le Pieux fait de Charroux une abbaye impériale. Il fait édifier la partie occidentale de l'église (jusque-là une simple construction en bois), dote l'abbaye de plusieurs terres et propriétés, et concède aux moines de nombreux privilèges (exemption d'impôts, de droit de douane, de service, etc.)[5]. Cette ascension brillante est malheureusement interrompue dès 863 par une première incursion des Normands qui ravagent la région. La menace de nouveaux raids poussa

---

[4] Paul AEBISCHER, *Le voyage de Charlemagne à Jérusalem et Constantinople. Texte publié avec une introduction des notes et un glossaire*, Droz, Genève 1965.

[5] CHAPEAU, « Fondation de l'abbaye de Charroux… », *op. cit.*, p. 501–502.

les moines à quitter Charroux pour s'installer dans un premier temps à Thiers (897) puis à Angoulême où ils restèrent cinq ans. À leur retour en 908, l'abbaye doit être entièrement reconstruite. Les nouveaux bâtiments sont consacrés en 947 pour accueillir le retour des reliques de la Croix ramené par le duc Guillaume Taillefer. À la suite de plusieurs incendies (X$^e$ et au début du XI$^e$ siècle), l'église est à nouveau reconstruite sous les abbatiats de Geoffroy et Fouché[6].La nouvelle église est dédicacée en 1028 mais sa couverture en charpente est ravagée par les flammes moins d'un an plus tard. Afin d'éviter toute nouvelle catastrophe, on opte pour la mise en place d'une voûte et une nouvelle consécration est célébrée par Clément II en 1047 ou 1048[7].

Le 11 novembre 1082, au cours d'un concile se tenant à Charroux[8], un nouvel autel est consacré et les reliques sont exposées. C'est à cette occasion qu'apparaît pour la première fois la relique de la « Sainte Vertu ». Cette date n'implique pas une nouvelle construction mais témoigne plutôt de l'achèvement de l'aménagement du sanctuaire. Le reste des travaux paraît se poursuivre jusqu'en 1096 lorsque Urbain II, à la demande de l'abbé Pierre II, vient à Charroux consacrer un autel Saint-Maurice au centre de la Rotonde[9]. Deux autres incendies (1136 et peu avant 1142) justifient enfin les réparations et autres interventions que connut l'abbaye entre 1155 et 1195.

Le XIII$^e$ siècle marque tout à la fois les dernières années de prospérité de l'abbaye avec l'installation, en 1269, d'un remarquable portail monumental à l'ouest de l'église[10], et le début de son déclin qui s'affirme ensuite au XIV$^e$ siècle. À cette époque, le monastère est pris dans la tourmente de la Guerre de Cent ans au cours de laquelle elle est occupée à plusieurs reprises par l'un ou l'autre camp.

Au XV$^e$ siècle, le déclin de Charroux se poursuit et est accéléré au XVI$^e$ siècle par le passage répété des huguenots[11]. L'ensemble est même tellement ruiné que, au XVII$^e$

---

[6] Adhémar de Chabannes précise que Geoffroy était abbé depuis 1017 lorsque les travaux débutèrent mais que son œuvre a été reprise dès 1018 par Fouché avant d'être consacré en 1028.

[7] Georges CHAPEAU, « Comment dater l'octogone de Charroux », dans : *Bulletin de la société des antiquaires de l'Ouest*, IX (1932), p. 469–473.

[8] Odette PONTAL, *Les conciles de la France capétienne jusqu'en 1215*, Cerf, Paris 2007, p. 193.

[9] CHAPEAU, « Comment dater... » *op. cit.*, p. 473–475.

[10] René CROZET, « L'ancien portail gothique de l'abbaye de Charroux », dans : *Gazette des Beaux-Arts*, 40 (1952), p. 149–162.

[11] François EYGUN, « L'abbaye de Charroux. Les grandes lignes de son histoire et de ses constructions », dans : *Bulletin de la Société des Antiquaires de l'Ouest*, 4$^e$ série t. X (1969), p. 21.

siècle, des travaux sont entrepris pour restaurer la seule rotonde alors que le reste de l'édifice est laissé à l'abandon. Le monastère est définitivement supprimé par une bulle papale de Clément XIII datée du 1er avril 1762 et en 1781, un acte du Parlement enregistre la fermeture de l'abbaye. Elle est vendue à la Révolution par « décret national » en cinq lots à divers acheteurs qui s'attelèrent méthodiquement à sa destruction matérielle. Ainsi, la façade occidentale, encore en partie debout au début des années 1820 (lithographie de Thiollet), est entièrement démantelée en 1831. Seule la rotonde, acquise par un ecclésiastique en 1801, ne fut pas transformée en carrière de pierre mais sa ruine était déjà trop avancée pour pouvoir être entièrement sauvegardée.

Dès 1835, une première demande de classement des ruines, classée sans suite, est adressée aux Monuments Historiques[12] par Charles de Chergé et s'accompagne, cinq ans plus tard, de l'acquisition de vingt-neuf statues provenant de l'ancien porche gothique. Entre 1841 et 1845, on procède à la consolidation de la coupole de la tour lanterne puis à celle de la crypte.

Des fouilles sont finalement entreprises dans l'abbaye entre 1949 et 1951. Treize tombeaux d'abbés sont mis au jour pendant cette campagne ainsi que des éléments architecturaux, des dons funéraires, etc.[13]

## Description

Charroux se distingue des autres fondations romanes par l'association, dans un même ensemble, d'un plan basilical à trois vaisseaux et transept transversal, et d'un plan centré en rotonde au niveau du chœur. Il ne reste malheureusement que quelques vestiges des bâtiments conventuels, pour la plupart datés du XVe siècle, ainsi que la tour lanterne du chœur autour de laquelle sont encore visibles les supports déterminant la succession des déambulatoires.

Par le recoupement des divers éléments livrés par les fouilles et les sources écrites, il est possible de restituer en partie cet ensemble. Cependant, confronté à l'impossibilité de dater avec exactitude les différentes évolutions de cet architecture, la description qui va suivre va principalement tenter de présenter un état de l'abbatiale telle qu'elle

---

[12] Archives des Monuments Historiques : n°3127, Charroux.
[13] Yves-Marie Froidevaux, « Église abbatiale de Charroux (Vienne), contribution à l'étude du monument », dans : *Congrès archéologique de France - Poitiers (1951)*, 1952, p. 356–368.

devait exister à la fin du XI$^e$ siècle. Ce n'est que plus tardivement, avec l'adjonction du portail occidental au XIII$^e$ siècle, qu'elle se trouve précédée d'un porche et d'un parvis.

Une volée de marches permettait d'accéder à la nef principale cantonnée par deux collatéraux plus étroits. Les trois vaisseaux, formés de neuf travées[14], étaient séparés par une série de piles carrées sur lesquelles étaient adossées des demi-colonnes et s'achevaient sur une série de quatre marches donnant accès à la rotonde.

L'amorce de départ de la rotonde est visible, entre l'extrémité orientale de la nef et les bras du transept, par deux parois en quart de rond, peu épaisses et rythmées par des lésènes qui délimitent le périmètre externe des déambulatoires. Au-delà du transept, à l'est, les murs gouttereaux, de la rotonde et du transept, sont percés de petites absidioles semi-circulaires (2,50 m de rayon).

La jonction des deux plans superposés était matérialisée par l'utilisation de puissant piliers cruciformes à colonnes adossées permettant de marquer, à travers les déambulatoires de la rotonde, les axes nord-sud et est-ouest du plan basilical. L'emploi de ces supports renforcés est non seulement l'expression d'une volonté de visuellement exprimer la fusion des deux plans, mais répond sans doute aussi à des besoins architectoniques de maintien des forces de la voûte.

Le premier déambulatoire (le plus extérieur) était individualisé par une alternance de piliers cruciformes (deux à deux dans les axes) entre lesquels viennent s'insérer trois colonnes, portant le nombre totale de supports à douze colonnes et huit piliers. Le second déambulatoire, vers l'intérieur, se composait de quatre piliers à trois colonnes adossées marquant l'axe est-ouest de l'église, tandis que huit colonnes (quatre de chaque côté de l'axe) complète le schéma d'ensemble. Le troisième et dernier espace annulaire venait s'appuyer contre les piliers de la tour lanterne du chœur. De là, douze marches permettaient d'accéder au sanctuaire surélevé d'environ 3 m et couvert d'une coupole hémisphérique. À l'aplomb de ce sanctuaire, la crypte, à laquelle on pouvait accéder par un petit escalier au nord-est, était cantonnée de colonnes.

De plan octogonal, la tour lanterne de Charroux s'élève au-dessus de huit supports irrégulièrement implantés pour dégager la perspective des axes nord-sud et est-ouest. Les angles de cet octogone sont cantonnés de colonnes monumentales plaquées sur toute la hauteur des deux niveaux d'élévation. Ceux-ci sont formés de deux séries

---

[14] Ce premier corps barlong mesurait 62 m de longueur pour 27 m de largeur.

d'arcs en plein cintre superposés retombant sur des demi-colonnes plaquées dans la face intérieure des supports.

Au-dessus des clefs des arcs supérieurs, des traces d'arrachement désignent le raccordement de la tour lanterne aux déambulatoires, sans doute voûtés en berceau. La tour s'achevait, à l'extérieur, par une élévation à trois niveaux. Un premier, plein, fait office de base au registre suivant. Celui-ci est composé, dans chacune des faces de l'octogone, d'une baie en plein cintre, surmontée d'une baie géminée aveugle. Enfin, des colonnes plaquées dans les angles s'élèvent sur toute la hauteur de la tour et s'achèvent en échauguette. Le dernier niveau, légèrement en retrait par rapport au précédent, devait recevoir la couverture.

Le chœur de l'abbatiale se développait à l'est de la rotonde, dans l'axe longitudinal du monument. Il était formé d'une abside entourée d'un déambulatoire à six colonnes sur lequel s'ouvraient trois chapelles semi-circulaires (nord, sud et est). Il ne reste plus aujourd'hui qu'une petite portion de mur ainsi que l'absidiole méridionale. Celle-ci est percée d'une petite fenêtre en plein cintre dont l'archivolte retombe sur des chapiteaux à feuilles d'acanthe.

Les chapiteaux conservés (dans le chœur et la tour lanterne) sont constitués de deux blocs distincts régissant la composition des sculptures. Celles-ci sont principalement composées de rinceaux, de palmettes et d'entrelacs au tracé relativement souple et aux détails finement ciselés.

## Analyse

La conception du plan de Charroux est sans aucun doute liée à la conservation des reliques de la Croix et de la « Sainte Vertu », et en lien avec le vocable du « Saint-Sauveur » adopté pour l'abbatiale. L'exceptionnelle imbrication d'une rotonde et d'un plan cruciforme est une référence directe au complexe du Saint-Sépulcre de Jérusalem, associant dans un même ensemble la basilique du Martyrium et la rotonde de l'Anastasis. Cette référence hiérosolymitaine est de plus réaffirmée dans les deux récits légendaires de fondation qui impliquent, l'un comme l'autre, l'idée d'un pèlerinage à Jérusalem par lequel sont garanties les reliques de l'abbaye[15].

---

[15] Le pèlerin Fredeland que Charlemagne croise et qui « offre » la relique de la Vraie Croix pour la fondation de l'abbaye ou Charlemagne lui-même qui reçoit des mains mêmes du Christ la « Sainte Vertu » alors qu'il était à Jérusalem en pèlerinage.

On ne possède malheureusement pour Charroux aucune source précisant l'organisation liturgique du culte dans l'abbatiale. Il serait pourtant intéressant de comprendre le monde de fonctionnement de la rotonde au sein du complexe et dans le cadre des liturgies ordinaires et extraordinaires.

Cependant, l'ampleur des dimensions de ce complexe et l'importance de l'abbaye dans l'histoire du Poitou, et au-delà dans l'histoire religieuse en France, font de Saint-Sauveur un grand centre religieux roman se situant dans la tradition de ceux de l'époque carolingienne.

Il serait enfin tentant de proposer, pour l'élévation générale, la restitution de sept tours s'élevant au-dessus de l'abbatiale, du massif occidental jusqu'à la rotonde, comme évocation de la Jérusalem céleste et l'attente de son avènement. Cependant ni les sources, ni les vestiges encore visibles ne permettent d'envisager qu'une telle structure ait jamais réellement été mise en place.

*Sources Manuscrites*
• Bibliothèque Nationale, ms. lat. 5448, *Cartulaire de Charroux*
• Archives des Monuments Historiques : n°3127, Charroux :
   - Dossier de 1935 à 1924
   - Dossier de 1943 à 1968

*Sources imprimées*
• ADHÉMAR DE CHABANNES, *Chroniques*, édition Jules CHAVANON, Picard, Paris 1897, p. 137, 172–173, 184, 194 et 206
• MONSABERT (Dom Pierre), *Liber des constitutione, institutione et consecratione karrofensis caenobi* – Chartes et documents pour servir à l'histoire de l'abbaye de Charroux », dans : *Archives historiques du Poitou*, t. XXXIX (1910), p. VIII–IX, 1–9, 20, 25–27, 29–33, 41–45, 55, 96, 271, 376–379, 401, 409–413, 424–428 et 467–470

## Bibliographie indicative

- CABANOT (Jean), « Trésor des reliques de Saint-Sauveur de Charroux, centre et reflet de la vie spirituelle de l'abbaye », dans : *Bulletin de la société des antiquaires de France*, 4ᵉ série t. XVI (1981), p. 103–126
- CAMUS (Marie-Thérèse), « À propos de la rotonde de Charroux », dans : JANNET-VALLET (Monique), SAPIN (Christian) (éd.), *Guillaume de Volpiano et l'architecture des rotondes*, Dijon 1996, p. 118–133
- CHAPEAU (Georges), « Fondation de l'abbaye de Charroux. Étude sur les textes », dans : Bulletin de la société des antiquaires de l'Ouest, VII (1926), p. 571–508
- CHAPEAU (Georges), « Église abbatiale de Charroux », dans : *Bulletin de la société des antiquaires de l'Ouest*, VIII (1929), p. 503–533
- CHAPEAU (Georges), « Comment dater l'octogone de Charroux », dans : *Bulletin de la société des antiquaires de l'Ouest*, IX (1932), p. 468–482
- CHERGÉ (Charles de), *Notice sur l'abbaye de Charroux*, Saurin, Poitiers 1835
- CROZET (René), « L'ancien portail gothique de l'abbaye de Charroux », dans : *Gazette des Beaux-Arts*, 40 (1952), p. 149–162
- EYGUN (François), « L'abbaye de Charroux. Les grandes lignes de son histoire et de ses constructions », dans : *Bulletin de la Société des Antiquaires de l'Ouest*, 4ᵉ série t. X (1969), p. 11–23
- FAVREAU (Robert), CAMUS (Marie-Thérèse), *Charroux*, P. Oudin, Poitiers 1989
- FROIDEVAUX (Yves-Marie), « Église abbatiale de Charroux (Vienne), contribution à l'étude du monument », dans : *Congrès archéologique de France - Poitiers (1951)*, 1952, p. 356–368
- MÉRIMÉE (Prosper), *Notes de voyages présentées par P. M. Auzat*, Hachette, Paris 1971, p. 435–438
- SCHWERING-ILLERT (Gisela), *Die Ehemalige französische Abteikirche Saint-Sauveur in Charroux (Vienne) im 11 und 12. Jh. Ein Vorschlag zur Rekonstruktion und Deutung der romanischen Bauteile*, Zentral. Verlag für Dissertationen Triltsch, Düsseldorf 1963
- SCHWERING-ILLERT (Gisela), « L' ancienne église abbatiale Saint-Sauveur de Charroux [Vienne]. Sa reconstruction et son importance dans l'histoire de l'art », Selbstverlag, Cologne 1991

# Sainte-Croix de Quimperlé

- Finistère (France)
- Classé Monument Historique en 1840
- Dernier ¼ du XIe siècle – début du XIIe siècle
- Diamètre moyen de la Rotonde : 23 m 60
- Dimension du noyau : 10 m 60 de côté
- Abside : 8 x 13 m 60
- Narthex : 8 x 8 m 19
- Longueur du fond de l'abside au pignon occidental : 49 m 60
- Longueur du croisillon sud au croisillon nord : 41 m 20
- Hauteur sous coupole : 17 m 20
- Hauteur sous voûtes dans le déambulatoire : 15 m 80

## Historique

Le cartulaire de l'abbaye de Sainte-Croix conserve encore le souvenir de la légende de saint Guthiern dont la vie érémitique et le renoncement au monde débute après le meurtre de son neveu[16]. Fuyant donc son passé, saint Guthiern s'installa finalement en Bretagne vers le milieu du VIe siècle. Là, le seigneur Gralon (parfois qualifié de roi) lui céda sa villa d'Anaurot pour y fonder un monastère. Selon la légende, l'évêque de Léon Goueznon aurait visité l'église en cours de reconstruction en 675 et critiqué entre autres choses la disposition des lieux et le parti architectural. Irrité, et sans doute vexé, l'architecture aurait malencontreusement fait tomber sur la tête du prélat un marteau, le tuant sur le coup. Au-delà de l'anecdote, il est difficile d'en savoir plus sur la situation du monastère avant le IXe siècle et le passage des Normands qui ravagèrent les lieux[17].

---

[16] Yves BELLANCOURT, *L'abbaye de bénédictine Sainte-Croix de Quimperlé*, Société Historique du Pays de Kemperlé, Quimperlé 1983, p. 3 ; Louis-Marie TILLET, *Bretagne romane*, Zodiaque collection « la nuit des temps », Abbaye de la Pierre-qui-Vire 1982, t. LVIII, p. 241.

[17] Robert LISCH, « Sainte-Croix de Quimperlé » dans *Congrès Archéologique de France*, CXV[e] session Cornouaille (1957), Orléans 1957, p. 84.

La fondation de l'actuelle abbaye bénédictine de Sainte-Croix serait à situer entre 1008 et 1046[18]. En effet, au XIIe siècle, lors d'un procès opposant l'abbaye de Quimperlé à celle de Redon, dont elle dépendait, pour la possession de Belle-Île, l'abbé Gurhand affirma que la fondation de l'abbaye datait de 1008[19]. Le cartulaire de l'abbaye rapporte quant à lui qu'elle fut fondée par le comte de Cornouaille, Alain Canhiart, le 14 septembre 1029[20]. Gravement malade, le comte vit en songe une croix d'or descendre vers sa bouche. Il envoya alors en ambassade son frère Orscand et sa femme Judith auprès du pape Jean XIX[21] qui interpréta le songe comme une volonté divine de voir fonder dans les terres du comte une abbaye dédiée à la Sainte Croix[22]. Guéri, le comte fonda une abbaye sur l'emplacement de l'ancien monastère d'Anaurot, au lieudit « Kemper-Elle » au confluent de l'Ellé. La mention est succincte et ne nous donne que peu d'éléments supplémentaires quant à la construction.

En 1083, l'abbé Benoît, fils de Canhiart et alors évêque de Nantes, fit exhumer le corps du premier abbé de l'abbaye, Gurloës, mort en odeur de sainteté en 1057. En l'absence de miracles avérés, la canonisation n'aboutit pas mais la chronique rapporte que suite aux translations, une « *restauratio ecclasiae Sanctae Crucis* »[23] fut entreprise. Il semble bien qu'il s'agisse ici d'une véritable entreprise de reconstruction de l'édifice. L'analyse des bases et chapiteaux des colonnes encore conservés, permet d'opérer un net rapprochement avec d'autres édifices contemporains et plus particulièrement ceux de l'ancienne crypte de la cathédrale de Nantes réalisée sous l'égide de l'évêque Benoît[24].

L'abbaye subsista sans modification majeure pendant un peu plus de deux siècles. En 1373, les troupes de Duguesclin pénètrent dans la ville et pillent le monastère[25]. Il faut attendre le XVe siècle pour voir l'église relevée. En 1476, l'abbé Guillaume de Villeblanche supprime l'absidiole nord et la remplace par un pignon gothique. Le pignon est percé d'une porte surmontée d'une grande fenêtre éclairant la tribune de

---

[18] Pour une datation large, le *terminus ante quem* de 1046 provient d'une chronique d'Anjou.
[19] Dom Placide Le Duc, *Histoire de l'abbaye de Sainte-Croix de Quimperlé*, Quimperlé 1863, p. 40.
[20] Paul de Berthou, Léon Maître, *Cartulaire de Quimperlé*, Honoré Champion, Paris 2[nde] édition augmentée 1904, p. 102.
[21] Le cartulaire précise qu'il s'agit de Léon IX mais la concordance des dates indique qu'il s'agit plus certainement de Jean XIX.
[22] Lisch, « Sainte Croix de Quimperlé », *op. cit.*, p. 84.
[23] Berthou & Maître, *Cartulaire*…, p. 104.
[24] Lisch, « Sainte Croix de Quimperlé », *op. cit.*, p. 85.
[25] Bellancourt, *L'abbaye bénédictine*…, p. 4–7.

l'orgue et dotée d'un balcon en façade. En 1541, Daniel de Saint-Alouarn, dernier abbé régulier, parachève la décoration intérieure avec la mise en place du grand retable[26].

En 1553 la mise sous commende de l'abbaye ne fait qu'accélérer la décadence des bâtiments. On sait ainsi que dès 1558 il pleut dans le chœur et à la fin du XVI$^e$ siècle l'église est presque totalement à l'abandon. Tant est si bien qu'un état des lieux de 1662 signale, à propos de l'état pitoyable de l'église, que le trésor a presque entièrement disparu, que le Saint Sacrement est à présent seulement conservé dans un ciboire de cuivre, que les reliques n'ont plus de châsses et que dans la sacristie on ne trouve plus qu'une seule chasuble, deux tuniques et une chape d'or encore convenable[27]. Tant et si bien que le 17 février 1665, le cardinal de Retz met l'abbaye sous l'autorité de la congrégation de Saint-Maur, à charge pour eux de relever le monastère et restaurer les bâtiments. En 1678, un nouveau corps de logis est construit et en 1679 la première pierre pour exhausser la tour-lanterne est posée (achevée en 1681). Mais cet agrandissement entraîne une fragilisation des structures qui n'avaient pas été conçues pour supporter un tel poids. En 1728, les piliers sont renforcés pour compenser les poussées et en 1730–1733 une nouvelle entrée contre-fortée est édifiée à l'ouest.

En 1848 la solidité de l'édifice est de nouveau remise en question. Les travaux de restaurations sont placés sous l'autorité de Jean-Baptiste de Lassus qui propose de supprimer la tour-lanterne, mais face à une opposition locale marquée, cette dernière est finalement conservée. Malheureusement, le 21 mars 1862 peu avant midi, la tour s'effondre sur elle-même écrasant deux personnes. L'effondrement n'épargne que le chœur et la crypte, ainsi que le portail occidental XVIII$^e$ et le portail nord du XV$^e$ siècle. Mais une partie de la voûte de ce dernier, encore suspendue à un pilier, dut être détruite à la dynamite si bien que peu après le portail du XV$^e$ siècle, n'ayant plus de soutien, s'écroule à son tour.

La reconstruction complète de l'édifice débuta deux ans plus tard, en 1864, et fut rapidement menée (achevée en 1868) selon un projet de Boeswillwald et sous la direction de l'architecte Bigot. Leur but était de restituer au mieux l'état originel de l'église romane et ils y parvinrent à peu près, sans trop d'excès ni de surinterprétations. Malgré ces efforts, une impression générale totalement subjective de neuf et de construction mécanique ressort de l'église.

---

[26] LISCH, « Saint Croix de Quimperlé », *op. cit.*, p. 85.
[27] *Ibid*, p. 85–86.

## Description

Le plan de Sainte-Croix est nettement inspiré par celui du Saint-Sépulcre reconstruit par Modeste au VIIe siècle[28]. Il est composé d'une croix inscrite dans un cercle et dont les bras, situés aux points cardinaux, viennent encadrer un vaste espace central circulaire. Les deux absides semi-circulaires de l'axe nord-sud, sont peu saillantes et comportent chacun deux travées individualisées par des arcs doubleaux simples et un voûtement en plein cintre. À l'ouest, une double travée trapézoïdale légèrement décentrée sert d'accès et marque le commencement de l'axe principal avec sa façade, création nouvelle du XVIIIe siècle. Enfin, couvert en berceau, le chœur oriental, ou chœur des moines, n'est pas subdivisé en travée mais est le plus profond et s'achève en hémicycle, à l'aplomb de la crypte.

Au centre, quatre piliers massifs triangulaires viennent délimiter le large espace du déambulatoire. La disposition des travées dans le déambulatoire vise à souligner la croix inscrite dans le plan. Face à chaque raccordement aux absides, la travée est approximativement carrée et couverte de voûtes d'arêtes. Chaque quart de cercle complétant la rotonde, se subdivise en deux travées délimitées par des doubleaux sur lesquels s'appuie le voûtement annulaire.

Le principe de voûtement évoqué ici implique la présence d'un certain nombre de supports engagés. Les imposants piliers délimitant l'espace central sont agrémentés d'un faisceau de quinze colonnettes plaquées[29] d'où partent les doubleaux des arcades et du déambulatoire. Trois, sur chacune des faces internes, supportent la retombée des grands arcs sur lesquelles reposent les poussées de la tour-lanterne. Aux angles, deux colonnes plus élevées supportent les arcs diagonaux soulageant les forces de cette voûte. Les sept autres, sur la face externe des piliers, reçoivent les arcs du déambulatoire et en délimitent les travées couvertes pour partie en berceau et pour partie en arête. En regard à l'intérieur, les portions du mur gouttereau de la rotonde comportent chacune trois demi-colonnes plaquées. On trouve de plus, au centre de chaque travée ainsi définie, deux autres demi-colonnes, de même type que les précédentes, venant achever l'extrados des fenêtres à double rouleau. L'ensemble de ces supports est surmonté de chapiteaux sculptés de motifs végétaux ou de rinceaux plus ou moins marqués.

---

[28] Après le passage des Perses (614), l'higoumène Modeste restructure la rotonde primitive, plaçant l'entrée à l'est, dans l'axe de l'abside principale, et deux autres absidioles aux points cardinaux.

[29] Concaves vers le centre et convexes vers le déambulatoire.

L'élévation des absidioles reprend le même principe à deux niveaux, donnant à l'ensemble une véritable unité. Le chœur des moines est quant à lui percé de onze fenêtres largement ébrasées et séparées par un cordon d'arcatures aveugles basses. On dénombre dix-huit arcatures à simple rouleau reposant sur des colonnes engagées.

Dans la crypte, l'espace est scandé à l'ouest par une série de trois demi-colonnes trapues et à l'extrémité orientale par quatre colonnettes autour du noyau semi cylindrique de l'abside. Les bases des colonnes sont formées de moulures tauriques superposées munies, pour la plupart de griffes. Les chapiteaux arborent un décor de feuillages et de rinceaux en faible relief, presque en méplat[30]. Elle est enfin éclairée par une série de hautes fenêtres en plein cintre largement ébrasées. L'intérêt principal de la crypte demeure qu'il s'agit de la partie la plus ancienne de l'église et surtout la seule à ne pas avoir été retouchée par les restaurations du XIXᵉ siècle.

L'espace central sous la tour-lanterne a été surélevé à une période tardive et relié au chœur principal oriental par une plate-forme portée sur voûte et encadrée de deux escaliers donnant accès à la crypte. À l'origine, le chœur des moines devait déjà se trouver surélevé par rapport au reste du bâtiment à l'aplomb de la crypte à laquelle on accédait depuis l'une des ailes latérales par un escalier le long du mur gouttereau.

L'élévation extérieure du chevet a été particulièrement soignée par les architectes du XIXᵉ siècle qui ont démonté et remonté les parties épargnées. L'organisation intérieure sur deux niveaux est rendue lisible par la présence d'un fin bandeau de pierre sur lequel viennent s'appuyer les fenêtres. Mais la présence des fines colonnettes prolongeant les supports des archivoltes des baies tend à souligner la verticalité de la construction. Cette verticalité est encore renforcée par l'insertion, entre les ouvertures, de fausses archivoltes encadrant des tympans. Chacun repose sur une série de quatre petits arcs sur deux culots cantonnant une fine colonnette faisant office de trumeau. Sous le bandeau, l'ensemble se prolonge jusqu'à former les contreforts.

Les absidioles n'arborent quant à elle aucun décor particulier, si ce n'est la présence du même fin bandeau de pierre matérialisant l'élévation interne à deux registres formés d'une base aveugle et d'un niveau supérieur percé de baies, l'ensemble étant couvert d'une toiture semi-cylindrique.

---

[30] C'est à partir de cet ensemble que le rapprochement avec les colonnes de la crypte de la cathédrale de Nantes a été fait et a permis une confirmation de la datation de 1083 pour la reconstruction de l'église.

Le corps de la rotonde présente quant à lui une élévation à trois niveaux. Le premier, servant de base, est totalement aveugle et est le plus imposant puisque deux fois plus haut que les suivants. Il est scandé, uniquement entre les contreforts nord-ouest, d'une série d'arcatures géminées. Le second niveau, correspondant au registre des fenêtres, ne présente aucun décor particulier si ce n'est l'encadrement des fenêtres formé de deux colonnettes supportant l'intrados de l'arc. Le troisième niveau enfin, faisant office de tambour, est percé de petites baies simples ouvrant sur les combles. La chute de la tour-lanterne a permis de réinstaller le couvrement en coupole tronconique reposant sur une corniche et de petits modillons. Elle a aussi permis la redécouverte d'un portail roman ouvert dans le mur nord-ouest, contre l'absidiole nord.

L'analyse du bâtiment est bien évidemment rendue complexe par l'importante reconstruction que l'église a connue à la fin du XIX$^e$ siècle. Même si les architectes en charge du projet ont tenté de respecter au mieux le parti de l'édifice roman, toute interprétation ne saurait être avant tout que formelle, les détails étant sujet à caution et à manier avec précaution.

## Analyse

La parenté entre l'abbatiale de Quimperlé et la rotonde hiérosolymitaine est indéniable et a souvent été relevé par les historiens. En effet, la dédicace à la Sainte-Croix et l'emploi du plan centré circulaire sont des réminiscences de l'Anastasis. Cependant, les circonstances de sa fondation, en l'occurrence ici un vœu de guérison suite à un songe, en font un cas plus particulier dans notre étude. Contrairement aux autres fondations liées au sépulcre du Christ, il ne s'agit pas ici de la fondation d'un pèlerin ou d'un croisé dans un contexte liturgique ou funéraire. On ne trouve de plus dans cette église aucune maquette de l'église de Jérusalem, et la dédicace à la Sainte Croix semble établir un lien plus spécifique à la Passion qu'à la Résurrection du Christ.

Pourtant, le cartulaire de l'abbaye rapportant les conditions de la fondation, fait référence à la Terre Sainte et à la rotonde du Sépulcre en particulier. Même si la charte de fondation de l'église ne nous est pas parvenue, les mentions contenues dans le cartulaire sont relativement claires.

Ce lien est encore renforcé par la similitude existant entre le rêve du comte de Cornouaille et celui de Constantin avant la bataille du pont Milvius. Eusèbe de Césarée rapporte en effet que l'empereur et ses soldats virent apparaître dans le ciel une grande croix d'or portant l'inscription « triomphe par ceci ». Constantin ne comprit le signe que la nuit suivante lorsque le Christ lui apparut en songe accompagné de la même croix et lui ordonnant de l'arborer au combat[31].

Ainsi même si les circonstances de la fondation en font un cas particulier, l'église abbatiale de Quimperlé est comme le laisse entendre les rédacteurs de l'époque, à mettre en relation avec l'Anastasis de Jérusalem. De plus, un rapprochement avec le plan de l'église de Villeneuve D'Aveyron renforce une fois encore ce lien.

*Sources manuscrites*
• Archives Nationales – Série F. 19, n°4923 : dossier 21, 1801, 1865–1866 et 1869–1871

*Bibliographie indicative*
• ABGRALL (Abbé J.-M.), *Le vieux Quimperlé*, Cotonnec Leprince, Quimperlé 1903, p. 11–15
• BELLANCOURT (Yves), *L'abbaye de bénédictine Sainte-Croix de Quimperlé*, Société Historique du Pays de Kemperlé, Quimperlé 1983
• BERTHOU (Paul de), MAÎTRE (Léon), *Cartulaire de Quimperlé*, Honoré Champion, Paris 2$^{nde}$ édition augmentée 1904
• BIGOT (Joseph), « Église Sainte-Croix de Quimperlé, sa chute, sa restauration », dans *Bulletin de la Société Archéologique du Finistère 1893*, 1894, t. XX, p. 45–54
• BLOIS (Aymar de), *Notice historique sur la ville de Quimperlé suivie d'une histoire particulière de l'abbaye de Sainte-Croix, d'après le manuscrit de Fr. Bonaventure du Plessis continuée jusqu'en 1790 par J.-Fr. M. Auran*, Clairet, Quimperlé 1881
• BLOIS (Aymard de), « Note sur l'église de Sainte-Croix de Quimperlé », dans *Bulletin Monumental*, 1862, t. XXVIII, p. 515–530
• HERSART DE VILLEMARQUÉ (Pierre), *Chronique abrégée du vieux Quimperlé*, Carré, Quimperlé 1914
• GRAND (Roger), *L'art roman en Bretagne*, Picard, Paris 1958, p. 400–406

---
[31] EUSÈBE DE CÉSARÉE, *Vita Constantini*, I, cap. XXVIII–XXIX.

- LA MONNERAYE (Charles de), « Église Sainte-Croix de Quimperlé », dans *Bulletin Monumental*, 1849, p. 524-532
- LE DUC (Dom Placide), *Histoire de l'Abbaye Sainte-Croix de Quimperlé*, Quimperlé, R.F. Le Men et T. Clairet, 1863
- LISCH (Robert), « Sainte-Croix de Quimperlé » dans *Congrès Archéologique de France*, CXV$^e$ session Cornouaille (1957), Orléans 1957, p. 84-93
- MAUNY (Baron de), « Église et chapelle circulaire [de Bretagne] à Quimperlé et Lanleff », dans *Compte Rendu de l'Association Bretonne*, 1964 (1963), t. LXXII, p. 41-42
- MÉRIMÉE (Prosper), *Notes de voyages présentées par P. M. Auzat*, Hachette, Paris 1971, p. 346-349
- PEQUIGNOT (Claire), « Quimperlé (Finnistère) » *Les édifices à plan centré des XI$^e$ et XII$^e$ siècles dans le royaume de France : évocations ou copies de l'Anastasis de Jérusalem*, Université de Toulouse II, t. II, p. 243-254
- RENOUARD (M.), *Art roman en Bretagne*. Ouest France, Rennes 1977
- TILLET (Louis-Marie), *Bretagne romane*, Zodiaque collection « la nuit des temps », Abbaye de la Pierre-qui-Vire 1982, t. LVIII, p. 107-112
- WAQUET (Henri-Joseph-Marie), « Les monuments historiques du Finistère », dans *Bulletin de la Société Archéologique du Finistère*, 1920, t. XLVII, p. 181

# Saint-Sépulcre de Parthenay

- Deux-Sèvres (France)
- Rasé en 1804
- Première moitié du XIe siècle
- Diamètre moyen de la rotonde : 27 m 70
- Diamètre moyen du déambulatoire : 16 m

## Historique

Les sources historiques concernant l'église paroissiale du Saint-Sépulcre de Parthenay sont très rares. La plus ancienne mention connue remonte à 1450 et encore concerne-t-elle son cimetière. Après un long silence, une seconde mention apparaît en 1583 à propos de restaurations envisagées suite à un incendie sans que l'on puisse véritablement déterminer l'importance des travaux ou les parties concernées[32]. Cet incendie fut sans doute une des conséquences des guerres de religion très actives dans ces régions.

Au cours des siècles suivants, l'église n'est seulement citée que deux fois par des pouillés en 1642 et 1782, une première fois sous le vocable du Saint-Sépulcre, la seconde en tant que Saint-Martin du Saint-Sépulcre de Parthenay-le-Vieux[33]. La rotonde est finalement détruite en 1804 et remplacée par un collège qui fut reconverti en caserne en 1878. En 1976, cette dernière est à son tour détruite et l'emplacement ainsi libéré est transformé en parking.

La documentation graphique concernant l'édifice est tout aussi sporadique. Il est très difficile de reconnaître un édifice de plan centré sur les plans de la ville, et aucune gravure ou autre peinture ne fait état d'un tel édifice. Notre seule source reste le plan schématique réalisé par Bélisaire Ledain au début du XIXe siècle. Quoique très sommaire, il nous est très précieux pour connaître la disposition du bâtiment.

---

[32] Bélisaire LEDAIN, *La Gâtine historique et monumentale*, Paris 1876, p. 253 et 282.
[33] Henri BEAUCHET-FILLEAU, *Pouillé du diocèse de Poitiers*, Niort-Poitiers. L. Clouzot et H. Oudin 1868, p. 340.

En 1985, un projet de construction de maison de retraite sur le site, amène les autorités locales à entreprendre, dans un premier temps, des sondages révélant l'existence de structures à 20 ou 30 cm de profondeur, puis à lancer un programme de fouilles de sauvetage de mars à mai 1986. Ces fouilles ont non seulement permis de restituer les dispositions générales de l'édifice, mais encore d'avancer une date de fondation et une chronologie.

## Description

L'existence de l'église, quoique détruite et mal connue par les sources, est en revanche avérée par, d'un côté l'archéologie et de l'autre la toponymie locale. Toutes les descriptions aujourd'hui en notre possession sont malheureusement postérieures à la destruction de l'église en 1804 mais, recoupées avec les données archéologiques des fouilles de 1986, elles nous fournissent de précieux renseignements quant au plan et parti de l'édifice d'origine. Située dans les faubourgs de Parthenay, à proximité d'une des portes des remparts (porte du Saint-Sépulcre), l'église était bordée par la route de Parthenay à Niort (rue du Faubourg Saint-Sépulcre).

Si l'on s'en réfère au plan établi par Ledain, l'église est formée d'un corps central de plan circulaire auquel viennent se greffer quatre chapelles de plan irrégulier. L'accès se faisait à l'est du côté du rempart, et faisait face à une chapelle occidentale de plan barlong contrebutée de quatre contreforts aux angles externes et d'un cinquième au ressaut du mur gouttereau nord. De ce même côté, se trouvait une seconde chapelle de plan trapézoïdal aux parois externes scandées de contreforts. Deux autres chapelles barlongues marquaient plus ou moins un axe nord-sud. Les fouilles contemporaines n'ont permis de retrouver que la tranchée de récupération des parois du corps central[34] à laquelle viennent se greffer les trois chapelles placées sur les principaux axes (nord, sud, ouest). L'entrée était vraisemblablement précédée d'un porche formé de trois plate-tombes n'apparaissant pas sur le plan établi par Ledain. L'arc de cercle de la tranchée permet d'établir un diamètre intérieur de 24 m (pour un diamètre extérieur de 29 m), faisant du Sépulcre de Parthenay une des plus vastes églises de plan centré en France.

---

[34] La démolition du XIXe siècle avait opté pour un démontage systématique du mur jusqu'aux fondations pour récupérer les pierres de granit taillé et les remployer dans la nouvelle construction ou à proximité. Anne-Marie FOURTEAU-BARDAJI, « Église du Saint-Sépulcre de Parthenay. Premiers résultats des fouilles archéologiques » dans *Bulletin de la Société historique et scientifique des Deux-Sèvres*, t. XIX n°3 (1986), 2ème série, p. 120.

Un pilier de granit marquait le centre de la rotonde et supportait les poussées d'une charpente qui s'appuyait dans sa partie externe sur les grandes arcades en plein cintre reposant sur les colonnes formant le déambulatoire. Lors de la destruction de l'église, Ledain découvrit au niveau du pilier une plaque de cuivre du XVIe siècle qui lui fit déduire qu'il n'appartenait sans doute pas à l'édifice d'origine[35]. Les fouilles archéologiques entreprises à l'emplacement du pilier tendent à lui donner raison, les parties les plus anciennes paraissant ne pas remonter au-delà du XVIe siècle[36]. Il s'agirait sans doute d'une conséquence des travaux entrepris suite à l'incendie de 1583 pour renforcer et supporter la structure défaillante de l'édifice (des traces de brûlure et d'éclatement de la pierre sont apparemment visibles sur certaines parties des fondations). La découverte de neuf bases cruciformes (1 m 50 de côté) plus anciennes suggère l'existence d'un ensemble de onze à douze colonnes ou piliers déterminant l'espace du déambulatoire de 16 m de diamètre[37].

Enfin Ledain fait état, dans la chapelle occidentale, d'une reproduction du tombeau du Christ entouré de sept statues représentant sans doute les personnages de la Mise au tombeau. Le bras de l'une d'entre elle (identifiée comme étant Marie-Madeleine) est encore conservé au musée des Antiquaires de l'ouest[38].

## Analyse

Il est difficile de déterminer une date de fondation pour la rotonde. Les nombreuses sépultures découvertes dans et autour de l'édifice sont pour la plupart datées du XVe au XVIIe siècle. De plus, même si les fouilles n'ont pas atteint le sol primitif, les nombreuses modifications subies par le monument au XVIe siècle et la disparition totale des structures de la rotonde elle-même rendent toute datation difficile.

---

[35] « Un pilier de granit soutenait les rayons d'une charpente dont la circonférence se raccordait avec une suite d'arcades circulaires supportées par un rang de colonnes en même granit, placées en dedans du mur d'enceinte » dans LEDAIN, *La Gâtine...*, p. 282.

[36] FOURTEAU-BARDAJI, « Église du Saint-Sépulcre de Parthenay... » p. 123.

[37] Les demi-tambours en granit ont été remployés dans la construction du collège. La profondeur des bases des colonnes (1 m) témoigne de la forte charge de la construction. Voir FOURTEAU-BARDAJI, « Église du Saint-Sépulcre de Parthenay... », p. 123.

[38] *Catalogue du musée de la Société des Antiquaires de l'Ouest*. Mémoire de la Société des Antiquaires de l'Ouest, t. X (1843). Actuellement, réserves du musée Sainte-Croix de Poitiers.

Cependant le mobilier le plus ancien retrouvé sur le site remonte au XIe siècle[39], datation qui paraît être confirmée par la présence d'un chapiteau de la même période remployé dans un des murs de la caserne[40].

Ledain propose de voir en Ebbon, seigneur de Parthenay et ancien croisé ayant défendu le Saint-Sépulcre de Jérusalem, le fondateur de l'église[41]. Mais pour être valable, la construction aurait dû commencer au plus tôt à l'extrême fin du XIe siècle et plus vraisemblablement au début du XIIe siècle ce qui ne correspond alors pas avec certains des éléments mobiliers retrouvés.

D'autres auteurs ont aussi avancé l'hypothèse d'une fondation antérieure à la première croisade correspondant à un retour de pèlerinage. Il n'est pas rare de trouver ce genre de fondation à plan centré dans un contexte de pèlerinage dans la première moitié du XIe siècle (Neuvy-Saint-Sépulchre, Chauvigny, Charroux…), fondation ici renforcée par la présence d'un tombeau et une dédicace au Saint-Sépulcre. Cependant aucune source ne permet de faire le lien entre l'église et un pèlerin d'importance[42].

Même si aucune datation définitive ne peut être avancée, l'analyse du plan et du contexte permet de supposer une fondation vraisemblable au début XIe siècle, au plus tard dans le courant du XIIe siècle.

*Sources manuscrites*
- Fonds LEDAIN, *notes prises dans le catalogue des Chartes de Dom Housseau*, Bibliothèque municipale de Parthenay

---

[39] Il s'agit de pièces de monnaie, plus précisément une pièce du Comté de Penthièvre (1138–1184) et de deux autres pièces datées du XIe siècle et de 1224.

[40] L'analyse stylistique de ce chapiteau d'angle décoré de feuilles d'acanthe simplifiées aux volutes stylisées sur l'angle, tend à avancer une datation du chapiteau du début du XIe siècle.

[41] LEDAIN, *Histoire de la ville de Parthenay*, Paris 1858, p. 62–63.

[42] La taille de l'église (24 m de diamètre intra) tend à renvoyer vers une fondation seigneuriale, du moins pour les premiers fonds avancés.

*Bibliographie indicative*
- *Catalogue du musée de la Société des Antiquaires de l'Ouest*. Mémoire de la Société des Antiquaires de l'Ouest, t. X (1843)
- BEAUCHET-FILLEAU (Henri), *Pouillé du diocèse de Poitiers*, Clouzot, Niort 1868, p. 340
- FOURTEAU-BARDAJI (Anne-Marie), « L'église du Saint-Sépulcre à Parthenay. Premiers résultats des fouilles archéologiques » dans *Bulletin de l société historique et scientifique des Deux-Sèvres*, t. XIX n°3 (1986), $2^{ème}$ série, p. 117–134
- FOURTEAU-BARDAJI (Anne-Marie), « L'église du Saint-Sépulcre » dans *Images de Parthenay*, 1987, p. 35–40
- LEDAIN (Bélisaire), *Histoire de la ville de Parthenay, de ses anciens seigneurs et de la Gâtine du Poitou*, A. Durand, Paris 1858, p. 72–73
- LEDAIN (Bélisaire), *La Gâtine historique et monumentale*, J. Claye, Paris 1876, pp. 33, 54, 62–63, 253 et 282
- PEQUIGNOT (Claire), « Parthenay (Deux-Sèvres) » dans *Les édifices à plan centré des $XI^e$ et $XII^e$ siècles dans le royaume de France : évocations ou copies de l'Anastasis de Jérusalem*, Université de Toulouse II, t. II, p. 238–242

# Mauritius Kapelle

- Cathédrale Notre Dame, Constance (Allemagne)
- Évêque Conrad (935-975)
- 940-960
- Diamètre intérieur : 11 m 30
- Diamètre extérieur : 12 m 80

## Historique

Fondée en 940 par l'évêque Conrad de Constance, la chapelle Saint-Maurice est un « *Sepulchrum Domini in similitudine illius Jerusalimitani* »[43]. La *Vita Chuonradi* précise même que cette chapelle renfermait en son centre une représentation du tombeau du Christ ornée d'or et d'argent. S'étant par trois fois rendu au Saint-Sépulcre[44], Conrad connaissait les dispositions du monument ainsi que la liturgie qui s'y déroulait. Il est donc probable que dès l'origine, l'évêque de Constance intégra cette petite chapelle à la liturgie stationnale de la ville. On ne sait malheureusement rien de la forme adoptée par cet édicule primitif qui a entièrement disparu. À sa mort, le 26 novembre 975, Conrad est inhumé dans un sarcophage placé dans un petit arcosolium situé entre les absides sud et ouest, au plus près de l'édicule du tombeau (*ad sanctos*).

De plan centré, la chapelle Saint-Maurice est située au chevet (nord-est) de la cathédrale à laquelle elle est reliée par un petit cloître. Elle adopte un plan circulaire augmenté de quatre absides de section carrée conférant une fausse impression de plan cruciforme. Au début du XIVe siècle, des modifications sont apportées sur l'édifice. Les absidioles nord et sud sont augmentées d'une travée orientale, tandis que l'abside occidentale disparaît au profit de l'installation du cloître.

La destruction du premier édicule (à une date indéterminée) a permis l'installation, en 1260, de l'actuel édicule gothique. De plan octogonal, il posé sur un soubassement mouluré et comporte une élévation simple couverte d'une coupole conique. Les panneaux de l'octogone se développent sur deux niveaux, un niveau bas ouvert d'une baie géminée étroite surmontée d'un oculus, et un niveau supérieur reprenant

---

[43] Wolfgang Götz, *Zentralbau und Zentralbeutendenz in der gotischen Architektur*, Gebr. Mann, Berlin 1968, p. 226.
[44] Dalman (Gustav), *Das Grab Christi in Deutschland*, Dieterich Verlagsbuchhandlung, Leipzig 1922, p. 31.

le même schéma dans des proportions plus trapues. Chacun est enfin surmonté d'un haut gable à pinacles percé d'un trilobe. Les angles sont marqués par trois fines colonnettes servant de piédestal aux groupes sculptés.

Analyse

Importante étape sur la route allemande de Saint-Jacques-de-Compostelle, la *Schwabenweg* (route Souabe), le Saint-Sépulcre de Constance s'intègre dans un ensemble liturgique comprenant l'ensemble des églises majeures de la ville. Conrad a ainsi fondé dans la ville cinq églises renvoyant aux cinq basiliques majeures romaines et entre lesquelles il a institué une liturgie stationnale comparable à celle en cours à Rome, elle-même écho de celle de Jérusalem.

Avec le *Sepulchrum Domini*, Conrad veut aussi faire de Constance une seconde Jérusalem. On sait ainsi que dès le XIIIe siècle, et sans doute depuis le Xe siècle, un certain nombre de liturgies pascales incluent le Saint-Sépulcre. La *Depositio hostiae* ou *cruci* se déroule dans le rotonde et comprend une procession à travers le cimetière. Le matin de Pâques, le clergé se réunit dans la rotonde pour rejouer la *Visitatio Sepulchri*. Puis, en procession, les participants à la liturgie se rendent dans la cathédrale pour célébrer la messe de l'aurore. Pendant le reste de l'année, le Saint-Sépulcre est le but d'un certain nombre de processions ordinaires et extraordinaires, en particulier à la vigile de la saint Maurice et de la saint Blaise. Chaque dimanche, le chapitre se rend en procession au Saint-Sépulcre entonnant le *De Profundis* et chaque dimanche la prière dominicale est dite devant le sépulcre. À travers cette pérégrination à l'intérieur de l'église, c'est le pèlerinage à Jérusalem qui est reproduit, voyage symbolique et spirituel dont le but est le Saint-Sépulcre[45].

Au-delà de l'interprétation de l'édifice conçu par Conrad, une autre explication s'attache à l'édicule gothique. Le programme sculpté s'y développant est centré, à l'extérieur, sur les scènes de l'enfance du Christ (registre inférieur) et les Apôtres (gâbles et pignons), et à l'intérieur, sur les scènes de la Résurrection. À l'intérieur, un crochet suspendu à la voûte désigne l'emplacement où devait être placée une co-

---

[45] Je tiens à remercier le professeur Peter Kurmann de la faculté d'histoire de l'art médiévale de l'université de Fribourg, pour toutes les informations qu'il a eu la gentillesse de me donner concernant le Saint-Sépulcre de Constance et la liturgie qui s'y rattache.

lombe eucharistique. La fonction liturgique de ce petit monument apparaît à travers l'iconographie adoptée. L'association des scènes de l'Enfance et de la Résurrection, sans aucune référence à des épisodes de la Passion, fait des Apôtres les témoins privilégiés de l'institution de l'eucharistie et de la réalisation des promesses du Salut. Le Saint-Sépulcre devient donc un réceptacle de l'eucharistie. On note de plus que le programme sculpté ne comporte aucune représentation imagée du Christ que ce soit à l'extérieur ou à l'intérieur du monument. L'utilisation de l'espace comme reposoir eucharistique, à savoir la présence permanente d'une hostie consacrée à l'intérieur du Sépulcre, rend inutile toute forme imagée du Christ réellement présent et permet de renforcer la valeur du sacrement de l'eucharistie.

Le cycle sculpté de Constance est précurseur des Saints tombeaux du XV$^e$ siècle et des Mises au Tombeau monumentales. Il synthétise en un seul lieu les scènes de la Passion et de la Résurrection, invitant le pèlerin au recueillement et à la méditation par l'image et la participation au sacrement, réactualisation liturgique de l'évènement biblique.

L'édicule gothique de Constance est donc une œuvre de transition, relevant tout d'abord de la tradition ancienne des représentations architecturales du Saint-Sépulcre et des nouvelles recherches de figuration de l'épisode évangélique. Compris comme la synthèse de l'histoire du Salut, il invite au pèlerinage intérieur vers la Jérusalem céleste.

*Sources imprimées*
- UDALSCALC VON MAISACH, *Vita sancti Chuonradi Constantiensis Episcopi*, Georg Henrich PERTZ (éd), *MGH SS*, 4. *Annales, Chronica et Historiae Aevi Carolini et Saxonici*, Hannovre 1841, p. 429–445
- *Regesta episcoporum Constantiensium. Regesten zur Geschichte der Bischöfe von Konstanz (von Bubulcus bis Thomas Berlower, 517–1496)*, herausgegeben von der Badischen Historischen Commission. T.1 (517–1293), Innsbruck 1895

*Bibliographie indicative*

- DALMAN (Gustav), *Das Grab Christi in Deutschland*, Dieterich Verlagsbuchhandlung, Leipzig 1922, p. 30–34
- DIETRICH (Barbara), « Anastasis-Rotunde und Heiliges Grab in Jerusalem », dans : *Georges-Bloch Jahrbuch*, 11–12 (2004–2005), p. 7–29
- ERDMANN (Wolfgang), ZETTLER (Alfons), *Zur Archäologie des Konstanzer Münsterhügels*, Schriften des Vereins für Geschichte des Bodensses und seiner Umgebung, 95. Heft, Selbstverlag, Friedrichshafen 1977
- KRÜGER (Jürgen), « Nachbilde von Kirche und Grab », dans : *Die Grabeskirche zu Jerusalem: Geschichte, Gestalt, Bedeutung*, Schnell & Steiner, Regensburg 2000, p. 188–197
- KRÜGER (Jürgen), « Die Grabeskirche in Jerusalem und ihre Nachbauten im 11. und 12. Jahrhundert », dans : *Canossa (1077). Erschütterung der Welt. Geschichte, Kunst und Kultur am Aufgang der Romanik*, Hirmer, Munich 2006, p. 498–511
- KURMANN (Peter), « Das Heilige Grab in Konstanz, Gestalt und Funktion », dans : *Tagung der Dombaumeister, Münsterbaumeister Hüttenmeister: Dokumentation. 10.–14. Sept. 1985 in Konstanz*, Staatliches Hochbau- und Universitätsbauamt, 1985, p. 71–79

## Busdorfkirche, Paderborn

- Rhénanie-du-Nord Westphalie
- 1036
- Diamètre extérieur : 14 m 50

## Historique

C'est en 1033 que l'évêque de Paderborn Meinwerk envoie l'abbé Wino von Helmarshausen à Jérusalem pour y relever les mesures de la rotonde de l'Anastasis et de l'édicule du tombeau qui s'y trouvait[46]. En 1009, le calife fatimide al-Hakim a ordonné la destruction complète, jusqu'aux fondations, du Saint-Sépulcre et de la basilique de Martyrium. Si cette dernière a entièrement disparu, il semble que la rotonde et l'édicule aient plus ou moins survécu. Les ruines restent en l'état jusqu'à l'intervention de l'empereur byzantin Constantin Monomaque en 1048. C'est donc un complexe très largement ruiné que Wino von Helmarshausen a l'occasion de visiter lors de son pèlerinage.

Le 25 mai 1036, onze jours avant sa mort, dans la charte de fondation de l'autel, Meinwerk précise qu'il a entrepris la construction d'une église « *ad similitudinem Sanctae Iherosolimitanae ecclesiae* »[47], en reproduisant les mesures et les dispositions afin de s'assurer une place dans la Jérusalem céleste par la reproduction dans ses terres de la Jérusalem terrestre.

La consécration de l'autel, entreprise avec l'autorisation de l'empereur Conrad II et le consentement des archevêques de Cologne et Mayence ainsi que de l'évêque de Wurzbourg, se déroule en présence de Wino von Helmarshausen. Il est peu probable que l'intégralité de la construction ait été achevée à une date aussi haute. En 1058 un incendie se déclare dans l'église et en 1068 l'évêque Imad, successeur de Meinwerk, procède à une nouvelle consécration (charte datée du 21 juillet 1068) pour célébrer son achèvement ou sa restauration. Imad parle du monastère en le nommant « notre Jérusalem ».

---

[46] *Vita Meinwerci Episcopi Patherbrunnensis*, dans : *MGH SS*, 59 VII, p. 217.
[47] Gustav DALMAN, *Das Grab Christi in Deutschland*, Dieterich Verlagsbuchhandlung, Leipzig 1922, p. 36.

L'utilisation de cette titulature est confirmée par l'apparition d'un « prévaut de Jérusalem » au XII$^e$ siècle, mais le nom semble disparaître par la suite au profit de la dédicace aux Saints Pierre et André, ou celle de « Busdorfkirche ». En 1180, un cloître est ajouté au sud de l'église.

C'est vers cette époque qu'une nef est accolée à l'église originale, modifiant notablement le plan centré, puis en 1180 c'est un cloître qui est accolé à la paroi méridionale de l'église. Suite à un incendie qui ravage la construction en 1289, ne laissant intact que la crypte, l'église est reconstruite au début du XIV$^e$ siècle sur un plan basilical. La construction du portail principal, à l'ouest, débute en 1400 et s'achève, dans les parties hautes, à la fin du siècle selon un style gothique tardif. Le porche baroque est enfin ajouté en 1667 par Ambroise von Oelde.

## Description

Malgré de très nombreuses et importantes modifications au cours des siècles, les fouilles entreprises dans et autour de l'église ont permis de mettre en évidence l'emploi d'un plan centré octogonal augmenté de quatre absides de section carrée. La façade principale, à l'ouest, était marquée par un bâtiment barlong s'ouvrant en exèdre accolé à l'abside occidentale et cantonné de deux hautes tours rondes.

Aucune source ne vient en revanche nous renseigner sur l'existence possible ou non d'une image de l'édicule du tombeau au centre de la structure.

## Analyse

Les dispositions générales de Paderborn rappellent l'agencement original de la chapelle Saint-Maurice de Constance (X$^e$ siècle) qui adopte elle aussi un plan octogonal.

Il est intéressant de noter que l'église de Paderborn a généré une copie indirecte du monument hiérosolymitain. L'évêque Henry de Paderborn commande en 1126 la construction d'une copie du Saint-Sépulcre de Paderborn à Krukenburg, au nord du village Helmarshausen. De plan centré, cette chapelle Saint-Jean-Baptiste (titulature ancienne), sans doute cémétériale, était pourvue en son centre d'une tombe isolée rappelant l'édicule du tombeau à Jérusalem. C'est aussi à travers cette petite chapelle que le plan centré de la Busdorfkirche a pu être déterminé.

L'objectif de Meinwerk était, selon sa *Vita*, de s'assurer une place dans la Jérusalem céleste en reproduisant une image de la Jérusalem terrestre dans son évêché. De plan octogonal à quatre absides de section carrée, le Saint-Sépulcre de Paderborn paraît être une interprétation du monument hiérosolymitain ruiné que Wino von Helmarshausen a pu voir. Selon la conception contemporaine « d'imitation », il est presque certain que les « mesures » prises par l'abbé allemand étaient moins des renseignements pratiques concernant les dispositions de l'église de Jérusalem, qu'une relique mémorielle à travers laquelle une reconstruction mentale de la Jérusalem céleste devenait possible.

*Sources imprimées*

*Vita Meinwerci Episcopi Patherbrunnensis*, dans : *MGH SS*, 59 VII

*Bibliographie indicative*

• BRANDT (Hans Jürgen), « Die Jerusalemkirche des Bischofs Meinwerk von 1036 : zur Bedeutung des Heilig-Grab-Kultes im Mittelalter », dans : BRANDT (Hans Jürgen) (éd.), *Die Busdorfkirche in Paderborn (1036–1086)*, Verl. Bonifatios-Dr., Paderborn 1986, p. 173–195

• DALMAN (Gustav), *Das Grab Christi in Deutschland*, Dieterich Verlagsbuchhandlung, Leipzig 1922, p. 35–37

• DIETRICH (Barbara), « Anastasis-Rotunde und Heiliges Grab in Jerusalem », dans : *Georges-Bloch Jahrbuch*, 11–12 (2004–2005), p. 7–29

• KOSCH (Clemens), *Paderborns mittelalterliche Kirchen Architektur und Liturgie um 1300*, Schnell & Steiner, Regensburg 2006, p. 37–43

• KRÜGER (Jürgen), « Nachbilde von Kirche und Grab », dans : *Die Grabeskirche zu Jerusalem: Geschichte, Gestalt, Bedeutung*, Schnell & Steiner, Regensburg 2000, p. 188–197

• MIETKE (Gabriele), *Die Bautätigkeit Bischof Meinwerks von Paderborn und die frühchristliche und byzantinische Architektur*, F. Schöningh, Paderborn 1991

• WESENBERG (Rudolf), « Wino von Helmarshausen und das Kreuzförmige Oktogon », dans : *Zeitschrift für Kunstgeschichte*, vol 12 n. 1(1949), p. 30–40

# Villeneuve d'Aveyron

- Aveyron (12)
- Église paroissiale Saint-Pierre
- Classé Monument Historique en 1925
- Fin du XI$^e$ – début du XII$^e$ siècle
- Diamètre de la rotonde : 12 m 70
- Hauteur de la coupole : 13 m 40
- Dimension moyenne des absidioles : 4 x 6 m 30
- Hauteur des absidioles : 10 m 20
- Hauteur de voûte du massif occidental : 11 m 70

## Historique

En 1053, Odile, seigneur de la famille de Morlhon, de retour de Jérusalem où il était allé pour « prier et voir les lieux saints où notre seigneur Jésus Christ est né, a souffert sa passion, est mort, et ressuscité et est monté au ciel », fonde un monastère dédié au Saint-Sépulcre, à Villeneuve, dans la paroisse de Mauriac[48]. Consacrant une partie de ses biens à la construction du monastère il lui adjoint un certain nombre de manses et possessions, et établit autour de l'église une « sauveté », un espace de refuge, délimité par des croix à l'intérieur duquel toute violence est bannie sous peine d'excommunication. L'édifice est, de plus, dès l'origine, placé sous l'autorité de l'Église de Jérusalem, en la personne de Sophronius, 85$^e$ patriarche de la ville, qui devait en nommer les prieurs et, chaque année, en percevoir un besant d'or pour payer l'encens brûlant en permanence devant le saint tombeau[49].

---

[48] « *Ego Odilus filius Rodulfi de Comitatu Rudense perrexi Jherosolimem causa orationis, et videre sancta loca, ubi dominus noster Jesu-Christus dignatus est nasci, pati, mori, et resurgere et ascendere in coelum compunctus suo corde, et posuit Deus in animo meo, ut de meis haereditatibus facerem monasterium ad honorem domini Jesu-Christi qui positus est in Sancto Sepulchro id est in illa parrochia de Mauriag volo illum aedificare, taliter que dispono* ». Collection DOAT (B.N.F.), registre 129, fol 58). Publié par Jacques BOUSQUET, « La fondation de Villeneuve d'Aveyron (1053) et l'expansion de l'abbaye de Moissac en Rouergue », dans *Moissac et l'occident au XI$^e$ siècle. Actes du colloque international de Moissac du 3 au 5 mai 1963*, 1964, p. 216–217.

[49] Claire PÉQUIGNOT, « L'église de Villeneuve d'Aveyron. Une église bâtie à l'image du Saint-Sépulcre », dans : *Cahiers de Saint-Michel de Cuxa*, t. 26 (1995), p. 147.

Un second texte, plus tardif (vers 1070), confirme la donation mais place le monument sous la dépendance de l'abbaye Saint-Pierre de Moissac[50]. La difficulté croissante du prieuré rouergat à entretenir des liens avec Jérusalem et l'importance grandissante des établissements clunisiens, en particulier Moissac, explique sans doute ce changement de rattachement, sans pour autant diminuer le prestige de l'église de Villeneuve[51].

Il semble malgré tout que le prieuré ait eu plus à subir l'influence des évêques de Rodez, plus proches géographiquement, que celle des abbés de Moissac, vraisemblablement trop éloignés. Ainsi dès 1079, Pierre Bréguier, évêque de Rodez, s'intitule *aedificator et custos* du monastère et crée, à l'intérieur de la sauveté, un marché dont il cède une part des taxes au prieur Deodat qui peut aussi recourir aux *comunias*[52] pour la construction et l'entretien des bâtiments conventuels (aujourd'hui disparus). Ces privilèges sont, par la suite, régulièrement confirmés par ses successeurs et ce même si, en 1097, Urbain II réaffirme la possession de l'église par l'abbaye de Moissac[53].

Au début du XIIe siècle, les évêques de Rodez possèdent de véritables droits seigneuriaux à Villeneuve. Ils perçoivent la dîme et les droits détenus par les seigneurs locaux. Mais c'est l'institution consulaire qui acquiert progressivement de plus en plus d'influence et c'est à elle que l'on doit au XIIIe siècle la construction d'une église paroissiale placée sous le vocable des apôtres Pierre et Paul. Pour dégager l'espace nécessaire, l'abside orientale de l'église primitive est détruite et ce qu'il restait de l'église originale est mis en communication avec la nouvelle église gothique pour lui servir de vestibule ou de narthex[54].

---

[50] Collection DOAT B.N.F., registre 129, fol 58. Publié par Jacques Bousquet, « La fondation de Villeneuve d'Aveyron (1053) et l'expansion de l'abbaye de Moissac en Rouergue », dans *Moissac et l'occident au XIe siècle. Actes du colloque international de Moissac du 3 au 5 mai 1963*, 1964, p. 216–217.

[51] Jacques Bousquet, « La fondation de Villeneuve d'Aveyron (1053) … », dans *Moissac et l'occident …*, p. 195–220. Dans cet article Jacques Bousquet revient sur les liens existant entre l'abbaye clunisienne et le Saint-Sépulcre de Villeneuve. Il y analyse aussi l'implantation des clunisiens.

[52] Les *comunias* étaient des troupes de paysans levées par l'évêque pour garantir la paix sur le territoire de la sauveté. Voir : Jacques Bousquet, « La 'comunia' à Villeneuve et l'origine des communes du Moyen Age », dans : *Procès-verbaux des séances de la société des Lettres, Sciences et Arts de l'Aveyron*, t. XLVI, 3e fascicule, 1993, p. 527–551.

[53] Claire Péguignot, « Villeneuve d'Aveyron », dans : *Les édifices de plan centré…*, T. 2 catalogue, p. 256.

[54] Claire Péquignot, « Bilan archéologique de l'église de Villeneuve d'Aveyron », dans : *Revue du Rouergue*, 34 (été 1993), p. 206–212.

Cet abandon progressif de l'église romane entraîne au fil des siècles une ruine qui induit de nécessaires travaux de restauration. En 1514, un procès oppose l'évêque de Rodez et les consuls quant à savoir qui aurait la charge financière de les entreprendre. Chacun présente témoins et artisans qui dressent un état des lieux alarmant de l'édifice. La maçonnerie des piliers centraux menaçait de céder et la couverture était défectueuse à plusieurs endroits si bien qu'il pleuvait dans l'église. Un premier jugement oblige l'évêque de Rodez à assurer le financement des travaux. En appel il obtient de restaurer seulement la couverture et une prise en charge des travaux pour moitié par les consuls. Pour le reste, il semble qu'ils aient été remis à plus tard[55].

En 1738, la foudre tombe sur le clocher et déclenche un incendie qui s'étend à l'église. Un an plus tard, les consuls pourvoient aux réparations nécessaires et inaugurent une longue série d'améliorations et de travaux. En 1763, un mur de séparation entre l'église romane et la partie gothique vient renforcer la construction. À la fin du XIX$^e$ siècle, la nouvelle flèche est installée sur le clocher mais les principaux travaux de restaurations sont exécutés entre 1961 et 1975. Pour la partie romane, les efforts se concentrent principalement sur la restauration du parti original de l'église et la mise en valeur des structures primitives. Dans ce cadre, les piliers centraux sont repris et consolidés pour supporter le clocher et les fresques de la chapelle nord sont nettoyées.

## Description

C'est le Saint-Sépulcre de Constantin Monomaque (1048), alors en cours de restauration, qu'Odile de Morlhon visite lors de son séjour en Terre Sainte. Il s'agit alors d'une demi-rotonde partiellement fermée à l'est par deux pans de mur et sur laquelle s'ouvraient trois absidioles. Au centre l'espace était délimité par une série de colonnettes et de piliers entourant l'édicule du tombeau. Ce sont ces dispositions générales que l'on peut retrouver dans l'église de Villeneuve.

L'église romane de Villeneuve est une rotonde augmentée à l'est, au nord et au sud par trois bras formés d'une travée s'achevant sur une abside semi-circulaire, et à l'ouest par un bras à travée double et chevet plat surmonté d'une tribune.

---

[55] Claire PÉGUIGNOT, « Villeneuve d'Aveyron », dans : *Les édifices de plan centré...*, T. 2 catalogue, p. 256.

La chapelle orientale ainsi que les deux quarts de rotonde l'entourant ont aujourd'hui disparu au profit de la vaste nef gothique. Les traces d'arrachements et l'analyse de la construction permettent cependant sa restitution, sans pour autant pouvoir déterminer avec assurance sa profondeur ou son importance par rapport aux autres chapelles. Il est cependant probable, si on analyse les proportions de l'édifice (espace central et chapelles) qu'il ait eu plus ou moins les mêmes dimensions que les autres afin de privilégier une symétrie de la construction et de conserver l'idée de plan ramassé à l'image de l'église de Jérusalem.

L'accès se fait de nos jours par un portail en plein cintre à trois ébrasements à ressauts, percé entre deux contreforts dans la paroi nord du bras occidental. Il est surmonté de deux tores et une archivolte supérieure décorée de grossières volutes.

Le bras occidental est composé de deux travées barlongues, la seconde plus étroite que la première, cette dernière étant couverte en arc de cloître servant de support à la tribune qui en reprend donc les dimensions. Une porte s'ouvre dans le mur occidental et donne aujourd'hui accès à un petit trésor (chapiteaux sculptés du XII$^e$, mobilier liturgique) qui est en fait la base de l'escalier d'origine menant à la tribune. Un second escalier lui est accolé dès le XIV$^e$ siècle et permet d'accéder aux différents niveaux du corps du bâtiment fortifié à cette période.

Le centre de la rotonde est délimité par quatre piliers de section carrée sur les faces desquels sont plaquées des demi-colonnes reposant sur de hautes bases circulaires. Définissant un espace central quadrangulaire, ils reçoivent des arcs doubleaux à double rouleau et quatre ogives de section rectangulaire aboutissant à un *occulus* maçonné servant de soutien à la coupole. La massivité de ces supports et le désaxement par rapport aux pilastres plaqués sur les murs gouttereaux recevant les arcs doubleaux du déambulatoire, et l'irrégularité des travées triangulaires qui s'ensuit, semblent indiquer qu'ils appartiennent à une phase de construction plus tardive. Il n'est pas inenvisageable de supposer que, les travaux s'attardant trop et faute de moyens, on renonça à un nombre plus élevé de supports et qu'on préféra la solution actuelle plus rapide à mettre en œuvre.

Le peu d'espace ménagé pour le déambulatoire entre les piliers massifs et le mur gouttereau, associé au couvrement en berceau des travées faisant directement face aux chapelles et s'appuyant contre le carré central, met l'accent, du moins à l'intérieur, sur le plan en croix grecque du bâtiment. L'aspect de la rotonde est en revanche plus lisible à l'extérieur où les quarts de cercle encadrant chaque bras de la croix la rendent d'autant plus identifiable. À l'intérieur, deux fenêtres en plein cintre à simple ébrasement sont percées dans les portions occidentales de la rotonde, tandis que les chapelles étaient simplement éclairées par trois *occuli* dans la partie haute du mur (il n'en reste plus qu'un seul dans la chapelle nord et deux au sud). On est ainsi frappé, en pénétrant dans l'église, par la prégnance des piliers centraux qui masquent la perspective et faussent la vision générale de l'édifice.

Chaque chapelle (nord et sud pour celles subsistantes) est formée d'une travée droite voûtée en plein cintre, s'achevant sur une abside semi-circulaire en cul-de-four. L'hémicycle est orné d'une série d'arcatures aveugles reposant sur de fines colonnettes dont les bases reposent sur un petit banc de pierre. La paroi orientale de la chapelle sud a malheureusement disparu afin de faciliter la communication avec l'église gothique, mais elle donnait à l'origine accès au cloître. Au nord, les parois latérales reprennent le même schéma d'arcatures et colonnettes laissant supposer un même dispositif dans les autres chapelles.

Dans cette même chapelle, des fresques du XIV$^e$ siècle décrivent sur l'histoire de saint Jacques et du pèlerinage à Compostelle. On peut ainsi reconnaître dans le cul-de-four un Christ en Majesté, entouré, dans l'intrados de l'arc, de figures des apôtres. Dans les arcs du presbytère sont figurés des pèlerins arborant leurs attributs classiques (bonnet, bourdon, panetière avec la coquille Saint-Jacques). Au niveau supérieur des parois latérales se développe l'histoire de Jacques et du pèlerinage à Compostelle (dont la légende du pendu dépendu).

L'élévation extérieure est sobre et sans décor si ce n'est la corniche à modillons dont il reste encore quelques éléments. La sculpture monumentale est formée par l'ensemble des chapiteaux sculptés. La grande majorité, ceux surmontant les colonnes engagées de l'espace central, sont tout juste épannelés avec un motif de feuillage d'eau et des tailloirs à boules. Les autres, regroupés au niveau des fenêtres éclairant l'étage de la tribune, sont ornés de personnages aux traits rudimentaires mais dans lesquels on peut tout de même reconnaître les allégories de la Luxure et de la Colère ainsi qu'un monstre dévorant un animal domestique. Le chapiteau de la baie géminée, à l'ouest, donne dans l'escalier et est orné d'un décor végétal d'entrelacs.

Les différences stylistiques entre les deux séries de chapiteaux correspondent sans doute à deux phases d'exécution. Les chapiteaux plus travaillés, dont le style est proche de celui du portail de Conques[56], sont datables de la fin du XIe siècle, tandis que les autres, plus simples, seraient de la première moitié du siècle suivant.

## Analyse

L'existence d'un acte de fondation reliant directement l'église de Villeneuve à Jérusalem et à l'Anastasis ne laisse aucun doute quant à la filiation aussi bien spirituelle que formelle existant entre les deux édifices. On retrouve à Villeneuve, non seulement l'emploi du plan circulaire mais aussi la présence des trois absides (nord, sud et est) semblables à celles que l'on pouvait voir à Jérusalem.

De plus, le parti général du plan, quoique ici dans des proportions moindres, n'est pas sans rappeler celui de Sainte-Croix de Quimperlé dont la datation est à peu près contemporaine. On pourrait ainsi dégager une sorte de déclinaison autour d'un motif commun dans les copies de l'Anastasis de la fin du XIe siècle, s'inspirant relativement directement de la reconstruction byzantine.

En ce qui concerne le Sépulcre de Villeneuve, on pourrait espérer la tenue de fouilles archéologiques dans la nef gothique qui permettraient sans doute de compléter nos connaissances quant à l'aménagement de l'abside orientale. Des fouilles permettraient peut-être de savoir si l'église était pourvue ou non d'un petit édicule rappelant le *tugurium* du tombeau du Christ et où il aurait été situé dans l'église (centre ou abside principale), sans oublier la localisation de l'autel aujourd'hui inconnue.

## *Sources manuscrites*

| | |
|---|---|
| Bibliothèque Nationale, Collection DOAT : | registre 129, fol 48 et 71 |
| | registre 131, fol 287 et 288 |
| Série F. 19 : | n°4775, dossier 30, 1857 |
| | n°4731, dossier 12, 1882Archives des |
| Monuments Historiques : Villeneuve, | n°319 (restauration de 1930-1969) |

---

[56] Claire Péquignot, « L'église de Villeneuve d'Aveyron. Une église bâtie à l'image du Saint-Sépulcre », dans : *Cahiers de Saint-Michel de Cuxa*, t. 26 (1995), p. 151.

*Bibliographie indicative*

- AUBERT (Marcel), « Villeneuve d'Aveyron », dans : *Congrès archéologique de France, session tenue à Figeac, Cahors et Rodez*, 1937, p. 82
- BOUSQUET (Jacques), « La fondation de Villeneuve d'Aveyron (1053) et l'expansion de l'abbaye de Moissac en Rouergue », dans *Moissac et l'occident au XI$^e$ siècle. Actes du colloque international de Moissac du 3 au 5 mai 1963*, 1964, p. 195–220
- BOUSQUET (Jacques), *La sculpture à Conques aux XI$^e$ et XII$^e$ siècles. Essai de chronologie comparée*, Thèse de l'université de Toulouse Le Mirail 1971, Université de Lille III 1973
- BOUSQUET (Jacques), « La 'comunia' à Villeneuve et l'origine des communes du Moyen Age », dans : *Procès-verbaux des séances de la société des Lettres, Sciences et Arts de l'Aveyron*, t. XLVI, 3$^e$ fascicule, 1993, p. 527–551
- NODET (René-Henri), « L'église de Villeneuve d'Aveyron », dans : *Bulletin Monumental*, 1926, p. 287–298
- PÉQUIGNOT (Claire), « Bilan archéologique de l'église de Villeneuve d'Aveyron », dans : *Revue du Rouergue*, n°34 (été 1993), p. 195–212
- PÉQUIGNOT (Claire), « L'église de Villeneuve d'Aveyron. Une église bâtie à l'image du Saint-Sépulcre », dans : *Cahiers de Saint-Michel de Cuxa*, t. 26 (1995), p. 147–152
- PEQUIGNOT (Claire), « Villeneuve d'Aveyron (Aveyron) » dans *Les édifices à plan centré des XI$^e$ et XII$^e$ siècles dans le royaume de France : évocations ou copies de l'Anastasis de Jérusalem*, Université de Toulouse II, 2000 t. II, p. 255–258
- SURCHAMP (Dom Angelico), *Rouergue roman*, Collection la nuit des temps, Abbaye de la Pierre-qui-Vire, Zodiaque 1974
- UNTERMANN (Matthias), *Der Zentralbau im Mittelalter. Form – Funktion – Verbreitung*, Wissenschaftliche Buchgesellschaft, Darmstadt 1989, p. 68 et fig. 41 p. 69

## Neuvy-Saint-Sépulchre

- Indre (36)
- Collégiale Saint-Étienne
- Classé monument historique en 1840
- Milieu du XI$^e$ siècle – début du XII$^e$ siècle
- Diamètre moyen de la rotonde : 18 m 40
- Hauteur du déambulatoire : 6 m 80
- Diamètre de l'espace central : 8 m 30
- Hauteur sous coupole : 16 m

## Historique

La rotonde du Saint-Sépulcre, accolée à la basilique de Saint-Jacques-le-Majeur, est connue depuis le XI$^e$ siècle. Son origine est rapportée par quatre chroniques datées de la seconde moitié du XII$^e$ siècle[57]. La première, dite de Guillaume Godet, affirme que la fondation eut lieu en 1042 en présence de Boson de Cluis, seigneur du lieu, et de son suzerain Eude le Roux seigneur de Déols et ancien pèlerin de Jérusalem (1024). Le chroniqueur signale de plus que la nouvelle construction est « *ad formam Sancti Sepulchri Jerosolimitani* ». Cette première construction était de plus directement rattachée à l'Église de Jérusalem à laquelle elle payait le Cens[58]. La chronique d'Auxerre situe quant à elle la fondation en 1049, sous le pape Léon mais sans plus de précision. La chronique d'Angers avance la date de 1045 pour la fondation tandis que celle de Saint-Martin-de-Tours reprend la datation donnée par Auxerre.

En 1077, Boson de Cluis envahit brutalement l'édifice et est, dès l'année suivante, excommunié pour cet acte au concile de Poitiers. Dans une lettre datée du 20 juin 1079, le pape Grégoire VII revient sur l'évènement et réaffirme l'appartenance de l'église de Neuvy à celle de Jérusalem et qu'il n'a pas autorité pour y intervenir. Dans les années 1090, la seigneurie de Cluis est démantelée et Neuvy change de famille.

---

[57] Victor MORTET, *Recueil des textes relatifs à l'histoire de l'architecture et à la condition des architectes en France au Moyen Age, XI$^e$-XII$^e$ siècles*, Picard, Paris 1913, p. 123-125.

[58] Henri PERRAULT-DESAIX, *Recherches sur Neuvy-Saint-Sépulcre et les monuments de plan ramassé*, Ernest Leroux, Paris 1931, p. 44.

En 1228, une première mention est faite de l'installation d'un chapitre canonial. En 1257, le cardinal Eudes de Châteauroux fait parvenir à l'église de Neuvy, directement de Terre Sainte, un fragment du tombeau du Christ et trois gouttes du Précieux Sang. Dès 1791 la collégiale devient église paroissiale sous le nom de Saint-Étienne. L'édicule qui s'élevait au centre depuis sans doute le XIIIe siècle fut détruit en 1806 et n'est connu que par des descriptions postérieures à sa destruction[59]. Il semble qu'il ait repris la forme de l'édicule original mais les seuls éléments précis que l'on connaît se rapportent à sa porte étroite et basse, à l'autel en face de l'entrée et enfin à la présence d'une dalle au-dessus de laquelle était exposé un coffre arrimé contenant les reliques christiques. Lors de sa démolition, une dalle comportant une inscription, sans doute de la fondation, a été redécouverte :

« *Hic sunt reliquie de Sepulcro Domini et de loco calvarie* »[60]

L'inscription date très certainement de l'envoi des reliques par Eude de Châteauroux. On ne sait en revanche rien de la fondation de l'édicule dont la première véritable mention n'apparaît qu'en 1393. Il est cependant probable qu'une telle construction était prévue dès la fondation de la rotonde pour conserver les premières reliques de la collégiale.

Suite au classement de la basilique en 1840, des travaux de restaurations et de consolidations sont entrepris sous la direction de Viollet-le-Duc (à partir de 1850). Mais certaines de ces interventions (reprise de la maçonnerie, transformation du tracé des fenêtres…etc.) eurent des conséquences malheureuses sur la structure même de l'église qui eut tendance à s'affaisser[61].

---

[59] Abbé Jean-François-Xavier CAILLAUD, *Notice sur le précieux sang de Neuvy-Saint-Sépulchre*, Pigelet, Bourges 1865.

[60] Henri PERRAULT-DESAIX, *Recherches sur Neuvy-Saint-Sépulcre et les monuments de plan ramassé*, Ernest Leroux, Paris 1931, p. 96–98.

[61] Pour le détail des travaux de restauration entrepris à Neuvy sous la direction de Viollet-le-Duc et leurs conséquences sur l'architecture de la rotonde, voir : Claire PEQUIGNOT, « Neuvy-Saint-Sépulchre (Indre) » dans *Les édifices à plan centré des XIe et XIIe siècles dans le royaume de France : évocations ou copies de l'Anastasis de Jérusalem*, Université de Toulouse II, t. II, p. 222–224.

## Description

La rotonde du Saint-Sépulcre est située à l'ouest de la basilique Saint-Jacques[62]. Au rez-de-chaussée, elle est organisée autour d'un espace central, légèrement surélevé, délimité par onze colonnes. L'autel qui s'élève aujourd'hui centre, est une création du XIXe siècle. Ce noyau central est entouré d'un déambulatoire annulaire à onze travées, couvertes en arêtes et reposant sur des doubleaux partant des supports centraux pour aboutir sur les chapiteaux des demi-colonnes adossées des murs gouttereaux. Des arcs formerets disposés contre le mur extérieur du déambulatoire participent à la définition des travées. Le choix de onze supports, non adaptés à une construction symétrique, a entraîné de grandes irrégularités dans la distribution de l'espace et le voûtement. De même l'axe est-ouest n'est, ni architectoniquement ni visuellement, mis en valeur dans la construction.

Dans l'axe de seulement sept travées du déambulatoire, des niches semi-circulaires ont été placées dans l'épaisseur des murs gouttereaux. Toutes les travées de la rotonde ne présentaient sans doute pas un dispositif similaire (notamment la travée faisant face à l'entrée), mais les trois niches les plus orientales ont été partiellement tronquées par le raccordement de la rotonde et de la basilique. Ne correspondant à aucun axe de la basilique (vaisseaux) ou de la rotonde (travées), le percement de ces niches semble maladroit et leur tracé particulièrement irrégulier[63].

L'accès à la rotonde se fait par une porte s'ouvrant dans la travée nord-est du déambulatoire. Elle est formée, à l'extérieur de deux colonnettes soutenant une archivolte moulurée entourant un tympan évidé. Les bases des colonnettes sont des chapiteaux renversés dont l'état de conservation déplorable exclu toute analyse stylistique. Ils s'appuient sur un soubassement d'environ un mètre de hauteur, visible sur tout le pourtour extérieur de la rotonde et n'est interrompu, à l'est, que par la tour d'escalier permettant d'accéder à l'étage et aux combles.

---

[62] La basilique Saint-Jacques n'entre pas dans le cadre direct de notre étude. Pour une étude approfondie de son architecture et de sa complexe évolution architecturale et historique, voir : Perrault-Desaix, *Recherches sur Neuvy-Saint-Sépulcre...* ; Simon Bryant, « La collégiale Saint-Étienne de Neuvy-Saint-Sépulchre (Indre). Une étude de la rotonde et de la nef », dans : *Revue archéologique du Centre de la France*, 43 (2004), p. 175–181.

[63] Les trois ouvertures permettant la communication entre les deux bâtiments ne présentent pas le même type d'encadrement. On trouve en effet une ouverture cintrée au nord, surbaissée au centre et un faux rampant au sud.

À l'intérieur, au-dessus d'un déambulatoire, une tribune est ouverte par une série d'arcades très légèrement brisées dont les archivoltes sont formées d'un double tore. Ces arcatures reposent sur quatorze colonnettes dont les chapiteaux sont à peine épannelés, à l'exception notable de celui marquant l'est. Les murs gouttereaux de la tribune sont pourvus, à l'intérieur, de quatorze dosserets (douze sont des recréations de Viollet-le-Duc). À l'origine charpentée, la tribune présente aujourd'hui une voûte annulaire en béton. Celle-ci permet notamment d'assurer la stabilité de l'édifice et de contrecarrer les désordres structurels issus des restaurations du XIX$^e$ siècle.

Bien que tous les archéologues s'accordent sur son absence, une vaste coupole bétonnée couvre l'espace central et est coiffée d'une toiture conique relativement plate.

L'église de Neuvy se distingue aussi par la qualité de sa sculpture. Un premier style, daté de la première moitié du XI$^e$ siècle, regroupe les chapiteaux des colonnes engagées du déambulatoire. Ils présentent un épannelage cubique aux angles relativement abrupts et un décor de motifs végétaux aux feuilles épaisses sur lesquelles apparaissent parfois quelques figures animalières très stylisées.

Le second groupe, très abouti, est composé des chapiteaux des colonnes centrales, caractérisées par un épannelage de type corinthien daté de la fin du XI$^e$ siècle. Des hommes, en buste ou en pieds, des visages féminins, des monstres ou des animaux viennent peupler les angles des tailloirs ou le centre des faces. Des rinceaux de végétaux stylisés enserrent le bas des abaques.

Le dernier groupe comprend enfin quelques chapiteaux de l'arcade extérieure, les quelques-uns n'ayant pas été abondamment restaurés au XIX$^e$ siècle. Datées du début du XII$^e$ siècle, ces œuvres reprennent une iconographie classique (Daniel dans la fosse aux lions, oiseaux affrontés, masques monstrueux, etc.) dans un style fin et enlevé qui fait tout le caractère de la sculpture.

Les données chronologiques fournies par l'étude de la sculpture permettent de définir avec plus de précision les différentes étapes de la construction de la rotonde. Il devient alors évident que les travaux se sont étalés sur plusieurs décennies et que des changements de partis sont intervenus au cours de la construction, le plus important étant sans aucun doute la conservation de la basilique Saint-Jacques et le raccordement délicat des deux édifices.

## Analyse

Le Saint-Sépulcre de Neuvy doit être considéré comme une fondation de pèlerins à l'image de l'Anastasis de Jérusalem. De plus, l'adjonction, même plus tardive, d'un édicule reproduisant le tombeau au centre de la rotonde, s'inscrit dans une même logique de reproduction et de fidélité au modèle hiérosolymitain. Jusqu'au XIX$^e$ siècle et l'installation de l'autel majeur, la rotonde n'est pas tant un lieu de culte qu'un lieu de passage et de pèlerinage où les reliques sont exposées à la dévotion.

Diverses explications ont aussi été avancées pour expliciter le choix d'un nombre impair de colonnes dans la rotonde. De nombreuses interprétations fondées sur la symbolique des nombres ont été proposées. La plus récurrente est sans doute une référence aux évènements de Pâques. Il s'agirait, pour ce qui concerne les onze colonnes du rez-de-chaussée, d'une référence aux apôtres présents du jeudi saint au matin de Pâques, Judas exclu en raison de sa trahison. En ce qui concerne les quatorze colonnes de la galerie, elles seraient un écho aux colonnes du niveau inférieur et un renvoi aux évènements post Résurrection. Ces quatorze colonnes seraient ainsi une représentation allégorique de la Pentecôte, formée par les douze apôtres, la Vierge et la Trinité (Père, Fils et Esprit). La Trinité serait alors identifiée au seul chapiteau sculpté de cette série et qui, de plus, marque l'est.

### Sources imprimées

- *Annales de Saint-Aubin d'Angers*, collection Historiens de France, t. XI, p. 169
- *Chronique de Guillaume Godet*, collection Historiens de France, t. XI, p. 282
- *Chronologie de Robert d'Auxerre*, collection Historiens de France, t. XI, p. 308
- *Chronique de Saint-Martin de Tours*, collection Historiens de France, t. XI, p. 347
- MARTÈNE (Dom Edmond), *Veterum scriptorum et monumentorum historicum, dogmaticorum, moralium, amplissima collectio*, Lutecia Parisiorum, 1724-1733, t. V, p. 1009
- MORTET (Victor), *Recueil des textes relatifs à l'histoire de l'architecture et à la condition des architectes en France au Moyen Age, XI$^e$–XII$^e$ siècles*, Picard, Paris 1913, p. 123–125

*Bibliographie indicative*

• BRYANT (Simon), « La collégiale Saint-Étienne de Neuvy-Saint-Sépulchre (Indre). Une étude de la rotonde et de la nef », dans : *Revue archéologique du Centre de la France*, 43 (2004), p. 171–207

• BRYANT (Simon), « ACTUALITE - III. - Indre. Neuvy-Saint-Sepulchre. Une récente étude de la rotonde et de la nef de l'ancienne collégiale (actuelle église Saint-Étienne) », dans : *Bulletin monumental*, t. 162 n°4 (2004), p. 205

• BOZOKY (Edina), HELVÉTIUS (Anne-Marie), *Les reliques : objets, cultes, symboles*, Brepols, Turnhout 1999

• CAILLAUD (Jean-François-Xavier, abbé), *Notice sur le précieux sang de Neuvy-Saint-Sépulchre*, Pigelet, Bourges 1865

• CAILLAUD (Jean-François-Xavier, abbé), *Notice historique et archéologique sur l'église de Neuvy-Saint-Sépulcre (Indre)*, Paris 1866

• DESHOULIÈRES (François), « La date de construction de l'église de Neuvy-Saint-Sépulchre », dans : *Bulletin de la Société Nationale des Antiquaires de France*, 1910, p. 190–199

• DESHOULIÈRES (François), *Au début de l'art roman, les églises de l'XI$^e$ siècle en France*, Renaissance du Livre, Paris 1920

• EBERSOLT (Jean), *Orient et Occident : recherches sur les influences byzantines et orientales en France avant et pendant les Croisades*, édition G. van Oest, Paris 1928, t. I, p. 87

• GARNIER (François), « Les chapiteaux de la rotonde de Neuvy-Saint-Sépulchre », dans : *Art Sacré*, 16 (2002), p. 21–32

• GUILLAUME (Gérard), *La basilique de Neuvy-Saint-Sépulchre. Ancienne collégiale Saint-Jacques (XI$^e$–XII$^e$ siècles)*, Gaussé, Argenton-sur-Creuse 2004

• HUBERT (Jean), « Le Saint-Sépulcre de Neuvy et les pèlerinages de Terre Sainte au XI$^e$ siècle », dans : *Bulletin monumental*, 90 (1931), p. 91–100

• JANNET-VALLAT (Monique), SAPIN (Christian), *Guillaume de Volpiano et l'architecture des rotondes*, éd. de l'université de Dijon, Dijon 1996

• MASSEREAU (J.-T), *Étude géographique, historique et légendaire, avec cartes, dessins et notes à l'appui, sur Neuvy-Saint-Sépulcre (Indre)*, impr. L. Montu, La Châtre 1899

• MICHEL-DANSAC (R.), « Neuvy-Saint-Sépulchre », dans : *Congrès archéologique de France*, Bourges, 38 (1931), p. 523–555

- Pequignot (Claire), « Vraies ou fausses imitations de l'Anastasis de Jérusalem aux XI$^e$ et XII$^e$ siècles », dans : *Cahiers de Saint-Michel de Cuxa*, 31 (2000), p. 119–133
- Pequignot (Claire), « Neuvy-Saint-Sépulchre (Indre) » dans *Les édifices à plan centré des XI$^e$ et XII$^e$ siècles dans le royaume de France : évocations ou copies de l'Anastasis de Jérusalem*, Université de Toulouse II, t. II, p. 220–237
- Perrault-Desaix (Henri), *Recherches sur Neuvy-Saint-Sépulcre et les monuments de plan ramassé*, Ernest Leroux, Paris 1931
- Pérouse de Montclos (Jean-Marie), *Centre Val de Loire*, Le guide du Patrimoine, Hachette – Direction du Patrimoine, Paris 1995, p. 467–470
- Piétu (Abbé A.), *Neuvy-Saint-Sépulcre. Les gloires de son passé, la basilique, le cardinal Eudes, la relique du Précieux-Sang*, Tardy-Pigelet, Bourges 1920

# Heiliges Grab, Eichstätt

- Eichstätt (Bavière)
- Kapuziner Kirche
- 1160–1194 (consécration)
- Longueur de l'antichambre : 4 m 70 (ext.) / 3 m 38 (int.)
- Largeur de l'antichambre : 2 m 97 (ext.) / 1 m 80 (int.)
- Hauteur de l'antichambre : 4 m 03 (ext.) / 3 m 60 (int.)
- Longueur de la chambre funéraire : 4 m 70 (ext.) / 1 m 94 (ints.)
- Hauteur de la chambre funéraire : 4 m (ext.) / 3 m 27 (int.)

## Historique

Construite à l'extérieur des remparts de la ville, sur une hauteur dominant la ville de Eichstätt, l'abbaye bénédictine de Sainte-Croix (Kreuzkirche) est consacrée en 1148 par un groupe de moines écossais et irlandais et s'accompagne de la fondation d'un hôpital. En 1166, Walbrun von Rieshofen, évêque de Eichstätt, de retour de la seconde croisade (1147–1149) y fait édifier une copie de l'édicule du tombeau du Christ visible au centre de la rotonde de l'Anastasis à Jérusalem, qu'il place sans doute à l'intérieur d'une construction circulaire. On sait par une lettre de l'évêque Otto, successeur de Walbrun, et datée de 1194 que l'ensemble est consacré cette même année « *in honorem Sancti Crucis et Sancti Sepulchri* »[64]. Deux relations de pèlerinages du XVe siècle soulignent la très forte ressemblance existant entre l'édicule d'Eichstätt et son modèle hiérosolymitain. Les deux pèlerins de Nuremberg, Sebald Rieter et Hans Tucher, présent à Jérusalem en 1479, décrivent l'édicule de la Tombe comme « ein gleichformig Bildung und bezeichnung » du Saint-Sépulcre d'Eichstätt[65]. Tucher ajoute même à propos de cet édicule qu'il serait « gleich in Größe und Weite als die Kirche zu Eystett »[66].

---

[64] Gustav DALMAN, *Das Grab Christi in Deutschland*, Dieterich Verlagsbuchhandlung, Leipzig 1922, p. 58.
[65] DALMAN, *Das Grab Christi* …, p. 56.
[66] DALMAN, *Das Grab Christi*…, p. 57.

Les moines bénédictins demeurent à Eichstätt jusqu'en 1460 mais sont finalement contraints de quitter l'abbaye faute de novices. Il semble en effet que les moines n'acceptaient que de jeunes novices originaires d'Écosse et d'Irlande si bien qu'en 1441 l'évêque d'Eichstätt relève l'abbaye de son devoir de résidence obligatoire.

Dans un document daté du 19 novembre 1441, on apprend que l'évêque en place, Pierre, commence des restaurations qui ne concernent apparemment que l'église et aucune intervention ne paraît avoir été faite sur le Tombeau.

Les lieux sont repris par les Capucins à cette époque mais, en 1552, les troupes du duc Maurice de Saxe, en lutte contre celle de Charles-Quint, ravagent le cloître et l'église de l'abbaye de Sainte Croix qui reste ruinée. En 1610, le Saint-Sépulcre, encore debout, est finalement démonté, les pierres sont numérotées et stockées en vue d'un remontage ultérieur. Les frères Capucins, en 1623–1626, abandonnent le site de la Sainte-Croix et se font édifier, à l'abri des remparts de la ville, une nouvelle église dans laquelle il prévoit, dans le collatéral sud, l'adjonction d'une chapelle suffisamment ample pour abriter l'édicule du Saint-Sépulcre. Celui-ci y finalement est installé et le 12 octobre 1625 est à nouveau consacré en tant que « Auferstanden Erlöser ».

Les capucins prennent par la suite grand soin du Saint-Sépulcre qu'ils nettoient et restaurent à plusieurs reprises et utilisent dans la liturgie et comme lieu de pèlerinage. Le 18 juillet 1876 le pape Pie IX offre une indulgence à tous les visiteurs et pèlerins venant voir le Sépulcre d'Eichstätt. En 1877 les premières notables modifications sont entreprises avec l'installation de la rambarde supérieure et du petit ciborium. En 1889, l'arcade principale en façade est ornée de peintures, puis en 1908 c'est au tour des arcades latérales[67].

## Description

L'édicule du Saint-Sépulcre de Eichstätt est considéré comme une représentation fidèle du monument tel qu'il était visible à Jérusalem au début du XII$^e$ siècle. Construit dans un bel appareillage de pierre régulier, il se compose d'espaces distincts et communicants : une antichambre et la chambre funéraire.

---

[67] Il semble que peut-être il y ait eut un décor de faux marbres colorés rouge et bleu peint sur les parois du Saint-Sépulcre, sans doute daté du remontage du monument à l'époque baroque. Voir : DALMAN, *Das Grab Christi* …, p. 60.

L'antichambre est une petite construction de plan rectangulaire relativement simple reposant sur une petite base moulurée (11 cm de hauteur) et percé de trois ouvertures dans ses trois parois externes. La porte principale (1 m76 de hauteur), dans l'axe de la chambre funéraire, s'ouvre par un arc en plein cintre tandis que les portes des parois latérales, étroites, sont légèrement décentrées et surmontées d'un tympan simple compris dans l'appareillage. Une petite fenêtre en plein cintre est percée légèrement plus haut (l'assise inférieure de la fenêtre correspond au linteau supérieur de la porte). L'ensemble est couronné d'une petite corniche biseautée servant de base à la balustrade XIX$^e$.

L'espace intérieur se compose d'une travée unique couverte en arêtes venant buter sur une abside relativement plate faisant la transition entre les deux espaces de l'édicule. Dans l'axe de la porte principale mais légèrement décentrée sur la gauche, une porte, percée dans la paroi de l'abside, donne accès à la chambre funéraire. À l'aplomb de l'arc de l'abside, un bloc rectangulaire, aujourd'hui surmontée de trois lampes, est un rappel de la Pierre de l'Ange.

La chambre funéraire elle-même n'est pas un plan circulaire parfait mais un ovale légèrement aplati en façade. L'ensemble est aussi posé sur une petite base moulurée qui permet de faire le lien visuel entre les deux éléments accolés. Onze arcades aveugles plaquées (de 22 cm de profondeur) viennent scander la façade. En plein cintre, les arcs reposent sur de simples doubleaux biseautés. Elles sont enfin toutes de la même taille (hauteur, espacement…) à l'exception de l'arcade de la face principale (sur l'église) qui est plus large[68]. L'ensemble a été surmonté au XIX$^e$ siècle d'une corniche décorée d'un motif géométrique et servant de base à la balustrade en marbre.

À l'intérieur, la chambre funéraire de plan rectangulaire est divisée en deux par la présence de la banquette qui fait toute la longueur de la chambre sépulcrale voûtée en arêtes. On y accède par une petite porte étroite (1 m 53 de hauteur pour 52 cm de largeur) obligeant le passage des pèlerins un par un. Une petite cavité est enfin creusée dans la paroi faisant face à la banquette. Aujourd'hui dépourvue de porte, elle devait servir lors des cérémonies de *Depositio hositae*[69].

---

[68] C'est aussi la partie qui correspond à l'aplatissement du plan ovale.
[69] Aucune source ne permet malheureusement d'opérer un lien entre le Saint-Sépulcre et le développement de certaines liturgies.

## Analyse

La perception actuelle que l'on peut avoir de ce monument est nécessairement faussée par sa transposition dans une nouvelle église d'autant qu'on ne sait presque rien de l'environnement original dans lequel il s'élevait. Selon les sources, il se dressait isolé dans le cloître[70] ou était abrité dans un édifice de plan centré du même type que celle de la Kapuzinerkirche qui reprendrait les dispositions originales entourant l'édicule.

Située dans le cloître, image de la Jérusalem Céleste s'ouvrant sur l'Éden au cœur de l'abbaye, cette évocation de l'édicule prendrait une toute autre valeur en plus de son caractère simplement mémoriel. Elle manifesterait le caractère véritablement transitoire, entre Jérusalem terrestre et Jérusalem céleste, de l'Anastasis et surtout du tombeau du Christ. La grande fidélité apparente de la construction au modèle viendrait encore renforcer cette interprétation. Ne pouvant se rendre jusqu'en Terre Sainte, les moines d'Eichstätt bénéficiait d'une image fidèle du monument le plus important de Jérusalem.

Il est difficile aujourd'hui d'analyser ce monument non seulement sorti de son contexte mais surtout dont la perception générale a évolué au fil des siècles. La présence aujourd'hui d'une figuration du Christ mort déposé sur la banquette de la chambre funéraire montre le changement de perception de ce type de construction. En effet, les représentations architecturales se doivent avant tout d'être vides ou de conserver des reliques puisqu'elles témoignent de la Résurrection au matin de Pâques. L'emploi en tant que reposoir eucharistique dans un premier temps puis l'installation d'une statuaire comme c'est le cas ici dévie la portée du message de la Résurrection vers le corps souffrant du Christ dans lequel se situe l'espérance de la Résurrection.

---

[70] Jürgen KRÜGER, « Die Grabeskirche in Jerusalem und ihre Nachbauten im 11. und 12. Jahrhundert », dans : *Canossa (1077). Erschütterung der Welt. Geschichte, Kunst und Kultur am Aufgang der Romanik*, Hirmer, Munich 2006, p. 506.

*Bibliographie indicative*
- DALMAN (Gustav), *Das Grab Christi in Deutschland*, Dieterich Verlagsbuchhandlung, Leipzig 1922, p. 56–65
- DIETRICH (Barbara), « Anastasis-Rotunde und Heiliges Grab in Jerusalem », dans : *Georges-Bloch Jahrbuch*, 11–12 (2004–2005), p. 7–29
- KRÜGER (Jürgen), « Nachbilde von Kirche und Grab », dans : *Die Grabeskirche zu Jerusalem: Geschichte, Gestalt, Bedeutung*, Schnell & Steiner, Regensburg 2000, p. 188–197
- KRÜGER (Jürgen), « Die Grabeskirche in Jerusalem und ihre Nachbauten im 11. und 12. Jahrhundert », dans : *Canossa (1077). Erschütterung der Welt. Geschichte, Kunst und Kultur am Aufgang der Romanik*, Hirmer, Munich 2006, p. 498–511

## Michaelskirche, Fulda

- Hesse (Allemagne)
- Abbé Egil (maître d'œuvre)
- Moine Racholf (maître d'ouvrage), 820–822
- Diamètre externe : 13 m
- Diamètre de la colonnade : 6 m 80

### Historique

Fondée en 747 par Sturmius, disciple de Boniface, l'abbaye de Fulda adopte, dès l'origine, la règle bénédictine du mont Cassin. En 751, le pape Zacharie l'exempte même de toute juridiction épiscopale autre que celle de Rome. En 754, à la mort de Boniface, ses cendres sont finalement, selon sa volonté, rapatriées à Fulda qui devient un important centre de pèlerinage favorisant le développement rapide de l'abbaye. L'abbatiat de Raban Maur marque une période de grand rayonnement pour le monastère qui devient un centre intellectuel de la renaissance carolingienne (*scriptorium* et bibliothèque) et compte à cette période jusqu'à six cent moines. Prenant toujours plus d'importance, elle est enfin érigée en seigneurie par l'empereur Frédéric II en 1220.

Plus ancienne copie du Saint-Sépulcre en Allemagne, la Michaelskirche de Fulda fut fondée dans le cimetière de l'abbaye par Eigil (818–822) en 820–822 pour servir de chapelle funéraire aux abbés. Bruun Candidus, dans sa *Vita Aegili* (840) nous rapporte ainsi que « le père de l'abbaye [*pater monasterii*] fit construire, après consultation et avec le consentement des Frères, une petite église ronde, où les corps des Frères morts reposent dans des sépultures que l'on appelle *cimeterium*, ce qui s'appelle en grec *koimetrion* et que l'on pourrait traduire en latin par *dormitorium* »[71]. On sait de plus, toujours grâce à Bruun Candidus, que c'est le moine Racholf qui est chargé de la construction et c'est au même Bruun Candidus que l'on doit la première description de l'édifice et de la crypte telles qu'ils sont encore en partie visibles aujourd'hui.

---

[71] La vie d'Eigil rédigée par le moine Bruun Candidus dans les années 840 est la plus importante source d'informations concernant la fondation et la construction de St. Michael. Il s'attarde en effet longuement sur cette épisode, revient sur les conditions de la construction et les différents intervenants impliqués (Racholf, Raban Maur). BRUUN CANDIDUS, *Vita Aegili abbatis Fuldensis*, dans : *MGH Saint-Sépulcre* 15–1, p. 230–231.

La chapelle est finalement dédicacée le 15 janvier 822 « *in honorem Sancti Michaelis, archangeli et Sancti Johannis evangelistae, sancti Abundi martyris et Sanctis Amandi confessoris…* ».

Mais la fondation de l'église a surtout fait l'objet d'un poème de dédicace rédigé par Raban Maur et qui nous renseigne sur la vocation de l'église construite à l'instar du tombeau du Christ pour que le Sauveur prenne en pitié les moines de Fulda au jour du Jugement Dernier.

« *Hoc altare Deo dedicatum est maxime Christo*
*Cujus hic tumulus nostra sepulcra juvat.*
*Pars montis Sinai, Moysi et memoratio digna*
*Hic Christi domini est et genitale solum* »[72]

Au XIe siècle, la rotonde est pourvue d'une nef et d'un massif occidental qui modifient sensiblement la perception générale de l'édifice. Des tribunes viennent alors se poser sur le déambulatoire et communiquent avec celles la nef. Le décor intérieur est lui aussi revu avec la mise en place d'un ensemble de fresques (encore visibles aujourd'hui au niveau des parois externes du déambulatoire). Il semble que cette transformation soit à dater de la fin du XIe siècle, ce qui correspondrait à la transformation de l'abbaye en prieuré (1092).

La grande tour dominant la coupole centrale est finalement construite en 1618 et en 1715–1716 l'installation de la chapelle Rochus au nord entraîne de nouvelles modifications (percement de la paroi) dont la principale est la disparition du *tumulus Christi* au centre de la construction pour y installer l'autel principal.

## Description

La crypte s'organise autour d'un noyau circulaire entouré d'un déambulatoire. L'ensemble repose sur une unique colonne centrale, relativement trapue et surmontée d'un chapiteau ionique servant de base au départ de la voûte en berceau annulaire. À l'est, au niveau des substructures de l'autel principal de l'abside haute, les sépultures de l'abbé Eigil et d'un saint ermite, Amnichad (mort à Fulda en 1043) sont visibles jouxtant le petit autel.

---

[72] *MGH Poetae Lat. 2*, p. 209.

La rotonde supérieure est composée d'une plate-forme circulaire délimitée par huit colonnes définissant l'espace central. Quatre des huit chapiteaux du déambulatoire sont encore datables de la fondation carolingienne et présente un fin décor de feuilles d'acanthe. Ils supportent une série d'arcades scandant l'espace central et le déambulatoire. Ce dernier est aujourd'hui couvert d'un plafond droit (restauration postérieure). À l'est, une abside semi-circulaire s'ouvre dans la paroi et abritait l'autel principal.

Jusqu'en 1715, un *tumulus Christi*, image de l'édicule de Jérusalem, était présent au centre de la rotonde et a été remplacé par un autel. On ne sait malheureusement rien de la forme de ce monument original si ce n'est qu'il devait conserver les reliques du mont Sinaï et de la grotte de la Nativité.

## Analyse

Avec le poème de dédicace de Raban Maur, les liens unissant cette chapelle funéraire et le modèle hiérosolymitain sont clairement revendiqués. L'insistance est ici nettement mise sur le mystère de la Résurrection et l'espérance du Salut qu'elle véhicule. Joignant ainsi dans un même ensemble la sépulture des hommes à celle du Christ « qui réjouit nos tombes », Raban Maur insiste sur le caractère salvateur du tombeau du Christ et fait de l'Anastasis l'archétype de l'édifice à travers lequel les édifices du même type trouvent une justification. En effet, c'est dans la Mort du Christ et surtout sa Résurrection que repose l'espérance du Salut.

Ainsi St. Michael de Fulda est-elle la représentation, dans le sens latin du terme d'incarnation (*raepresentare*), non seulement du caractère funéraire de l'Anastasis mais aussi de son contenu eschatologique puisqu'elle reprend à son compte la symbolique de la victoire sur la Mort elle-même. Cette interprétation paraît encore être renforcée par la présence des reliques du Mont Sinaï et de la Nativité qui permet ainsi d'unir dans une même compréhension l'Ancienne et la Nouvelle Alliance, la naissance (et par extensions la Résurrection implicitement présente à Fulda) du Christ venant conclure et remplacer la Loi de Moïse.

### Sources

- Bruun Candidus, *Vita Aeigili metrica*, dans : *MGH Poetae Lat. II* (1884), p. 94–117
- Bruun Candidus, *Vita Aeigili abbatis Fuldensis*, dans : *MGH SS* 15–1, p. 230–231

*Bibliographie indicative*
- « Fulda : Grabkapelle St. Michael », dans : Annett LAUBE-ROSENPFLANZER, Lutz ROSENPFLANZER, *Kirchen, Klöster, Königshöfe: vorromanische Architektur zwischen Weser und Elbe*, Mitteldeutscher Verlag, Halle 2007, p; 34 et suivantes
- BANDMANN (Günther), *Die mittelalterliche Architektur als Bedeutungsträger*, Gebr. Mann Studio Reihe, Berlin 1998, p. 73
- BECHT-JÖRDENS (Gereon), « Die *Vita Aegil* des Bruun Candidus als Quelle zu Fragen aus der Geschichte Fuldas im Zeitalter der anianischen Reform », dans : *Hessisches Jahrbuch für Landesgeschichte* 42 (1992), p. 19–48
- BECHT-JÖRDENS (Gereon), *Die* Vita Aegil abbatis Fuldensis *des Bruun Candidus. Ain Opus geminum aus dem Zeitalter der anianischen Reform in biblisch-figuralem Hintergrundstil*, Fuldaer Hochschulschriften 17, Knecht, Frankfurt am Main 1992
- BECHT-JÖRDENS (Gereon), « Text, Bild und Architektur als Träger einer ekklesiologischen Konzeption von Klostergeschichte. Die karolingische Vita Aegil des Brun Candidus von Fulda (ca. 840) », dans : Gottfried KERSCHER (éd.), *Hagiographie und Kunst. Der Heiligenkult in Schrift, Bild und Architektur*, Dietrich Reimer, Berlin 1993, p. 75–106
- BECHT-JÖRDENS (Gereon), *Vita Aegil abbatis Fuldensis a Candidio ad Modestum edita prosa et versibus. Ein Opus geminum des IX. Jahrhunderts. Einleitung und kritische Edition*, Marburg 1994 (thèse)
- BINDING (Günther), *Der früh- und hochmittelalterliche Bauherr als* Sapiens Architectus, Wissenschaftliche Buchgesellschaft, Darmstadt 1998, p. 21–25 principalement
- BINDING (Günther), *Planen und Bauen im frühen und hohen Mittelalter*, Wissenschaftliche Buchgesellschaft, Darmstadt 2002, p. 554–575
- BURKARDT (Johannes), « Fulda, Michaelsberg », dans : Friedhelm JÜRGENSMEIER (éd.), *Die benediktinischen Mönchs- und Nonnenklöster in Hessen*, Germania Benedicta 7 Hessen, Eos, St Ottilien 2004, p. 456–464
- DALMAN (Gustav), *Das Grab Christi in Deutschland*, Dieterich Verlagsbuchhandlung, Leipzig 1922, p. 26–30
- FLEISCHHAUER (Carsten), « Die *Vita Eigilis* des Brun Candidus und die Michaelskirche in Fulda », dans : *Fuldaer Geschichtsblätter* 68 (1992), p. 85–103
- ELLGER (Otfried), *Die Michaelkirche zu Fulda als Zeugnis der Totensorge: zur Konzption einer Friedhofs- und Grabkirche im Karolingischen Kloster Fulda*, Parzeller, Fulda 1989

- HEITZ (Carol), *L'architecture religieuse carolingienne. Les formes et leurs fonctions*, Picard, Paris 1980, p. 104–108
- INEICHEN-EDER (Christine), « Künstlerische und literarische Tätigkeit des Candidus-Brun von Fulda », dans : *Fuldaer Geschichtsblätter* 56 (1980), p. 201–217
- STURM (Erwin), *Die Michaelskirche zu Fulda*, Kunstführer, Fulda 1986
- UNTERMANN (Matthias), *Der Zentralbau im Mittelalter. Form – Funktion – Verbreitung*, Wissenschaftliche Buchgesellschaft, Darmstadt 1989, p. 54–58, 66–67, 152–153 principalement

# Chambon-sur-Lac

- Puy-de-Dôme (63)
- Chapelle Saint-Jean
- Classé Monument Historique en 1862
- Seconde moitié du XII$^e$ siècle
- Diamètre intérieur : 6 m 27
- Diamètre extérieur : 7 m 27
- Hauteur sous coupole : 6 m 85
- Profondeur de l'abside : 0,90 m

## Historique

Si le nom du village de Chambon lui-même apparaît dans deux actes médiévaux (X$^e$ et XIII$^e$ siècle), il n'est en revanche nulle part fait mention de la chapelle Saint-Jean dans les sources médiévales. La mention, en 1492, de la donation de la cure et des revenus de Chambon à la nouvelle collégiale de Laqueille[73] est le premier élément témoignant de l'existence d'une paroisse à Chambon.

Il faut attendre le début du XVIII$^e$ siècle pour trouver des citations directes de la chapelle du cimetière. Elle est pour la première fois nommée chapelle Saint-Jean en 1700, mais dès 1735 il est défendu d'y dire la messe, sous-entendant que jusque là un culte y était célébré. Il semble que dès 1782 l'état de conservation soit jugé déplorable. Au moment de son classement, la chapelle a fait l'objet de rapports donnant lieu à de nombreuses restaurations bien documentées, sous la direction tout d'abord de Aymon Mallay puis celle de Louis-Clémentin Bruyerre, Petitgrand et Ruprich[74].

---

[73] André-Ambroise TARDIEU, *Grand Dictionnaire historique du département du Puy de Dôme comprenant l'histoire complète des villes, bourgs, hameaux, paroisses, abbayes, prieurés, monastères... églises, chapelles... de l'ancienne Basse-Auvergne*, C. Desrosiers, Moulins 1977, p. 113, 121 «et 191 ; Claire PEQUIGNOT, « Chambon-sur-Lac » *Les édifices à plan centré des XI$^e$ et XII$^e$ siècles dans le royaume de France : évocations ou copies de l'Anastasis de Jérusalem*, Université de Toulouse II, t. II, p. 165.

[74] Archives départementales du Puy-de-Dôme, série T O 226 et O. 337 ; Archives des Monuments Historiques : dossier le Chambon 2336 et Affaires générales 2328.

## Description

La chapelle de Chambon est composée d'un plan circulaire augmenté d'une abside barlongue à l'est et d'un porche légèrement désaxé à l'ouest. Le corps principal de la chapelle est percé de quatre fenêtres à simple ébrasement, deux cantonnant l'abside orientale, une se trouvant au sud de l'entrée principale et la quatrième éclairant l'abside rectangulaire.

L'élévation extérieure a été largement modifiée par les diverses restaurations des XIX$^e$ et XX$^e$ siècles. Le décor du porche est ainsi presque entièrement une recréation tardive, cette partie de la construction étant en grande partie ruinée. Mallay supprima ainsi la porte en arc surbaissé encore présente pour lui préférer une entrée sous linteau en bâtière supportant un tympan en mosaïque qu'il croyait être la disposition d'origine. La corniche et l'appareil de mosaïque colorée timbrée d'une croix qui domine l'ensemble est une création de son successeur. La paroi extérieure est ornée, à environ un tiers de sa hauteur, de deux bandeaux moulurés servant d'appui et de linteaux à quatre niches rectangulaires (au nord et au sud) garnies de trois colonnettes chacune. Ces deux bandeaux ne s'arrêtent qu'au niveau du porche, et, pour le cordon inférieur, au niveau de l'abside. Le bandeau supérieur forme à cet endroit un décroché soulignant l'arc de la fenêtre. L'ensemble est couvert d'une toiture conique à dalles épaisses reposant sur des modillons à copeaux.

À l'intérieur de la rotonde, six colonnettes s'appuient contre le mur gouttereau sur un mur bahut. Les bases ne sont pas directement posées sur la banquette mais sur des stylobates de hauteurs différentes. À travers ce dispositif original, les bâtisseurs pouvaient rattraper les irrégularités du sol rocailleux sur lequel est construit l'édifice. Les colonnettes sont ornées de chapiteaux sculptés sur lesquels retombent les sept arcs en plein cintre qui scandent la paroi. L'ensemble est couvert d'une coupole se déployant au-dessus des arcs sans trompes ni transitions d'aucune sorte, tandis que l'abside est voûtée en plein cintre.

À l'origine, chacune des niches extérieures possédait trois colonnettes à chapiteaux sculptés dont deux ont été dérobés. Avec les six chapiteaux internes, ils forment un ensemble sculpté de qualité. La totalité offre un décor végétal ou figuré. On peut ainsi identifier des sirènes à double queue ou des griffons (extérieur) ou des feuilles d'acanthe et des pommes de pin.

Un seul chapiteau en revanche est historié. Situé sur la colonne nord de l'abside, il figure, sur sa face latérale gauche, une circoncision à quatre personnages, suivie sur la face principale d'un personnage isolé dans une attitude de prière et de recueillement les deux mains croisées sur le buste, et enfin, à droite, d'un homme semblant partager un pain tandis qu'un autre verse le contenu d'une jarre dans une coupe. L'ensemble reste relativement énigmatique et a fait l'objet d'interprétations divergentes[75]. L'une d'entre elles est une mise en parallèle d'un rite de l'Ancien Testament et du premier miracle du Christ à Cana, ici mis en valeur en raison de sa qualité de préfiguration eucharistique. Cette opposition formelle a aussi conduit historiens et historiens de l'art à identifier le personnage en prière de la face principale à saint Jean-Baptiste, dernier prophète de l'Ancien Testament, incarnant le passage de l'Ancienne à la Nouvelle Loi, de la circoncision à l'eucharistie.

Le caractère mystérieux de l'œuvre et son exécution relativement grossière (qui s'explique notamment par la dureté de la pierre employée) n'enlèvent rien à l'ensemble sculpté de Chambon, belle réalisation du milieu ou de la seconde moitié du XII$^e$ siècle. Cette datation est encore renforcée par l'analyse de la construction en grand appareillage et certains éléments (niche rectangulaire, alcôves décoratives, style...) proches des églises « majeures » d'Auvergne.

## Analyse

En l'absence de toutes sources anciennes concernant la fondation ou l'histoire de la chapelle, son interprétation reste difficile à entreprendre. On ne peut cependant que constater qu'elle est située au cœur d'un cimetière ce qui en ferait indéniablement une chapelle funéraire. Cependant, lors des fouilles entreprises au XIX$^e$ siècle, Aymon Mallay a relevé des traces de ce qu'il a interprété comme une cuve baptismale. Bruyerre a quant à lui relevé la présence de squelettes de grandes dimensions témoignant, selon lui, du caractère funéraire de la chapelle. Les deux interprétations s'opposent et ne sont nullement compatibles l'une avec l'autre. On peut aisément imaginer que Mallay ait mal analysé les traces de refoulement du sol et ait pris des éléments de sépulture vide de tout corps pour une trace d'usage baptismal.

---

[75] CANY (Germain), JUNON (H.), *Le mystérieux chapiteau de Chambon-sur-Lac*...

Si la connotation funéraire de l'édifice est absolument indéniable, son caractère sépulcral ou cémétérial est impossible à déterminer. Il est ainsi difficile de savoir l'emploi même du lieu comme cimetière à une période ancienne, d'importantes modifications ayant été réalisées au cours des siècles. Seule une imposante cuve de sarcophage, possiblement datable du XIIe siècle, témoignerait d'une implantation ancienne.

L'implantation générale suggère malgré tout une conception initiale intimement liée au culte des morts. Cette construction, et son vocable actuel de Saint-Jean, n'est pas une copie consciente du Saint-Sépulcre mais participe de la symbolique funéraire lié au monument hiérosolymitain et aux interprétations spirituelles de la Résurrection qui lui sont attachées. À travers ces éléments, la chapelle de Chambon peut être rapprochée des représentations de la rotonde de l'Anastasis dans l'Occident médiéval.

*Sources manuscrites*

Archives départementales du Puy-de-Dôme : Série 2O, 77 carton 2  Série T
Archives des Monuments Historiques : n°2328, affaires générales du Puy-de-Dôme (1er dossier, chapelle de 1840 à 1923)
n°2336, Le Chambon, restaurations entre 1841 et 1924

*Bibliographie indicative*

- BOUILLET (Jean-Baptiste), *Statistique monumentale du département du Puy de Dôme*, Perol, Clermont-Ferrand 1846, 2nde édition, p. 207–208
- BOUILLET (Jean-Baptiste), *Description archéologique des monuments celtiques, romains et du Moyen Age du département du Puy de Dôme classés par arrondissements, cantons et communes*, Thibaud, Clermont-Ferrand 1874, p. 162–163
- CANY (Germain), JUNON (H.), *Le mystérieux chapiteau de Chambon-sur-Lac*, Imprimerie Générale de Bussac, Clermont-Ferrand 1934, p. 1–4 et figures
- PEQUIGNOT (Claire), « Chambon-sur-Lac » *Les édifices à plan centré des XIe et XIIe siècles dans le royaume de France : évocations ou copies de l'Anastasis de Jérusalem*, Université de Toulouse II, t. II, p. 165–171
- TARDIEU (André Ambroise), *Grand Dictionnaire historique du département du Puy de Dôme comprenant l'histoire complète des villes, bourgs, hameaux, paroisses, abbayes, prieurés, monastères... églises, chapelles... de l'ancienne Basse-Auvergne*, C. Desrosiers, Moulins 1877, p. 113, 121 et 191

# La Chapelle Sainte-Luce, Saint-Léonard de Noblat

- Vienne (86)
- Classée Monuments Historiques : 1897
- Seconde moitié du XIe siècle
- Diamètre du Noyau central : 3 m 80
- Diamètre hors-œuvre : 7 m 85
- Largeur moyenne des absidioles : 2 m 08
- Profondeur des Absidioles : 1 m environ

## Historique

L'église de Saint-Léonard, dont la date de fondation reste incertaine, est élevée au statut de prévôté en 1021, puis devient collégiale en 1062 avant d'être sécularisée en 1691. L'aura de saint Léonard[76] et le pèlerinage qui s'y rattache dans l'orbite de Saint-Martial de Limoges, sa position privilégiée comme étape sur le chemin de Saint-Jacques de Compostelle[77], tout cela ne nous ait malheureusement que de peu d'utilité pour connaître et comprendre l'histoire de la chapelle Sainte-Luce à propos de laquelle les sources restent presque totalement muettes. On sait seulement que déjà en 1191 l'évêque de Limoges, Sébrand, envisage sa destruction ou son emmurement[78]. Ce dernier fut finalement réalisé en 1763[79] entraînant la ruine rapide du petit bâtiment. L'entreprise de restauration débuta en 1879, en même que celle du clocher-porche. Il suffit de s'intéresser au détail de la construction de la paroi extérieur nord pour comprendre qu'il s'agit ici bien plus d'une quasi-totale reconstruction que d'une simple restauration.

---

[76] Disciple de saint Rémi, il serait originaire d'une noble famille franque proche de Clovis qui aurait même été son parrain. Ermite, il se retira dans les environs de Limoges et mena une vie retiré et pieuse. Il obtint du roi de visiter les prisonniers en en fit libérer qui s'installèrent dans les bois alentours. Par ses prières, il aida la duchesse d'Aquitaine à accoucher de son premier enfant. À sa mort, son culte se développe rapidement. Il devient le saint patron des prisonniers et des malades, des femmes enceintes, et enfin de toutes personnes attendant une libération. ARBELLOT (Abbé François), *Vie de saint Léonard solitaire en Limousin, ses miracles et son culte*, J. Lecoffre, Paris 1863.

[77] Via Lemovicensis. Le *Guide du pèlerin de Saint-Jacques*, daté des années 1140, conseille même de préférer l'étape de Saint-Léonard à celle de Saint-Martial de Limoges.

[78] LECLERC (Chanoine André), « Pouillé historique du diocèse de Limoges. Manuscrit de l'abbé J. Nadaud (1775) » in *Bulletin de la Société Archéolgogie et Historique du Limousin*, 1903, t. LIII, p. 730. OROUX (Abbé) *Histoire de la ve et du culte de Saint-Léonard du Limousin*, Paris, J. Barbou 1760, p. 61.

[79] FAGE (René) « L'église Saint-Léonard et la chapelle du Saint-Sépulcre » in *Bulletin Monumental*, 1913, t. LXXVII, p. 57.

L'absence de sources textuelles et de données archéologiques probantes[80] rend délicate toute analyse et ne facilite pas la compréhension du bâtiment au sein d'un monument à l'histoire déjà très complexe. L'imbrication de la chapelle dans le croisillon nord de l'église, entre le transept et le clocher-porche, n'a cessé d'interroger les chercheurs. Il semble acquis que la chapelle est antérieure à la construction du clocher qui semble prendre en compte ce petit bâtiment préexistant. Il est toutefois plus difficile de déterminer le lien unissant la chapelle à la nef avant la construction du clocher. Il existe, à la jonction de l'absidiole sud avec les murs gouttereaux de l'église, un contrefort en saillie à l'intérieur de la chapelle. Cet élément semble prouver, pour les uns, que la chapelle est postérieure à la nef de l'église, tandis que les autres ne s'expliquent pas pourquoi elle n'a alors pas été déplacée vers le nord pour éviter cette anomalie architecturale. Les contraintes liées à la reconstruction d'un contrefort (reprise en sous-œuvre, soutènement de la paroi du mur gouttereau, etc.), sans oublier l'environnement même de l'église qui pouvait ne pas favoriser de grandes adjonctions, permettent cependant de penser que la chapelle est tout de même postérieure à la construction de la nef.

On doit enfin mentionner la présence d'une inscription funéraire (dalle de granit) placée sous le porche et datable de la fin du XI<sup>e</sup> ou du début du XII<sup>e</sup> siècle (aujourd'hui disparue) :

*HIC REQUI : SIT ONCERAD*
*QUI HOC EDIFICAVIT SEPULCHRUM*
*ET OBIIT K.JULI* [81]

Si l'emplacement même de cette inscription ne la relie pas de façon indéniable à la chapelle Sainte-Luce, certains historiens n'hésitèrent cependant pas à faire le lien et à y voir le nom du fondateur de la chapelle et une dédicace de l'édifice au Saint-Sépulcre[82]. D'abord dédiée aux saints Pierre et Paul, elle est vouée à sainte Luce depuis l'époque Moderne, et a été transformée en baptistère après restauration au début du XX<sup>e</sup> siècle.

---

[80] Les restaurations entreprises n'ont pas entraînées de fouilles archéologiques et la quasi-totale reconstruction des parois extérieures empêche toute étude satisfaisante de l'archéologie du bâti.

[81] FAGE, « L'église Saint-Léonard… », dans : *op. cit.*, p. 69.

[82] La mention de *Sepulchrum* dans la dédicace renvoie seulement à la présence d'une sépulture.

## Description

De plan centré, la chapelle Sainte-Luce est formée d'un noyau central circulaire délimité par huit colonnes, puis d'un déambulatoire ouvert par huit travées et couvert d'arcs doubleaux en plein cintre. Au quatre points cardinaux, le mur extérieur est percé de quatre absidioles semi-circulaires s'ouvrant sur le déambulatoire. L'ensemble de l'édifice est seulement éclairé par trois fenêtres à simple ébrasement percées dans les parois nord-ouest, nord-est et sud-est. Enfin l'accès se fait par une porte ouverte dans la paroi sud-ouest, entre deux contreforts, dans une saillie rectiligne du mur.

L'espace central, auquel on accède par une petite marche, est couvert d'une coupole s'appuyant sur les arcs doubleaux en plein cintre du déambulatoire. La voûte en berceau du déambulatoire est scandée par les doubleaux en plein cintre reposant sur les huit colonnes libres délimitant l'espace central et sur huit colonnes engagées dans les murs gouttereaux. Les absidioles sont couvertes en cul-de-four.

L'élévation extérieure sur la place présente un bel appareillage calcaire, en assise régulière jusqu'à la hauteur supérieure du jambage des fenêtres. Au-dessus, un petit appareil de moellons à joints épais disposés en losange se termine par une assise de même hauteur que celle formant la base de la chapelle. Enfin, l'ensemble est surmonté d'une corniche à modillons supportant un toit conique aplati. L'élévation extérieure est très largement une réinterprétation issue de la restauration de l'édifice au début du XX$^e$ siècle. Une partie de l'élévation d'origine est encore visible au niveau de l'entrée de la chapelle par le clocher-porche.

La sculpture monumentale se concentre principalement sur les chapiteaux et les bases des supports intérieurs. Les chapiteaux, tout juste épannelés, sont dotés aux angles de formes évoquant peut-être des pommes de pins. Les tailloirs sont simplement biseautés, parfois décorés sur leurs faces de baguettes formant un cadre. Les bases sont généralement formées de trois tores superposés de même dimension. Quelques-unes présentent aussi un vague motif d'angles abattus. Cependant, on ne peut déterminer, pour les chapiteaux comme pour les bases, de schémas précis se rapportant à l'utilisation de motifs divergents.

Malgré les importantes restaurations, tant sur le parement extérieur que sur le couvrement, le style des sculptures des chapiteaux et les éléments architecturaux d'origine tendent à permettre d'avancer une datation de l'édifice aux environs de la seconde moitié du XI$^e$ siècle ou des toutes premières années du XII$^e$.

## Analyse

L'identification du vocable de la chapelle a beaucoup changé au cours de son histoire, ce qui rend d'autant plus difficile toute attribution de sa fonction. Aucun élément ne permet de rattacher la construction à une fondation pieuse marquant un retour de pèlerinage ou de croisade.

Il semble donc plus probant de rattacher la chapelle à une fonction funéraire. Son implantation sur la face nord de l'église principale, son plan centré à absidiole n'est pas sans rappeler la tradition des mausolées antiques flanquant les basiliques constantiniennes. La découverte de la dalle funéraire d'Oncerad, en dehors de la chapelle est aussi problématique. Si ce seigneur local est effectivement le fondateur de la chapelle qu'il comptait employer comme mausolée familial, cette inscription aurait dû être retrouvée dans la chapelle elle-même.

Il faut aussi souligner que si l'église de Saint-Léonard est un lieu de pèlerinage important sur la route de Saint-Jacques de Compostelle, la chapelle Sainte-Luce n'en est pas le but puisque dès la fin du XII$^e$ siècle on songeait déjà à la murer.

*Sources manuscrites*

**Archives nationales**
Série F 19 :    4750, dossier 37, 1883
                4754, dossier 13, 1903

**Archives des Monuments Historiques**
Saint-Léonard-de-Noblat, n°3180 :   chapelle Sainte-Luce, Dossier 1 (1857–1898)
                                    Dossier 3 (1929–…)

*Sources imprimées*

- Oroux (Abbé) *Histoire de la vie et du culte de Saint-Léonard du Limousin*, Paris, J. Barbou, 1760, LXI-250 pages

*Bibliographie indicative*

- ARBELLOT (Abbé François), *Vie de saint Léonard solitaire en Limousin, ses miracles et son culte*, J. Lecoffre, Paris 1863
- ARBELLOT (Abbé François), *Notice historique et archéologique sur l'église de Saint-Léonard de Noblac*, M. Barbou, Limoges 1897
- ANDRAULT (Claude) ET ALL., *Saint-Léonard-de-Noblat*, Presse Universitaire de Limoges, Limoges 1995
- FAGE (René), « L'église Saint-Léonard et la chapelle du Saint-Sépulcre », dans : *Bulletin Monumental*, LXXVII (1913), p. 41–72
- LECLERC (Chanoine André), « Pouillé historique du diocèse de Limoges. Manuscrit de l'abbé J. Nadaud (1775) » in *Bulletin de la Société Archéolgoqie et Historique du Limousin*, 1903, t. LIII, p. 730.
- ROY (Lucien), « Église Saint-Léonard (Haute-Vienne) : chapelle Sainte-Luce », dans : *Bulletin Monumental*, LXXXVI (1927), p. 113–122
- *Saint-Léonard-de-Noblat : un culte, une ville, un canton*, Cahier de l'inventaire 13, Paris 1988
- *Saint-Léonard-de-Noblat : histoire et visite de la ville et de la collégiale*, Connaissance et Sauvegarde de Saint-Léonard, Saint-Léonard 1990

# Saint-Martin l'Astier

- Dordogne (France)
- Classé Monument Historique en 1948
- Fin du XIe siècle – début du XIIe siècle
- Diamètre moyen : 6 m 50
- Hauteur sous coupole : 5 m environ
- Hauteur extérieur sous toiture : 9 m 30

## Historique

La chapelle Saint-Martin l'Astier n'a malheureusement jusqu'à présent pas fait l'objet d'une véritable étude de fond. Si ce n'est quelques mentions concernant le plan octogonal du chœur dans la littérature locale, nous ne disposons d'aucune source d'informations sur sa fondation ou son histoire. Isolée dans la campagne et loin de toutes habitations, elle est située à quelques kilomètres au nord-ouest de Mussidan et doit sans doute son nom à la proximité et à son éventuel rattachement au cours du XIIe siècle au prieuré de Saint-Astier, entre Mussidan et Périgueux.

## Description

La chapelle, telle qu'on peut la visiter aujourd'hui, est formée de deux éléments communicants : une nef barlongue simple et un chœur octogonal la dominant. L'analyse du bâti[83] nous indique cependant que les deux constructions ne sont pas contemporaines. Il semble que le chœur de plan centré soit plus ancien et que la nef n'ait été ajoutée qu'ensuite pour compléter l'ensemble sans que l'on sache pourquoi.

Le plan octogonal du chœur est particulièrement saisissant. Isolé à l'origine, il s'agit ici d'un seul espace à deux niveaux superposés dont les arrêtes sont scandées, tant à l'intérieur qu'à l'extérieur, par des demi-colonnes plaquées. Ces supports soutiennent, à l'intérieur, les arcs formerets qui servent de base à la coupole. Celle-ci est percée d'une porte dans le pan nord donnant accès au niveau supérieur. Ce niveau inférieur est seulement éclairé par trois ébrasements étroits (nord-est, est, sud-est) percés dans

---

[83] On note on niveau de la jonction entre les deux éléments des lits d'assises décalés entre les parois. On note aussi des différences de construction (appareillage de pierre pour le chœur, paroi chaulé pour la nef).

l'épaisseur de la paroi. On note enfin la présence, dans la paroi nord, d'une petite armoire aménagée à hauteur d'homme.

À l'extérieur, les colonnes des arrêtes sont dotées de bases posées sur un soubassement d'inégale hauteur afin de pallier la déclivité du terrain vers le sud. Elles sont de plus continues de leur base à la toiture et ne sont agrémentées d'aucun chapiteau. L'ancien portail occidental est à présent en partie visible depuis la nef. Il est composé d'un arc légèrement brisé surmonté d'une archivolte ornée d'un motif de boutons striés. Cette dernière s'appuie sur deux bandeaux latéraux moulurés rejoignant les colonnes cantonnant l'arc central.

Le niveau supérieur, toujours de plan octogonal est largement ouvert sur l'extérieur par de larges baies délimitées par d'imposants massifs marquant les angles de l'octogone[84]. Cette disposition n'est pas sans évoquer celle des fortifications. Cependant l'importance même des ouvertures paraît exclure toute volonté de construction défensive de l'édifice. L'ensemble est couvert d'une toiture plate de section octogonale.

La sculpture (bases, moulurations et chapiteaux) se caractérise par sa grande sobriété et des lignes simples qui soulignent le dépouillement de la structure d'ensemble. Les chapiteaux épurés adoptent une forme pyramidale et sont surmontés d'un large tailloir mouluré à biseaux successifs.

## Analyse

L'absence totale de sources et d'études approfondies sur le sujet ne favorise pas la compréhension du monument dans le cadre de notre étude. Cependant, l'originalité du plan octogonal et de son élévation ainsi que son caractère isolé avant l'adjonction de la nef et la présence du cimetière à proximité, permettent d'avancer un possible lien entre cet édifice et les copies du Saint-Sépulcre, sans doute à connotation funéraire.

Toute interprétation reste cependant sujette à caution tant qu'aucunes recherches archéologiques ou nouvelles découvertes dans les archives ne viennent la confirmer ou l'infirmer.

---

[84] Il semble que l'appui des fenêtres ait été rehaussé postérieurement pour faire office de parapet.

*Bibliographie indicative*

- CLER (J.), *La chapelle de Saint-Martin-l'Astier*, plaquette d'information disponible à l'entrée de l'église, Mairie de saint-Martin-l'Astier, s. d.
- PEQUIGNOT (Claire), « Saint-Martin l'Astier » *Les édifices à plan centré des XI$^e$ et XII$^e$ siècles dans le royaume de France : évocations ou copies de l'Anastasis de Jérusalem*, Université de Toulouse II, t. II, p. 207–210
- SECRET (Jean), *Périgord roman*, Abbaye de la Pierre-qui-Vire, Zodiaque « La nuit des Temps », 1968, t. XXVII, p. 31

## Trizay, priorale Saint-Jean-l'Évangéliste

- Charente-Maritime (France)
- Classé Monument Historique en 1920
- Fin du XIᵉ siècle ( ?)
- Diamètre moyen du corps principal : 27 m
- Largeur des déambulatoires : 3 m
- Diamètre du noyau central : 9 m 30
- Dimension des absidioles : 6 x 5 x 10 m
- Dimension de l'abside principale : 12 x 9 x 12 m
- Longueur axe principal : 40 m
- Longueur absidiole-absidiole : 39 m

## Historique

Situées à environ dix kilomètres au sud de Rochefort, les ruines de l'église priorale de Trizay s'élèvent isolées entre bois et marais.

On ne sait rien de la fondation du prieuré Saint-Jean de Trizay. On la doit peut-être, selon la légende, à un acte d'expiation d'un seigneur de Tonnay-Charente, puissante famille dont Trizay dépendait[85]. Mais l'action de cette famille auprès de Trizay n'est véritablement documentée qu'à partir du XIIIᵉ siècle. Il s'agirait alors peut-être d'une réalisation du duc Geoffroy d'Aquitaine entrant dans le cadre de sa politique en Saintonge[86]. On sait en effet qu'en 1062 le duc d'Aquitaine s'assura la mainmise sur cette partie de la Saintonge alors sous l'autorité des comtes d'Anjou. C'est à lui aussi que l'on doit l'implantation dans la région de l'abbaye auvergnate de la Chaise-Dieu[87]

---

[85] Olivier Oberson, « À propos de l'église du prieuré Saint-Jean-l'Évangéliste de Trizay », dans : *Revue de la Saintonge et de l'Aunis*, t. xxv (1999), p. 19–28 ; Jacques Duguet, *Bref historique du prieuré de Trizay*, p. 2 ; Cécile Treffort, « Moines, monastères et prieurés charentais du Moyen Age. Quelques réflexions autour d'un projet collectif », dans : *Annales de Bretagne et des Pays de l'Ouest*, 113-3 (2006), p. 177–178.

[86] Voir : Marjorie Berbuto, Luc Bourgeois, *Prieuré Saint-Jean-l'Évangéliste de Trizay. Rapport de fouille préventive* 1994, p. 2. L'archéologue parait pencher pour cette hypothèse d'une fondation ducale. Elle expliquerait selon elle la grandeur de l'édifice et la qualité de l'exécution encore visible sur les parties debout, qualité qu'elle rapproche des réalisations de Saint-Eutrope à Saintes et Saint-Jean de Montierneuf à Poitiers, deux fondations du duc d'Aquitaine.

[87] Treffort, « Moines, monastères et prieurés charentais du Moyen Age… », p. 177.

et la mise en valeur des marais autour de Rochefort. La fondation de Trizay paraît recouper ces critères et pourrait donc intégrer le discours politique du duc d'Aquitaine.

La première véritable mention du prieuré n'intervient que dans la seconde moitié du XIIᵉ siècle, dans une bulle papale de 1177 où le pape Alexandre III confirme les possessions de l'abbaye de la Chaise-Dieu au nombre desquelles se trouve Trizay. Il est probable que l'église existait déjà à cette période mais son rattachement à une abbaye bénédictine a entraîné la construction de nouveaux bâtiments conventuels aujourd'hui disparus ou largement remaniés depuis. En 1226, Hugues de Tonnay, seigneur de Tonnay-Charente, abandonne à l'abbé de la Chaise-Dieu la présentation du prieur de Trizay et, par le même acte, concède au prieuré le droit de prélever du bois de chauffage dans sa forêt de Chizé. Cette implication des seigneurs de Tonnay-Charente dans l'organisation temporelle du prieuré paraît appuyer la thèse d'une fondation par un membre de cette même famille. Au XIVᵉ siècle, l'abbé de la Chaise-Dieu perçoit des procurations en provenance de Trizay, témoignant que le prieuré est encore actif à cette période.

Au XVIᵉ siècle, les prieurs de Trizay sont commendataires. Il semble que le prieuré soit employé comme place forte alternativement par la ligue catholique et les huguenots pendant les guerres de religion mais aucun élément ne permet de le confirmer totalement.

Au début du XVIIᵉ siècle, les prieurs commendataires ne viennent que peu ou plus à Trizay qui tombe petit à petit dans l'oubli et la ruine. À la fin du siècle, une description des possessions du prieur met déjà en évidence l'état de délabrement complet de l'ensemble des bâtiments. En 1760, le prieur Joseph-François de Malide, prêtre du diocèse de Paris, signale que l'ensemble du prieuré est en ruine, sans doute dans un état proche de celui que l'on peut encore voir aujourd'hui, et que les parties encore debout ont été converties en grenier[88].

Le prieuré est depuis 1990 la propriété de la commune de Trizay qui commande alors des fouilles archéologiques sur le site. Celles-ci sont réalisées en 1994 par Marjorie Berbuto en collaboration avec Luc Bourgeois[89] et ont permis de clarifier certaines

---

[88] Duguet, *Bref historique…*
[89] De nouvelles fouilles ont été entreprises en 2003 par David Jouneau (INRAP) et paraissent confirmer les conclusions de cette première étude.

données concernant, notamment, le plan général de l'édifice jusque-là inconnu. L'église et les bâtiments conventuels abritent de nos jours un centre d'art contemporain.

Description

De l'édifice original, il ne reste plus aujourd'hui que la partie orientale formée de trois chapelles contiguës. Les fouilles ont révélé un plan octogonal tout à fait exceptionnel se composant de trois espaces concentriques emboîtés.

Au centre, un premier espace circulaire et surélevé était individualisé par une série de huit supports à la base quadrilobée. Il était entouré d'un déambulatoire, formant le second espace, limité dans sa partie externe par une nouvelle série de huit supports de section carrés et colonnes engagées marquant les angles d'un plan octogonal. Enfin un second déambulatoire octogonal ouvrait sur les chapelles. Contre les murs gouttereaux, des arcs formerets en demi-berceau reposaient sur des ressauts contre lesquels étaient engagées de fines colonnettes marquant les angles de l'octogone.

Quatre chapelles, formées d'une travée droite butant contre une abside semi-circulaire, s'ouvraient dans les parois nord-ouest, nord-est, sud-ouest et sud-est de l'octogone. Une cinquième chapelle, percée dans la paroi orientale, est la plus importante et, cantonnée des deux petites chapelles latérales, devait souligner l'axe principal de l'église (partie encore visible).

La jonction entre cette chapelle axiale et l'octogone se faisait par un arc formeret sous lequel était percée une haute arcade (aujourd'hui murée). Elle est formée de deux travées droites venant buter sur une abside semi-circulaire (en cul-de-four). Dans la première travée, deux portes (nord et sud) permettent l'accès aux absidioles latérales. Au nord, un escalier ménagé dans la maçonnerie suggère l'existence d'un niveau supérieur.

La paroi occidentale (disparue) formait, quant à elle, un pan droit dans lequel devait s'ouvrir le portail principal[90].

---

[90] Les fouilles archéologiques n'ont pas permis de déterminer avec certitude si le portail se trouvait bien à ce niveau-là ou dans une des chapelles disparues. Le caractère très symétrique et travaillé de la construction permet cependant de penser qu'il devait bien se situer à cet endroit, afin de renforcer l'axe de la chapelle principale dans laquelle des restes de mobilier liturgique ont été trouvés (autel, podium...). Voir : BERBUTO, BOURGEOIS, *Prieuré Saint-Jean-l'Évangéliste...*, « 3.4 : Aménagements liturgiques et niveaux de sols ».

Le mauvais état général des parties encore existantes ne permet malheureusement pas de proposer la restitution d'un quelconque voûtement pour l'espace central et les déambulatoires.

## Analyse

En l'absence de sources concernant la fondation originale et de documents iconographiques anciens nous renseignant sur les différents états de l'édifice, on peut légitimement se demander si un édifice d'une telle envergure ne fut jamais achevé. Les fouilles archéologiques ont tout de même permis de déterminer que les fondations étaient complètes, mais leur aspect extrêmement arasé ne permet pas de certifier que la construction n'ait jamais été achevée. Il est probable, selon Marjorie Berbuto, que le gros oeuvre ait été mené à terme alors que les travaux de finitions et détails aient été finalement abandonnés[91].

Trizay s'inscrit nettement dans la tradition des édifices inspirés du Saint-Sépulcre. Le choix du plan octogonal et la récurrence du chiffre huit dans la construction (plan, supports du double déambulatoire...) dénotent une volonté certaine d'évocation de la Résurrection non seulement en tant qu'évènement mais aussi dans sa dimension eschatologique. S'ajoute à cela le vocable de Saint-Jean l'Évangéliste qui renforce encore la référence à la Résurrection et au tombeau du Christ.

Le plan centré de Trizay est tout à fait unique dans cette région. S'il ne connaît pas son équivalent formellement, il peut tout de même être rapproché, par son contexte liturgique, de la rotonde de chœur de la grande abbaye de Charroux dont la relation avec le Saint-Sépulcre est avérée.

La priorale reste un édifice complexe et difficile à analyser. Pendant longtemps négligé en raison du manque d'information le concernant, les fouilles archéologiques de 1994, et plus récemment de 2003, ont permis de dévoiler le plan original de cette église. Elles n'ont cependant pas pu répondre à toutes les interrogations l'entourant. On ne peut en effet que s'étonner de la construction d'un édifice d'une telle envergure, tant dans le fond que dans la forme (ces dimensions en font une des plus grandes églises de la région), pour un modeste prieuré isolé. On ne possède aucune information quant à de possibles reliques conservées dans l'église ni même du passage de pèlerins vers Saint-Jacques-de-Compostelle alors même que le prieuré n'est pas très éloigné de la *via Turonensis*. On ne peut que regretter le silence des sources concernant ce monument.

---

[91] BERBUTO, BOURGEOIS, *Prieuré Saint-Jean-l'Évangéliste...*, « 3.3 : L'édifice a-t-il été achevé ? ».

*Bibliographie indicative*
- BERBUTO (Marjorie), BOUREGOIS (Luc), *Prieuré Saint-Jean l'Évangéliste de Trizay. Rapport de fouille préventive*, 1994 (disponible sur Internet : http://medieval.mrugala.net/Architecture/Trizay%20-%20Abbaye%20Saint%20Jean%20l%27Evangeliste/Abbaye%20de%20Trizay%20-%20fouilles.htm)
- CROZET (René), *L'art roman en Saintonge*, Picard, Paris 1971, p. 91–92 et 109–111
- DUGUET (Jacques), *Bref historique du prieuré de Trizay*
- EYGUN (François), *Saintonge Romane*, Zodiaque « La nuit des temps », La-Pierre-qui-Vire 1970, p. 361
- JOUNEAU (David), « Trizay (Charente-Maritime). Prieuré Saint-Jean-l'Évangéliste », dans : *Archéologie Médiévale*, t. 33 (2003), CNRS édition, p. 261–262
- LACOSTE (Jacques), *La sculpture romane en Saintonge*, C. Pirot, Tours 1998, p. 342–345
- OBERSON (Olivier), « À propos de l'église du prieuré Saint-Jean-l'Évangéliste de Trizay », dans : *Revue de la Saintonge et de l'Aunis*, t. XXV (1999), p. 19–28
- PEQUIGNOT (Claire), « Trizay (Charente-Maritime) » dans *Les édifices à plan centré des XIe et XIIe siècles dans le royaume de France : évocations ou copies de l'Anastasis de Jérusalem*, Université de Toulouse II, 2000, t. II, p. 216–218
- TREFFORT (Cécile), « Moines, monastères et prieurés charentais du Moyen Age. Quelques réflexions autour d'un projet collectif », dans : *Annales de Bretagne et des Pays de l'Ouest*, 113-3 (2006), p. 167–188

## Heiliges Grab, Gernrode

- Stiftskirche, Sankt Cyriakus (Saxe-Anhalt)
- Fin du XI$^e$ siècle – 1$^{ère}$ moitié du XII$^e$ siècle
- Dimension hors-œuvre : 7,35 x 4,08 m
- Dimension dans-œuvre vestibule : 4,03 m paroi nord
- 3,88 m paroi sud
- 3,99 m paroi ouest
- 3,54 m paroi est
- Dimension dans-œuvre chambre funéraire : 2,72/2,73 m parois est-ouest
- 2,70 m parois nord-sud

### Historique

La Stiftskirche Sankt Cyriakus de Gernrode est une fondation ottonienne du Margrave Gero en 961[92]. Abritant une communauté religieuse de femme, elle devait célébrer la *Memoria* de Gero et de ses fils. La première abbesse, Hatui, était probablement une nièce de la reine Mathilde ce qui explique sans doute la protection impériale de la collégiale par son fils Otton I$^{er}$ dès 961. À la mort de Gero, en 965, la construction était sans doute presque achevée[93].

De plan basilical à trois vaisseaux, elle est typique des constructions ottoniennes du X$^e$ siècle avec un massif occidental formé d'une abside semi-circulaire encadrée de deux hautes tours rondes. On sait que dès le XII$^e$ siècle, et peut-être déjà avant, le *Westwerk* n'est plus employé dans la liturgie de Gernrode, notamment dans la liturgie pascale. Cet abandon relativement précoce du massif occidental est à prendre en considération pour la datation du Saint-Sépulcre sur lequel a sans doute été reportée tout ou partie de la liturgie pascale. L'église ne connaît que des aménagements mineurs au moment de la Réforme (XVI$^e$–XVII$^e$ siècles).

---

[92] La construction débute sans doute en 959 avant une première consécration en 961.

[93] Gero est enterré dans le bras sud du transept. Son tombeau actuel est une œuvre du XVI$^e$ siècle attribuée à l'atelier de Tilman Riemenschneider.

On ne possède malheureusement aucune source[94] relative à la fondation du Saint-Sépulcre de Gernrode. La première mention certaine est datée de1336[95] lorsque Jean de Wolfsberg fit don à l'hôpital de Gernrode d'une curie donnant droits et *inpetitioni* de l'autel dédié à saint Jean dans la collégiale de Gernrode. C'est la première mention de cet autel de saint Jean qui sera plus tardivement (XV$^e$ siècle) identifié au Sépulcre.

## Description

Sans en être une copie formelle, le sépulcre de Gernrode est une réminiscence symbolique et iconographique du modèle hiérosolymitain. Occupant les deux dernières travées orientales du bas-côté sud de la nef, il est formé de deux chambres communicantes. Compris entre deux piliers de la nef, les deux espaces internes de l'édifice sont visuellement séparés à l'extérieur par la colonne[96]. Si la chambre orientale, qui fait office de vestibule, est accessible directement depuis l'église par une petite entrée percée dans la paroi nord, la chambre occidentale n'est commandée que par le vestibule et tient lieu de chambre funéraire (édicule du tombeau). Il semble que l'actuelle ouverture de la paroi nord ait été percée tardivement. Le décor de stuc a été visiblement modifié par l'adjonction de la porte. Il est probable qu'à l'origine, l'entrée se faisant dans l'axe de la chambre funéraire, partie aujourd'hui comprise dans la maçonnerie du transept[97].

Les deux parois extérieures nord et ouest sont ornées d'un décor de stucs, largement restaurés aux XIX$^e$ et XX$^e$ siècles[98] ce qui rend toute datation précise et analyse stylistique des sculptures relativement complexe.

---

[94] En ce qui concerne l'ensemble des sources faisant mention ou se référant au Sépulcre de Gernrode, une étude globale a été entreprise par Hans-Joachim Krause et Reinhard Schmitt, « Quellen zur Geschichte des Heiligen Grabes », dans : *Das Heilige Grab in Gernrode. Bestandsdokumentation und Bestandsforschung*, Berlin 2007, p. 33–74.

[95] Daté du 24 janvier 1336, dans: Otto von Heinemann (éd.), *Codex diplomaticus Anhaltinus*, t. 3, p. 472, n°664, Dessau 1867–1883.

[96] L'élévation générale de l'église reprend le système de l'alternance des piles fortes (piliers) et des piles faibles (colonnes), ce qui favorise l'insertion du monument dans le vaisseau latéral entre deux piles fortes.

[97] Voir Gustav Dalman, *Das Grab Christi in Deutschland*, p. 65–69.

[98] Une première étude sur le monument et la collégiale est entreprise en 1841 par Ludwig Puttrich et illustré de lithographies. Les premières restaurations sont entreprises entre 1858 et 1866 sous la direction de Ferdinand von Quast. Voir Krause, Voß, *Das Heilige Grab…* t. 1, p. 44–65.

Le mur extérieur nord, qui fait toute la longueur de la construction, est divisé en deux panneaux correspondant aux deux chambres internes (antichambre et chambre funéraire). À gauche, le décor de stuc original a été perturbé par le percement d'une petite porte dans le coin inférieur droit, contre la colonne. Le décor prend place dans un cadre mouluré (restauration XIXe siècle) servant de base et de corniche au monument. À l'intérieur de ce cadre, une frise végétal fait le tour de l'encadrement mais est interrompu par la porte, des traces d'arrachement au niveau supérieur montre qu'elle devait se poursuivre jusqu'à la colonne. À l'intérieur des rinceaux, des animaux sont reconnaissables et en particulier les symboles du Tétramorphe, l'aigle dans le registre supérieur à droite, le lion au centre du registre latéral et l'ange dans le registre inférieur à côté de la porte. Il ne manque que le bœuf qui devait se trouver dans la partie manquante. Aux angles (supérieur et inférieur gauche) des masques servent de point de départ aux rinceaux à l'intérieur desquels viennent s'insérer d'autres animaux. Au centre, la scène en stuc n'existe plus mais des traces d'arrachement sont encore visibles.

La façade de droite adopte un schéma très différent. Elle est formée de trois panneaux, délimités par d'épais tores cylindriques définissant trois registres verticaux. Au centre, dans le tiers supérieur, est figuré un personnage en buste bénissant, tenant une Bible fermée. Le visage, malheureusement en partie manquant, ainsi que la partie supérieure de la façade et la corniche, sont une restauration en ciment du XIXe siècle et ne permettent pas d'identifier avec certitude si il s'agit ici d'une figure du Christ Pantocrator ou de celle d'un ange qui s'insérerait dans un registre plus « céleste », dominant la scène « terrestre » se déroulant dans les registres latéraux.

En effet, il est encadré par deux personnages, au centre des registres latéraux, qui appartiennent à la même scène. À gauche, le Christ, reconnaissable à son nimbe cruciforme, esquisse de la main droite un geste d'accueil et de bénédiction en direction du personnage de droite vers lequel il se dirige. Celui-ci, dans lequel on peut reconnaître la figure Marie-Madeleine nimbée, est debout, statique, la main droite levée dans un geste d'accueil, la gauche repliée vers sa poitrine. Il s'agit sans doute d'une représentation du *noli me tangere*, c'est-à-dire de la première rencontre du Christ ressuscité avec Marie-Madeleine le matin de Pâques (Jn, XX, 11–18) à l'entrée du tombeau vide. Ce dernier se trouve évoqué au registre médian par l'espace laissé vide sous la figure en buste.

Au centre de la paroi occidentale, deux niches, abritant chacune une colonne à chapiteau feuillagé, encadrent la figure d'une orante debout les mains levées dans un geste de prière. L'ensemble s'intègre dans une large frise de rinceaux et d'entrelacs végétaux et d'animaux. Au registre supérieur, l'agneau de l'apocalypse (hampe timbrée d'une croix) se trouve à l'aplomb de l'orante. Il est accompagné de chaque côté d'un aigle et d'un lion et, à gauche, de saint Jean-Baptiste (reconnaissable à sa fourrure et son bâton berger cruciforme) et, à droite, d'un prophète ou d'un apôtre nimbé et non identifié. Tous deux paraissent désigner l'Agneau de la main droite.

À l'intérieur du tombeau, c'est dans la chambre funéraire que se concentre le décor de stuc et peint[99]. L'iconographie y est centrée sur l'épisode de la *Visitatio Sepulchri*[100]. On pénètre dans la chambre par une porte percée dans la paroi orientale. À droite, plaquée sur le mur, un ange est assis, le corps et le visage tourné vers le visiteur dans un geste d'accueil. Il tient dans sa main gauche un phylactère et devait désigner de la droite le tombeau vide. Enfin, le tympan semi-circulaire surmontant l'étroite porte d'accès est orné d'une scène de Résurrection peinte (XV$^e$ siècle). Le Christ ressuscité est figuré sortant du sarcophage aux extrémités duquel deux gardes sont endormis.

Le groupe des trois Marie est placé sur une petite estrade dans la niche du mur nord, et paraît se diriger vers la partie occidentale de la tombe. Elles sont toutes les trois vêtues de robes aux plis souples dont le drapé épousant le corps laisse paraître le mouvement de la marche. Les deux premières, dont les têtes manquent, portent un pot d'onguent dans la main gauche, tandis que la troisième, complète et le visage légèrement penché en avant dans un signe de tristesse, balance de la main droite un encensoir en plus des deux pots d'onguent qu'elle tient contre sa poitrine de la main gauche.

Le mur ouest, qui achève la perspective d'axe, est orné, à droite, d'un fragment de buste, sans doute le second ange gardant le tombeau. Il ne reste de celui-ci que le buste et le phylactère permettant de l'identifier comme appartenant à la scène de la *Visitatio* et faisant écho à l'ange encore presque complet de la paroi orientale.

---

[99] Les groupes sculptés dans le tombeau ayant été déplacés sans que l'on puisse avec certitude déterminer leur emplacement d'origine, une analyse approfondie de la disposition et de l'interaction des groupes entre eux ne peut pas être envisagée ici. On se contentera de remarques générales sur les groupes au sein de l'iconographie générale.

[100] Il est probable que la fonction première du Saint-Sépulcre de Gernrode ait été, dès l'origine, de servir à l'occasion de la liturgie pascale. Un manuscrit du XV$^e$ siècle retranscrit le drame liturgique joué à Gernrode au XII$^e$ siècle. Voir : LIPPHARDT, « Die *Visitatio Sepulchri* … », dans : *Daphnis*, vol 1 (1972), p. 1–14.

L'orientation du buste et du phylactère indique qu'il est tourné vers la droite, vers la niche principale dans laquelle a été placée une figure, en pied, d'évêque. Vêtu de vêtements sacerdotaux, tenant sans doute une crosse, il est peut-être le seul élément sculpté à ne pas avoir été déplacé[101].

Une petite ouverture quadrilobée, donnant dans le cloître, est percée au centre du mur sud, sous un large berceau légèrement aplati retombant sur de petites colonnettes aux chapiteaux feuillagés. La voûte a aujourd'hui disparue mais cette chambre funéraire devait être couvert en arrête comme en témoigne les départs de voûte encore visibles dans les anges.

## Analyse

La paroi occidentale de la chambre funéraire est intrigante. Alors qu'on serait en droit d'imaginer trouver là une banquette funéraire (comme à Eichstätt) ou une représentation symbolique du tombeau vide, la grande niche en cul-de-four abrite une figure en pied d'évêque qui ne semble pas avoir été déplacée[102]. L'interprétation de cette sculpture est complexe. Il est probable qu'il faille voir ici, au-delà de la seule iconographie épiscopale, une image du Christ ressuscité, fondateur de l'Église. Avec l'onction sacerdotale, le prêtre, et plus encore l'évêque, est une image du Christ prophète, grand prêtre et roi. Le Ressuscité est ainsi donc comme « incarné » dans ses ministres et c'est sans doute cette image qui se retrouve développée ici dans la Résurrection. Il est le « Grand Prêtre » qui a institué l'Eucharistie qui acquiert toute sa valeur sacramentelle par la Résurrection et le tombeau vide. Un rapprochement stylistique avec la figure du Christ visible sur la façade nord (scène du *Noli me tangere*) tend à confirmer cette identification les deux personnages semblant adopter des traits communs au niveau du visage (traitement des cheveux, de la barbe…etc.).

L'iconographie de Gernrode se lit sur plusieurs niveaux. Centrés sur le thème de Pâques, on y retrouve, en écho entre les différents espaces, l'annonce de la Résurrection telle qu'elle est décrite dans les évangiles synoptiques (chambre funéraire, saintes Femmes et l'Ange) et dans celui de Jean (panneau extérieur, nord-ouest, *Noli me Tangere*

---

[101] Ernst WACKENRODER, *Das Heilige Grab in der Stiftskirche zu Gernrode*, Halle 1907, p. 8.

[102] Jusqu'au début du XXe siècle, la sculpture n'avait plus de tête mais se trouvait déjà dans la niche occidentale de la chambre funéraire.

ou Christ jardinier). À travers la multiplication des scènes de l'évangile rapportant un même évènement – la découverte du tombeau vide au matin de Pâques – l'insistance est mise sur le message de la Résurrection que chacun doit à présent transmettre, c'est-à-dire la réalisation des promesses du Salut et la victoire du Christ sur le Mort.

Et c'est à travers la figure de l'orante, symboliquement placée au revers de l'image du Christ ressuscité, ou au revers de la Résurrection, que cette transmission s'effectue. Priant devant l'édicule, comme les pèlerins prient à Jérusalem ou les sœurs à Gernrode, c'est à elle qu'est transmis la nouvelle de la Résurrection après les apôtres et les saintes Femmes, et c'est elle qui la retransmet par la suite aux fidèles.

*Sources manuscrites*
Staatsbibliothek Preußischer Kulturbesitz, Mus. Ms. 40081 fol 241v–243v

*Bibliographie indicative*
- ERDMANN (Wolfgang), JACOBSEN (Werner), KOCH (Clemens), *Neue Untersuchungen an der Stiftskirche zu Gernrode*, Göltze, Göttingen 1988, p. 120–160
- DALMAN (Gustav), *Das Grab Christi in Deutschland*, Dieterich Verlagsbuchhandlung, Leipzig 1922, p. 65–69
- DIETRICH (Barbara), « Anastasis-Rotunde und Heiliges Grab in Jerusalem », dans : *Georges-Bloch Jahrbuch*, 11–12 (2004–2005), p. 7–29
- GÜNTHER (Christian), BRÜDERN (Jutta), *Stiftskirche Gernrode, 404 Strasse der Romanik*, Dt. Kunstverlag, Munich 1994
- GÜNTHER (Christian), STEKOVICS (Jànos), *Das Heilige Grab in der Stiftskirche Gernrode*, Ed. Stekofoto, Halle-Zürich 1995
- JACOBSEN (Werner), « Die Stiftskirche von Gernrode und ihre liturgische Ausstattung »., dans : Jan GERCHOW, Thomas SCHILP (éd.), *Essen und die sächsischen Frauenstifte im Frühmittelalter*. Klartext Verlag, Essen 2003, p. 219–246
- KOLDAU (Linda-Maria), *Frauen-Musik-Kultur: ein Handbuch zum deutschen Sprachgebiet der Frühen Neuzeit*, Böhlau Verlag, Köln-Weimar, p. 898–907
- KRAUSE (Hans Joachim), VOß (Gothard), *Das Heilige Grab in Gernrode. Bestandsdokumentation und Bestandsforschung*, Deutscher Verlag für Kunstwissenschaft, Berlin, 2007

- LIPPHARDT (Walther), « Die Visitatio Sepulchri (III. Stuffe) von Gernrode », dans : *Daphnis*, vol 1 (1972), p. 1–14
- VOIGTLÄNDER (Klaus), *Die Stiftskirche St. Cyriakus zu Gernrode*, DKV-Kunstführer Nr. 404/2, München 1990
- WACKENRODER (Ernst), *Das Heilige Grab in der Stiftskirche zu Gernrode*, Halle 1907

www.ingramcontent.com/pod-product-compliance
Lightning Source LLC
Chambersburg PA
CBHW050152230526
45470CB00001B/59